[redacted]

宏观经济政策研究报告 2019

陈彦斌　陈小亮　刘 凯　郭豫媚　刘哲希/著

科 学 出 版 社

北 京

内 容 简 介

本书结合现代宏观经济理论和中国国情，从“指标设定的合理性”、“政策整体效果”、“政策力度与传导效率”、“政策空间”、“预期管理”和“政策协调性”六大维度对中国宏观经济政策进行系统、全面的年度评价。在此基础上，本书还立足于国际视角对美国宏观经济政策进行了全面评价，以探寻其对中国经济的影响。作为一项创新性的基础研究，宏观经济政策研究报告具有重要的理论意义和政策价值，不仅有助于倡导问题导向的宏观理论研究，而且有助于创新与完善宏观调控，从而推动中国经济“由高速增长阶段转向高质量发展阶段”。

本书可供科研机构人员、政府部门相关人士及经济管理类高校师生阅读，尤其适用于研究宏观经济政策及相关问题的经济工作者。

图书在版编目（CIP）数据

宏观经济政策研究报告. 2019 / 陈彦斌等著. —北京：科学出版社，2019.9

ISBN 978-7-03-061438-4

Ⅰ. ①宏… Ⅱ. ①陈… Ⅲ. ①宏观经济-经济政策-研究报告-中国-2019 Ⅳ. ①F120

中国版本图书馆 CIP 数据核字（2019）第 108488 号

责任编辑：王丹妮 / 责任校对：杨 赛

责任印制：张 伟 / 封面设计：无极书装

科学出版社出版

北京东黄城根北街 16 号

邮政编码：100717

http://www.sciencep.com

北京盛通商印快线网络科技有限公司 印刷

科学出版社发行 各地新华书店经销

*

2019 年 9 月第 一 版 开本：787×1092 1/16

2020 年 1 月第二次印刷 印张：20

字数：346 000

定价：128.00 元

（如有印装质量问题，我社负责调换）

作 者 简 介

陈彦斌，中国人民大学二级教授、“杰出学者”特聘教授，中国人民大学国家经济学教材建设重点研究基地执行主任，1976 年 9 月生于湖南益阳，2009 年破格晋升为博士生导师，2010 年破格晋升为教授，《经济研究》、《中国工业经济》、《改革》、《财贸经济》、《经济与管理研究》和《经济评论》等重要期刊的编委或学术委员，《光明日报》理论版专栏作家，中国社会科学院经济研究所学术委员会委员，甘肃省决策咨询顾问，中共中央组织部司局级干部选学班教员，中共中央宣传部马克思主义理论研究和建设工程首席专家，教育部新世纪人才，霍英东奖获得者。研究领域为宏观经济学，在国内外重要期刊发表百余篇学术论文。著有《宏观政策评价报告》，结合宏观经济理论和中国国情对宏观调控进行系统评价，还创办了《中国企业创新能力百千万排行榜》，对全国 10 万余家高新技术企业的创新能力进行全覆盖、全方位的评价。

陈小亮，中国社会科学院经济研究所《经济研究》编辑部副编审。1987 年 6 月生于山东潍坊，2015 年毕业于中国人民大学经济学院，获得经济学博士学位。国家自然科学基金项目评议专家，光明网经济智库专家。主要从事宏观经济政策、经济增长和房地产等方面的研究。已经在《经济研究》、《中国工业经济》、《改革》、《经济学动态》和 *Energy Policy* 等国内外核心期刊发表 30 余篇学术论文，并在光明网、《经济参考报》、《经济观察报》、《财经》等重要网站和报刊发表近 20 篇智库类文章。出版 4 部著作，主持 1 项国家自然科学基金项目，参与多项国家级课题项目。

刘凯，剑桥大学经济学博士，中国人民大学“杰出学者”青年学者、经济学院副教授。研究领域为开放宏观、宏观经济政策和收入分配。出版《美元与中国宏观经济》《宏观政策评价报告》等 4 部专著，在 *Journal of Happiness Studies*、*Emerging Markets Finance and Trade*、*Social Indicators Research* 及《经济研究》、《经济学（季刊）》、《中国工业经济》等国内外权威学术期刊发表论文 20 余篇，并在光明网、《经济参考报》、《经济观察报》、《中国经济报告》等重要网站和报刊发表宏观经济评论文章。主持和参与国家自然科学基金项目、国家社会科学基金重大项目、教育部人文社会科学重点研究基地重大项目等多项国家级课题。所著成果曾获北京市哲学社会科学优秀成果奖等奖项。

郭豫媚，中央财经大学金融学院讲师，1989 年 4 月出生于浙江杭州，2016 年毕业于中国人民大学经济学院，获得经济学博士学位，主要从事宏观经济学，尤其是预期管理和货币政策等方面的研究，已经在《经济研究》、《金融研究》、《经济学动态》、《改革》和 *Economic Modelling* 等国内外核心期刊发表近 20 篇学术论文，并在光明网、《经济观察报》等重要网站和报刊发表多篇智库类文章，主持 1 项国家自然科学基金项目，参与马克思主义理论研究和建设工程等多项国家级课题项目。

刘哲希，对外经济贸易大学国际经济贸易学院讲师。1991 年 2 月生于黑龙江大庆，2018 年毕业于中国人民大学经济学院，获得经济学博士学位。主要从事经济增长与宏观金融等领域的研究。已经在《经济研究》、《世界经济》、《中国工业经济》、*Emerging Markets Finance and Trade* 等国内外核心期刊发表 20 余篇学术论文，并在光明网、《中国社会科学报》、《证券日报》等重要网站和报刊发表多篇经济评论文章。出版 2 部著作，并参与国家自然科学基金应急管理项目、马克思主义理论研究和建设工程等多项国家级课题项目。

前　言

宏观经济政策在中国通常也被称为宏观调控，这个术语是在政策实践过程中逐渐形成的，体现出与时俱进的特点。1984 年中共十二届三中全会首次提出了“宏观调节”的概念，1988 年中共十三届三中全会正式使用了“宏观调控”的概念，1993 年中共十四届三中全会进一步提出了“建立以间接手段为主的完善的宏观调控体系”。在中国，宏观经济政策的内容比较宽泛，除了货币政策和财政政策，还包括投资政策、产业政策、土地政策和区域政策等内容，近年来又加入了宏观审慎政策等多种新政策。这些政策可以被统称为广义的宏观经济政策。

虽然广义的宏观经济政策的内涵日益丰富，但是符合宏观经济政策所追求的经济与金融“双稳定”核心目标的主要是货币政策、财政政策和宏观审慎政策，三者被称为狭义的宏观经济政策。近年来，中国也越来越聚焦于狭义的宏观经济政策。一方面，更加强调货币政策和财政政策在宏观经济政策体系中的主体地位。党的十八届三中全会明确指出，要健全“以财政政策和货币政策为主要手段的宏观调控体系”①。国家“十三五”规划进一步要求，“完善以财政政策、货币政策为主，产业政策、区域政策、投资政策、消费政策、价格政策协调配合的政策体系”②。另一方面，对宏观审慎政策的重视明显加强，党的十九大报告明确提出，要“健全货币政策和宏观审慎政策双支柱调控框架”③。此外，中国正在推进以市场化为导向的经济体制改革，因

---

① 引自2013年11月16日《人民日报》第1版的文章:《中共中央关于全面深化改革若干重大问题的决定》。

② 引自 2016 年 3 月 18 日《人民日报》第 1 版的文章:《中华人民共和国国民经济和社会发展第十三个五年规划纲要》。

③ 引自2017年10月28日《人民日报》第1版的文章:《决胜全面建成小康社会 夺取新时代中国特色社会主义伟大胜利》。

此也应该构建以市场化为导向的宏观经济政策体系。只有这样，经济体制和宏观经济政策体系才能相互匹配，真正提高宏观经济政策效率。而狭义的宏观经济政策比广义的宏观经济政策更能满足市场化导向的特点。有鉴于此，本书主要研究狭义的宏观经济政策。

对宏观经济政策进行评价是一项重大的基础性研究工作，具有重要的理论价值和现实意义。就理论价值而言，本书倡导问题导向的理论研究，有助于完善中国的宏观经济政策理论体系。著名经济学家曼昆有句名言，“上帝将宏观经济学带到人间，并不是为了提出和检验优美的理论，而是为了解决实际问题”。回顾宏观经济学的百年发展史也会发现，宏观经济学一直是在解决现实问题的基础上不断完善理论体系，大萧条、大通胀、大缓和及 2008 年全球金融危机等里程碑事件均是如此。以大萧条为例，当时主流观点信奉市场出清理论，认为市场会推动经济自动恢复至均衡状态，然而该理论不能解释大萧条时期产出持续下降和失业率不断攀升的事实。宏观经济学界在尝试解释大萧条的过程中，经历了凯恩斯主义、货币主义、金融加速器理论等一系列发展阶段，其推动着宏观经济理论体系不断完善。再以 2008 年全球金融危机为例，虽然宏观经济理论还未对此形成系统的解释，但是也已经出现了一些新进展，其中关于宏观经济政策的重要启发是，宏观经济政策应更加重视金融稳定和政策协调配合。有鉴于此，本书基于现代宏观经济理论并结合国情对中国的宏观经济政策进行评价，有助于完善中国的宏观经济政策理论体系。

就现实意义而言，本书有助于提高中国宏观经济政策的效率，从而更好地实现“稳增长”和“防风险”等重要目标。一方面，新常态以来中国经济持续面临下行压力。2018 年，中国经济增速降至 6.6%，触及 1990 年来的最低点。外需面临较大不确定性，消费与投资两大内需较为疲软。而中国要想实现“两个一百年”奋斗目标并顺利跨越中等收入陷阱，仍然需要经济保持一定增速。在此背景下，很有必要运用宏观经济政策“稳增长”。另一方面，近年来中国的房地产泡沫风险、高债务风险与信用风险等多种金融风险交织，金融体系不稳定性加剧。2008 年全球金融危机之后达成的一项重要共识就是，宏观经济政策只关注经济稳定是不够的，还应该高度重视金融稳定。中国也已经开始高度重视防范金融风险，党的十九大报告明确强调要“守住不发生系统性金融风险的底线”[①]。通过对宏观经济政策进行评价，能够发现中国在

① 引自2017年10月28日《人民日报》第1版的文章：《决胜全面建成小康社会 夺取新时代中国特色社会主义伟大胜利》。

政策制定和实施过程中存在的问题，并借鉴理论和国际经验对未来政策思路做出调整，从而使中国的宏观经济政策更好地实现“稳增长”和“防风险”等重要目标。因此，宏观经济政策评价具有重要的现实意义。

本书将结合现代宏观经济理论和中国国情，从“指标设定的合理性”、“政策整体效果”、“政策力度与传导效率”、“政策空间”、“预期管理”和“政策协调性”六大维度对中国宏观经济政策进行系统全面的年度评价。在此基础上，本书还立足于国际视角对美国宏观经济政策进行了全面评价，以探寻其对中国经济的影响。作为国内首份宏观经济政策评价报告，本书不仅有助于完善中国宏观经济政策理论体系，而且有助于更好地提高中国宏观经济政策的效率，以更小的代价促进中国经济实现高质量发展，早日实现中华民族伟大复兴的中国梦。

本书得到了国家自然科学基金应急管理项目“国内经济政策环境与金融风险防范”（项目号：71850003）的资助，在此表示感谢。

陈彦斌

2019年1月

目　　录

第一篇　政策研究报告

第二篇　专题研究

第一篇　政策研究报告

主报告 宏观经济政策研究报告 2019

在中国，宏观经济政策的内涵比较宽泛，除了货币政策、财政政策和宏观审慎政策，还包括产业政策、区域政策、投资政策和土地政策等，这些被统称为广义的宏观经济政策。虽然广义的宏观经济政策的内涵日益丰富，但是符合宏观经济政策所追求的经济与金融“双稳定”核心目标的主要是货币政策、财政政策和宏观审慎政策，三者被称为狭义的宏观经济政策。近年来，中国的宏观调控也越来越聚焦于狭义的宏观经济政策，《中华人民共和国国民经济和社会发展第十三个五年规划纲要》明确指出要“完善以财政政策、货币政策为主”的宏观经济政策体系，党的十九大报告则提出要“健全货币政策和宏观审慎政策双支柱调控框架”[①]。考虑到宏观审慎政策在理论和国际经验层面均不成熟，本报告重点研究狭义的宏观经济政策中的货币政策和财政政策。

宏观经济政策旨在帮助经济实现平稳运行，因此要想准确地评价宏观经济政策，首先需要把握宏观经济的运行状况。就经济稳定而言，2018 年中国的国内生产总值（gross domestic product，GDP）增速为 6.6%，完成了“6.5% 左右”的目标，并且继续在全球主要经济体中位居前列。不过，经济运行“稳中有变、变中有忧”，而且“经济下行压力加大”。就金融稳定而言，2018 年以来中国所面临的流动性风险与不当金融创新风险有所缓解，结构性去杠杆也取得了积极进展。但是，房价波动风险、高债务风险与信用违约等金融风险依然存在，需要进一步加强防范。

有鉴于此，本报告将结合宏观经济理论与中国国情，从“指标设定的合理性”、“政策整体效果”、“政策力度与传导效率”、“政策空间”、“预期管理”和“政策协调性”六大维度对 2018 年宏观经济政策调控效果欠佳的原因进行

---

① 引自2017年10月28日《人民日报》中的文章：《决胜全面建成小康社会 夺取新时代中国特色社会主义伟大胜利》。

系统评价。除此之外，本报告还将在开放视角下对美国宏观经济政策进行评价，以探寻美国宏观经济政策对中国宏观经济运行的影响，从而更加全面而准确地找到中国经济下行压力加大的根源，并对症下药，通过完善宏观调控更好地促进中国经济平稳健康运行。

一、宏观经济政策指标设定的合理性研究

政策指标的前瞻性设定对于宏观经济政策操作具有重要的指导意义。合理的指标设定有助于宏观经济政策更好地平抑经济波动，不合理的指标设定则会导致宏观经济政策操作不当，加剧经济波动。有鉴于此，本报告首先对关键性指标设定的合理性进行系统评价。

第一，GDP 增速目标设定在“6.5%左右”，符合经济运行实际情况。2018 年政府工作报告将 GDP 增速目标设定为“6.5%左右”，与 2017 年相比，继续保留了“6.5%左右”的预期目标，但删去了“在实际工作中争取更好结果”的表述。一方面，“6.5%左右”的增速有助于实现到 2020 年 GDP 和城乡居民人均收入比 2010 年翻一番的目标，并顺利完成新增 1100 万人以上的城镇就业目标。另一方面，不再强调“在实际工作中争取更好结果”，使得各级政府能够腾出更多精力推动高质量发展。据此，本报告认为“6.5%左右”的目标较为合理。

第二，首次增设城镇调查失业率目标，值得肯定。以往政府工作报告只公布城镇登记失业率的目标值，该指标只统计城镇非农失业人口并且依赖于居民主动申报，通常会低估实际失业状况。相比之下，城镇调查失业率的涵盖范围更广、统计方式更主动、对失业人口的定义更准确，能够比登记失业率更真实地反映失业情况。就具体数值而言，虽然 2013 年以来中国城镇调查失业率一直低于 5.5%，但是考虑到季节性因素可能导致个别月份的失业率出现跳升，因此将 2018 年的目标值设定为“5.5%以内”也是较为合理的。

第三，居民消费价格指数（consumer price index，CPI）目标涨幅 2015 年以来设定在“3%左右”，有助于增强宏观经济政策的一致性与连续性。从国际经验来看，将通货膨胀目标值长期固定在某一特定值或特定区间是全世界主要经济体的普遍做法，有助于公众对未来通货膨胀走势形成较为一致且稳定的预期。在 2017 年 CPI 涨幅为 1.6%的情况下，2018 年将 CPI 目标涨幅设定在 3%，也是充分预估了物价的上涨压力。根据测算，翘尾因素将推高 2018 年全年 CPI 涨幅 1 个百分点，比 2017 年增加 0.4 个百分点。此外，劳动

力成本上涨和房租上涨也使得2018年面临一定的物价上涨压力。

第四，预算财政赤字率由3.0%下调至2.6%，具有一定的合理性。下调赤字率主要出于三点考虑。一是2017年GDP增速有所回升，因此，作为逆周期调节工具的财政政策可以适当减弱力度。二是2017年生产者物价指数（producer price index，PPI）快速上涨，会带动增值税与企业所得税等税收较快增长，即便不减少财政支出，赤字率也会随之降低。三是政府债务负担高企，下调预算赤字率可以为财政政策预留空间。因此，站在2018年初来看，下调预算赤字率具有一定的合理性。需要强调的是，财政政策作为逆周期调节工具，应该进行抉择，当经济下行压力超出预期时，应及时加大政策力度，而不应过于受到预算赤字率的约束。

第五，在数量型货币政策有效性下降的背景下，不再设定M2等数量型指标的目标值具有一定合理性，但需加快向价格型指标转变的步伐。与以往不同，2018年政府工作报告不再公布M2和社会融资规模余额增速的目标值。究其原因，伴随着利率市场化改革的持续推进与金融创新的深化，M2等数量型指标的可测性、可控性及与实体经济的相关性不断下降，导致数量型指标的有效性逐渐减弱。然而，政府工作报告在淡化数量型指标的同时，没有增强对价格型指标的表述，导致数量型目标与价格型目标双双缺失。由此也使得社会各界对货币政策走向难以形成清晰的认识，降低了货币政策的调控效率。

二、宏观经济政策整体效果研究

现代宏观理论表明，宏观经济政策的核心目标是同时实现经济稳定与金融稳定，两者缺一不可。中国宏观经济政策的目标亦是如此，“稳增长”被列为2018年宏观经济政策的首要目标，而“防范化解重大风险”则被列为三大攻坚战之首。基于此，本报告从经济稳定与金融稳定两大方面对2018年宏观经济政策的整体效果进行分析和判断。

经济稳定方面，2018年中国经济增速趋缓，下行压力有所加大。2018年中国GDP增速为6.6%，比2017年回落0.2个百分点[①]。虽然完成了“6.5%左右”的目标，但经济运行呈现出“稳中有变、变中有忧”的局面，尤其表现为三大需求增速的集体放缓。消费需求方面，不只是商品消费增速放缓，过去几年增长较快的服务消费增速也明显下滑。2018年前三季度城镇居民服

① 2017年GDP增速使用的是国家统计局最终核实的数据，即6.8%。

务消费增速仅为 7%，比 2017 年同期下滑了 0.7 个百分点，比 2012~2016 年平均增速更是下滑了 4.1 个百分点。投资需求方面，2018 年固定资产投资增速为 5.9%，比 2017 年下滑了 1.3 个百分点，剔除价格因素后的实际增速则已经在零附近徘徊。出口方面，尽管个别月份的出口表现超出预期，但是在中美贸易摩擦的影响下，全年出口增速相较于 2017 年有所回落，净出口对经济增长的贡献由正转负。2017 年净出口正向拉动 GDP 增速约 0.6 个百分点，而 2018 年则为负向拉动 0.6 个百分点。客观而言，经济下行压力加大主要与中美贸易摩擦加剧及结构性去杠杆的“阵痛”等因素有关，但是宏观经济政策作为逆周期调节工具，在稳定经济尤其是稳定总需求方面还存在一定的改善空间。

金融稳定方面，2018 年以来流动性风险与不当金融创新风险有所缓解，但金融体系的风险隐患依然不少。一是外汇风险。2018 年人民币贬值压力有所增加，不过尚处于可控范围之内。二是资产价格大幅波动风险。2018 年部分三四线城市房价继续快速上涨，这主要由去库存、棚改货币化安置等政策性因素及投机性需求所驱动，不具有可持续性，后续可能面临房价下跌风险。此外，2018 年股市的持续低迷也显著加大了股权质押大面积违约的风险。三是高债务风险。家庭、企业与地方政府的债务压力依然不容忽视，尤其是民营企业债务率的被动上升及地方政府隐性债务负担的不断加剧，需要高度防范。四是信用风险。商业银行不良贷款率再次攀升，债券市场的违约风险有所加大。截至 2018 年 12 月初，全国共有 146 只债券发生违约，违约数量接近 2017 年的 3 倍。

三、政策力度与传导效率研究

政策力度的大小是决定其“稳增长”效果的重要因素，如果政策力度不足，自然难以实现调控目标。同时，政策传导效率也至关重要，如果传导效率不高，即使加大政策力度可能也难以实现调控目标。因此，要想探寻 2018 年宏观经济政策效果欠佳的原因，需要对政策力度和传导效率进行综合判断。

第一，货币政策力度有所不足，传导效率也相对偏低。

2018 年数量型和价格型货币政策的力度都有所不足。就数量型货币政策而言，2018 年以来 M2 增速延续了 2017 年的低迷态势，而且 10~12 月持续居于 8%~8.1%的历史低位，2018 年社会融资规模余额增速更是比 2017 年下降了近 4 个百分点。就价格型货币政策而言，虽然各类货币市场利率中枢普遍下行，但是与实体经济联系更加密切的信贷利率不降反升，2018 年三季度末金融机构一般贷款加权实际利率已经升至 4.32%，比 2017 年底提高了 0.79 个百分点。

货币政策不仅力度不足，而且传导效率偏低，导致其调控效果欠佳。一方面，大量资金不断流向房地产部门，削弱了货币政策对实体经济的支持力度。央行数据显示，房地产部门贷款余额占金融机构所有贷款余额的比重已经从 2012 年第一季度的 19.2%升至 2018 年第三季度的 28.1%，而同期工业和服务业中长期贷款余额所占比重则下降了 4.4 个百分点。另一方面，货币政策过多地关注"调结构"，偏离了其总量政策的本质特征，进一步削弱了政策传导效率。从政策实践来看，结构性货币政策的调控效果也并不理想，2018 年前三季度小微企业新增贷款占金融机构新增贷款总额的比重仅为 11.3%，比 2017 年同期低了 12 个百分点。

第二，财政政策力度有所不足，传导效率也有所降低。

要想准确判断财政政策的力度，既要从支出端分析，也要从收入端分析，2018 年财政政策在支出端（增支）和收入端（减税）的力度均有所不足。一是 2018 年 1~11 月一般公共预算支出和政府性基金预算支出（扣除成本性支出）之和的累计同比增速为 8.5%，比 2017 年同期低了 0.7 个百分点。虽然 12 月一般公共预算支出增速明显升高，使得 2018 年全年一般公共预算支出和政府性基金预算支出（扣除成本性支出）之和的增速高于 2017 年 1.1 个百分点，但是考虑到财政政策从出台到落地存在时滞，因此政策时滞的存在使得 2018 年财政支出的实际力度仍小于 2017 年。二是城投债、政策性银行金融债及政府和社会资本合作（public-private partnership，PPP）等各类准财政政策的力度减弱。三是宏观税负不降反升，2018 年宏观税负达到 34.7%，比 2017 年提高了 0.6 个百分点。在"经济下行压力加大"的情形下，财政支出增速放缓，宏观税负升高，意味着积极财政政策的力度是不足的。

不仅如此，近年来中国积极财政政策的传导效率有所降低，进一步削弱了财政政策的调控效果。大量研究表明，近年来中国财政支出的乘数效应有所下降。究其原因，政府、企业和居民部门的债务负担不断加重，限制了财政政策对消费和投资的拉动效应。一方面，政府债务负担不断加剧意味着未来政府提高宏观税负的可能性越来越大，从而影响了企业投资和居民消费的信心。另一方面，财政支出的增加会推高利率水平，导致企业和居民需要偿还的债务利息不断升高，进一步限制了财政支出对投资和消费的拉动作用。

四、政策空间研究

宏观经济政策空间的大小决定了未来政策的可持续性。尤其是在应对经济下行压力的时候，如果宏观经济政策不可持续，很容易打击市场信心，进而导致政策效果大打折扣。分析政策空间的大小，可以前瞻性地判断宏观经济政策的调整方向和政策力度。有鉴于此，本报告专门对货币政策和财政政策的空间予以分析和判断。

第一，货币政策空间有所收窄，但是与其他国家相比仍有一定空间。

就数量型货币政策而言，2018 年中国央行进行了四次定向降准，大型和中小型金融机构适用的存款准备金率分别降至 14.5%和 11%。尽管如此，中国央行的降准空间仍然较为充裕。其一，与其他国家相比，中国的存款准备金率仍处于高位。其二，近年来外汇占款不断减少，央行不再需要通过较高的存款准备金率对冲外汇占款对基础货币的影响，从而使得降准空间有所升高。其三，中国已经于 2015 年 5 月正式建立存款保险制度，央行不再需要通过较高的存款准备金率来充当“隐性存款保险”的角色，这同样意味着降准空间有所升高。

就价格型货币政策而言，2018 年中国的货币市场利率有所下行，降息空间略有收窄，但是与美国和日本等发达国家相比仍有空间。截至 2018 年底，中国的银行间质押式回购加权平均利率（1 天）为 2.43%，而美国联邦基准利率为 2.25%~2.50%，日本的无担保隔夜拆借利率则为-0.06%，可见中国的货币市场利率并不低。此外，截至 2018 年底一年期存贷款基准利率分别为 1.5%和 4.35%，距离零下限尚有较大空间。不仅如此，相对充裕的外汇储备和偏紧的资本管制政策使得中国的货币政策可以保持较高的独立性，因此，降息空间不会因为美国联邦储备系统（以下简称美联储）加息而受到明显挤压。

第二，财政政策空间正在不断缩小。

财政政策空间的大小取决于政府债务的可持续性。中国的政府债务主要由中央政府债务、地方政府显性债务和地方政府隐性债务三部分组成。其中，中央政府债务和地方政府显性债务负担并不重，但是地方政府隐性债务负担持续攀升，使得财政政策空间不断收窄。截至 2017 年底，中央政府债务率为 16.29%，地方政府显性债务率为 19.96%，而地方政府隐性债务率可能已经达到 40%左右的较高水平。将三者相加可知，中国的政府总债务率已经超过 70%，高于印度、墨西哥、南非、印度尼西亚、土耳其和俄罗斯等新兴经济体。

而且，未来中国的政府债务率预计还将升高，导致财政政策空间进一步收窄。其一，政府部门尤其是地方政府仍然或多或少承担着“稳增长”的目标和任务，这就需要政府部门继续融资，预计这将使得政府债务进一步增加。其二，要想不断提高人民的获得感、幸福感，需要教育、医疗等领域的财政支出进一步增加。其三，人口老龄化不断加剧将会给政府债务带来额外的负担。国际货币基金组织（International Monetary Fund，IMF）测算结果表明，人口老龄化将使得 2022 年中国政府债务率额外提高 15 个百分点。

五、预期管理研究

预期管理的核心在于通过信息沟通对公众预期予以引导，从而提高宏观经济政策的效率。目前，理论相对成熟且应用较为广泛的主要是货币政策预期管理。而在中国的具体实践中，财政政策预期管理同样非常重要。本报告将从政策透明度和前瞻性指引两大方面对货币政策与财政政策预期管理的情况进行分析和判断。

第一，货币政策透明度和前瞻性指引均有提升空间，可见货币政策预期管理有待完善。

政策透明度方面，已有研究普遍根据目标信息、经济信息、决策信息和操作信息的披露情况判断货币政策透明度的高低。2018 年，中国货币政策在操作信息披露方面做得较好。以定向降准为例，央行对每一次定向降准都进行了及时解释和说明，并较好地引导了市场预期。不过，在目标信息、经济信息和决策信息披露方面仍然存在一些问题：货币政策目标过多并且没有明确设定优先目标，导致目标透明度较低；央行仍然没有公布与货币政策有关的经济模型和预测数据；货币政策决策过程仍然不透明。

前瞻性指引方面，2018 年政府工作报告取消了对 M2 和社会融资规模余额等数量型指标的年度增速指引，与此同时，央行不仅没有强化，反而弱化了对价格型指标的前瞻性指引。2017 年央行在货币政策执行报告中给出了短期利率的合理目标区间，虽然形式上与前瞻性指引仍存在差距，但一定程度上发挥了前瞻性指引的作用。然而，2018 年央行不再明确说明短期利率的合理区间，由此导致货币政策在前瞻性指引方面的表现有所欠佳。可见，中国货币政策的前瞻性指引亟待完善。

第二，财政政策透明度和财政政策前瞻性指引效率均有进一步提高的空间。

政策透明度方面，本报告从预算透明度和财政风险透明度两个方面分析财政政策透明度。关于预算透明度，关于预算透明度，我国的提升空间较大。

一是，我国向公众提供的预算文件可以更多。二是，公开的预算文件披露的信息可以更加丰富。关于财政风险透明度，虽然财政部每年公布中国的政府债务规模，但其中并不包括地方政府隐性债务，因此通过官方数据难以全面考量财政风险。不仅如此，目前对隐性债务的测算缺乏统一口径和认定标准，不同机构的测算结果差异很大，这进一步降低了中国的财政风险透明度。

前瞻性指引方面，部分指标设定不够合理，并且部分政策的效果低于预期，导致财政政策前瞻性指引难以有效发挥作用。例如，目前中国公布的预算赤字率包含了预算稳定调节基金和结转结余等项目，导致赤字率难以准确反映财政政策的实际力度。又如，近年来政府部门持续推行“营改增”和全面减税降费政策，但是本报告的测算结果表明，2017 年以来中国的宏观税负呈现出上升势头，由此导致财政政策的前瞻性指引作用有所不足。

六、政策协调性研究

宏观经济政策相互协调具有一定的必要性。根据丁伯根法则，单一政策无法同时实现经济稳定与金融稳定的“双稳定”目标，需要多种宏观经济政策共同发挥作用。此外，各类宏观经济政策并不是相互独立的，协调不当会影响彼此的调控效率和未来政策空间。本报告将从三个方面对政策协调性进行分析和判断：一是央行内部的货币政策与宏观审慎政策之间的协调；二是央行与财政部之间的政策协调；三是货币政策、财政政策与产业政策之间的协调。

第一，货币政策力度有所不足，导致货币政策与宏观审慎政策的协调效果不佳。

2018 年，中国在经济稳定和金融稳定方面均存在一定压力，应当实施“稳健略偏宽松的货币政策+偏紧的宏观审慎政策”的政策组合。稳健略偏宽松的货币政策有助于实现经济稳定，而偏紧的宏观审慎政策能够抑制金融系统的投机性和高风险行为，防范房价波动风险等金融风险，有助于更好地实施稳健略偏宽松的货币政策。从 2018 年政策实践来看，宏观审慎政策较为合理，《关于规范金融机构资产管理业务的指导意见》（以下简称《资管新规》）的出台较好地控制了影子银行风险，重启跨境资本流动管理政策则有效防范了大规模跨境资本流动风险。然而，不管是从 M2 和社会融资规模余额等数量型指标来看，还是从金融机构一般贷款加权实际利率等价格型指标来看，货币政策的力度均有所不足，导致货币政策与宏观审慎政策的实际组合偏离了最优组合。

第二，货币政策和财政政策力度均有所不足，导致二者偏离了最优政策组合。

由于 2018 年中国经济下行压力有所加大，最优的政策组合应当是“稳健略偏宽松的货币政策+积极的财政政策”。一方面，积极财政政策会导致利率上升，进而挤出企业投资，而稳健略偏宽松的货币政策有助于抑制实际利率上升，从而使得财政政策更好地实现调控目标。另一方面，该政策组合有利于为财政政策和货币政策创造更宽裕的空间，保证政策的可持续性。从政策实践来看，不仅货币政策力度不足，财政政策力度也有所不足（财政支出增速放缓且宏观税负升高），导致二者偏离了最优政策组合。

第三，产业政策没有明显放松管制力度，导致其未能与货币政策和财政政策实现有效协调。

要想应对经济下行压力，适度加大货币政策与财政政策的力度固然重要，除此之外，还需要以放松管制为核心的产业政策积极配合，这样才能够使得货币政策与财政政策的调控效果更好地发挥出来。第一，以放松管制为核心的产业政策能够为企业提供新的投资机会和发展空间，促进流动性从银行系统向实体经济传导，从而提高货币政策的传导效率。第二，以放松管制为核心的产业政策能够扩大企业尤其是民营企业的投资空间，缓解积极财政政策可能产生的挤出效应。具体到当前的中国，产业政策放松管制的关键在于放松第三产业对民间投资的进入限制。受供给侧结构性改革的影响，民营企业在第二产业的投资空间有所缩小，适度放松第三产业的管制对于改善民间投资至关重要。然而，2018 年相关政府部门并没有出台实质性举措以放松民间投资进入第三产业的相关限制。

七、美国宏观经济政策研究

美国是世界上最大的经济体，美元是国际货币体系中占主导地位的世界货币，这使得美国宏观经济政策对全球经济的影响是其他经济体所无法比拟的。因此，正如关注一国金融风险时必须重点关注系统重要性银行一样，考察全球经济的动态变化时必须重点考察“系统重要性国家”的宏观经济政策所带来的影响。有鉴于此，本报告对 2018 年美国主要宏观经济政策及其影响进行了系统性分析和判断。

2018 年美国实施了“紧缩性货币政策+扩张性财政政策+保护主义贸易政

策”的宏观经济政策组合，但是对美国自身的调控效果不佳。具体而言，美国经济出现了过热迹象，通货膨胀率高于2%的目标值，失业率明显低于自然失业率，产出缺口显著为正，可见宏观经济政策没有实现经济稳定的目标。不仅如此，美国的股市回调风险加大，企业债务违约风险攀升，政府债务风险上扬，可见宏观经济政策也没有实现金融稳定的目标。究其原因，一方面，美国积极财政政策的力度偏大，与货币政策的调控方向相冲突，导致美联储加息力度被动加大，进而推升了股市回调压力和企业债务违约风险。另一方面，保护主义的贸易政策提高了市场不确定性，削弱了投资者对实体经济和资本市场的投资热情，进而引发了金融市场的动荡。

与此同时，美国的宏观经济政策对全球经济产生了很强的负外部性，尤其不利于新兴经济体的经济稳定与金融稳定。从货币政策来看，美联储加息和缩表推升了全球货币市场利率，造成了全球流动性紧缩和资本回流美国，削弱了新兴经济体的投资活力和实体经济复苏态势。以阿根廷和土耳其为例，与 2018 年初相比，两个国家的汇率在 2018 年年内最大贬值幅度分别达到了 37.0%和 40.5%，同期股市最大跌幅均超过 25%。从财政政策来看，美国大规模减税政策引发了全球范围内的税收竞争，这会在一定程度上重塑全球产业链和跨国企业投资动向，进而给新兴经济体造成压力。从贸易政策来看，保护主义贸易政策推升了全球不确定性和避险情绪，给新兴经济体的出口等经济活动带来了负面影响。正是上述原因，IMF 在 2018 年 10 月将新兴经济体 2019 年预期平均增速下调了 0.4 个百分点。

美国的宏观经济政策也对中国经济运行产生了一定的负面冲击，尤其体现为对投资和出口的影响。就投资而言，美国的加息和大规模减税政策在一定程度上削弱了中国对外部资金的吸引力，中美贸易摩擦既削弱了中国相关出口企业的投资活动，也通过推高市场不确定性而降低了中国整体的投资增速。就出口而言，美国引发的贸易战使得中国对美国出口受到较为明显的影响。2018 年下半年以来，中国制造业企业采购经理人指数（purchasing managers' index，PMI）中的新出口订单指数持续处于 50%的荣枯线以下，12 月更是跌至 46.6%这一 2016 年以来的最低位。

八、2019 年宏观经济政策的总体思路

本报告通过对宏观经济政策进行系统全面的研究，发现当前中国宏观调控仍然存在一些不足，导致其没能很好地实现经济稳定与金融稳定的目标。

一是部分政策指标的设定不够合理，如预算赤字率的目标值无法真实反映财政政策的力度大小，再如货币政策处于数量型和价格型目标值双双缺失的局面。二是货币政策与财政政策的力度均有所不足，而且政策传导效率均相对偏低。三是货币政策与财政政策预期管理尚不完善，政策透明度和前瞻性指引的效率有待提高。四是政策协调性欠佳，不管是央行内部的货币政策与宏观审慎政策之间的协调，还是央行与财政部之间货币政策和财政政策的协调，抑或货币政策、财政政策与产业政策的协调，都可进一步增强相互之间的协调性。

2019 年，在供给侧结构性改革持续推进及“外部环境复杂严峻”的局面下，中国经济仍然面临一定的下行压力。有鉴于此，本报告建议从如下几个方面创新与完善宏观调控。第一，构建更加完善的宏观经济政策指标体系，尤其要完善赤字率、利率等政策指标及其目标值的设定，从而更加清晰地反映政策力度，引导政策走向。第二，适度加大货币政策与财政政策的力度，并着力提高政策传导效率。就货币政策而言，在进一步完善宏观审慎监管体系并加快构建房价调控长效机制的前提下，央行可以根据需要继续降准，必要时还可以降息，从而更好地应对经济下行压力。就财政政策而言，应该着力降低宏观税负，从而更有效地拉动投资和消费需求。此外，还要深化体制机制改革，严防地方政府隐性债务风险。第三，加强预期管理。央行和财政部要提高政策透明度，同时强化前瞻性指引，从而更好地引导公众预期。第四，健全宏观经济政策协调机制，尤其要加强货币政策与宏观审慎政策、货币政策与财政政策，以及货币政策、财政政策与产业政策之间的协调，从而兼顾“双稳定”目标。第五，密切关注美国宏观经济政策的溢出效应并加强国际合作，从而更好地防范和应对外部宏观经济政策的冲击。

分报告一　宏观经济政策指标设定的合理性研究

一、2018 年中国宏观经济政策指标设定情况

宏观经济政策关键性指标的前瞻性设定是宏观经济政策制定的重要环节，主要包括两个层面的指标设定：一是 GDP 增速与 CPI 涨幅等政策最终目标的前瞻性设定①；二是预算财政赤字率与货币供应量（M2）增速等政策工具指标的前瞻性设定，以便更好地实现最终目标。从历史的经验教训来看，关键性指标的前瞻性设定对宏观经济政策的调控思路与具体操作具有十分重要的指导意义。合理的指标设定有助于宏观经济政策更好地平抑经济的短期波动，不合理的指标设定则会导致宏观经济政策操作不当，由此宏观经济政策不仅难以平抑反而会加剧经济波动。例如，20 世纪 60 年代和 70 年代初，美国政府为了追求过高的经济景气程度与社会福利水平，实施了过于积极的财政政策与货币政策，从而导致了滞胀危机的出现②。再如，引爆 2008 年全球金融危机的美国房地产泡沫一定程度上也源于前期美联储实施了利率过低的货币政策（Taylor，2007）。

具体到中国，每年宏观经济政策关键性指标的前瞻性设定会在该年年初的政府工作报告中提出。2018 年政府工作报告在第二部分“2018 年经济社会发展总体要求和政策取向”中指出，“今年发展主要预期目标是：国内生产总值增长 6.5%左右；居民消费价格涨幅 3%左右；城镇新增就业 1100 万人以上，城镇调查失业率 5.5%以内，城镇登记失业率 4.5%以内”“积极的财政政策取向

① 徐现祥和刘毓芸（2017）指出，经济增长目标管理是一个全球性现象，1950年至今，包含发达和发展中国家在内至少有49个经济体一直或曾经定期公布经济增长目标。

② 具体请参见Orphanides（2003）、Bianchi 和 Ilut（2014）。

不变，要聚力增效。今年赤字率拟按2.6%安排，比去年预算低0.4个百分点”“稳健的货币政策保持中性，要松紧适度。管好货币供给总闸门，保持广义货币M2、信贷和社会融资规模合理增长”[①]。与过去几年相比可以发现，2018年宏观经济政策关键性指标的前瞻性设定发生了一些明显的变化（表1）。鉴于关键性指标的重要性，本报告将对2018年前瞻性设定的合理性进行系统分析和判断。

表1　2012~2018年中国宏观经济政策关键性指标的前瞻性设定情况

年份	GDP增速	CPI涨幅	城镇新增就业	城镇调查失业率	城镇登记失业率	预算财政赤字率	M2增速	社会融资规模余额增速
2012	7.5%	4%左右	900万人以上	—	4.6%以内	1.5%左右	14%	—
2013	7.5%左右	3.5%左右	900万人以上	—	4.6%以内	2%左右	13%左右	—
2014	7.5%左右	3.5%左右	1000万人以上	—	4.6%以内	2.1%	13%左右	—
2015	7%左右	3%左右	1000万人以上	—	4.5%以内	2.3%	12%左右	—
2016	6.5%~7%	3%左右	1000万人以上	—	4.5%以内	3%	13%左右	13%左右
2017	6.5%左右，在实际工作中争取更好结果	3%左右	1100万人以上	—	4.5%以内	3%	12%左右	12%左右
2018	6.5%左右	3%左右	1100万人以上	5.5%以内	4.5%以内	2.6%	—	—

注：表中数据来源于历年政府工作报告。因为政府工作报告分别是从2016年和2018年起才公布社会融资规模余额增速和城镇调查失业率的预期目标，所以2012~2015年社会融资规模余额增速和2012~2017年城镇调查失业率这两列数值空缺，标记为“—”。因为2018年政府工作报告没有列出M2增速和社会融资规模余额增速的具体量化值，所以标记为“—”

二、宏观经济政策指标设定的合理性研究

1. GDP增速目标设定在“6.5%左右”，符合中国经济运行实际情况

2018年政府工作报告将GDP增速目标设定在“6.5%左右”。与2017年的表述相对比可以发现，一方面继续保留了GDP增速为“6.5%左右”的具体量化值；另一方面则删去了“在实际工作中争取更好结果”的表述。之所以进行以上调整，主要出于对中国经济运行实际情况的考虑，具有一定的合理性。

一是继续强调GDP增速要保持在6.5%左右，符合全面建成小康社会的

① 李克强：《政府工作报告——2018年3月5日在第十三届全国人民代表大会第一次会议上》，http://www.gov.cn/zhuanti/2018lh/2018zfgzbg/zfgzbg.htm，2018年3月5日。

发展要求。党的十九大报告指出，中国正处于“决胜全面建成小康社会”的阶段。而要实现全面建成小康社会就必须要完成到 2020 年 GDP 和城乡居民人均收入比 2010 年翻一番的发展目标①。据此推算，2018~2020 年中国经济平均增速至少需要达到 6.3%。考虑到 2018 年是“十三五”规划承上启下的关键一年，有必要在 2018 年将增速目标设定在稍高一些的水平，从而“把全面建成小康社会的基础打得更牢固、为以后工作争取更大主动”②。因此，2018 年需要继续强调 GDP 增速保持在 6.5%左右的重要性。

二是 GDP 增速保持在 6.5%左右是完成新增城镇就业 1100 万人以上的重要基础。近年来，伴随着高校毕业生与农民工规模的持续增加，中国的总体就业压力不断加大。李克强总理也多次强调，“稳增长根本是为了保就业”③。2018 年中国新增劳动力规模将达到历史峰值，根据中国人力资源和社会保障部的测算，新成长劳动力④将超过 1500 万人，其中高校毕业生会达到 820 万人的历史高点。正因如此，李克强总理在 3 月 20 日的十三届全国人大一次会议记者会上指出，“我们定的目标是至少要保证新增 1100 万人就业，但方向是 1300 万人以上”⑤。按照 2013~2017 年平均的增长就业弹性来计算⑥，2018 年 6.5%左右的 GDP 增速预计能够带动新增城镇就业 1200 万人左右，可以保证完成 1100 万人的底线目标。由此可见，面对持续增加的就业压力，GDP 需要保证一定的增长速度，因而 6.5%左右的增速目标较为合适。

三是不再强调“在实际工作中争取更好结果”，为中国经济更好地迈向高质量发展预留了空间。当前“中国特色社会主义进入了新时代，我国经济发展

---

① 《坚定不移沿着中国特色社会主义道路前进 为全面建成小康社会而奋斗——在中国共产党第十八次全国代表大会上的报告》，http://www.xinhuanet.com//18cpcnc/2012-11/17/c_113711665.htm，2012年11月17日。

② 王尔德：《专访政府工作报告起草组成员、国务院研究室宏观司司长肖炎舜：把握好宏观调控的度需要处理好五大关系》，http://epaper.21jingji.com/html/2018-03/21/content_82230.htm，2019年1月20日。

③ 《李克强考察人社部：稳增长根本是为了保就业》，http://www.xinhuanet.com//politics/2016-05/06/c_1118820737.htm，2019年1月20日。

④ 新成长劳动力是指达到劳动年龄、在社会初次择业就业的劳动力，包括完成全日制义务教育而未能继续升学的初、高中毕业生及完成全日制初、高中教育继续升学直至完成全日制大中专学历教育的毕业生。

⑤ 《李克强总理会见采访两会的中外记者并回答提问》，http://www.gov.cn/premier/2018-03/21/content_5276056.htm#allContent，2018年3月21日。

⑥ 就业弹性系数指就业人数增长率与GDP增长率的比值，即GDP增长1个百分点带动就业增长的百分点。该系数越大，吸收劳动力的能力就越强；反之，则越弱。据人力资源和社会保障部测算，“十一五”期间GDP每增长1%拉动就业的数量是100万人左右；“十二五”期间GDP每增长1%拉动城镇新增就业170万人左右。参考人力资源和社会保障部的测算方式，本报告计算得到2013~2017年GDP每增长1%拉动的城镇新增就业规模已上升至186万人左右。

也进入新时代，基本特征就是我国经济已由高速增长阶段转向高质量发展阶段”[①]。要实现高质量发展，就不能再仅追求GDP的过快增长，而是要在增长动力转换、提高资本和人力资本质量、缩小贫富差距、防范并化解金融风险、优化财政支出结构及治疗污染等方面下足功夫（陈彦斌，2018）。正因如此，尽管2017年中国实际的GDP增速回升至6.8%，高于预定目标0.3个百分点左右[②]，但是中央并没有相应地抬高2018年的GDP增速目标，而是与2017年保持一致，并且删去了“在实际工作中争取更好结果”。这使各级政府可以腾出更多精力致力于深化改革与促进结构转型，从而更好地实现高质量发展。

2. 首次增设城镇调查失业率目标值，相比之前只公布城镇登记失业率目标有明显改进

相较于2017年，2018年政府工作报告一个突出变化是首次增设了城镇调查失业率目标，并且将其定于5.5%之内。相比之下，以往政府工作报告虽然也公布失业率的预期目标，但是只公布城镇登记失业率的预期目标（表1）。众所周知，城镇登记失业率这一指标由于天然地存在一些缺陷，难以反映真实的失业情况[③]。具体来讲，一是城镇登记失业率指标在统计口径上只包括了具有城镇本地非农户口的失业人员，而在当前中国大量农民进城务工、人口流动规模巨大的情况下，城镇登记失业率的统计方式显然难以反映真实的失业情况。二是城镇登记失业率依赖于城镇户籍居民的主动申报登记，这会进一步造成数据的失真。正因如此，近年来中国城镇登记失业率十分“平稳”，与GDP增速的波动形成明显反差（图1）。比如，2008年全球金融危机爆发时期，中国GDP增速从2007年的14.2%迅速下降至2008年的9.7%，而城镇登记失业率仅上升了0.2个百分点，由4.0%提高至4.2%。

与城镇登记失业率相比，城镇调查失业率这一指标可以有效弥补以往城镇登记失业率存在的不足，更真实地反映失业情况。一是调查失业率的涵盖范围更加宽泛，既包括具有本地非农业户口的人员，也包括没有本地非农业户口但在本地居住的常住人口。二是调查失业率的统计方式更加主动，是由统计部门每月专门组织调查员按照抽取的样本户进行入户调查获取，属于主

① 《中央工作会议举行 习近平李克强作重要讲话》，http://www.xinhuanet.com/fortune/2017-12/20/c_1122142392.htm，2019年1月20日。

② 按照中国GDP核算和数据发布制度规定，年度GDP核算包括初步核算和最终核实两个步骤。初步核算的GDP增速为6.9%，最终核算的GDP增速为6.8%，本报告以最终核算的GDP增速为准。

③ 城镇登记失业率的失真引发了一系列讨论真实失业率的研究，如李实和邓曲恒（2004）、张翔搏（2017）等。

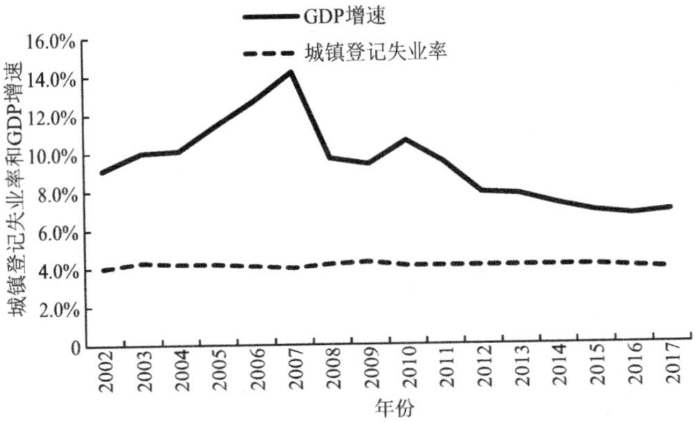

图 1 2002~2017 年城镇登记失业率与 GDP 增速变化情况

动调查取得数据，不再依赖于失业者的主动申报登记。三是调查失业率对失业人口的定义更加准确。调查失业率中对于失业人口的认定是指 16 周岁及以上（年龄无上限），没有工作但近 3 个月在积极寻找工作，如果有合适的工作能够在 2 周内开始工作的人，这一标准与国际劳工组织标准相一致。而登记失业率中的失业人口只是包括 16 岁至退休年龄内，主动到当地人力资源和社会保障部门进行登记的非农户籍人口。事实上，从国际经验来看，大多数国家也更加关注调查失业率。

2018 年的政府工作报告中，首次增设城镇调查失业率的预期目标也表明政府对就业的重视程度在增加，也符合党的十九大报告提出的“实现更高质量和更充分就业”的新要求[①]。将城镇调查失业率目标定在“5.5%之内”虽然范围有些偏宽[②]，但一定程度上是因为考虑了失业率的季节性波动，谨防一些月份的调查失业率“跳升”从而形成干扰，由此可见，“5.5%之内”的城镇调查失业率目标更多是体现了宏观经济政策的一种底线思维。

3. CPI 目标继续设定在“3%左右”，有助于增强宏观经济政策的一致性与连续性

2018 年的 CPI 涨幅目标继续设定在 3%左右，连续 4 年保持不变。从国际经验来看，保持 CPI 涨幅目标的连贯性，有助于增强宏观经济政策的一致性与连续性，更好地稳定居民的通货膨胀预期。比如，美国、欧洲、日本和

① 引自2017年10月28日《人民日报》第1版的文章：《决胜全面建成小康社会 夺取新时代中国特色社会主义伟大胜利》。

② 2013年以来中国调查失业率一直低于5.5%，2017年末城镇调查失业率为5%。事实上，纵观2018年全年，城镇调查失业率也一直在4.8%~5.1%，离5.5%有不小的距离。

英国等经济体均是通过采取将通货膨胀目标长期固定在某一特定值的举措，使公众形成了对未来通货膨胀较为一致且稳定的预期（Woodford，2014）。从中国的具体情况来看，在 2017 年 CPI 涨幅只有 1.6%的情况下，依然将 2018 年 CPI 目标设定在 3%，这充分考虑了 2018 年的 CPI 上涨压力。具体来看，2018 年的 CPI 上涨压力主要来源于以下几个方面：一是翘尾因素在 2018 年的影响将加大，根据测算，翘尾因素将推动 2018 年全年 CPI 涨幅提高 1 个百分点，比 2017 年增加 0.4 个百分点；二是在人工成本持续上升的背景下，家庭与医疗等服务价格的上涨压力较大①；三是前期房价快速上涨导致居民租房成本上升，这会在 CPI 中有一定的体现②。因此，将 2018 年 CPI 目标设定在 3%左右是提前预估了物价的上涨压力，从而为宏观经济政策的制定预留空间。

不过从实际效果来看，CPI 容易受到食品和能源价格的影响从而具有较大的波动性，个别月份 CPI 涨幅的迅速扩大还是造成了各界对通货膨胀的担忧。比如，2018 年 7 月的 CPI 涨幅突破了 2%，并且在随后几个月持续扩大，9 月和 10 月 CPI 涨幅均达到了 2.5%。这引发了各界关于中国是否会陷入“滞胀”的激烈讨论。但实际上，这一轮 CPI 上涨主要是食品和能源价格的短期走高所致，前者主要受到气候因素影响，后者主要受到国际油价的冲击。剔除食品和能源价格的核心 CPI 涨幅其实一直稳定在 2%左右，反映出通货膨胀压力实际上并没有显著增加（图 2）。

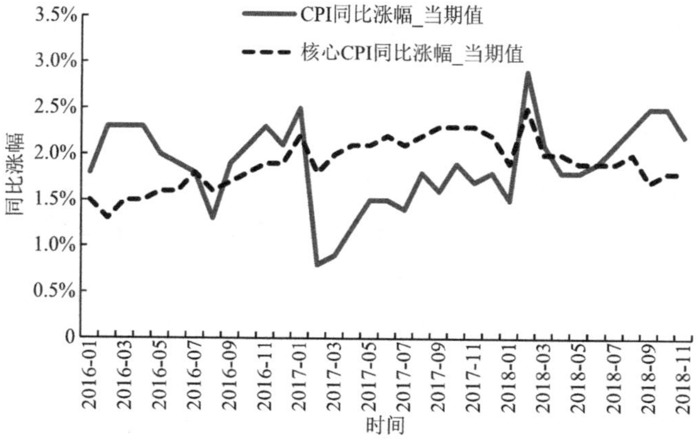

图 2　2016~2018 年中国 CPI 和核心 CPI 同比涨幅变化情况

---

① 2017年家庭服务和医疗保健服务价格分别同比上涨4.2%和6.5%，涨幅显著高于CPI整体1.6%的涨幅。

② 之所以CPI中住房服务价格难以准确反映房租或房价的变化，是因为与国际广泛使用的租金法不同，中国CPI中的住房服务价格分项的核算主要采用的是成本法，主要是指房屋贷款利率、物业费、维修费等变化情况，对实际的房价和房租均没有很好的代表性。

由此可见，相比于 CPI，核心 CPI 更能清晰地反映价格水平的运行趋势。国际经验也表明，如果宏观经济政策过多关注 CPI 而忽视对核心 CPI 的关注，那么 CPI 过强的波动性就很可能误导政策的制定。例如，2011 年欧洲央行错误的加息决定（Bernanke，2015）。当时，欧元区类似于 CPI 的消费者价格调和指数（harmonized index of consumer prices，HICP）快速回升，一度达到了 3%的高点，显著高于 2%的目标值。由此，欧洲央行进行了两次加息，累计提高基准利率 0.5 个百分点。但实际上，剔除了食品和能源价格之后的核心 HICP 回升幅度其实较为温和，并没有超过 2%的目标值，因而央行不需要收紧货币政策。事实也证明，欧洲央行的加息决定是错误的，因为这不仅导致 2010 年以来的经济复苏态势终止，更是加剧了债务危机的严重程度，导致经济重新陷入衰退之中。

4. 预算财政赤字率由 3.0%下调至 2.6%，在 2018 年初的时点上看具有一定合理性

2018 年财政政策虽然仍定位于积极，但是预算财政赤字率的目标值由 2017 年的 3.0%下调至 2.6%，这是 2012 年以来预算财政赤字率的首次下调。根据 2018 年政府工作报告的表述，“调低赤字率，主要是我国经济稳中向好、财政增收有基础，也为宏观调控留下更多政策空间”[①]。由此可知，预算财政赤字率的下调主要出于三点考虑。一是 2017 年 GDP 增速回升至 6.8%，实现了 2012 年以来 GDP 增速的首次回升，所以作为逆周期调节工具的财政政策可以适度地减少积极力度。二是 2017 年工业生产者出厂价格指数（producer price index，PPI）快速上涨，全年涨幅达到了 6.3%，摆脱了 2012~2016 年的下跌状态。而工业品价格的上涨会带动增值税与企业所得税等相关税收较快增长，这会提高政府的财政收入，从而降低政府的财政赤字率。三是近年来政府尤其是地方政府的债务压力持续加大。如果将隐性债务考虑在内，根据 IMF 的估计，2017 年中国政府债务率已经达到了 68.1%，高于国际公认的 60%警戒线。适度下调预算财政赤字率，有助于遏制政府债务率过快的攀升速度，为未来的财政政策操作预留空间。因此，站在 2018 年初的时间点上看，下调预算财政赤字率具有一定合理性。但同时也应认识到，财政政策作为逆周期调节工具，需要一定的相机抉择。当经济的下行压力超出年初预期时，就需要适当增加财政政策力度，不应过于受到年初设定

---

① 李克强：《政府工作报告——2018年3月5日在第十三届全国人民代表大会第一次会议上》，http://www.gov.cn/zhuanti/2018lh/2018zfgzbg/zfgzbg.htm，2018年3月5日。

的预算赤字率的约束。

事实上，中国每年年初公布的预算财政赤字率只能反映财政政策的政策方向，如趋弱或趋强，并不能准确地衡量财政政策的实际力度。首先，中国政府公布的预算财政赤字率与国际通行的预算财政赤字率计算方式不同。按照国际通行做法，预算财政赤字率=(预算财政支出−预算财政收入)/GDP。然而，中国预算财政赤字率=[(一般公共预算支出+补充预算稳定调节基金和结转结余下年支出)−(一般公共预算收入+预算稳定调节基金调入和以前年度结转结余)]/GDP。其中“预算稳定调节基金调入和以前年度结转结余”实际上是本年度的财政支出，但是计入了收入端；“补充预算稳定调节基金和结转结余下年支出”并不是本年度的实际支出，但是算入了支出端。加入预算稳定调节基金，是为了确保财政决算与财政预算在赤字方面实现会计意义上的平衡，但使得预算财政赤字率与实际财政赤字率有一定的差距（图3）[①]。其次，中国财政赤字率的统计不包括地方政府的专项债券融资支出、国有资本预算支出、城投债融资支出、抵押补充贷款融资支出、专项建设债券融资支出等政府的其他支出项目，而这些支出项目才是地方政府财政的主要发力点。以2018年为例，财政部安排了不列入赤字的地方政府专项债券1.35万亿元，比2017年增加5500亿元[②]。如果将以上政府支出项目包含在内，近年来“广义”的财政赤字率一直处于5%以上，甚至一度接近了10%，显著高于预算财政赤字率。由此可见，预算财政赤字率难以准确地衡量财政政策的真实力度，未来我国需要进一步完善预算财政赤字率的编制。

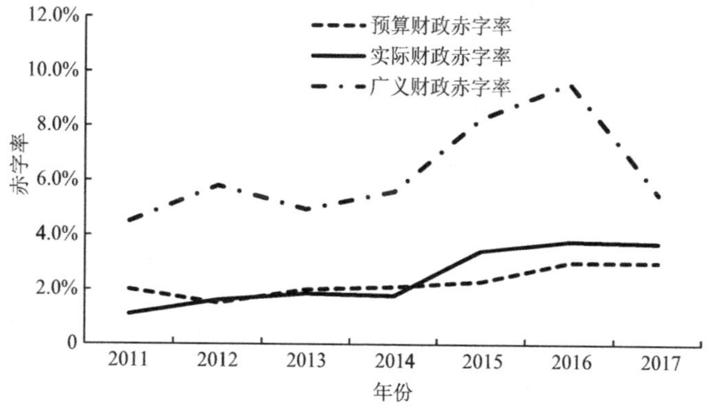

图3　预算财政赤字率、实际财政赤字率与广义财政赤字率对比

① 实际财政赤字率=(实际财政支出−实际财政收入)/GDP。

② 《积极财政政策支持实体经济发展》，http://www.gov.cn/zhengce/2018-07/27/content_5309700.htm，2019年1月20日。

5. 没有设定M2等数量型指标的量化值具有一定合理性

2018年政府工作报告延续了货币政策的稳健定位，但是呈现的一点突出变化是，没有相应地公布M2增速和社会融资规模余额增速的具体量化目标，只做出了“保持广义货币M2、信贷和社会融资规模合理增长”[①]的定性表述，这也是2009年以来政府工作报告首次没有公布M2增速的量化目标值。究其原因，伴随着近年来利率市场化改革的持续推进与金融创新的不断深化，M2等数量型指标的可测性、可控性，以及与实体经济的相关性出现了较为明显的下降（陈小亮等，2016）[②]。特别是2017年，M2的实际增速仅有8.1%，显著低于前瞻性设定的目标值12%左右，但最终实现的GDP增速反而达到了6.8%，高于目标值0.3个百分点左右，这进一步降低了各界对货币政策数量型指标的认可度。因此，2018年没有继续设定M2增速与社会融资规模余额增速的量化值，这具有一定的合理性。

不过，本报告认为在货币政策关键指标的设定方面还需要注意两点：第一，当前可以逐步淡化M2等数量型指标，但不宜过快摒弃。这是因为，中国以间接融资为主的融资结构没有发生本质性改变。从国际经验来看，利率市场化进程中，美国等国家转向价格型货币政策主要是因为股市、债市等直接融资在社会融资结构中的占比大幅增加，甚至超过银行信贷等间接融资方式并占据了主导地位。由此，央行不能再依靠数量型手段对金融中介部门的可贷资金数量进行调节，而是需要建立以利率为核心的价格型调控方式，通过调控利率水平对整个金融市场产生影响。换言之，如果在利率市场化进程中融资结构没有发生明显变化，仍然是以间接融资为主，那么央行也就不应过快地摒弃原有的数量型调控方式。比如，德国虽然在20世纪70年代就完成了利率市场化，但社会融资结构没有发生显著改变，因而货币政策沿用了以往盯住货币供应量的调控框架[③]。因此，未来一段时间内中国虽然不需要对

---

① 李克强：《政府工作报告——2018年3月5日在第十三届全国人民代表大会第一次会议上》，http://www.gov.cn/zhuanti/2018lh/2018zfgzbg/zfgzbg.htm，2018年3月5日。

② 社会融资规模虽然比M2的统计范围更广，能够提供更多信息，但非信贷融资更容易受经济波动和预期影响，金融创新和衍生融资方式更难以及时准确掌握，中央银行无法有效控制直接融资行为，作为金融机构资产端的存量，社会融资规模理论上应与负债端的M2趋同，因此，社会融资规模也不宜替代M2作为新的数量型货币政策中间目标（徐忠，2018）。陈小亮等（2016）通过分析社会融资规模的可测性、可控性和相关性认为，社会融资规模只能作为货币政策由数量型向价格型转型过程中的短期过渡性目标，不能长期作为货币政策的中介指标。因此，2018年没有继续设定社会融资规模余额增速的具体量化值具有一定合理性。

③ 欧元区成立之后，欧洲央行也继续贯彻这一思路，将货币供应量M3增速变化作为货币政策制定的重要参考指标。具体请参见Bénassy-Quéré 等（2010）。

M2 等数量型指标做出具体的量化值设定，但可以给定一个具体的区间范围。

第二，2018 年在淡化数量型指标的同时，政府工作报告不仅没有增强反而删去了对价格型指标的相关表述，这一点需要改进[①]。这是因为，从理论研究和政策实践来看，通过发布未来货币政策关键性指标的变化路径等信息对公众预期进行前瞻性指引，已成为货币政策提升效率的重要渠道。如果货币政策关键性指标的前瞻性设定缺失，将不利于引导公众预期，进而会降低货币政策的调控效率。这恰也是 2018 年货币政策面临的问题：数量型与价格型指标的前瞻性设定双双缺失，导致各界对货币政策的走向难以有清晰的认识。因此，在淡化数量型指标的同时，货币政策需要加强对价格型指标的重视[②]。

事实上，中国货币政策转向价格型指标已经具备了比以往更好的客观条件。一是由于外汇占款显著减少，中国不再需要通过准备金等数量型价格工具予以对冲，货币政策盯住数量型指标的必要性大大下降，这为加快货币政策向价格调控方式的转型提供了必要的宏观条件（胡志鹏，2012；周小川，2013）[③]。二是中国已初步具备了向货币价格调控方式转型的条件。金融市场利率与存贷款利率的联系比以前也更加紧密，利率传导渠道的有效性有所增强（徐忠，2018）。三是微观主体对于利率的敏感性也在明显提升，特别是对于居民和金融机构来讲，受金融资产配置与金融业务多元化的影响，近年来对利率变动的重视程度显著增强（伍戈和李斌，2016）[④]。基于此，未来我国在前瞻性地设定宏观经济政策关键指数部分，可以适当地增加有关利率等价格型指标的表述，从而更好地引导公众预期。

三、结　　语

前瞻性设定合理的政策指标是制定宏观经济政策的核心。基于 2018 年政

---

① 2016年和2017年政府工作报告对于价格型指标采取了“降低融资成本”与“合理引导市场利率水平”等较为模糊的表述，2018年则没有相关表述。

② 这也是大多数国家共同的选择，如美联储与英国央行等在转向价格型指标后就不再赋予数量型指标任何角色。

③ 国内的一些实证分析也表明，中国货币需求函数已经随着金融创新的深化而变得更加不稳定，数量型指标相较于价格型指标的优越性基本不存在，货币政策更应高度关注价格型指标（伍戈和李斌，2016）。

④ 当然，目前中国还存在部分地方政府和国有企业对利率不敏感的问题，使得依靠价格型手段进行调控的货币政策效率下降。但是，这一问题对于数量型货币政策依然存在，针对这部分微观主体短期内只能依靠行政手段进行干预（周小川，2013），因而不应成为货币政策转向价格型指标的主要阻碍。

府工作报告的表述，本报告对 2018 年中国宏观经济政策关键性指标前瞻性设定的合理性逐一进行评价。具体可以分为两个方面：政策最终目标的前瞻性设定，主要是 GDP 增速、失业率和 CPI 涨幅；政策工具指标的前瞻性设定，主要是财政政策和货币政策的相关指标。

政策最终目标的前瞻性设定方面，就 GDP 增速而言，目标继续设定在“国内生产总值增长 6.5%左右”，这满足了全面建成小康社会的发展要求。同时，不再强调“在实际工作中争取更好结果”则减轻了“稳增长”压力，有助于更好地实现高质量发展。就失业率而言，2018 年首次增设城镇调查失业率目标值得肯定，相比于以往只公布城镇登记失业率目标值有了明显改善，“5.5%以内”的目标也体现了宏观经济政策的一种底线思维。就 CPI 涨幅而言，2015 年以来一直将目标设定在“居民消费价格涨幅 3%左右”，有助于增强宏观经济政策的一致性与连续性，能够更好地稳定公众的通货膨胀预期。考虑到 CPI 更容易受食品和能源价格短期波动的影响，未来宏观经济政策应进一步加强对核心 CPI 的关注。

政策工具指标的前瞻性设定方面，就财政政策而言，预算财政赤字率由 3.0%下调至 2.6%，表明财政政策将有所减弱，在 2018 年初的时点上看，这一设定具有一定合理性。不过，预期财政赤字率往往与财政政策的实际力度相差较大，需要政府进一步完善预算财政赤字率的编制。就货币政策而言，在数量型货币政策有效性有所下降的背景下，没有设定 M2 增速与社会融资规模余额增速的量化值具有一定合理性，但不应同时弱化对价格型指标的表述。伴随着货币政策由数量型向价格型的变化，在前瞻性设定中应逐步增强对价格型指标的表述。

参 考 文 献

陈小亮，陈惟，陈彦斌. 2016. 社会融资规模能否成为货币政策中介目标——基于金融创新视角的实证研究. 经济学动态，(9)：69-79.
陈彦斌. 2018-05-29. 推动我国经济高质量发展的六大突破口. 光明日报，015.
胡志鹏. 2012. 中国货币政策的价格型调控条件是否成熟？——基于动态随机一般均衡模型的理论与实证分析. 经济研究，(6)：60-72.
李实，邓曲恒. 2004. 中国城镇失业率的重新估计. 经济学动态，(4)：44-47.
伍戈，李斌. 2016. 货币数量、利率调控与政策转型. 北京：中国金融出版社.
徐现祥，刘毓芸. 2017. 经济增长目标管理. 经济研究，(7)：18-33.
徐忠. 2018. 经济高质量发展阶段的中国货币调控方式转型. 金融研究，(4)：1-19.
张翔搏. 2017. 我国实际城镇失业率测算方法研究. 财经问题研究，(1)：115-122.
周小川. 2013. 新世纪以来中国货币政策的主要特点. 中国金融，(2)：9-14.
Bernanke B S. 2015. The Courage to Act：A Memoir of A Crisis and Its Aftermath. New York：

W. W. Norton & Company.
Bénassy-Quéré A，Coeuré B，Jacquet P，et al. 2010. Economic Policy：Theory and Practice. Oxford：Oxford University Press.
Bianchi F, Ilut C. 2014. Monetary/fiscal policy mix and agents' beliefs. NBER Working Paper.
Orphanides A. 2003. The quest for prosperity without inflation. Journal of Monetary Economics，50（3）：633-663.
Taylor J. 2007. Housing and monetary policy. NBER Working Paper.
Woodford M. 2014. Monetary policy targets after the crisis//Akerlof G，Blanchard O，Romer D，et al. What Have We Learned？Macroeconomic Policy After the Crisis. Boston：The MIT Press：55-62.

分报告二　宏观经济政策整体效果研究

分析与判断宏观经济政策的整体效果如何，主要是分析宏观经济政策追求的核心目标是否实现。现代宏观经济理论认为，宏观经济政策的核心目标是既要实现经济稳定，也要实现金融稳定，二者缺一不可（Blanchard et al.，2010；Cecchetti，2016）。这是因为，经济周期与金融周期的运行往往是不同步的（Borio，2014），“保证经济稳定就能保证金融稳定”这一 2008 年全球金融危机爆发前的主流观点不再成立①，而且，一旦金融体系过于不稳定，还容易引发较为严重的金融危机，这也会反过来威胁经济稳定。从主要经济体的政策实践来看，2008 年全球金融危机以来金融稳定已经与经济稳定并列成为宏观经济政策高度关注的核心目标。例如，美国在危机后成立了金融稳定监管委员会（Financial Stability Oversight Council，FSOC），欧盟成立了欧洲系统性风险委员会（European Systemic Risk Board，ESRB），以保障金融体系的稳定运行。

具体而言，经济稳定主要包括增长稳定与物价稳定两方面，各国在政策实践中的侧重点有所不同。欧洲及新西兰等实行通货膨胀目标制的经济体把物价稳定放在首位，在实现物价稳定的前提下再去追求增长稳定等目标②；美国将增长稳定和物价稳定这两个目标放到相对平等的地位上（Mishkin，2011）；中国则更加关注增长稳定，尤其是 2012 年以来一直把“稳增长”作为更重要的政策目标（陈彦斌等，2018）。金融稳定涉及的范围与领域较为广

---

① 不仅如此，稳定的经济环境可能还会增加市场参与者的风险承担激励，从而加剧金融体系的不稳定性（Minsky，1986）。例如，20世纪80年代中期至2008年全球金融危机爆发之前的大缓和时期，美国虽然在宏观经济政策的有效调控下长期保持经济稳定，经济温和增长、通货膨胀处于低位，但是金融体系的不稳定性不断加剧，最终引发了百年一遇的全球金融危机。

② 《马斯特里赫特条约》中强调“欧洲中央银行体系首要的目标是保持物价稳定。欧洲联盟的总体经济政策只有在不与物价稳定冲突的前提下才能获得支持”。

泛与复杂，所以尚缺乏对金融稳定的准确定义[①]。不过，基于我国央行与美联储对自身维持金融稳定职责的描述[②]，其核心任务都是要防范系统性金融风险的发生，保证金融体系平稳运行，从而支撑经济的健康发展。

根据中央经济工作会议和政府工作报告对 2018 年宏观经济政策的工作部署可知，中国宏观经济政策也遵循了同时重视经济稳定与金融稳定两大目标的思路。一方面，“稳增长”继续被列为宏观经济政策的重要目标，并明确表示“稳中求进工作总基调是治国理政的重要原则，要长期坚持”[③]。另一方面，宏观经济政策显著提高了对金融稳定的重视程度，中央经济工作会议将“防范化解重大风险”列为决胜全面建成小康社会的三大攻坚战之一，而且强调“打好防范化解重大风险攻坚战，重点是防控金融风险”[③]。基于此，本报告将着重分析 2018 年中国经济增长与各类金融风险的动态变化情况，从而对宏观经济政策的整体效果做出评价。

一、经济稳定情况分析

1. 从总供给看，全年 GDP 增速完成年初目标，但下半年趋缓迹象明显

2018 年中国 GDP 增速为 6.6%，完成了年初预设的“6.5%左右”增长目标。6.6%的 GDP 增速也使中国继续在全球主要经济体中位居前列。相比之下，根据 IMF 的预测（图 1）[④]，2018 年全球的平均 GDP 增速为 3.7%，发达经济体的平均增速为 2.4%，新兴经济体的平均增速为 4.7%。发达经济体中，美国 GDP 增速预计为 2.9%，欧元区 GDP 增速预计为 2.0%，日本为 1.1%，英国为 1.4%，加拿大为 2.1%。新兴经济体中，印度 GDP 增速较高，预计会达到 7.3%，俄罗斯的 GDP 增速预计为 1.7%，巴西为 1.4%，南非为 0.8%。进一步

① 目前对金融稳定的定义可以分为两类：一类是从金融体系稳定时期应该有的表现与特征来定义金融稳定（Crockett，1996）；另一类是从金融不稳定的特征反向定义金融稳定（Mishkin，1999）。

② 《金融稳定局简介》，http://www.pbc.gov.cn/jinrongwendingju/146766/146778/index.html，2019年1月20日；对美联储金融稳定职能介绍请参见美联储官网的“Promoting Financial System Stability”，https://www.federalreserve.gov/aboutthefed/files/pf_4.pdf，2019年1月20日。

③ 《中央经济工作会议举行 习近平李克强作重要讲话》，http://www.xinhuanet.com/fortune/2017-12/20/c_1122142392.htm，2017年12月20日。

④ 鉴于数据的可获得性，这里采取IMF根据各主要经济体2017年前三季度GDP走势所做出的全年增速预测值。从历史经验来看，这一预测值与实际的全年经济增速相差不大。

从产出缺口来看[①]，2018 年中国经济的产出缺口基本在 0 左右，与 2017 年的产出缺口基本持平，表明实际增速依然保持在潜在增速附近（图 2）[②]。

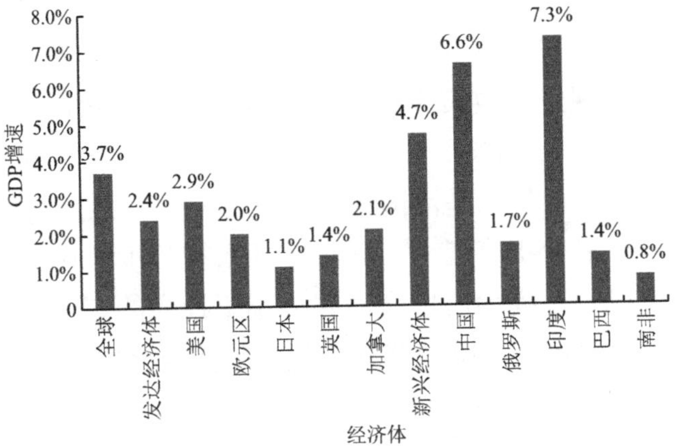

图 1　全球主要经济体 2018 年的 GDP 增速比较

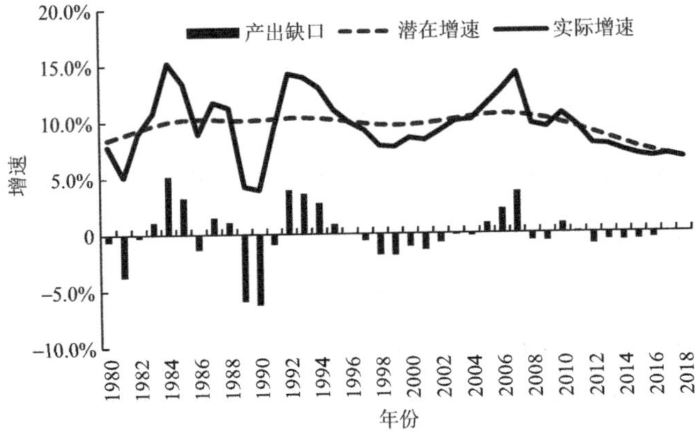

图 2　1980~2018 年中国经济产出缺口变化情况

看到上述不俗成绩的同时，也要看到 6.6%的 GDP 增速背后的隐忧。一是 2018 年产出缺口仍能保持在 0 附近，主要是因为潜在增速的下滑过快。传统理论认为潜在增速主要由供给端的劳动力、资本存量与技术水平等因素所

① 只通过观察实际增速的变化情况，不能客观判断经济所处的运行状态，将实际增速与潜在增速相比较后所计算得到的产出缺口是更严谨、科学的经济指标。如果产出缺口为负，表明实际增速低于潜在增速，经济处于周期性放缓态势之中，宏观经济政策需要加大力度以促进经济增长；反之，则表明经济运行出现了过热迹象，宏观经济政策需要有所收紧以防止经济过热势头的加剧。

② 根据“大宏观”团队的测算，2012~2016年中国经济的产出缺口一直为负，平均值为−0.7%。2017年和2018年产出缺口基本在0~0.1%。

决定[①]，因为这些因素短期内不会发生显著的变化，所以潜在增速的变化也往往比较缓慢[②]。不过，Blanchard 等（2015）的研究指出，总需求的持续不足会通过减少资本积累、阻碍技术进步与降低资源配置效率等渠道传导至供给端，从而导致潜在增速出现跟随性的显著回落。中国的现实情况也是如此。根据“大宏观”团队（即本书研究团队）的测算，2018 年中国经济的潜在增速为 6.6%，与 2013 年相比已经下滑了 2 个百分点左右，与 2008 年相比更是下滑了 4 个百分点左右，降幅十分明显。正因如此，在 2018 年 GDP 增速相较于 2017 年下滑了 0.2 个百分点的情况下[③]，中国经济的产出缺口依然保持在 0 附近。不过，不能简单地认为这是经济稳定的表现，而更多意味着潜在增速的快速回落已经取代周期性放缓，成为中国经济需要高度警惕的重要问题。二是 2018 年中国 GDP 增速呈现“前高后低”的走势，经济增速的趋缓迹象逐渐显现。根据中共中央政治局会议的判断[④]，2018 年上半年中国经济是“总体平稳、稳中向好”，第一季度和第二季度 GDP 增速分别达到了 6.8% 和 6.7%，这一定程度上延续了 2017 年中国经济较为良好的增长势头。2018 年下半年中国经济则是“稳中有变、变中有忧”，第三季度中国的 GDP 增速下滑至 6.5%，第四季度 GDP 增速进一步下降至 6.4%（图 3），触及了 2009 年第一季度以来的季度增速新低。与 GDP 增速走势类似，就业压力也是在 2018 年下半年显著加大[⑤]。从用工需求看，制造业 PMI 和非制造业 PMI 中的从业人员指数在 2018 年下半年均出现了明显下降，到 2018 年底双双低于 50%的临界值并处于近年来的低位，由此表明企业用工需求出现萎缩（图 4）[⑥]。从居民的实际感受看，央行的调查统计显示，2018 年第三季度就业感受指数（44.2%）分别比第一季度和第二季度下滑了 1.6 个百分点和 0.8 个百分点。

---

① 潜在增速是指一个国家或地区在资本、劳动力、人力资本和全要素生产率等资源实现最优配置条件下所能达到的最大经济增速。

② 1980~2012年中国经济的潜在增速也基本在8%~10%平稳运行（图2）。

③ 按照中国GDP核算和数据发布制度规定，年度GDP核算包括初步核算和最终核实两个步骤。2017年初步核算的GDP增速为6.9%，最终核算的GDP增速为6.8%。本报告以最终核算的2017年GDP增速为准。

④ 上半年中国经济“总体平稳、稳中向好”与下半年“稳中有变”的判断引自《中共中央政治局召开会议 习近平主持会议》，http://www.xinhuanet.com/politics/2018-07/31/c_1123203915.htm，2018年7月31日。2018年底召开的中共中央经济工作会议进一步强调“要看到经济运行稳中有变、变中有忧”。

⑤ 尽管2018年下半年就业压力加大，但全年新增城镇就业规模与调查失业率等指标还是完成了预定任务。2018年前三季度已实现城镇新增就业1107万人，完成了年初设定的“城镇新增就业1100万人以上”目标，城镇调查失业率同样保持在“5.5%以内”。

⑥ 中国就业市场景气指数显示，2018年第三季度企业招聘需求人数指数分别同比和环比下滑27%和21%，出现了罕见的负增长。

有 34.1%的居民认为“形势严峻，就业难”或“看不准”，这一比重达到了 2018 年的年内最高值。GDP 增速和就业形势的一致走势表明，2018 年下半年中国经济的下行压力明显加大，经济运行的稳定程度有所下降。

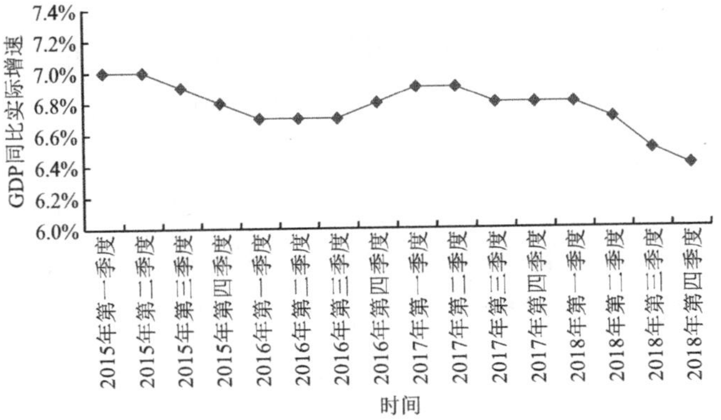

图 3　季度 GDP 同比实际增速变化情况

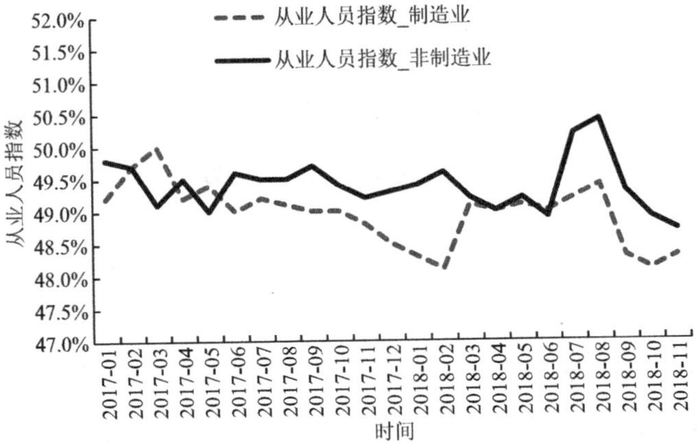

图 4　制造业和非制造业 PMI 中的从业人员指数变化情况

2. 从总需求看，消费和投资需求仍较为疲软，出口增速有所回落

不同于美国等发达经济体主要采取支出法核算 GDP，中国一直以来采取生产法对 GDP 进行核算，因而 GDP 增速更多反映的是供给端的变化（许宪春，2010）[①]。虽然理论上存在总供给等于总需求的均衡条件，但从图 5 可以

① 一般而言，GDP核算有三种方法。一是生产法，以价值形态考核，从总产出中剔除生产过程中的中间投入，即总产出减中间投入。二是收入法，以收入形态计量，从本期生产过程形成的要素收入角度对常住单位的生产活动成果进行核算，要素收入主要包括劳动者报酬、固定资产折旧、生产税净额和营业盈余。三是支出法，从产品最终使用角度来反映本期新创造货物和服务的最终去向，本期新增产品的最终去向主要是总消费、总投资和净出口。

看到，2015 年以来支出法与生产法这两种方法测算结果的差距明显在拉大。①因此，要全面把握经济运行情况，在分析 GDP 的基础上，还需要结合消费、投资与出口三大需求的各自变化情况进行分析。总体上看，相较于总供给，总需求的疲软是 2018 年中国经济下行压力的核心表现。

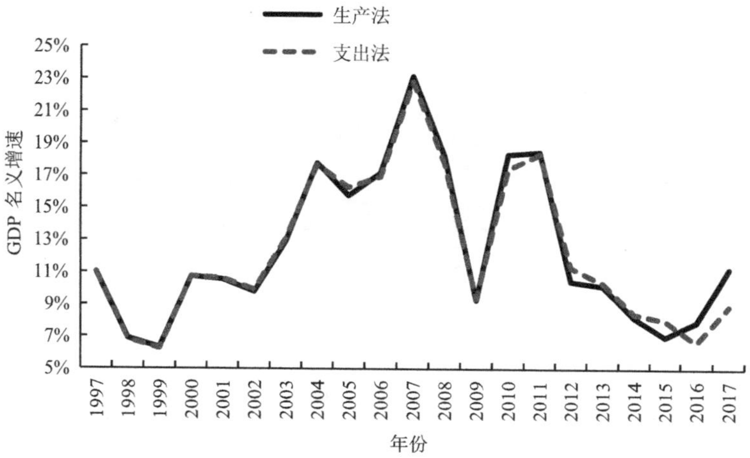

图 5　以生产法和以支出法核算的 GDP 名义增速比较

一是从消费需求来看，居民的商品和服务消费支出增速双双显著下滑。2018 年以来，中国城镇居民的消费需求持续低迷②。从城镇居民总体的消费支出看，虽然 2018 年前三季度城镇居民人均消费支出增速达到 6.5%，比 2017 年同期提高了 0.3 个百分点，但这主要是由于居住消费和日常生活用品等被动型消费支出增速的加快。这部分刚性消费难以由消费者自身所主动掌握，较快的增速其实意味着居民的生活成本在上升，并非意味着居民消费意愿的增强（刘哲希和陈彦斌，2018）。剔除被动型消费支出之后可以发现，2018 年前三季度城镇居民人均主动型消费支出增速只有 5.2%，比 2017 年同期下降了 0.3 个百分点，该增速也处于 2013 年国家统计局实施居民消费支出新统计口径以来的最低点（图 6）。

有观点认为，当前居民消费支出增速的下滑主要是商品消费支出增速的下滑，服务消费依然保持较快增长。为此，本报告进一步聚焦于商品和服务

① 关于近几年以支出法和以生产法核算的GDP增速差距明显拉大的原因，杨仲山和王岩（2015）将其归因为近年来中国经济出现了“增产不增收”的现象，实际生产力的增长并未完全转化为实际购买力的增长。

② 虽然农村居民人均消费支出保持较快增长，但从总体规模上，农村居民消费支出仅为城镇居民消费支出的1/4，因此，本报告对消费需求的分析主要聚焦于城镇居民。

两大消费的增速变化。商品消费方面，主要是指穿衣、吃饭等基础物质类消费。目前中国对于商品消费规模的统计较为完善，每个月国家统计局会公布社会消费品的零售总额与增速。但需要说明的是，对社会消费品零售总额的统计中不仅包括企业（单位）通过交易售给个人与社会集团的实物商品金额，

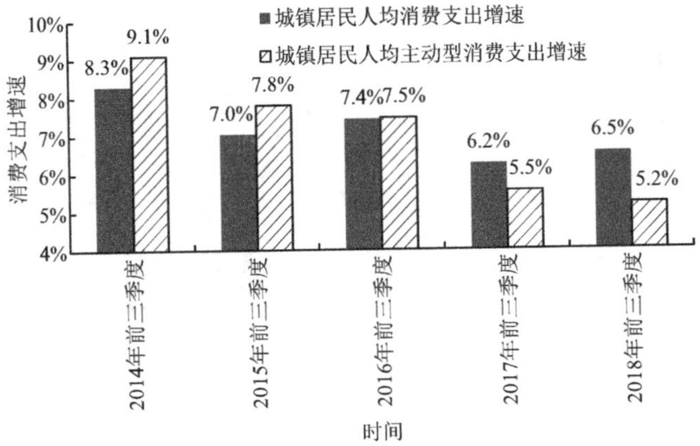

图 6　城镇居民人均消费支出增速和城镇居民人均主动型消费支出增速变化

还包括提供餐饮服务所取得的收入。后一部分属于服务消费，所以剔除餐饮收入的社会消费品零售总额增速更能准确反映商品消费的增速变化。2018 年社会消费品零售总额增速（剔除餐饮收入）仅为 9.0%，比 2017 年同期下滑了 1.1 个百分点，触及 2000 年以来的同期最低点（图 7）。服务消费方面，主要是指教育、医疗、文化、娱乐等体验式消费。目前中国对于服务消费规模的统计还较为缺乏，一般基于国家统计局每季度公布的居民消费支出的各分项数据进行测算[①]。参考刘哲希和陈彦斌（2018）的测算方法[②]，本报告测算

① 统计数据的缺失也一定程度上造成了公众对居民服务消费情况较为模糊的认识，往往只是通过观察旅游、电影等一些较为火爆的市场就对居民服务消费的整体情况做出判断。

② 按照国家统计局的统计口径，中国居民消费支出主要被划分为八个大项，分别是食品、衣着、居住、家庭设备用品及服务、文教娱乐、医疗保健、交通通信及其他商品与服务。其中，文教娱乐、医疗保健与交通通信这三个大项属于服务消费。此外，食品、衣着、家庭设备用品及服务和其他商品与服务这四个大项中也包含服务消费的小项。比如，餐饮中包含在外用餐和食品加工服务费，衣着中包含衣着加工服务费，家庭设备用品及服务中包含家庭服务消费，其他商品与服务中包含其他服务消费。遗憾的是，2013年起国家统计局实施居民消费支出的新统计口径之后，就不再公布八类消费支出下面各小项的具体数据。但从已经公布的2005~2012年城镇居民消费支出数据来看，文教娱乐、医疗保健与交通通信这三项支出能够稳定地占到城镇居民人均服务消费支出的76%~79%，增速大致与城镇居民人均服务消费支出的增速相一致。因此，可以用2013年以来城镇居民文教娱乐、医疗保健与交通通信这三项的人均消费支出增速来替代同期城镇居民人均服务消费支出增速。

发现，2018 年城镇居民的人均服务消费没有延续过去几年的快速增长势头，前三季度增速仅为 7%，与 2017 年同期相比下滑了 0.7 个百分点，相较于 2012~2016 年城镇居民人均服务消费支出的平均增速更是下滑了 4.1 个百分点。由此可见，2018 年居民的商品和服务消费支出增速在双双下滑。

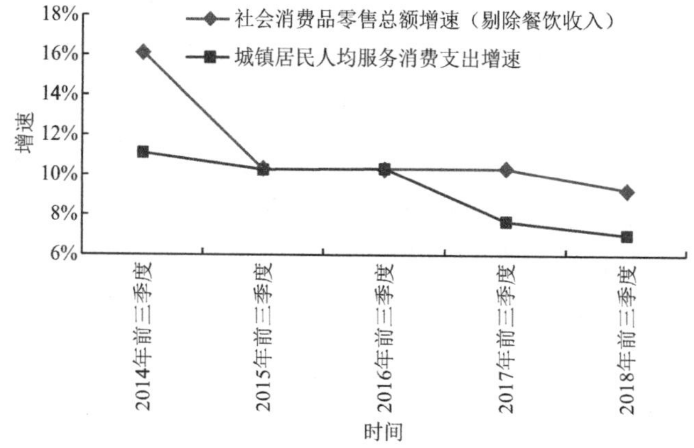

图 7　商品消费增速与服务消费增速变化

此外，居民消费需求的低迷还表现在必需品与非必需品零售总额增速的分化上。2018 年 1~11 月，社会消费品零售总额中必需品（食品烟酒饮料类、服装衣帽类与日用品类消费等）的零售总额增速为 9.4%，比 2017 年同期提高了 0.6 个百分点；而非必需品（体育娱乐用品类、化妆品类与汽车类消费等）零售增速为−0.9%，比 2017 年同期下降了 7.5 个百分点（图 8）[①]。由于居民消费意愿下滑过程中首先会削减可买可不买的非必需品方面的消费支出，而必需品方面的支出增速则具有一定的刚性。因此，非必需品与必需品零售总额增速的分化走势进一步印证了居民消费意愿较弱的事实。

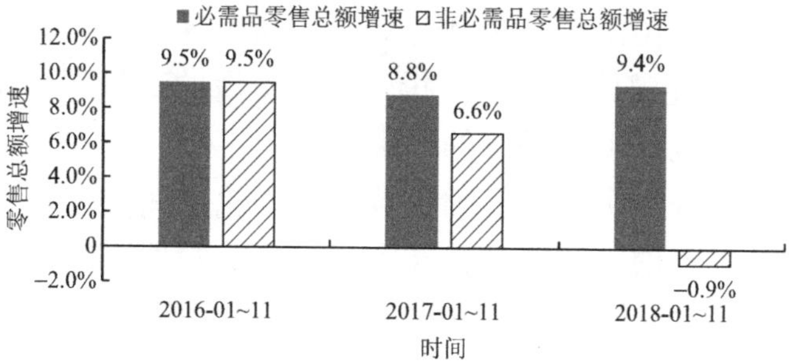

图 8　必需品与非必需品零售总额增速变化

① 社会消费品还包括家用电器和音响器材类、建筑及装潢材料类与家具类组成的住房类消费。此类消费与房地产销售增速的联系更为密切，容易受到房地产销售增速的影响，所以未划入必需品与非必需品的分类。此外，金银珠宝类消费与居民投资黄金的行为更为密切，不宜划为消费领域之中。

二是从投资需求来看，固定资产投资的实际增速在 0 附近徘徊，民间固定资产投资增速虽有回升但势头并不稳固。近年来，投资增速的下滑是中国经济下行压力的主要体现。固定资产投资名义增速从 2011 年 24%持续下滑至 2017 年的 7.2%。而在 2018 年，投资增速的下滑态势不仅没有得到改善，反而在继续下行，全年固定资产投资名义增速仅为 5.9%，比 2017 年下降了 1.3 个百分点。如果进一步剔除价格因素，2018 年固定资产投资的实际增速仅 0.3%，基本处于零增长状态（图 9）。此外，还需要注意的是，2018 年的固定资产投资名义增速还存在一定的“虚高”。这是因为，固定资产投资的增长主要由土地购置费所支撑[①]，2018 年 1~11 月该费用的增速高达 60.5%。众所周知，土地购置本质上是生产资料使用权的转移，不产生新的生产价值，无助于经济增长。如果剔除土地购置费的影响后，全年固定资产投资的名义增速将下降至 4%左右，显著低于当前 5.9%的水平。

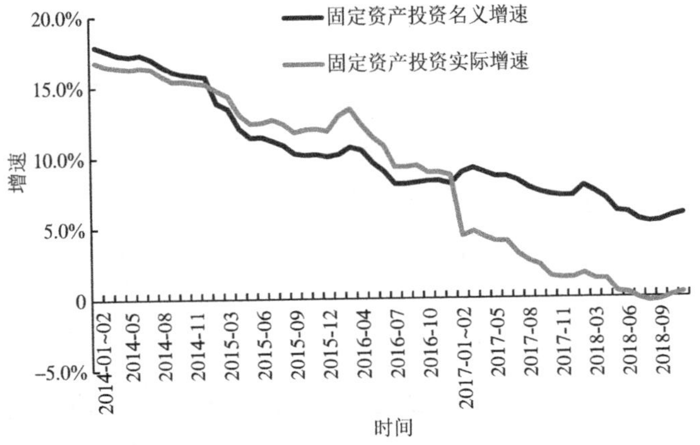

图 9　固定资产投资的名义和实际增速

民间投资方面，2018 年民间固定资产投资增速为 8.7%，比 2017 年提高了 2.7 个百分点。在整体固定资产投资增速下滑的背景下，民间固定资产投资增速的逆势回升也被视为经济的一大亮点。不过，本报告认为，民间固定资产投资增速的回升势头并不稳固。首先，本轮民间固定资产投资增速的回升与房地产开发投资增速的回升存在密切关联。根据测算，民间固定资产投资中房地产投资比重能够占到 30%左右，从图 10 可以看到，近几年民间固定资产投资增速与房地产开发投资增速的走势也基本一致。在房地产市场调控力度不断加码的情况下，目前房地产开发投资的较快增长态势难以为继，预

---

① 土地购置费是指房地产开发企业通过各种方式取得土地使用权而支付的费用。

计将逐步回落，由此也会导致民间固定资产投资增速随之下滑。其次，对于2018 年以来制造业民间固定资产投资增长的加快也不宜过于乐观。2018 年1~11 月制造业的民间固定资产投资增长 10.3%，相比 2017 年同期提高 5.5 个百分点，这也成为除房地产外驱动民间固定资产投资增速回升的另一大动力。但仔细来看，本轮制造业民间固定资产投资增长的加快主要是与钢铁、建材和有色金属等传统高耗能行业投资的迅猛增加有关。如果剔除高耗能行业的影响（假设 2018 年这些行业延续 2017 年的增速），制造业民间固定资产投资增速将会从 10.3%下降至 7.5%[①]。再剔除价格因素的影响后，制造业的民间固定资产投资增速相较于 2017 年其实并没有很大的改观。最后，应看到，长期以来制约民间投资的市场准入限制、税负感偏重及融资难、融资贵等问题不仅没有发生切实改善，一些问题反而在 2018 年更为突出（中国人民大学中国宏观经济分析与预测课题组，2018）。例如，2018 年民营企业的融资成本出现了明显上升，突出表现为工业私营企业利息支出的快速增长[②]。由此可见，民间投资的增长空间依然受到较大的制约。

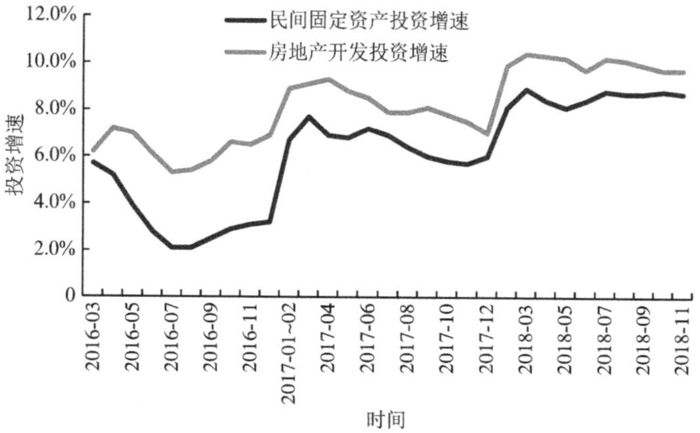

图 10 民间固定资产投资增速与房地产开发投资增速

三是从出口需求来看，出口增速有所回落，净出口对经济增长的贡献率由正转负。2018 年以来，尽管个别月份的出口表现超出预期[③]，但是在中美

① 2018年1~11月钢铁、有色金属与非金属矿物制品业固定资产投资增速分别为14.5%、9.6%和22.0%，分别比2017年同期提高了26.2个百分点、17个百分点和20.9个百分点。

② 具体数据详见本报告第一部分第四点关于私营企业生产经营压力的分析。

③ 部分月份的出口增速超预期主要与三方面因素有关：一是人民币汇率贬值带来的促进作用。二是出口退税政策积极作用的显现。比如，2018年9月财政部、国家税务总局印发《关于提高机电 文化等产品出口退税率的通知》，并于2018年9月15日起正式执行。在出口退税政策生效的刺激效应下，2018年9月机电产品（按美元计）出口同比增长14%，带动整体出口同比增长8个百分点。三是一些企业的“出口抢跑”行为，导致某些月份的出口增速出现超预期的上升。

贸易摩擦等因素影响下，全年出口增速相较于 2017 年有所回落。首先，出口总额方面，2018 年以人民币计价的出口总额同比增长 7.1%，比 2017 年下降 3.7 个百分点[①]。其次，工业企业出口交货值方面，2018 年同比增长 8.5%，增速比 2017 年同期下降 2.2 个百分点。最后，企业出口订单方面，制造业企业 PMI 中的新出口订单指数显著下滑，尤其是 2018 年下半年持续处于 50%的荣枯线以下，甚至在 10 月跌至 46.7%——2016 年以来的最低位（图 11）。此外值得注意的是，2018 年的出口增长还受到部分企业为躲避关税增加的“出口抢跑”行为的支撑，如果剔除这一因素的影响，2018 年出口增速的下滑幅度将会更大。

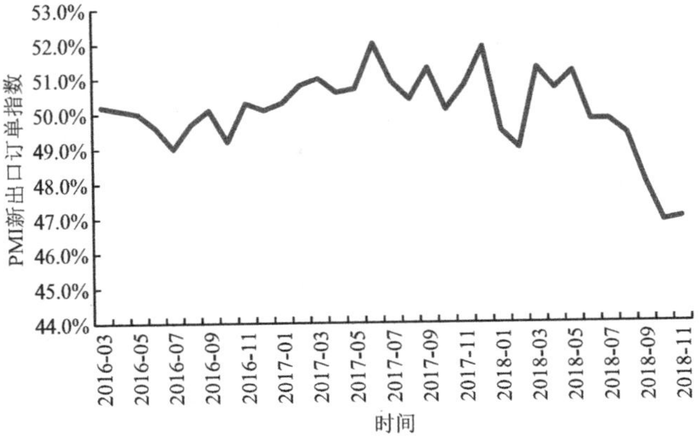

图 11　制造业企业 PMI 中新出口订单指数变化

伴随出口增速的回落，2018 年中国贸易顺差显著收窄。2018 年贸易顺差为 3517.6 亿美元，增速比 2017 年下降 16.2 个百分点。相应地，2018 年货物与服务的净出口对经济增长的贡献率由正转负。2018 年，货物与服务的净出口对经济增长的贡献率为−8.6%，对 GDP 增速的作用效果为−0.6 个百分点。相比之下，2017 年货物与服务的净出口对经济增长的贡献率为 9.1%，正向拉动 GDP 增速约 0.6 个百分点。

3. 从价格总水平看，CPI 和 GDP 平减指数运行基本平稳，PPI 涨幅有所回落

CPI 方面，虽然 2018 年 7~10 月 CPI 涨幅持续上升并一度触及 2.5%的高点，引发了各界关于通货膨胀风险的担忧，但总体上全年 CPI 涨幅基本保持

① 虽然以美元计价的出口总额增速有所回升，2018年1~10月增长12.6%，比2017年同期提高5.5个百分点，但主要是受到汇率因素的影响。

平稳。2018 年 CPI 同比涨幅为 2.1%，相比 2017 年上升 0.5 个百分点，较好地完成了年初设定的“居民消费价格涨幅 3%左右”的目标。事实上，2018 年 7~10 月 CPI 涨幅的攀升也主要受到食品和能源价格短期大幅上涨的影响①。剔除食品和能源价格的影响之后，2018 年核心 CPI 同比涨幅为 1.9%，反而低于 2017 年 0.3 个百分点（图 12）。总体来看，CPI 同比涨幅保持在合理水平之上，不存在较大的通货膨胀压力。

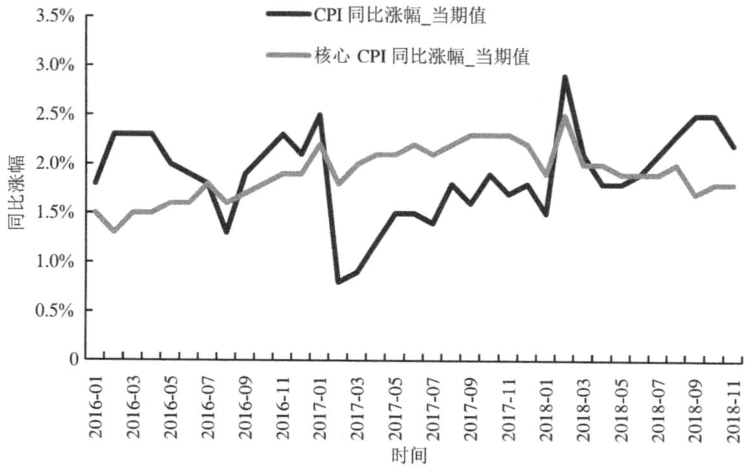

图 12　CPI 和核心 CPI 同比涨幅变化情况

PPI 方面，2018 年以来 PPI 同比涨幅的回落趋势较为明显，全年同比涨幅为 3.5%，比 2017 年同期回落 2.8 个百分点。2016 年下半年至 2017 年底的这一轮 PPI 快速上涨主要由去产能与环保督查等政策性因素叠加所致，不具有可持续性，所以 2018 年以来 PPI 同比涨幅的回落走势也符合各界预期。分行业看，前期 PPI 涨幅最高的行业，2018 年以来的回落幅度也最大。2018 年煤炭与钢铁行业出厂价格同比涨幅分别为 4.6%和 9.3%，分别比 2017 年同期大幅回落了 23.6 个百分点和 18.6 个百分点。

GDP 平减指数方面，相较于 CPI 和 PPI 分别反映消费领域与生产领域的价格走势，GDP 平减指数能够反映国内生产的所有产品和服务的价格走势，比 CPI 和 PPI 能更为全面地体现一国价格水平的变化。2018 年前三个季度的 GDP 平减指数分别为 3.4%、3.1%和 3.1%，表明物价水平运行总体保持平稳（图 13）。

① 以2018年9月为例，食品中鲜菜与蛋类价格同比涨幅分别为14.1%和7.6%，高于CPI整体涨幅11.6个百分点和5.1个百分点；交通工具用燃料价格同比涨幅为20.8%，高于CPI整体涨幅18.3个百分点。

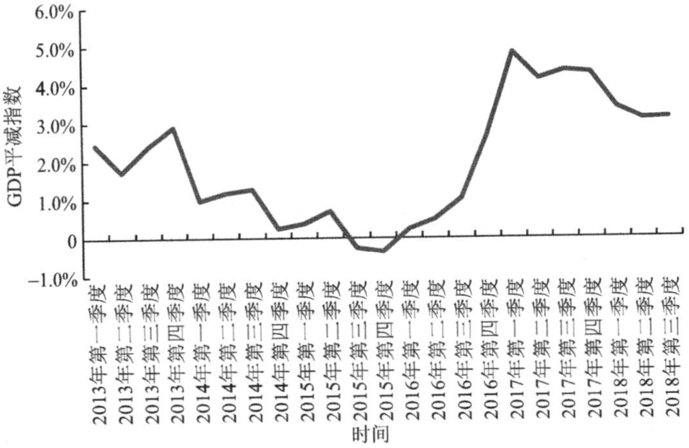

图 13　GDP 平减指数变化情况

4. 从微观主体效益看，居民收入增速明显下滑，私营企业生产经营压力持续增大

2018 年，全国居民人均可支配收入实际增速没有继续“跑赢”GDP 实际增速，全年实际增速为 6.5%，低于 GDP 实际增速 0.1 个百分点，比 2017 年下降 0.8 个百分点。其中，农村居民人均可支配收入实际增速稍高，为 6.6%；城镇居民人均可支配收入实际增速只有 5.6%。此外值得注意的是，城镇居民的人均工资性收入增速（名义增速为 8.3%）不仅低于人均可支配收入增速（名义增速为 8.7%），还大幅低于人均财产性收入增速（名义增速为 12.9%）。由于中低收入群体以工资性收入为主，高收入群体以财产性收入为主，这就意味着在整体收入增速下滑的同时，居民的收入分配格局有所恶化。

私营企业生产经营压力加大是 2018 年社会各界高度关注的问题。2018 年 1~11 月工业规模以上私营企业的利润总额增速为 10.0%，不仅低于同期工业规模以上国有企业利润增速 6.1 个百分点，而且低于 2017 年同期增速 2.7 个百分点。事实上，私营企业的利润增速还受到了“幸存者偏差”效应的影响。这是因为，工业规模以上企业利润总额是统计年主营业务收入为 2000 万元及以上的工业法人单位，每年涵盖的企业范围与数量都在发生一定的变化。由此，如果一些企业因为效益下滑而收入不到 2000 万元时，将不会在规模以上工业企业的效益指标中体现出来①。从数据来看，国有企业利润的“幸存者

① 举例来说，假如工业中共有5家企业，第一年全部企业收入均达到2000万元以上，利润总额均为200万元；第二年有3家企业收入下降至2000万元以下，同时这3家企业的利润总额降至100万元，其余2家企业收入依然在2000万元以上，利润总额均提高至350万元。由此，第二年工业企业的利润总额增速为0，但规模以上工业企业利润总额增速[（第二年收入在2000万以上2家企业利润总额–第一年这2家企业的利润总额）/第一年这2家企业的利润总额]则高达75%。

偏差”较小，2018 年 1~11 月国家统计局发布的累计增速为 16.1%，而用利润总额倒推的同比增速为 14.9%，两者仅相差 1.2 个百分点。私营企业的数据偏离巨大，国家统计局发布的增速为 10.0%，而用利润总额倒推的同比增速为 −28.0%。两者相差 38 个百分点（图 14），这表明目前私营企业所遭遇的经营压力远比利润增速反映的更大。

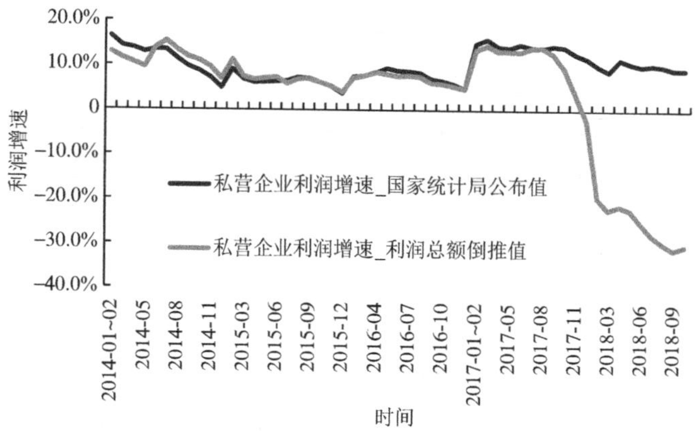

图 14 国家统计局公布的和根据利润总额倒推的私营企业利润增速对比

私营企业生产经营压力的加大一定程度上源于税费负担的增加与融资成本的上升。税费负担方面，以中小企业为主的私营企业税费负担较高已成为共识（陈彦斌和陈惟，2017）。2018 年，虽然政府采取了营业税改增值税与减税降费等一系列降低企业税费负担的举措，但由于经济下行时期政府税收征管力度趋严、增值税抵扣链条不完整等原因，不少企业尤其是中小企业反而出现了实际税费负担增加的情况。数据显示，2018 年上半年，发行非金融债券企业的税费支出增速（12.3%）显著高于营业收入增速（11.3%）。其中，私营企业的税费支出增速更是高达 24.1%，高于营业收入增速 6.9 个百分点①。融资成本方面，2018 年以来货币政策在结构性去杠杆的环境下处于稳健偏紧的状态，这对民企的融资成本产生了较大影响。2018 年 1~11 月工业规模以上私营企业的利息支出增速达到 11.6%，高于 2017 年同期 8 个百分点（图 15）。相比之下，工业规模以上国有企业的利息支出增速为 5.7%，仅比 2017 年同期高 0.8 个百分点。央行行长易纲在 2018 年 11 月 6 日接受新华社采访时也承认，“前期一些政策制定考虑不周、缺乏协调、执行偏离，强监管政策效应叠

① 数据源自《重磅！深度报告：中国民营实体企业生存状况全解析》，http://www.sohu.com/a/272057911_618578，2019年1月20日。

加，导致了一定的信用紧缩，加大了民营企业融资困难”[①]。

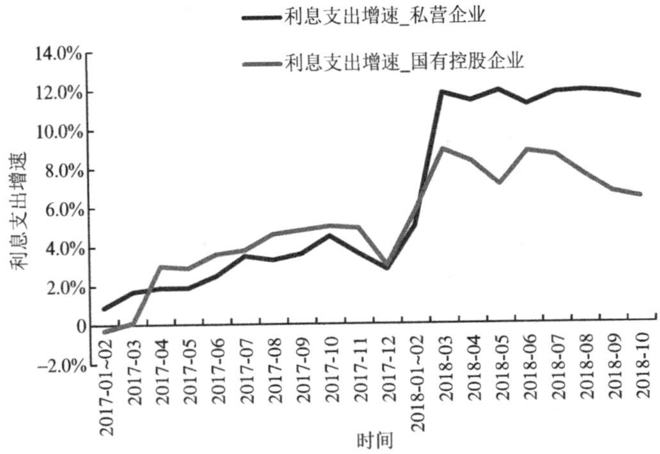

图 15　工业规模以上私营企业与国有控股企业利息支出增速对比

总的来看，2018 年中国经济的下行压力有所增大，这源于中美贸易摩擦加剧等外部环境的不利冲击，也源于中国为实现高质量发展所主动推进的结构性去杠杆等举措带来的“阵痛”。在下行压力加大的情况下，宏观经济政策较好地完成了经济稳定方面的目标。不过也应看到，中国经济运行“稳中有变、变中有忧”，总需求疲软与企业等微观主体效益下滑是亟待解决的重要问题，宏观经济政策还需要一定的改进。

二、金融稳定情况分析

实现金融稳定的核心目的是使金融体系拥有足够的稳健性，从而能够抵御经济与金融环境突然变化所带来的预期之外的冲击，满足家庭与企业以信贷为主的金融服务需求（Federal Reserve Board，2018）；反之，如果金融体系稳健性不足或者脆弱性较高，则将会放大外生冲击带来的影响，导致实体经济更大幅度的衰退。从金融危机理论模型的演变与历次重大危机的发展过程来看，威胁金融稳定的风险点主要有六种（表 1）：汇率的大幅贬值；资产价格剧烈波动；非金融部门过度负债；金融机构的信用风险显著上升；金融体系的流动性风险加剧；不当的金融创新泛滥（Krugman，1979；Diamond and Dybvig，1983；Allen and Gale，2000；Mishkin，2012）。因此，本报告将从

① 吴雨：《易纲：前期一些政策加大民企融资困难 今后避免一刀切》，http://finance.ifeng.com/a/20181106/16559863_0.shtml，2019年1月20日。

这六个方面逐一评估2018年中国金融体系的稳健性。

表1　威胁金融稳定的六种风险点

风险类型	主要表现	威胁金融稳定的核心机制	典型案例
外汇风险	汇率大幅贬值	汇率贬值会加重外债负担，使企业或政府资产负债表恶化，导致银行承担较大损失。为防止汇率大幅贬值，政府不得不采取提高利率等举措，利率上升会进一步加剧金融体系脆弱性	1994~1995年墨西哥金融危机 1997~1998年东亚金融危机
资产价格大幅波动风险	股价、房价等资产价格剧烈波动，先大幅上涨，继而大幅下跌	资产价格大幅下跌导致家庭和企业资产净值减少、抵押品价值下降，从而导致贷款大规模违约，触发金融危机	20世纪90年代日本大衰退 20世纪90年代初瑞典金融危机
高债务风险	家庭、企业与政府等部门过度负债，宏观杠杆率快速攀升	家庭与企业偿债压力上升，经济活力减弱，从而容易导致经济陷入“债务-通缩”陷阱之中。政府债务过高还容易导致恶性通货膨胀（财政货币化）和货币危机	20世纪30年代美国大萧条 20世纪80年代拉美危机
信用风险	不良贷款增多，债务违约现象多发	不良贷款与债券违约状况频发，金融市场信息不对称问题加剧，导致银行惜贷、债券利率大幅上升等问题出现，使金融体系陷入崩溃	1907年美国银行业危机 20世纪90年代初北欧银行危机
流动性风险	金融机构短期负债占比过高，货币市场利率飙升	一些金融机构可能因为无法及时获得充足的流动资金而出现破产的情况，从而引发大面积的金融恐慌	2008年雷曼兄弟等金融机构破产 2013年中国“钱荒”
不当的金融创新风险	各类新的金融工具与衍生品泛滥	各类新的金融工具与衍生品泛滥更容易使风险跨市场、跨机构的传递，加大了系统性金融风险爆发的可能性	2007年美国次贷危机

注：从现实情况来看，某一类风险爆发的同时也会伴随着其他金融风险的发生。比如，资产泡沫破裂会导致家庭和企业的资产负债表恶化，不仅导致家庭和企业的偿债压力陡增，还可能导致不良贷款与债务违约现象激增，从而加剧高债务与信用风险

（一）部分金融风险有所改善

1. 流动性风险方面，金融机构短期负债占比下降，货币市场利率下行，流动性风险下降

流动性风险指金融机构虽然有清偿能力，但无法及时获得充足资金或无法以合理成本及时获得充足资金，以应对资产增长或支付到期债务的风险[①]。金融市场存在流动性风险，是因为金融机构在利润最大化目标的驱动下具有“借短放长”的激励：一方面在负债端追求成本较低的短期负债；另一方面在资产端追求回报率较高的长期资产，由此导致负债端与资产端存在期限错

① 对流动性风险的定义是参考2009年中国银行业监督管理委员会（以下简称银监会）印发的《商业银行流动性风险管理指引》对流动性风险的定义。

配问题。过去几年，中国金融机构的期限错配问题较为严重，突出表现为金融机构的短期负债占比上升。2017 年第三季度的《中国货币政策执行报告》就较为罕见地强调“市场主体应不断增强流动性风险意识”“‘滚隔夜’弥补中长期流动性缺口的过度错配行为和以短搏长过度加杠杆的激进交易策略并不可取”。近年来，央行与中国银行保险监督管理委员会（以下简称银保监会）等多部门业加强了金融监管力度，其中一个重要目的就在于治理金融机构资产端和负债端的期限错配问题，降低金融市场潜在的流动性风险。比如，2018 年 5 月，银保监会正式修订发布《商业银行流动性风险管理办法》，设立五大监管指标，并根据银行的不同规模设定了不同监管标准，建立了更全面、细致的流动性风险管理、监管框架。

从效果来看，2018 年金融系统的流动性风险有所改善，主要体现在以下几个方面：一是商业银行同业负债占总负债的比重有所下降。相比于存款等其他负债来源，同业负债具有期限短、波动性强等特征。一旦受到较大冲击，同业负债市场很容易大幅收缩，引发流动性风险。从图 16 可以看到，2018 年以来其他存款性公司同业负债占总负债比重趋势性下行，截至 2018 年 10 月，该比重（3 个月移动平均值）降至 14.83%，自 2015 年 7 月以来首次降至 15%以下。二是待购回债券余额占债券托管量比重有所回落。因为债券质押式回购交易的期限主要以隔夜和 7 天为主，属于典型的短期负债工具，所以一般可采用待购回债券余额占债券托管量比重来反映金融市场流动性风险的大小。从图 16 可以看到，2018 年待购回债券余额占债券托管量比重呈现下滑态势，由此也表明金融机构对短期负债的依赖度降低，市场的流动性风险减轻。三是货币市场利率下行，流动性较为充裕，这也降低了潜在的流动性风险。

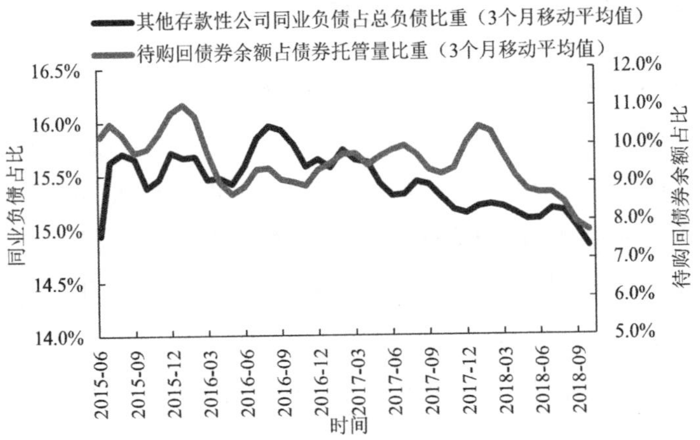

图 16　同业负债占比与待购回债券余额占比变化情况

2018年12月，银行间7天期质押式回购加权利率为3.22%，比2017年同期下降了0.64个百分点；银行间隔夜拆借利率为2.55%，比2017年同期下降了0.29个百分点。

2. 不当的金融创新方面，金融乱象进一步得到治理，金融机构无序扩张势头显著放缓

2012年以来，中国金融体系的金融创新步伐显著加快。一方面，伴随着政府对金融监管的放松①，同业业务、表外业务与互联网金融等业务和产品迅猛增长；另一方面，伴随着2011年货币政策的明显转向（由“适度宽松”转为“稳健”），传统信贷渠道开始收紧，大量资金借道影子银行持续向地方融资平台、产能过剩企业输血。金融创新的过快步伐带来了金融风险积聚、金融体系无序扩张等一系列问题。2012年起金融业增加值占GDP比重快速攀升，从6.2%快速上升至2015年的8.4%，达到了历史高位。

针对不当的金融创新大量存在的问题，2016年下半年以来，我国加强了对金融体系的监管与治理。例如，2016年下半年至2017年，央行通过提高市场利率水平来治理金融机构的期限错配，降低金融机构的杠杆率。2016年底将表外理财纳入宏观审慎评估体系（macro prudential assessment，MPA）这一考核体系，从总量上控制表外规模无序扩张。2017年，银监会开展“三三四十”②专项治理行动，一共发现问题6万多个，涉及金额17.65万亿元。2018年，金融监管力度也没有放松。2018年1月13日，银监会发布《中国银监会关于进一步深化整治银行业市场乱象的通知》，将同业、理财、表外等业务以及影子银行作为2018年整治重点，继续推进金融体系内部去杠杆、去通道、去链条。2018年4月27日，央行等四部委发布《资管新规》，聚焦监管套利、多层嵌套、刚性兑付及资金池业务等方面的问题。2018年11月27日，央行、银保监会和证监会联合印发了《关于完善系统重要性金融机构监管的指导意见》，对系统重要性金融机构提出更高监管要求。

在持续高压的金融监管下，金融乱象得到一定改善，潜在的金融风险有

① 例如，2011年起中国证券监督管理委员会（以下简称证监会）开始修订一法两则，分别为《证券公司客户资产管理业务管理办法》《证券公司集合资产管理业务实施细则》《证券公司定向资产管理业务实施细则》，鼓励证券公司开展资产管理业务创新，这直接导致了后续券商资产管理业务的大规模开展。

② “三三四十”具体指三违反、三套利、四不当、十个方面。“三违反”即违反金融法律、违反监管规则、违反内部规章；“三套利”即监管套利、空转套利、关联套利；“四不当”即不当创新、不当交易、不当激励、不当收费；“十个方面”即股权和对外投资方面、机构及高管方面、规章制度方面、业务方面、产品方面、人员行为方面、行业廉洁风险方面、监管履职方面、内外勾结违法方面、涉及非法金融活动方面。

所减轻。具体而言，主要表现在以下几个方面：一是金融机构的无序扩张势头得到控制。截至 2018 年末，其他存款性公司总资产同比增速为 6.8%，相比于 2017 年下降了 1.6 个百分点，而 2012~2016 年该增速的平均值高达 15.7%（图 17）。二是影子银行规模有所收缩。穆迪公司发布的《中国影子银行季度监测报告》数据显示，2018 年上半年中国影子银行规模占 GDP 比重为 73%，比 2017 年下降 6.3 个百分点，比 2016 年 86.5%的高点下降 13.5 个百分点（图 18）。三是互联网金融行业的规范程度提升，大量不符规定与要求的 P2P（peer-to-peer）网贷平台退出市场。根据网贷之家的统计数据，截至 2018 年底，仍在正常运营的网贷平台只有 1039 家，平台数量较 2017 年底减少了 54%，相较于最高点时更是大幅下降了 70%[①]。

图 17　其他存款性公司总资产增速

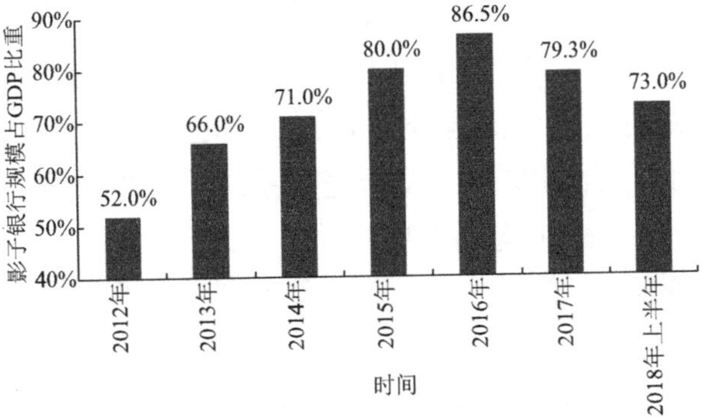

图 18　中国影子银行规模占 GDP 比重

① 此外，网贷行业借款期限的拉长，也能反映互联网金融行业的发展更趋理性，资金端更加稳定。截至2018年11月底，网贷行业的平均借款期限为15.07个月，同比增加5.81个月。

（二）部分金融风险有所加剧，金融体系的潜在隐患依然不小

1. 外汇风险方面，人民币的贬值压力有所增加，但风险总体可控

2018年，人民币汇率呈现先升后跌的走势，贬值压力在下半年显著加大。具体来看，2018年第一季度，人民币汇率延续了2017年下半年以来的回升态势，人民币对美元中间价从2017年12月底的6.53上升至3月底的6.29，一度触及2015年“811汇改”以来的最高点。但是，在第二季度之后，人民币汇率开始走弱并且自2018年6月开始加速下跌。截至2018年11月底，人民币对美元中间价已经下降至6.94，相较于年内最高点的跌幅已经接近10%（图19）[①]。这也引发了社会对人民币汇率是否会“破7”的担忧。

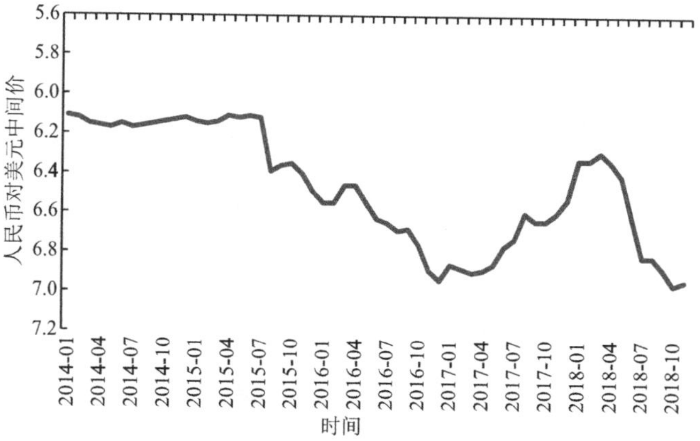

图19　人民币汇率变化情况

不过，本报告认为，尽管2018年以来人民币的贬值压力有所加大，但风险总体可控。一是相比于其他主要经济体，2018年人民币的贬值幅度相对温和（图20）。发达经济体中，瑞典克朗、欧元与英镑对美元在2018年均有不同程度的贬值。新兴经济体中，土耳其里拉对美元的贬值幅度在20%以上，阿根廷比索的贬值幅度更是超过50%。二是美元难以继续走强，这将逐步缓解人民币贬值压力。2018年，大多数经济体的汇率走弱主要是美元在美国增速回升与美联储加息等因素作用下持续走强。美元指数从2017年底的92.3上升至2018年12月底的96.3。然而，2019年美联储的加息步伐将会放缓[②]。同时，2018年底美国股市和债务也分别出现了大幅下跌和长期与短期利率倒

① 汇率变化幅度=[(基期某货币对美元汇率−报告期某货币对美元汇率)/基期某货币对美元汇率]×100%。2018年12月，人民币汇率有所企稳，截至月底人民币对美元中间价为6.84。

② 从2018年12月19日，美联储会议纪要公布的点阵图来看，2019年加息中值次数由2018年9月会议的3次下调为2次，2019年底的目标利率从3.125%下调至2.875%。

挂的情况，这些迹象意味着美国经济增速或已见顶。因此，2019 年美元难以继续走强。三是本轮人民币贬值期间没有出现资本外流加剧与贬值幅度加大的恶性循环。从国际收支平衡表中反映热钱流动的净误差与遗漏这一指标来看，虽然在 2018 年依然为负（表明资本流出），但规模在持续缩小（图 21）。四是中国外汇储备规模保持稳定，截至 2018 年底，外汇储备规模为 3.07 万亿美元，依然保持在 3 万亿美元之上①，这使得中国具备较强的抵御外汇风险能力。事实上，2018 年 12 月，人民币汇率已出现企稳迹象，人民币对美元中间价从 11 月底的 6.94 回升至 12 月底的 6.84。

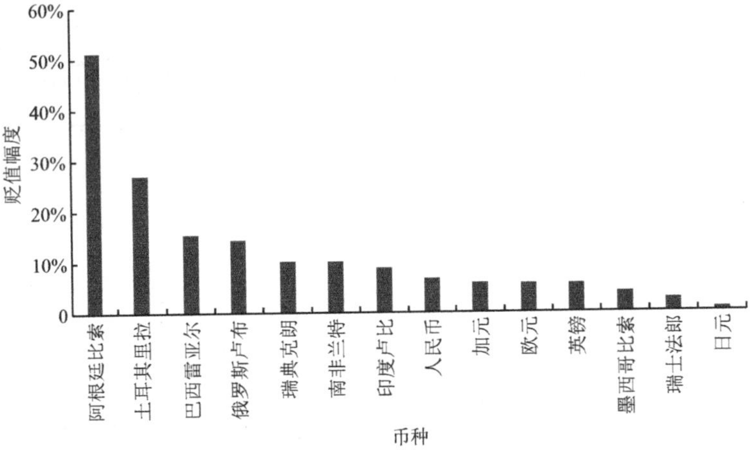

图 20　2018 年各主要经济体货币对美元贬值幅度（截至 2018 年 11 月 30 日）

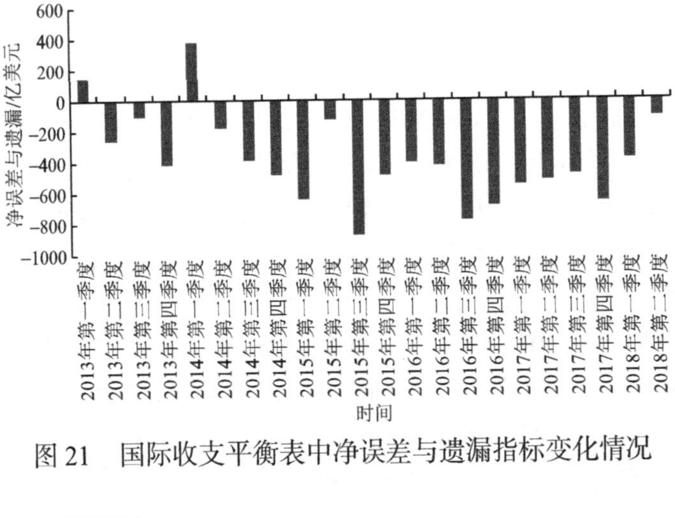

图 21　国际收支平衡表中净误差与遗漏指标变化情况

① 本报告的分报告四《政策空间研究》根据IMF提出的风险加权法测算了中国所需的最优外汇储备规模，测算结果显示：截至2017年，“固定汇率”情形下，最优外汇储备明显超过3万亿美元；“固定汇率+资本管制”情形下，最优外汇储备上限略微超过3万亿美元；其他情形下，最优外汇储备规模的下限和上限均明显小于3万亿美元。考虑到中国实行的是“有管理的浮动汇率制度+适度资本管制”，再加上当前所拥有的外汇储备规模仍然高达3万亿美元，可以推知中国的外汇储备规模较为充裕。

2. 资产价格波动风险方面，三四线城市房价潜在的下跌风险加大；股权质押违约风险增加

2018 年，全国房价整体依然延续了上涨走势。截至 2018 年底，全国住宅均价为 8544.2 元/米^2，相比 2017 年同期上涨了 12.2%（图 22）。更值得关注的是，房价上涨的结构性特征十分明显。一线和部分二线城市的房价上涨势头在调控力度不断加码的情况下已经得到逐步遏制，但其余的一些二线和多数三线、四线城市的房价上涨幅度较大。以 70 个大中城市的房价指数为例，2018 年 12 月，一线城市新建商品住宅销售价格同比涨幅为 2.8%；二线和三线城市新建商品住宅销售价格同比分别上涨 11.3%和 10.8%，涨幅显著高于一线城市。进一步将范围扩至全国可以发现，一些三线、四线小城市房价的涨幅实际上更为迅猛。比如，定安、甘孜、五指山等城市住宅价格在 2018 年的涨幅均在 40%以上。根据中国房价行情平台数据，截至 2018 年 11 月，中国已经有 78 个城市住宅均价突破 1 万元/米^2 的大关，其中包括陵水、丽水、万宁、琼海、廊坊等大量三线和四线城市，而在 2016 年底仅为 19 个城市（主要是一线和二线城市）住宅均价破万。

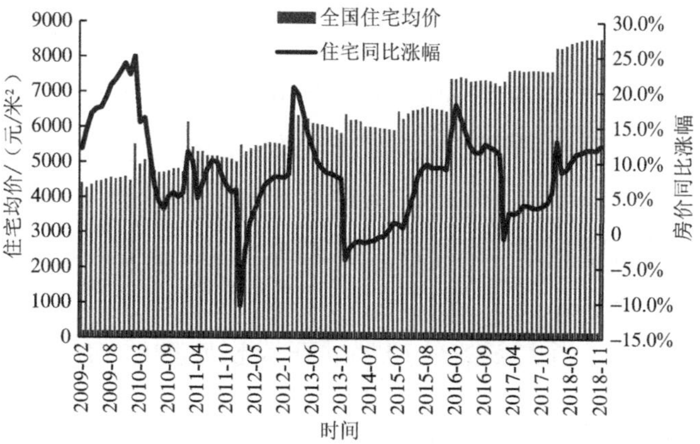

图 22 全国住宅均价走势

三四线城市房价的快速上涨主要是去库存、棚改货币化安置等政策性因素，以及居民在房价上涨预期下投机性需求增加所驱动，不具有可持续性。因此，当前三四线城市房价的过快上涨会加大未来房价下跌的风险。相比之下，一线和部分二线城市的房价水平虽然较高但大幅下跌的风险不大。这是因为，一线和部分二线城市的房价上涨主要源于刚性需求较大而住房供给严重不足这一根本性因素（韩立彬和陆铭，2018）。客观地看，2018 年下半年三四线城市房价面临的下跌风险已有所加大，主要表现为两个方面：一是居民对于房价

的上涨预期已开始有所减弱，2018 年第三季度的央行调查显示，预计房价上涨的居民占比开始回落，从第二季度的 36.5%下降至第三季度的 33.7%。二是三四线城市的库存水平已经开始回升，而且新增建设用地供应面积远超一二线城市，未来部分三四线城市将面临供给过剩的局面[①]。事实上，2018 年下半年，一些房地产企业在部分三四线城市已经开始实施“以价换量”的策略，打起了“价格战”。

更需警惕的是，由于本轮房价上涨期间居民“加杠杆”购房行为明显，居民债务负担显著增加，未来房价一旦出现一定幅度的下跌，很容易出现“房价下跌—居民资产净值缩水—债务压力增加—心理恐慌与资产抛售现象加剧”的恶性循环，从而加剧房价大幅下跌的风险。根据张明等（2017）的测算，目前中国商业银行 40%左右的贷款与房地产有关，如果房价出现较大幅度下跌（据测算为 20%左右），就可能会引起较为严重的金融恐慌，甚至触发系统性金融风险。由此可见，三四线城市的房价泡沫风险是亟待解决的“灰犀牛”风险，会对金融系统的稳定产生较大威胁。

2018 年，中国股市持续低迷，上证指数、深证成指与创业板指数均一度触及 2015 年来的新低。以上证指数为例，截至 2018 年 11 月底，上证指数已经下跌至 2558.19，相较于年初的高点下跌了 30%左右。值得注意的是，本轮股市下跌还带来大面积的股权质押违约风险。证监会数据显示，截至 2018 年 11 月底，沪深两市 3555 家上市公司中，进行股权质押的公司达到了 3456 家，占比高达 97.2%。质押股票市值更是达到 4.66 万亿元左右，其中，接近平仓线的质押股票市值达到 7000 亿元左右。而质押合约强制平仓的后果是，该股票会出现大规模抛售，从而易造成个股的“闪崩”，给整个市场带来负面情绪。当大多数公司都存在股权质押违约风险时，就容易形成“股价下跌—质押爆仓—股价再暴跌—质押继续爆仓”的恶性循环。由此可见，尽管相比于房地产，通常的观点认为股价波动对金融系统稳定性的影响相对有限（Bernanke，2015）[②]。但在股权质押问题较为严重的情况下，股价大幅波动与债务违约等其他金融风险密切相关，易导致金融风险的跨市场传染，进而会对金融系统稳定性带来较大的负面影响。正因如此，2018 年 10 月 19 日，国务院副总理刘鹤提出的五项促进股市健康发展的政策中，第

① 有关库存水平的测算具体请参见中国指数研究院的研究，《三四线城市还能继续拿地吗？看看库存数据再说！》，http://finance.ifeng.com/a/20180912/16497635_0.shtml，2019年1月20日。

② 比如，2001年互联网泡沫的破裂对经济与金融的破坏远小于2007年房地产泡沫破裂所引发的金融危机。

一项就强调要“鼓励地方政府管理的基金、私募股权基金帮助有发展前景的公司纾解股权质押困难”①。

3. 高债务风险方面，结构性去杠杆取得初步成效，但家庭、企业与地方政府的债务压力依然不容忽视

高债务近年来一直是各界关注的重点，也是亟待解决的问题。2018 年政府对高债务问题的重视程度进一步提升。4 月 2 日，中央财经委员会第一次会议首次提出了“结构性去杠杆”的新思路，指出“要以结构性去杠杆为基本思路，分部门、分债务类型提出不同要求，地方政府和企业特别是国有企业要尽快把杠杆降下来，努力实现宏观杠杆率稳定和逐步下降”②。央行在 2018 年第一季度《中国货币政策执行报告》中也提出了“宏观上稳杠杆”“结构性去杠杆”的目标要求。从效果来看，根据国际清算银行（Bank for International Settlements，BIS）的估算，截至 2018 年上半年，中国非金融部门的杠杆率为 253.1%，比 2017 年末上升了 11.6 个百分点（图 23）。不过，这一定程度上源于 2018 年作为分母的名义 GDP 增速出现回落。从债务规模增速来看，2018 年上半年为 14.7%，比 2017 年同期略高 2.3 个百分点，但是明显低于 2008~2017 年债务规模的平均增速（19.3%）。这其实一定程度上反映出中国在去杠杆方面取得了一定成效。进一步分部门看，中国杠杆率的结构性问题依然存在，主要表现在以下几个方面。

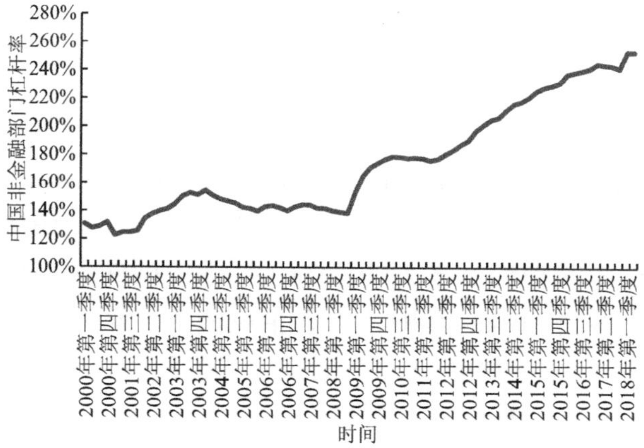

图 23　中国非金融部门杠杆率变化情况

① 《刘鹤：切实推出一些具体政策推动股市》，http://www.xinhuanet.com/finance/2018-10/20/c_129976058.htm，2019年1月20日。

② 《中央财经委首提结构性去杠杆 一行两会准备怎么干？》，http://www.xinhuanet.com/fortune/2018-04/06/c_1122642555.htm，2019年1月20日。

一是居民部门杠杆率继续攀升，债务风险进一步加大。BIS 数据显示，截至 2018 年上半年，居民部门杠杆率为 50.3%，比 2017 年末上升 1.9 个百分点，显著高于新兴经济体的平均水平（38.7%）[①]。如果进一步考虑到中国居民收入占 GDP 比重偏低的情况，以“居民债务/居民可支配收入”的方式进行测算，中国居民部门杠杆率已经达到 112.9%（图 24）。这意味着，按照基准贷款利率测算，仅债务利息支付就占到居民可支配收入的 6%左右。由此，尽管 2018 年中国居民可支配收入的名义增速依然在 8%左右，但剔除债务利息支付后增速仅为 2%左右，进一步剔除通货膨胀的因素，居民可支配收入的实际增速已经接近于 0，这还不包括债务还本的压力。事实上，居民部门的高债务压力已经在当前低迷的消费数据中有所体现，应该引起高度警惕。

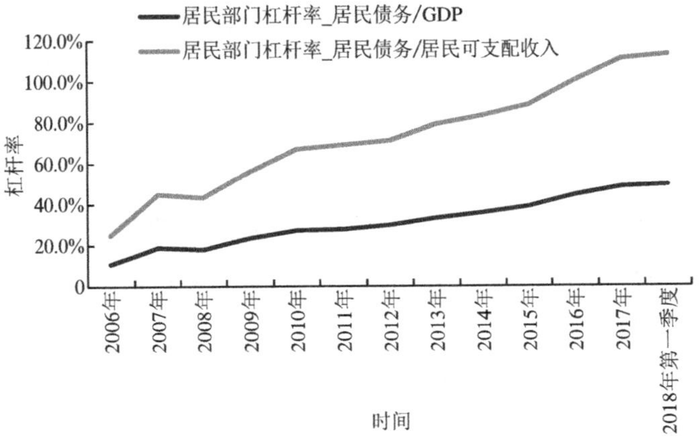

图 24　两种测算方式下居民部门杠杆率比较

二是国有企业债务风险依然较大，民营企业杠杆率“被动上升”。非金融企业部门杠杆率高企一直是中国杠杆率的突出特点。截至 2017 年末，中国企业部门的杠杆率为 160.3%，在主要经济体中位居首位。相比之下，发达经济体企业部门杠杆率的平均水平为 91.6%，剔除中国的新兴经济体企业部门杠杆率的平均水平为 57.9%。其中，国有企业债务能够占到整个企业部门债务规模的 2/3 左右（陈小亮和陈彦斌，2018）。2018 年，国有企业的高债务问题表面上得到一定改善。根据财政部数据，截至 2018 年 10 月，国有企业资产负债率为 64.8%，比 2017 年同期下降 1.1 个百分点。不过，如果以债务收入的方式测算杠杆率，截至 2018 年 10 月，国有企业杠杆率反而比 2017 年同期

① 事实上，过去五年中国居民部门杠杆率的上升速度也较快：2013年第一季度至2018年第一季度的五年间居民部门杠杆率上升了18.6个百分点。相比之下，美国居民部门债务率在2008年全球金融危机爆发前的五年中上升幅度也才19.1个百分点。

高出 6.3 个百分点。之所以国有企业债务/资产测算和国有企业债务/收入测算的两种杠杆率出现“一降一升”的现象，主要与国有企业资产回报率下滑、存在较为广泛的“明股实债”问题，以及房地产与金融资产投资增加有关（中国人民大学中国宏观经济分析与预测课题组，2018）①。因此，不能因为债务/资产测算的国有企业杠杆率下降，就认为国有企业去杠杆已取得显著成效，国有企业的债务风险依然较为严重。

不仅如此，更值得关注的是，2018 年民企的杠杆率出现了明显上升。以工业规模以上私营企业为例，截至 2018 年 10 月底的资产负债率为 56.2%，比 2017 年同期上升了 4.8 个百分点（图 25）。有观点基于民营企业杠杆率与民间固定资产投资增速同步上升的现象认为，民企杠杆率上升主要源于民企的“主动加杠杆”行为。但是，本报告认为这一观点值得商榷。其一，如前所述，本轮民间固定资产投资增速回升主要与房地产开发投资增速的回升存在密切关系，难以较好地解释工业私营企业杠杆率的上升。其二，在效益状况恶化的背景下，民企也不可能存在主动加杠杆的动机。其三，民企杠杆率上升，主要是因为利润状况下滑导致自有资金减少，民企为了维持生产运营，不得不加大对外部融资的依赖。再加上 2018 年以来融资收紧环境导致民企借贷成本上升，双重因素导致民企的负债规模“被动扩张”。因此，民营企业杠杆率的“被动上升”实际上凸显了其经营困境，这将加大银行系统与债券市场的信用风险，加剧整个金融体系的不稳定性。

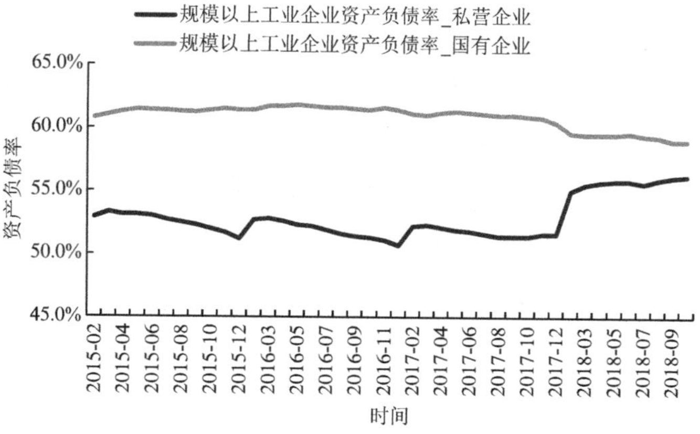

图 25　国有企业与私营企业杠杆率走势对比

① 事实上，我们可以对债务/收入测算的杠杆率进行如下拆解：债务/收入=(债务/资产)/(收入/资产)。其中，收入/资产可被视为企业的资产回报率。该等式意味着，当债务/资产测算的杠杆率基本不变或略微下降的时候，如果资产回报率下降，那么也会出现债务/收入上升的局面。

三是中央政府杠杆率保持稳定，但地方政府债务尤其是隐性债务问题依然存在。2018 年，在财政赤字率下调的作用下，中央政府的杠杆率稳中有降。截至 2018 年上半年，中央政府杠杆率为 15.9%，相比于 2017 年底下降了 0.3 个百分点①。地方政府的显性杠杆率也有所回落，从 2017 年末的 19.9%下降到 2018 年上半年的 19.4%，下降了 0.5 个百分点。但是，这并不意味着地方政府债务有所改善。地方政府债务的主要问题在于隐性债务规模过大，显性杠杆率不足以反映地方政府债务的严重程度。具体而言，地方政府的隐性债务主要分为两类：一类是 PPP、政府投资基金及政府购买服务等项目形成的政府债务；另一类是地方政府融资平台以地方政府信用为担保进行资金借贷形成的政府债务。

事实上，防范和化解地方隐性债务也成了当前防控地方债务风险的重点工作。2018 年，中央先后下发了《中共中央国务院关于防范化解地方政府隐性债务风险的意见》《地方政府隐性债务问责办法》等重要文件。财政部长刘昆明确表示，“坚决遏制隐性债务增量，督促整改政府投资基金、PPP、政府购买服务中的不规范行为，严禁各种违法违规担保和变相举债”②。从防控效果来看，根据 IMF 的估算测算，2018 年地方政府隐性债务占 GDP 比重（广义口径下政府杠杆率与政府显性杠杆率的差值）为 34.3%，虽然相比于 2015~2017 年隐性债务占 GDP 比重的平均增幅（5.6%）有所减少，但还是比 2017 年上升了 3.7 个百分点（图 26）。此外，本报告借鉴姜超等（2018）的方法，从融资渠道视角对地方政府债务规模进行估算，也得到了类似的结论③。截至 2018 年 10 月底，地方政府隐性债务规模达到了 35.3 万亿元，尽管增速有所放缓，但总体还是比 2017 年底增加了 2.8 万亿元。因此概括而言，2018 年防范和化解地方隐性债务风险的工作取得一定进展，隐性债务增速趋缓，但问题依然存在。

① 中央政府杠杆率偏低也是中国的一大特点，相比之下，美国、英国、法国等国家中央政府杠杆率都达到了90%~120%的水平，日本更是接近200%。

② 《财政部：依法依规管控地方政府债务风险》，http://www.xinhuanet.com/fortune/2018-08/28/c_1123341364.htm，2019年1月20日。

③ 具体来看，政府在筹资中可能形成隐性债务的部分主要有银行贷款（包括政策性银行）、发行债券、设立政府基金、融资租赁和其他非标准化融资（包括券商资产管理计划、基金子公司、信托、保险债权投资计划等）等。本报告选取了银行贷款、政府性基金和PPP项目、城投债与信托这四项最主要的项目，2017年这四项占姜超等（2018）所测算隐性债务规模的98.7%。

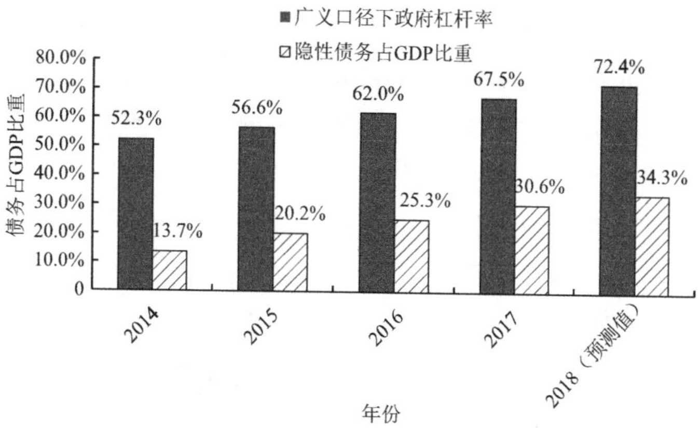

图 26　地方政府隐性债务占 GDP 比重变化情况

4. 信用风险方面，商业银行不良贷款率重新攀升，债券市场违约风险加大

2018 年，商业银行业的不良贷款率和不良贷款规模再次出现“双升”走势[①]。截至 2018 年第三季度末，商业银行的不良贷款规模达到 2.03 万亿元，同比新增 3618 亿元；不良贷款率为 1.87%，同比上升 0.13 个百分点（图 27）。不仅如此，商业银行出于业绩考核和监管要求的压力，还存在掩盖不良贷款方面的动机，因而实际的不良贷款压力可能比数据所反映的更大。《中国金融不良资产市场调查报告（2018）》针对商业银行内部人员的调查结果显示，2018

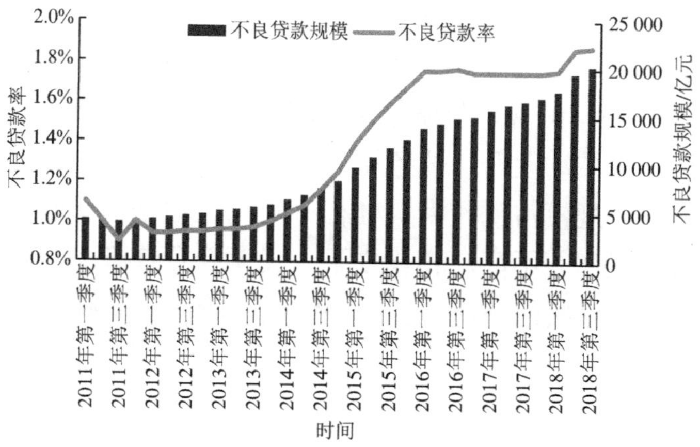

图 27　商业银行不良贷款规模和不良贷款率变化情况

① 2011年以来，商业银行不良贷款规模与不良贷款率的“双升”走势一直受到各界对银行业不良贷款风险的广泛关注。不过，在2017年不良贷款率有所趋稳。2018年再次出现不良贷款规模与不良贷款率“双升”的情况。

年商业银行账面不良贷款率与实际信贷风险相比普遍被低估，受访者所在地区的银行类金融机构真实不良贷款率可能达到 3%~5%。

进一步分商业银行类型来看，大型商业银行与股份制银行的不良贷款率稳中有降，城市商业银行不良贷款率有所攀升，但幅度不大①。相比之下，农村商业银行（以下简称农商行）的不良贷款风险最为明显，2018 年第三季度末不良贷款率高达 4.23%，同比上升 1.28 个百分点。而且要注意的是，农商行与农村信用合作社等农村金融机构数量众多，截至 2018 年 6 月底，已达到 3903 家，占银行业金融机构数量的 85.3%，因而很难将其信用风险进行系统评估与监控。事实上，从近年来陆续曝出的一些农商行不良贷款率来看，实际问题可能更为严重。比如，山西侯马农商行 2017 年不良贷款率高达 26.28%，河南修武农商行 2017 年不良贷款率为 20.74%，贵阳农商行不良贷款率从 2016 年末的 4.13%猛增至 2017 年末的 19.54%。由此可见，农商行等农村金融机构已成为中国银行业的薄弱环节，信用风险值得警惕②。

银行体系不良贷款率上升的同时，债券市场违约现象也频繁出现，信用风险加剧。截至 2018 年 12 月 7 日，共有 49 家企业的 146 只债券发生违约，债券违约数量接近于 2017 年的 3 倍；涉及违约的债务金额达 1352.8 亿元，是 2017 年的 3.4 倍。自 2014 年公开市场首次发生债券违约以来③，无论是债券违约数量还是违约金额，2018 年都创下了历史新高（图 28）。从发行债券主体的类型来看，民营企业的违约情况显著多于国有企业。2018 年 146 只违约债券中 111 只债券由民营企业发行，占比高达 76%；由央企和地方国有企业发行的只有 11 只。民营企业债务违约情况增多一定程度上印证了之前所述的民营企业杠杆率被动上升、债务压力显著增大的问题。由此可见，虽然中国国有企业的债务规模占比较大、杠杆率较高，但是由于隐性担保等因素的存在，债务违约概率并不高。相比之下，民营企业杠杆率虽然不高，但在经济下行与融资环境趋紧的环境下债务违约风险较大，需要引起高度重视。

---

① 截至2018年第三季度末，大型商业银行、股份制银行、城市商业银行不良贷款率分别为1.47%、1.7%和1.67%，2017年同期则分别为1.54%、1.76%、1.51%。

② 有观点认为农商行不良贷款率攀升的原因主要在于农商行此前对“不良”的认定较宽松，如今银行不良贷款认定标准提高，加速了真实不良贷款率的暴露。因此，不需要对信用风险过于担忧。本报告认为这一原因虽然存在，但不是商业银行不良贷款率攀升的全部原因。信用风险上升的一个主要原因还是在于，经济下行背景下一些地区经济增速下滑更为明显，导致产能过剩与地方隐性债务等问题加剧，从而直接影响当地商业银行资产质量。因此，伴随着经济下行压力的加大，商业银行尤其是农商行等农村金融机构的信用风险不容忽视。

③ 2014年以前，中国债券市场保持了较长时间的零违约记录。

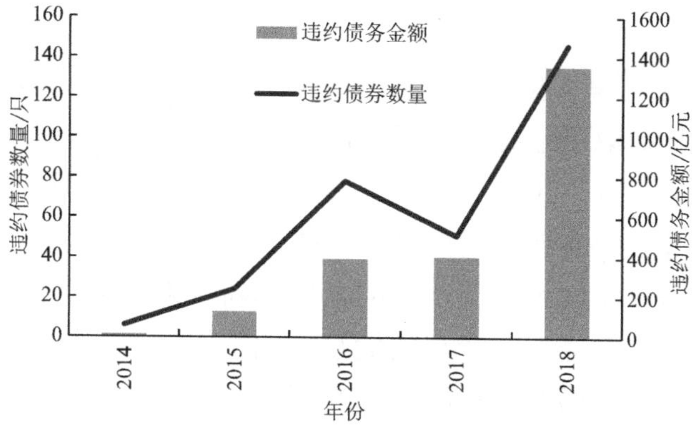

图 28　违约债券数量和金额变化情况

总的来看，2018 年防控金融风险取得了一定成效，流动性风险与不当的金融创新风险有所缓解，结构性去杠杆也取得积极进展。但也要增强忧患意识，应认识到房地产泡沫、高债务与信用违约等威胁金融稳定的“灰犀牛”风险依然较大。宏观经济政策需要加强防范，以免出现金融市场异常波动和共振。

三、结　　语

宏观经济政策的核心目标是实现经济与金融的双重稳定。2018 年，中国宏观经济政策也遵循这一思路，将“稳增长”列为首要目标的同时，对金融稳定的重视程度明显提升，将“防范化解重大风险”列为决胜全面建成小康社会的三大攻坚战之一。因此，要分析与判断宏观经济政策的整体效果如何，主要是分析经济稳定与金融稳定的双重目标是否已实现。基于此，本报告分别对 2018 年中国的经济稳定与金融稳定情况展开系统分析。

就经济稳定而言，2018 年中国经济增速趋缓，下行压力有所加大。一是从总供给看，2018 年中国的 GDP 增速为 6.6%，比 2017 年增速回落了 0.2 个百分点。虽然产出缺口依然保持在 0 附近，但主要是潜在增速的过快下滑，不宜过于乐观地认为是经济稳定的一种表现。而且，全年 GDP 增速还呈现“前高后低”的走势，也表明经济的下行压力在逐步加大。二是从总需求看，消费、投资与出口三大需求的增速均呈现不同程度的放缓。其中，居民消费不只是商品消费增速在放缓，服务消费增速也出现了明显下滑。而固定资产投资的实际增速已经徘徊在 0 附近，甚至一度出现负增长。三是从微观主体层面看，居民的收入增速显著下滑，民营企业的生产经营压力明显加大。客观地看，下行压力的加大主要与中美贸易摩擦加剧及中国主动推进结构性去杠杆带来的“阵痛”等因素有关。但是，作为逆周期调节工具，宏观经济政策在稳定经济尤其是稳定总需求方面还存在着一定的改善空间。

就金融稳定而言，2018 年部分金融风险有所改善，但房地产泡沫、高债务与信用违约等威胁金融稳定的“灰犀牛”风险依然较大。具体而言，2018 年主要改善的是流动性风险与不当的金融创新风险。流动性风险方面，金融机构短期负债占比下降，资产与负债端的期限错配问题得以改善。同时，货币市场利率下行，市场的流动性更加充裕。不当的金融创新风险方面，伴随着金融监管力度的持续增加，金融乱象得到一定治理，金融机构的无序扩张势头显著放缓，影子银行占 GDP 比重明显下降。看到以上成绩的同时，也需要警惕部分金融风险依然存在甚至有所加剧。一是外汇风险，2018 年人民币贬值压力有所增加。二是资产价格大幅波动风险，2018 年三四线城市房价继续快速上涨，使得潜在的大幅下跌风险进一步加剧。同时，股市持续低迷也显著加大了股权质押大面积违约的风险。三是高债务风险，企业和地方政府债务压力依然较重，居民部门的债务风险也明显加剧。四是信用风险，商业银行不良贷款率重新攀升，债券市场违约风险加大。由此可见，2018 年宏观经济政策在防控金融风险方面取得了一定积极效果，但还需要对房地产泡沫、高债务与信用违约等威胁金融稳定的“灰犀牛”风险加强防范。

参考文献

陈小亮，陈彦斌. 2018. 结构性去杠杆的推进重点与趋势观察. 改革，（7）：17-30.

陈彦斌，陈惟. 2017. 中国宏观税负的测算及启示. 财经问题研究，（9）：3-10.

陈彦斌，陈小亮，刘凯，等. 2018. 宏观政策评价报告 2018. 北京：科学出版社.

陈彦斌，刘哲希. 2016. 经济增长动力演进与“十三五”增速估算. 改革，（10）：106-117.

韩立彬，陆铭. 2018. 供需错配：解开中国房价分化之谜. 世界经济，（10）：126-149.

姜超，朱征星，杜佳. 2018. 地方政府隐性债务规模有多大？——地方隐性债务系列专题之一. 海通证券研究报告.

刘哲希，陈彦斌. 2018. 消费疲软之谜与扩大消费之策. 财经问题研究，（11）：3-12.

许宪春. 2010. 准确理解中国经济统计. 经济研究，（5）：21-31.

杨仲山，王岩. 2015. 中国经济的生产能力、实际购买力及其差额分解. 统计研究，（12）：12-21.

张明，陈玉玲，陈骁，等. 2017. 房价下行是否会引爆银行业危机？——涉房贷款估算与银行压力测试. 武汉金融，（12）：24-30.

中国人民大学中国宏观经济分析与预测课题组. 2018. 结构性去杠杆下的中国宏观经济——2018 年中期中国宏观经济分析与预测. 经济理论与经济管理，（8）：5-19.

Allen F，Gale D. 2000. Bubbles and crises. The Economic Journal，110（460）：236-255.

Bernanke B S. 2015. The Courage to Act：A Memoir of A Crisis and Its Aftermath. New York：W. W. Norton & Company.

Blanchard O，Cerutti E，Summers L. 2015. Inflation and activity-two explorations and their monetary policy implications. NBER Working Paper.
Blanchard O，Dell'Ariccia G，Mauro P. 2010. Rethinking macroeconomic policy. Journal of Money，Credit and Banking，42（S1）：199-215.
Borio C. 2014. The financial cycle and macroeconomics：what have we learnt?. Journal of Banking & Finance，45：182-198.
Cecchetti S G. 2016. On the separation of monetary and prudential policy：how much of the precrisis consensus remains?. Journal of International Money and Finance，66：157-169.
Crockett A. 1996. The theory and practice of financial stability. De Economist，144（4）：531-568.
Diamond D W，Dybvig P H. 1983. Bank runs，deposit insurance，and liquidity. Journal of Political Economy，91：401-419.
Federal Reserve Board. 2018. Financial stability report.
Krugman P. 1979. A model of balance of payments crises. Journal of Money，Credit and Banking，11（3）：311-325.
Minsky H P. 1986. Stabilizing an Unstable Economy. New Haven：Yale University Press.
Mishkin F S. 1999. Global financial instability：framework，events. Journal of Economic Perspectives，13（4）：3-20.
Mishkin F S. 2011. Monetary policy strategy：lessons from the crisis. NBER Working Paper.
Mishkin F S. 2012. The Economics of Money，Banking and Financial Markets. 10th ed. New York：Pearson Education.

分报告三　政策力度与传导效率研究

2018 年中国经济增速为 6.6%，比 2017 年下降 0.2 个百分点①。一方面，中国经济增速实现了政府工作报告所制定的“6.5%左右”的目标值，并且在全世界主要经济体中继续位居前列；另一方面，2018 年中国经济“稳中有变、变中有忧”，经济下行压力比前两年有所加大。可见，宏观经济政策在“稳增长”方面仍然存在有待完善之处。

政策力度的大小是决定其“稳增长”效果的重要因素，如果政策力度不足，难以实现调控目标。经济学界反思 1929~1933 年美国大萧条所得到的一点重要启示是，当时美联储的货币政策不够宽松。美联储误认为货币政策基准利率（名义利率）降至零附近就意味着货币政策已经足够宽松，但事实上当时美国处于通货紧缩时期，实际利率不仅没有降低反而有所升高②，因此，美联储在应对大萧条时的货币政策宽松力度是不够的。受此启发，在应对 2008 年全球金融危机时，美联储、欧洲央行和日本央行等在名义利率降至零下限之后，还采用了量化宽松和前瞻性指引等非常规操作，以进一步加大货币政策的宽松力度，从而更好地应对经济下行压力。

除了政策力度，政策传导效率也直接决定了调控效果的好坏。如果政策传导效率不高，即使加大政策力度可能也难以实现调控目标。日本在应对 20 世纪 90 年代经济衰退时，虽然出台了大量的货币政策与财政政策，但是效果并不理想，一个很重要的原因就是政策的传导效率不够高。例如，虽然货币政策较为宽松甚至采取了负利率和量化宽松政策，但是大量企业资产负债表衰退，它们不愿意增加贷款需求，由此也导致货币政策的传导效率不足，最

---

① 如无特别说明，本报告所使用的数据来自国家统计局、中国人民银行、财政部网站，以及CEIC数据库、Wind数据库和中经网统计数据库。

② 美国通货膨胀率从1930年的-2.6%降至1931~1932年的-10%左右，通货紧缩导致美国的实际利率不降反升，从1930年的6.2%大幅升至1931~1932年12%左右的高水平。

终调控效果自然欠佳。有鉴于此，本报告将从政策力度和传导效率两方面，深入分析货币政策和财政政策“稳增长”效果欠佳的原因。

一、货币政策力度有所不足，传导效率也相对偏低

2018 年美联储持续“加息+缩表”操作，并且阿根廷、土耳其、墨西哥、俄罗斯、印度尼西亚、印度等越来越多的新兴经济体步入加息轨道，相比之下，中国央行不仅没有收紧货币政策，反而采取了多种稳健略偏宽松的货币政策操作应对经济下行压力。一是先后于 2018 年 1 月、4 月、7 月和 10 月实施了四次定向降准操作，并搭配中期借贷便利（medium-term lending facility，MLF）、抵押补充贷款（pledged supplementary lending，PSL）等工具加强对中长期流动性的投放。二是通过拓宽常备借贷便利（standing lending facility，SLF）和 MLF 担保品范围，增加支小支农再贷款和再贴现额度等举措。需要指出的是，央行为了加大对小微企业和民营企业的支持力度，还专门创设了定向中期借贷便利（targeted medium-term lending facility，TMLF），目前 TMLF 资金的利率比 MLF 利率优惠 15 个基点，相当于采取了“定向降息”操作。接下来，本报告将对上述货币政策操作的力度大小和传导效率高低进行评价。

（一）货币政策力度

目前中国货币政策正处于由数量型向价格型转型的过程中，而且实践中同时使用数量型工具和价格型工具，因此，本报告从数量型指标和价格型指标两方面入手分析与判断货币政策的力度。就数量型指标而言，本报告参考陈彦斌等（2017，2018）的做法，借助于 M2 增速和社会融资规模余额增速判断数量型货币政策的力度①。就价格型指标而言，理论和国际经验都表明，利率是最重要的价格型指标，而且在货币政策框架中包含货币市场利率和信贷市场利率两类利率指标②，货币政策直接调控的是货币市场利率，而直接影

① 2016年和2017年的政府工作报告明确制定了M2增速和社会融资规模余额增速的目标值，2018年政府工作报告不再公布二者的目标值，只是要求“保持广义货币M2、信贷和社会融资规模合理增长”。究其原因，随着近年来利率市场化改革的持续推进与金融创新的不断深化，M2等数量型指标的可测性、可控性及与实体经济的相关性出现了较为明显的下降，因此政府工作报告不再制定相应目标值。不过，中国以间接融资为主的融资结构并没有发生本质性改变，因此，数量型指标仍然具有较为重要的参考价值。

② 关于货币政策框架，尤其是操作目标和中介目标的进一步阐述，可参见Mishkin（2016），并结合李方和段福印（2013）、张勇和范从来（2017）等的研究。

响实体经济的则是信贷市场利率，因此，本报告综合使用这两类利率判断价格型货币政策的力度。

1. M2 增速持续低迷并跌至历史最低值，社会融资规模余额增速显著下滑，可见数量型货币政策的力度有所不足

关于 M2 增速，虽然 2018 年政府工作报告不再公布 M2 增速的目标值，不过周小川在 2018 年两会期间曾指出，“如果 M2 和名义 GDP 增长速度基本一致的话，从广义货币供应量的角度来讲就是不松不紧”[①]，据此可以对 M2 增速的高低进行判断。根据国家统计局公布的数据可得，2018 年前三季度 GDP 名义增速为 10%左右[②]，那么 M2 增速也应该稳定在 10%左右才比较合理。然而，2018 年以来 M2 增速延续了 2017 年的低迷态势，持续在 8%~9%的低位徘徊，而且 10~12 月的 M2 增速持续居于 8%~8.1%的历史最低水平（图 1）。可以发现，M2 增速明显低于合理区间。

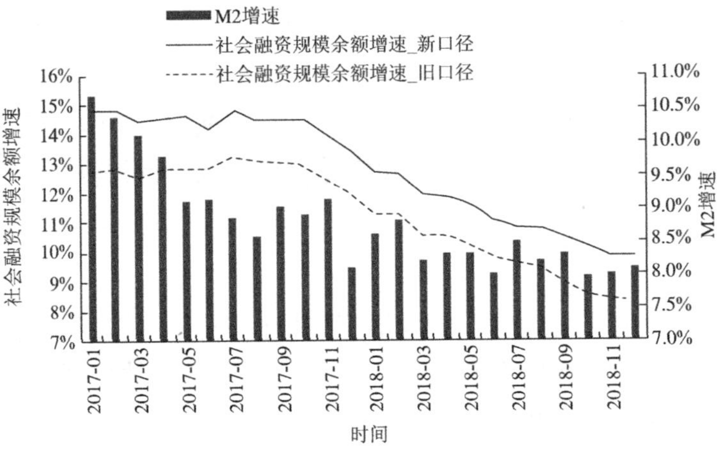

图 1 社会融资规模余额增速与 M2 增速走势

新口径下的社会融资规模余额增速直接引自中国人民银行网站，旧口径下的社会融资规模余额增速由作者根据央行数据自行计算得到

关于社会融资规模余额增速，首先需要说明的是，2018 年央行两次调整了统计口径：一是 2018 年 7 月起，将“存款类金融机构资产支持证券”“贷款核销”纳入社会融资规模统计口径；二是 2018 年 9 月起，将“地方政府专项债券”纳入社会融资规模统计口径。为了更加全面地把握社会融资规模余

① 《周小川：M2指标口径总在不断变化 必须考虑多种因素》，http://finance.ifeng.com/a/20180309/16019336_0.shtml，2019年2月10日。

② 2018年1~3月GDP名义增速为10.2%，1~6月GDP名义增速为10.0%，1~9月GDP名义增速为9.8%。

额的变化，本报告同时分析了新口径和旧口径下社会融资规模余额增速的走势。结果发现，在经济下行压力持续存在并且有所加大的情况下，社会融资规模余额增速不仅没有升高，反而大幅下降。在新口径下，社会融资规模余额增速从 2018 年 1 月的 12.7%持续下降到了 12 月的 9.8%，而且比 2017 年同期下降了多达 3.6 个百分点；在旧口径下，社会融资规模余额增速从 2018 年 1 月的 11.3%持续下降到了 12 月的 8.3%，比 2017 年同期下降了 3.7 个百分点。

有观点认为，虽然社会融资规模余额增速有所放缓，但是其中的人民币贷款余额增速仍然保持了相对较高水平（表 1），而且 2018 年人民币贷款增量达到了 15.84 万亿元（表 2），比 2017 年增加了 2 万亿元，据此认为金融对实体经济的支持力度相对较大。本报告则认为，人民币贷款增量有所增加的重要原因是委托贷款和信托贷款等表外信贷“回表”。央行数据显示，在金融强监管之下，2018 年委托贷款和信托贷款均出现了负增长，增量与 2017 年相比分别减少了 2.39 万亿元和 2.95 万亿元。如果将人民币贷款与委托贷款、信托贷款视为一个整体可以发现，2018 年三者增量之和为 13.54 万亿元，而 2017 年同期三者增量之和则为 16.88 万亿元，据此可知金融对实体经济的支持力度并没有升高，反而显著降低。

表 1　社会融资规模各分项余额增速走势

年份	社会融资规模余额	各分项余额增速						
		人民币贷款	外币贷款	委托贷款	信托贷款	未贴现承兑汇票	企业债券	股票融资
2015	12.48%	13.91%	−12.99%	17.98%	1.96%	−14.78%	25.07%	20.15%
2016	12.80%	13.40%	−12.90%	19.80%	15.80%	−33.40%	22.50%	27.60%
2017	12.00%	13.20%	−5.80%	5.90%	35.90%	13.70%	2.50%	15.10%
2018	9.78%	13.16%	−10.89%	−11.52%	−7.97%	−14.19%	9.58%	5.41%

表 2　社会融资规模各分项增量　　单位：万亿元

年份	社会融资规模增量	各分项增量						
		人民币贷款	外币贷款	委托贷款	信托贷款	未贴现承兑汇票	企业债券	股票融资
2017	22.40	13.84	0.002	0.78	2.26	0.54	0.45	0.87
2018	19.24	15.84	−0.420	−1.61	−0.69	−0.63	2.47	0.36
差额	−3.16	2.00	−0.422	−2.39	−2.95	−1.17	2.02	−0.51

2. 虽然货币市场利率中枢普遍下行，但是信贷市场利率不降反升，可见价格型货币政策的力度同样有所不足

2018 年以来，各类货币市场利率中枢普遍下行。一是银行间同业拆借加权平均利率和质押式回购加权平均利率双双下行。截至 2018 年底，银行间同

业拆借加权平均利率和质押式回购加权平均利率分别为 2.57%和 2.68%，比 2017 年底下降了 0.34 个百分点和 0.43 个百分点（图 2）。二是上海银行间同业拆放利率（Shanghai interbank offered rate，Shibor）持续下行。2018 年以来，3 个月、6 个月和 1 年期的 Shibor 中枢普遍大幅下降，截至 2018 年底，3 个月、6 个月和 1 年期 Shibor 分别比 2017 年底下降了 1.57 个百分点、1.58 个百分点和 1.24 个百分点（图 3）。货币市场利率中枢普遍下行，主要是因为央行的四轮降准操作释放了较为充裕的资金。根据央行数据，四轮降准所释放的资金除了用于偿还到期的 MLF，还额外释放了 2.3 万亿元的流动性。相比之下，2017 年央行并没有实施降准操作①；2016 年央行仅实施了一次降准操作，而且降准幅度只有 0.5 个百分点，释放的流动性为 6000 亿元左右。

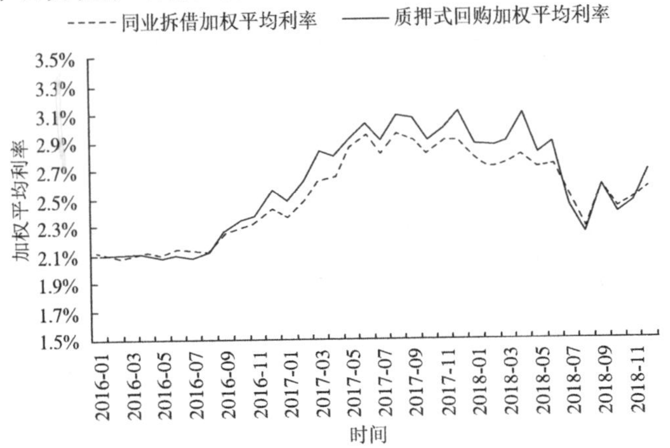

图 2　2016 年以来同业拆借加权平均利率和质押式回购加权平均利率走势

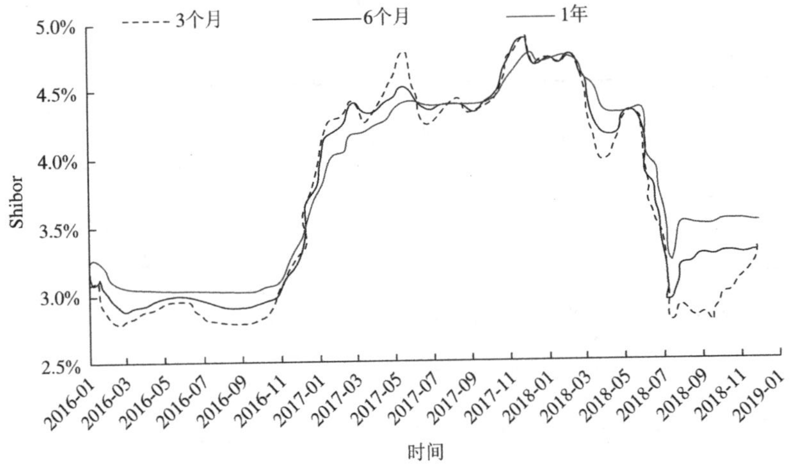

图 3　3 个月、6 个月和 1 年期 Shibor 走势

① 2018年的第一次降准操作是2017年9月30日对外宣布，2018年1月25日正式实施。

表面上看，货币市场利率的下行似乎意味着价格型货币政策的力度较大，但是事实并非如此，因为与实体经济联系更为密切的信贷市场利率不降反升。反映信贷市场利率的主要指标是金融机构一般贷款加权平均利率，相关研究普遍采用该指标来考察中国信贷市场利率的变化。进一步地，影响企业投资和居民消费的是实际利率而非名义利率，因此，本报告重点关注金融机构一般贷款加权实际利率的走势。根据央行发布的数据可以计算得到，2018 年以来金融机构一般贷款加权实际利率持续升高。具体而言，2018 年第一季度、第二季度、第三季度金融机构一般贷款加权实际利率分别升至 3.88%、4.15%、4.32%，比 2017 年底提高了 0.35 个百分点、0.62 个百分点和 0.79 个百分点（图 4）。经过连续三个季度的回升，金融机构一般贷款加权实际利率已经基本恢复到 2015 年第三季度的水平。在经济面临下行压力时，企业和居民的实际贷款利率不降反升，可见 2018 年价格型货币政策的力度有所不足。

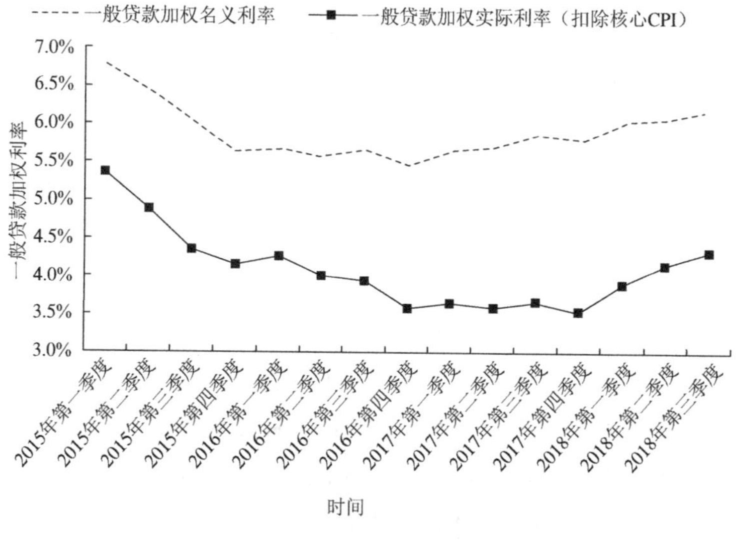

图 4　金融机构人民币一般贷款加权利率走势

此外，大量中小微企业难以从商业银行获得贷款，它们往往通过民间借贷来融资，因此，本报告还进一步分析了民间借贷实际利率的走势，而且本报告选择的是被已有研究广泛应用的温州民间借贷利率。图 5 数据显示，截至 2018 年底，温州民间借贷实际利率已经升至 14.61%，比 2017 年底升高了 1.49 个百分点。这同样表明，2018 年价格型货币政策的力度有所不足。

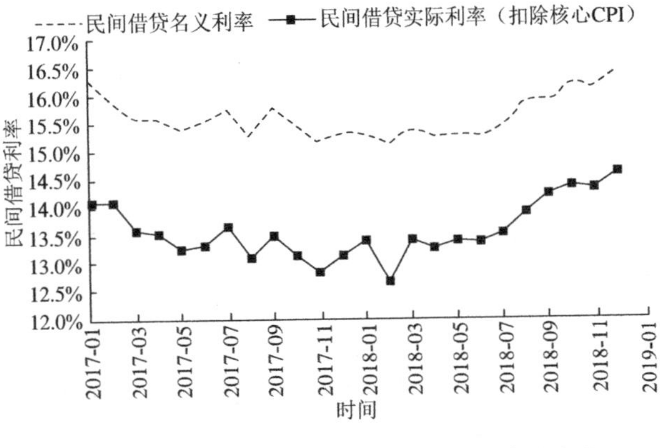

图 5　温州民间借贷实际利率走势（月度）

3. 货币政策力度不足，主要是受到了高杠杆风险和房价泡沫化风险的限制

2018 年初以来，为了推进结构性去杠杆，尤其是降低国有企业债务①和地方政府隐性债务，金融监管力度明显加强，限制了金融机构的表外信贷投放，而货币政策的力度尚不足以推动表内信贷投放以填补信贷缺口，导致信贷市场资金供给不足。为了降低国有企业债务负担，2018 年 1 月中国银监会出台的《中国银监会关于关于进一步深化整治银行业市场乱象的通知》明确提出，要把“违规将表内外资金直接或间接、借道或绕道投向股票市场、‘两高一剩’等限制或禁止领域，特别是失去清偿能力的‘僵尸企业’”作为 2018 年治理重点之一。为了降低地方政府债务负担，2018 年 3 月，财政部出台的《财政部关于规范金融企业对地方政府和国有企业投融资行为有关问题的通知》明确指出，“不得直接或通过地方国有企事业单位等间接渠道为地方政府及其部门提供任何形式的融资”“不得提供债务性资金作为地方建设项目、政府投资基金或政府和社会资本合作（PPP）项目资本金”。在金融监管明显收紧的情况下，2018 年以来委托贷款和信托贷款明显收缩。而与此同时，货币政策的力度尚不足以推动表内信贷投放以填补信贷缺口，由此导致信贷市场的资金供给相对不足，信贷市场利率也随之上升。央行数据显示，2018 年人民币贷款与委托贷款、信托贷款三者增量之和为 13.54 万亿元，而 2017 年则为 16.88 万亿元，不难发现 2018 年信贷市场资金供给相对不足。

货币政策力度有所不足的另一点原因是，受到房价泡沫化风险的限制。美国 1929~1933 年大萧条时期、日本 20 世纪 90 年代经济萧条时期及美国 2008

① 2017年7月召开的全国金融工作会议就已经明确指出，“要把国有企业降杠杆作为重中之重，抓好处置‘僵尸企业’工作”。2018年4月召开的中央财经委员会第一次会议再度强调，“企业特别是国有企业要尽快把杠杆降下来”。

年金融危机期间，房价等资产价格大幅下滑甚至出现资产泡沫破裂的局面，因此货币政策可以持续发力。与之不同，当前中国在面临经济下行压力的同时，房价增速并没有下降。在中央和地方政府的严格管控之下，2018 年以来国家统计局重点关注的 15 个热点城市的房价增速有所放缓。2017 年底到 2018 年底，15 个热点城市的新建住宅价格同比增幅为 5.7%、二手住宅价格同比增幅为 2.7%，其中四大一线城市新建住宅和二手住宅的房价同比增幅更是只有 2.8%和 0.6%。然而，三四线城市房价涨势却较为明显，国家统计局公布的其他 55 个城市（主要是三四线城市）2018 年新建住宅和二手住宅的房价增幅分别达到了 11.9%和 9.0%。而且，三四线城市的房价已经存在泡沫化风险，根据中国房价行情平台数据，在 2016 年底中国只有 19 个城市（主要是一二线城市）住宅均价突破 1 万元/米 ^{2} 的大关，但是截至 2018 年 11 月已经猛增至 78 个城市。在实体经济投资回报率不高而且宏观审慎监管体系尚不完善的情形下，如果货币政策加大力度，将会有更多资金流向房地产市场，从而加剧房价泡沫化风险①。

本报告则认为，结构性去杠杆不应成为货币政策加大力度的限制，房价泡沫化风险的确在一定程度上阻碍了货币政策发力，但是货币政策仍然可以通过适当的方式进一步加大力度。关于结构性去杠杆，货币政策的主要目标不应该是去杠杆，而应该是为去杠杆提供稳定的宏观经济环境，谨防去杠杆过程中出现经济剧烈波动等不良后果。回顾美国和日本去杠杆的经验可知，在步入去杠杆阶段之前，两国的利率水平都曾出现过大幅升高，但是与之相伴的是杠杆率的持续攀升而非下降（陈小亮和陈彦斌，2018）。这是因为，利率上升不仅会加剧债务者的偿债负担，引发债务总量进一步攀升，从“分子”端推高杠杆率，而且会抑制投资和消费需求，不利于经济增长，进而从“分母”端推高杠杆率。考虑到当前中国经济下行压力已经有所加大，货币政策很有必要进一步加大力度，也只有这样才能更好地推进结构性去杠杆的进程②。关于房价泡沫化风险，要想打消央行的后顾之

① 理论与经验均表明，随着资产泡沫的不断膨胀，投资者的乐观预期将出现动摇并且会在某一时点演化为市场恐慌，最终引发资产价格的暴跌（陈彦斌，2016）。一旦房价出现下滑，对家庭、企业和地方政府而言，都将带来沉重打击。其一，家庭的绝大多数财富以房地产的形式持有，一旦房价大幅下跌将会导致家庭财富大幅缩水。其二，企业贷款大多以房地产为抵押，一旦房价大幅下跌，企业所抵押房地产的价值将大幅缩水，导致债务清偿和资产廉价抛售的恶性循环。其三，土地出让金及相关税费是地方政府拉动增长的重要资金来源，一旦房价大幅下跌，将会给地方经济增长带来沉重打击。

② 有观点认为，2017年中国整体杠杆率涨幅放缓的主要原因是货币政策有所收紧，并据此认为2018年中国应该继续收紧货币政策才能有效配合结构性去杠杆的进程。本报告并不赞同这一观点，因为2017年中国整体杠杆率涨幅放缓的主要原因并不是货币政策收紧，而是名义GDP的大幅攀升。2017年名义GDP增速高达11.2%，比2016年高出了3.3个百分点。即便如此，整体杠杆率仍然比2016年上升了1.5个百分点，由此可以反推，货币政策收紧并不是杠杆增速放缓的主要原因。

忧：一方面需要进一步完善宏观审慎监管体系；另一方面需要加快构建房价调控长效机制（陈小亮等，2018），谨防货币政策加大力度之后投资性和投机性资金大量流入房地产市场。有了较为完善的宏观审慎监管体系和房价调控长效机制作为前提与保障，货币政策完全可以适当加大力度，从而更好地应对经济下行压力。

（二）货币政策传导效率

要想分析与判断货币政策传导效率的高低，需要判断货币政策的传导机制是否通畅，传导机制通畅意味着货币政策传导效率较高，否则传导效率较低。理论上，货币政策主要通过三大机制作用于实体经济：一是利率机制；二是资产价格机制；三是信贷机制。当前在中国，资产价格机制的作用很小①，再加上 2018 年信贷市场利率不降反升，不利于应对经济下行压力，也就没有必要进一步分析利率机制的传导效率，因此，本报告重点评价信贷机制的传导效率。除此之外，近年来中国还采用大量的结构性货币政策，旨在加大金融对小微企业和“三农”等薄弱环节的支持力度，因此，本报告也将对结构性货币政策的传导效率进行分析与判断。

其一，大量资金流向房地产，削弱了金融对实体经济的支持力度，可见信贷机制的传导效率并不高。

1998 年住房市场改革以来大部分城市房价表现出持续大幅上涨的态势，投资于房地产的预期回报率较高。相比之下，制造业等实体经济部门则普遍面临着融资成本偏高、税负偏重、产能过剩等问题，因此投资回报率相对较低。Wind 数据库的数据显示，2000~2016 年房地产上市公司销售净利润率为

① 对当前的中国而言，资产价格机制所起的作用较小。其一，为了避免汇率大幅波动，中国仍然采取有管理的浮动汇率制度，而且近年来没有通过汇率贬值促进出口的操作，因此汇率机制的作用不明显。其二，与美国等国家不同，中国股票和房地产的财富效应可能较弱（陈强和叶阿忠，2009；黄静和屠梅曾，2009；谢洁玉等，2012；颜色和朱国钟，2013；李涛和陈斌开，2014），再加上关于中国股票和房地产的财富效应究竟是大是小尚存争议（宋勃，2007；姚树洁和戴颖杰，2012；廖海勇和陈璋，2015），因此本报告暂不讨论该机制。其三，虽然2008年全球金融危机之后，美国等发达国家将推动资产价格上涨作为拉动增长的手段并取得了一定效果，但是这一机制并不适用于中国。陈彦斌和刘哲希（2017）通过构建含有预期内生变化机制的动态随机一般均衡模型发现，推动资产价格上涨不仅难以促进经济增长，反而会抑制中国经济增长，当资产价格被推动上涨1%时，经济产出水平将会下滑约0.8%。这是因为，在考虑市场预期内生变化时，推动资产价格上涨过程中市场会显著增加资产的购买规模并减少对实体经济的投资。同时，融资约束收紧会进一步降低企业投资意愿，提高企业购买资产意愿，使得更多资金“脱实向虚”。不仅如此，一旦资产泡沫发生破裂，将显著拉紧企业面临的融资约束，使居民财富大幅缩水，并带来较为严重的产出下滑。

12.2%，而工业部门上市公司销售净利润率仅为3.9%。

超高投资回报率吸引了大量资金流向房地产部门。央行数据显示，房地产部门的贷款余额已经从2012年第一季度的11万亿元增长至2018年第三季度的 37.45 万亿元，房地产部门贷款余额占金融机构所有贷款余额的比重则从 19.2%升高到 28.1%（图 6）。这也天然地导致了流向实体经济的贷款余额占比显著下降，数据显示，2018年第三季度末，工业和服务业中长期贷款余额所占的比重为30.9%，比2012年第一季度下降了4.4个百分点（图6）。可见，信贷机制的传导效率并不高。

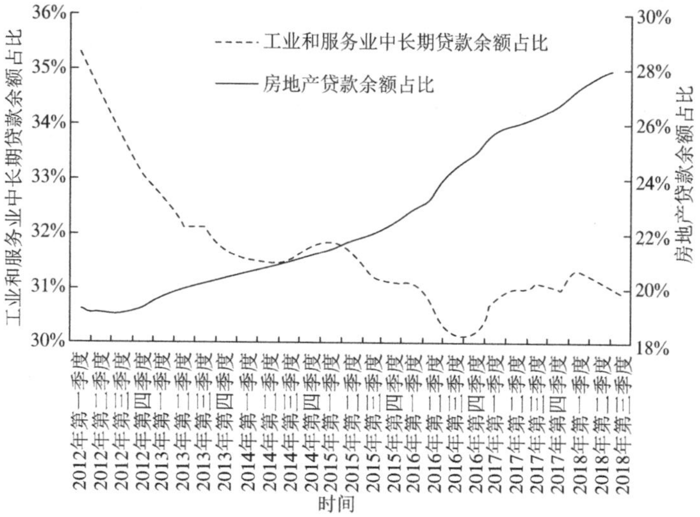

图6　房地产部门及工业和服务业贷款余额占比

房地产贷款余额占比指的是，金融机构人民币房地产贷款余额占人民币各项贷款余额的比重，其中包括个人住房贷款、房地产开发贷款和保障性住房开发贷款。工业和服务业（不含房地产部门）中长期贷款余额占比指的是，本外币工业和服务业中长期贷款余额之和占本外币各项贷款余额的比重。考虑到人民币各项贷款余额与本外币各项贷款余额的差别并不大，因此，可以将按照上述公式计算的房地产部门及工业和服务业贷款余额占比进行对比

其二，货币政策是总量型政策，却过多地关注“调结构”，导致其传导效率下降。

近年来，在传统货币政策有效性出现下降的同时，央行开始实施结构性货币政策，以应对经济结构失衡问题。这些结构性货币政策工具主要包括定向降准、MLF、PSL、SLF等。其目的一方面在于向经济体注入货币流动性；另一方面也是要引导金融机构加大对小微企业、民营企业和“三农”等薄弱环节的支持力度。2018年以来央行不仅沿用了以往的结构性货币政策，还实施了新的结构性货币政策。一是四次定向降准的主要目标是惠及小微企业和“三农”。二是央行将评级不低于AA级的小微企业、绿色和“三农”金融债

券，以及优质的小微企业贷款和绿色贷款纳入 SLF 与 MLF 的合格担保品范围。三是央行增加针对小微企业和“三农”再贷款额度、下调再贷款利率。四是专门增设 TMLF，相当于针对小微企业和民营企业等领域采取了“定向降息”操作。

不过，现实情况却表明，2018 年以来小微企业和民营企业融资困难程度明显加大。不管是小微企业，还是规模以上民营工业企业，其融资难度普遍加大，融资成本普遍升高。就小微企业而言，2018 年以来，小微企业新增贷款占金融机构新增贷款总额的比重明显下滑，前三季度仅为 11.3%，比 2017 年同期低了 12 个百分点。小微企业贷款余额占比也随之持续下滑，截至 2018 年第三季度末已经降至 19.37%，比 2017 年同期低了 0.58 个百分点（图 7）。就规模以上企业而言，2018 年以来规模以上民营工业企业的利息支出增速快速升高，截至 11 月达到了 11.6%，比 2017 年同期高出了 8 个百分点（图 8）。可见，货币政策“调结构”的效果并不明显。究其原因，小微企业融资难、融资贵的根源在于金融体制和经济体制方面存在不足[①]，而这些问题并非货币政策能够解决的。

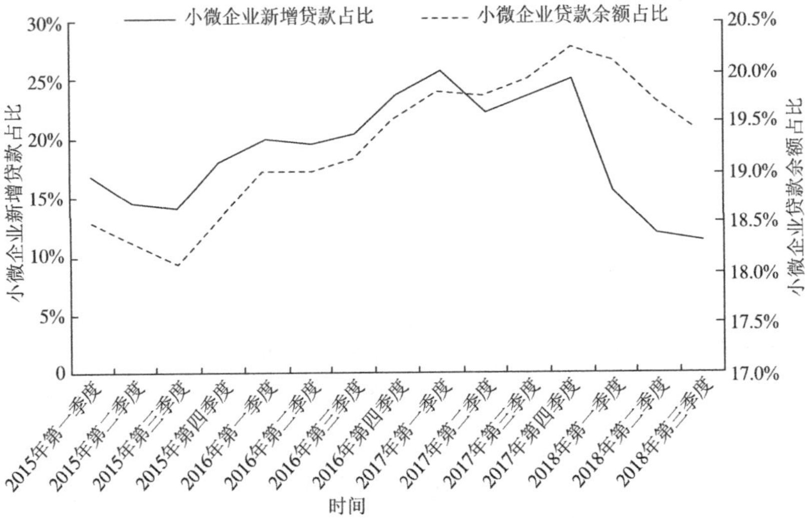

图 7　小微企业新增贷款和贷款余额占比

① 就金融体制而言，“利率管制+国有垄断银行体系”的金融体制安排使得国有企业和地方政府可以从银行获得廉价信贷，而小微企业难以从银行借贷，不得不承受民间借贷的高利率。就经济体制而言，中国经济高度依赖于房地产投资和基建投资，二者虽然通过拉动投资促进了经济增长，却吸附了大量资金，加剧了小微企业融资贵问题。

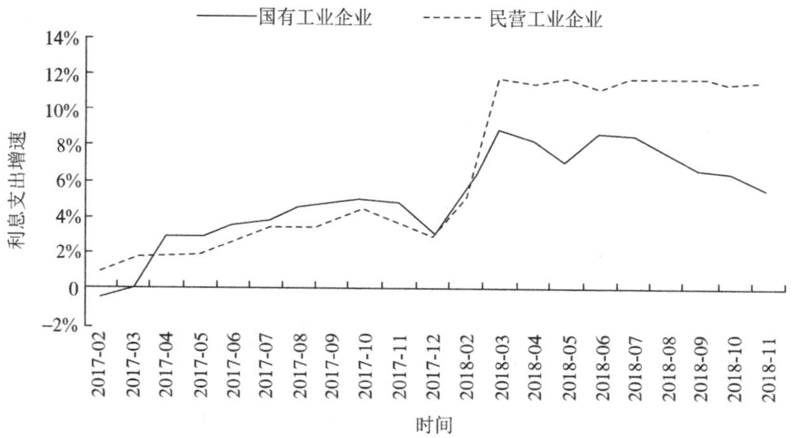

图 8　规模以上工业企业利息支出累计同比增速

原始数据无 1 月

更重要的是，货币政策是总量型政策，如果货币政策过多地关注“调结构”，将会降低货币政策的传导效率。其一，定向降准等结构性货币政策只针对部分银行和部分企业，其他的银行和企业则难以从中获益，由此会造成经济扭曲和福利损失。其二，目前中国的银行体系以大型银行为主，而理论和国际经验均表明，小型金融机构更适合小微企业，让大银行过多地关注小规模、大批量的业务，也会引起效率损失。其三，相关资金即便流入了小微企业和“三农”领域，也不能保证最终真的应用到这些企业和领域的生产经营活动中，因为大型企业可能通过其子公司（小微企业）获得廉价贷款（陈彦斌，2018），小微企业还可能将所获得的资金投入房地产等其他领域。其四，不同时期“调结构”所关注的重点和目标很可能不同，从而很容易导致时间不一致问题。正因如此，本报告认为，结构性货币政策更多是非常规时期的权宜之计，不应成为货币政策的常态化手段。

货币政策的整体调控效果是由政策力度和政策传导效率共同决定的。近年来大量资金不断涌入房地产部门导致货币政策传导效率不高，此外结构性货币政策的效果也不甚理想，进一步降低了货币政策的传导效率[①]。再加上 2018 年货币政策的力度有所不足，最终使得 2018 年货币政策“稳增长”的效果不佳。

---

① 2018年12月底召开的中央经济工作会议明确提出要“改善货币政策传导机制”，由此同样可以推知，当前货币政策的传导效率的确不高。

二、财政政策力度明显不足，传导效率也有所降低

2018 年政府工作报告指出，“积极的财政政策取向不变”“赤字率拟按 2.6%安排，比去年预算低 0.4 个百分点”“调低赤字率，主要是我国经济稳中向好、财政增收有基础，也为宏观调控留下更多政策空间”[①]。具体而言，积极财政政策包括如下几点内容。一是“全国财政支出 21 万亿元，支出规模进一步加大”。二是“进一步减轻企业税负”“全年再为企业和个人减税 8000 多亿元”[②]。三是“大幅降低企业非税负担”“全年要为市场主体减轻非税负担 3000 多亿元”[③]。接下来，本报告将详细分析 2018 年财政政策力度的具体实施情况、力度大小及传导效率的高低[④]。

（一）财政政策力度

基于上述表述可以看出，政府工作报告主要从财政支出和宏观税负两大方面来布局财政政策。考虑到城投债、政策性银行金融债、铁路建设债、PPP 等“准财政”支出也起到了“稳增长”的效果，也应当涵盖在积极财政政策范围内。为此，本报告通过综合分析财政支出、“准财政”支出和宏观税负的变化来判断财政政策的力度。研究结果表明，2018 年财政支出和“准财政”支出的力度均有所减弱，而且宏观税负显著升高，可见财政政策的整体力度明显不足。

---

① 虽然政府工作报告公布每一年度的赤字率，但是本报告并没有通过赤字率的高低来判断财政政策力度的大小。这是因为，赤字率是财政支出端和收入端两方面共同作用的结果，仅观察赤字率的变化并不能准确地识别财政支出端和收入端的走势及其对宏观经济的实际影响，甚至可能做出误判。比如，财政赤字率升高，可能由如下几种操作产生：第一，财政支出增加，财政收入减少；第二，财政支出增加，财政收入也增加，但是财政支出增加的幅度更大；第三，财政支出减少，财政收入也减少，而且财政收入减少的幅度更大。当赤字率升高幅度相同时，不同操作对实体经济产生的影响是不同的，必须对支出端和收入端的操作分别进行分析，才能做出准确的判断。

② 根据2018年政府工作报告，减税的具体内容包括：改革完善增值税制度，按照三档并两档方向调整税率水平，重点降低制造业、交通运输等行业税率，提高小规模纳税人年销售额标准；大幅扩展享受减半征收所得税优惠政策的小微企业范围；大幅提高企业新购入仪器设备税前扣除上限；实施企业境外所得综合抵免政策；扩大物流企业仓储用地税收优惠范围；继续实施企业重组土地增值税、契税等到期优惠政策。

③ 根据2018年政府工作报告，降低企业非税负担主要是指：进一步清理规范行政事业性收费，调低部分政府性基金征收标准；继续阶段性降低企业“五险一金”缴费比例；降低电网环节收费和输配电价格，一般工商业电价平均降低10%；深化收费公路制度改革，降低过路过桥费用；加大中介服务收费清理整顿力度。

④ 本段引文来自《2018年政府工作报告》，http://www.gov.cn/premier/2018-03/22/content_5276608.htm，2019年2月10日。

1. 财政支出力度减弱，尤其体现为一般公共预算支出增速的放缓

根据《中华人民共和国预算法》（2018 年修正）的规定，预算包括“四本账”，与之相对应的财政支出包括一般公共预算支出、政府性基金预算支出、国有资本经营预算支出和社会保险基金预算支出四大部分。不过，社会保险基金预算支出“专项用于社会保险”，与财政政策“稳增长”的直接关系不大，国有资本经营预算虽然“安排资金调入一般公共预算”，但是规模非常小①，而且财政部通常在次年中期才发布上一年的数据，因此，本报告重点关注的财政支出是一般公共预算支出和政府性基金预算支出两大类。

就一般公共预算支出而言，2018 年以来支出增速相对较慢。1~11 月一般公共预算支出累计同比增速为 6.8%，分别比 2016 年同期和 2017 年同期下降了 3.4 个百分点和 1.0 个百分点（图 9）。12 月一般公共预算支出明显增加，使得 2018 年全年一般公共预算支出增速达到了 8.7%，比 2017 年高出 1 个百分点，比 2016 年高出 2.3 个百分点。尽管如此，财政政策存在时滞，导致 2018 年的财政政策实际力度要小于 2016 年和 2017 年。

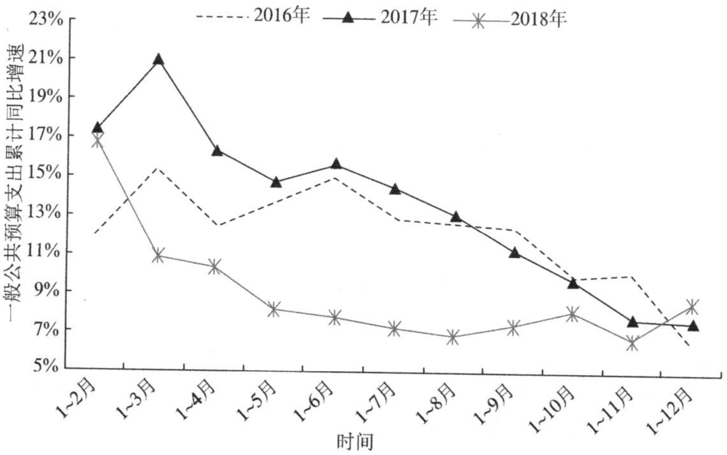

图 9　2016~2018 年一般公共预算支出累计同比增速对比

就政府性基金预算支出而言，根据财政部公布的数据，2018 年以来政府性基金预算支出增速显著升高，1~11 月政府性基金预算支出累计同比增速达到了 38.2%，比 2017 年同期提高了 7 个百分点，而且这也是 2014~2018 年的同期最高增速。不过，12 月政府性基金预算支出增速明显减慢，导致 2018

① 2015~2017年，国有资本经营预算支出分别为2078.57亿元、2171.46亿元和2010.93亿元，仅相当于一般公共预算支出的1.18%、1.16%和0.99%。

年全年政府性基金预算支出增速降至 32.1%，比 2017 年低了 0.6 个百分点。需要注意的是，政府性基金预算支出快速增长的背后是土地出让收入的快速增加，而征地拆迁补偿、土地出让前期开发、补助被征地农民等成本性支出也会同步上涨。本报告认为，政府性基金预算支出中的成本性支出并不能被视为真正意义上的财政支出，而只是与征地农民或者拆迁户之间进行了“等价交换”。扣除成本性支出后，2018 年政府性基金预算支出增速将会降至 27.5%（图 10）。

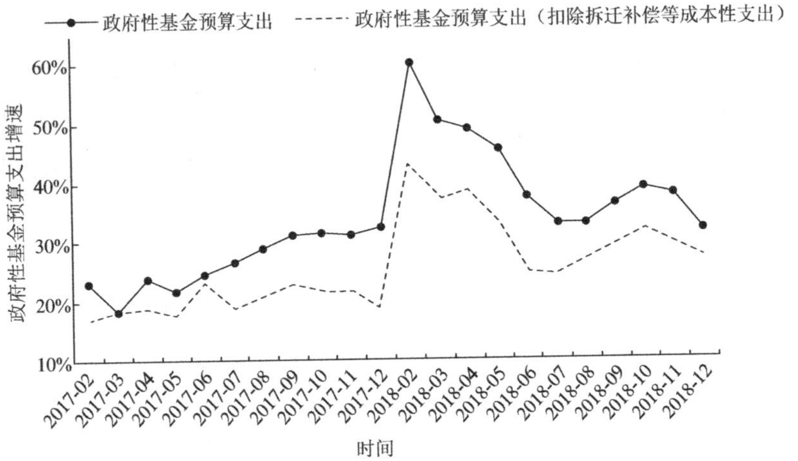

图 10　政府性基金预算支出增速

原始数据无 1 月

财政部公布过 2012 年、2014 年、2015 年的“全国土地出让收支情况”，其中详细列示了土地出让收入相关支出中的成本性支出，包括征地拆迁补偿、土地出让前期开发、补助被征地农民等支出。2016 年以来财政部不再公布相关数据，本报告参照 2012~2015 年成本性支出占土地出让收入相关支出比重的平均值进行推算。具体而言，2012~2015 年，成本性支出占土地出让收入相关支出的比重分别为 79.6%、82.4%、82.4%和 79.6%，平均值为 81%，本报告据此假定 2015~2018 年土地出让收入相关支出中的成本性支出占比为 81%，进而计算出扣除成本性支出的政府性基金预算支出增速

进一步地，将一般公共预算支出和政府性基金预算支出（扣除成本性支出）加总之后可以得出，2018 年以来两类财政支出总和的增速比 2017 年同期偏低。图 11 显示，2018 年 1~11 月，两类财政支出总和的增速为 8.5%，而 2017 年同期为 9.2%。需要强调的是，虽然 2018 年 12 月一般公共预算支出增速明显升高，使得全年一般公共预算支出和政府性基金预算支出（扣除成本性支出）之和的增速高于 2017 年 1.1 个百分点，但是考虑到财政政策从出台到落地存在时滞，因此，政策时滞的存在使得 2018 年财政支出的实际力度仍小于 2017 年。

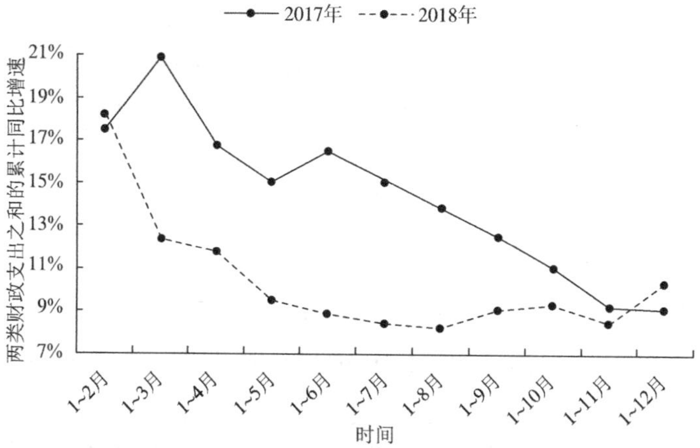

图 11 一般公共预算支出与政府性基金预算支出（扣除成本性支出）之和的累计同比增速

2. 各类“准财政”支出力度明显变弱

关于“准财政”支出，目前尚无权威定义，通常认为具有准政府信用并投向基础设施相关领域的支出即可被视为“准财政”支出①，主要包括城投债相关支出、政策性银行金融债券相关支出、政府支持机构债券相关支出（含铁路建设债）。考虑到这几类相关支出没有官方统计数据，一般用各类债券的净融资额近似替代相关支出。此外，PPP 项目聚焦于交通运输、市政工程、城镇综合开发、生态建设等基础设施建设领域，而这些领域恰好是常规财政政策“稳增长”的主要发力点，在一定程度上也可被视为“准财政”政策。②为此，本报告通过分析城投债、政策性银行金融债券、政府支持机构债券的净融资额及 PPP 项目金额的变化，判断“准财政”支出的力度。

就三类“准财政”债券而言，政府支持机构债券的净融资额与 2017 年基本持平，但是城投债与政策性银行金融债券的净融资额却大幅减少，从而导致三类“准财政”债券的净融资额之和明显减少。表 3 数据显示，政策性银行债和城投债的净融资额之和在 2014~2016 年均超过 2 万亿元，2017 年下降至约 1.69 万亿元，而且 2018 年进一步延续了下降态势，二者净融资额之和仅约为 1.15 万亿元。2018 年这三类“准财政”支出合计金额约为 1.76 万亿元，和 2017 年相比再度下降，与 2016 年的 30 345 万亿元相比降幅更是接近一半。

① 可参见李迅雷和高瑞东（2017）及闫坤和刘陈杰（2016）对“准财政”的进一步分析。

② 事实上，财政部《关于2015年中央和地方预算执行情况与2016年中央和地方预算草案的报告》曾专门指出，要“强化财政资金政策的导向作用。大力推广政府和社会资本合作（PPP）模式”“拉动民间资本进入公共服务领域”。

表 3　部分“准财政”支出的力度变化　　单位：亿元

年份	政策性银行金融债券净融资额	城投债净融资额	政府支持机构债券净融资额	三项合计
2014	10 500	15 062	1 375	26 937
2015	10 678	10 148	1 300	22 126
2016	14 599	14 466	1 280	30 345
2017	12 023	4 919	1 790	18 732
2018	1 550	9 903	6 123	17 576

就 PPP 而言，中央对 PPP 项目进行了严格整顿和清理，导致 PPP 落地项目金额明显回落。2016~2017 年，PPP 项目迅速发展，为基建投资注入了活力。不过，PPP 在发展过程中也出现了违法、违规举债等问题，甚至不少 PPP 项目异化为新的融资平台，导致地方政府隐性债务风险不断加剧。有鉴于此，从 2017 年底开始中央和财政部出台了大量文件①，对 PPP 项目进行严格审查和集中清理整顿，导致 PPP 项目明显降温，落地项目金额不断减少，2018 年前三个季度的落地项目金额分别为 9044 亿元、4884 亿元和 3135 亿元(图 12)，增幅明显放缓。上述举措导致以 PPP 为载体的“准财政”支出力度明显减弱。

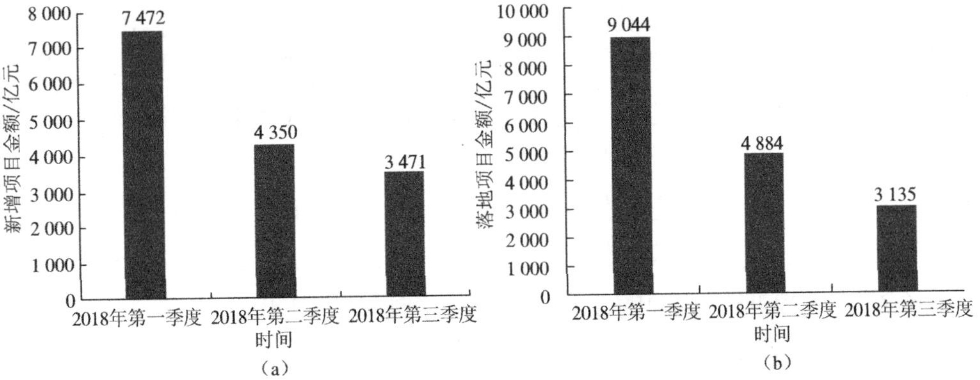

图 12　PPP 管理库新增项目和落地项目的金额

3. 宏观税负显著升高，进一步削弱了积极财政政策的力度

要想准确判断财政政策的力度，不仅要从支出端加以分析，而且要从收入端加以分析。参照《中华人民共和国预算法》(2018 年修正)的界定，中国的政府总收入包括一般公共预算收入、政府性基金预算收入、国有资本经

① 例如，2017年11月10日，财政部发布《关于规范政府和社会资本合作（PPP）综合信息平台项目库管理的通知》；2017年11月17日，国务院国有资产监督管理委员会发布《关于加强中央企业PPP业务风险管控的通知》，在全国范围内对PPP项目进行了严格的审查和清理工作；2018年3月28日，财政部发布《财政部关于规范金融企业对地方政府和国有企业投融资行为有关问题的通知》，更是要求“国有金融企业应以PPP项目规范运作为融资前提条件，对于未落实项目资本金来源、未按规定开展物有所值评价、财政承受能力论证的，物有所值评价、财政承受能力论证等相关信息没有充分披露的PPP项目，不得提供融资”。

营预算收入及社会保险基金预算收入四部分。这四部分收入都会给居民或企业带来负担，因此在从收入端分析财政政策力度的失衡时，需要将这四部分收入全部考虑在内。事实上，2018 年政府工作报告所提及的“进一步减轻企业税负”“大幅降低企业非税负担”[①]就是从这四部分收入入手，降低企业和居民的负担。当然，由于四部分收入在个别地方存在重复，需要将重复的内容予以扣除，由此便得到了政府总收入，再将政府总收入除以 GDP，便可以计算出宏观税负。本报告计算结果显示，2018 年中国的宏观税负达到了 34.7%，比 2017 年提高了 0.6 个百分点（图 13）。

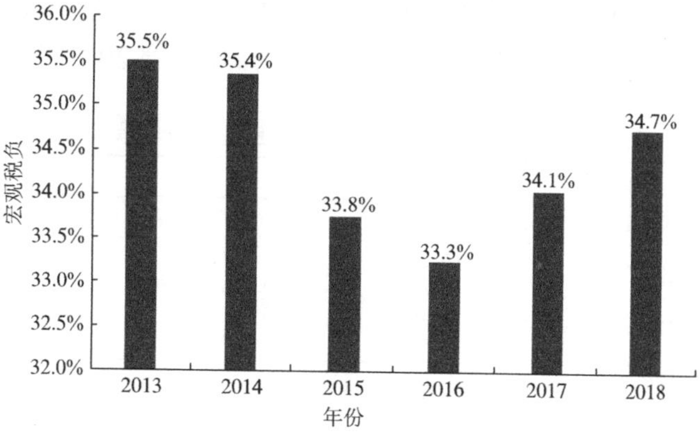

图 13　宏观税负走势

宏观税负=政府总收入/GDP，2013~2017 年政府总收入是财政部发布的广义政府收入与土地出让金之和，2018 年政府总收入是作者根据财政部年初制定的财政预算及 2018 年的财政运行情况，将四部分政府收入取和再扣除重复部分得到的结果。其中，一般公共预算收入、政府性基金预算收入和国有资本经营预算收入根据财政部发布的数据得到，全国社会保险基金预算收入摘自财政部发布的《关于 2017 年中央和地方预算执行情况与 2018 年中央和地方预算草案的报告》中的预算数据

基于上述三方面分析，本报告也可以对 2018 年 7 月央行和财政部关于财政政策与减税力度的争论做出判断。其一，关于财政政策力度大小的争论，不管是窄口径（财政支出）还是宽口径（财政支出+“准财政”支出），积极财政政策的力度都有所减弱。其二，关于减税力度，2018 年宏观税负显著升高，说明减税力度不足，减税效果不如人意。

4. 财政政策削减力度，主要是为了防范地方政府债务风险

中国政府债务中的绝大部分属于地方政府债务，随着地方政府债务规模不断扩张，中央对地方政府债务风险的重视程度日益升高。由于 2014 年之前

① 《2018年政府工作报告》，http://www.gov.cn/premier/2018-03/22/content_5276608.htm，2019 年2月10日。

地方政府债务主要以地方投融资平台为载体，为了防范地方政府债务风险，2014 年 9 月国务院专门发布《国务院关于加强地方政府性债务管理的意见》（国发〔2014〕43 号），中央和各级地方政府对地方政府债务的管理明显加强。随后，中央通过发行地方政府债务对地方投融资平台的存量债务进行了置换，地方政府的显性债务规模也因此而得到了较好的管控，2014~2017 年地方政府显性债务仅增加了 1.1 万亿元。但是，不少地方政府仍然通过 PPP、政府投资基金和政府购买服务等多种方式举债，导致地方政府的隐性债务负担不断攀升。据估算，地方政府隐性债务规模已经从 2014 年的 5.90 万亿元飙升至 2017 年的 30.60 万亿元（表 4）。也正因如此，地方政府债务占政府总债务的比重不降反升，已经从 2014 年的 69.0%升高到 2017 年的 77.8%（表 5）。

表 4　地方政府显性债务和隐性债务的规模与占比

年份	地方政府债务/万亿元	显性债务		隐性债务	
		规模/万亿元	占比	规模/万亿元	占比
2014	21.31	15.41	72.3%	5.90	27.7%
2015	27.76	14.76	53.2%	13.00	46.8%
2016	39.36	15.36	39.0%	24.00	61.0%
2017	47.11	16.51	35.0%	30.60	65.0%

资料来源：地方政府债务是显性债务与隐性债务之和，其中显性债务引自 CEIC 数据库，隐性债务引自姜超等（2018）

表 5　中央政府债务和地方政府债务规模与占比

年份	政府总债务/万亿元	中央政府债务		地方政府债务	
		规模/万亿元	占比	规模/万亿元	占比
2014	30.88	9.57	31.0%	21.31	69.0%
2015	38.42	10.66	27.7%	27.76	72.3%
2016	51.37	12.01	23.4%	39.36	76.6%
2017	60.59	13.48	22.2%	47.11	77.8%

资料来源：中央政府债务引自《中国统计年鉴 2018》，地方政府债务是显性债务与隐性债务之和，其中显性债务引自 CEIC 数据库，隐性债务引自姜超等（2018）

为了配合"结构性去杠杆"的推进，"打好防范化解重大风险攻坚战"，中央再度加大力度整治地方政府债务风险尤其是隐性债务风险。2017 年 7 月召开的全国金融工作会议指出，"各级地方党委和政府要树立正确政绩观，严控地方政府债务增量，终身问责，倒查责任"[①]。2018 年 3 月，财政部发布《财政部关于规范金融企业对地方政府和国有企业投融资行为有关问题的通知》，要求对 PPP 项目进行严格审查和整顿。2018 年 8 月，中央专门出台了

① 《全国金融工作会议在京召开》, http://www.gov.cn/xinwen/2017-07/15/content_5210774.htm, 2019 年2月10日。

《中共中央国务院关于防范化解地方政府隐性债务风险的意见》等政策来应对地方政府隐性债务问题。这些政策的出台不仅限制了一般公共财政支出的力度，而且导致PPP等各类准财政支出的力度有所减弱，最终使得2018年积极财政政策的力度有所不足。

当政府债务负担持续加剧导致财政政策可持续性不断下降时，一种很自然的反应就是收紧财政政策，以防范和化解政府债务风险。2018年的政策实践在一定程度上体现了这一思路[①]。本报告则认为，防范与化解政府债务风险尤其是地方政府债务风险固然重要，但是一定要处理好防范债务风险与应对经济下行压力之间的关系。究其原因，防范与化解债务风险涉及财税体制改革及经济增长方式转变等深层次内容，需要较长时期才能完成。短期内骤然收紧财政政策，虽然有助于抑制政府债务绝对规模的进一步扩张，但是可能会加重企业和居民部门的税负，不利于经济增长，最终导致政府债务率不降反升。国际经验也表明，通过财政紧缩削减债务的效果并不理想，经济增长才是削减债务最主要并且最有效的方式[②]。有鉴于此，本报告认为在经济下行压力明显加大的情况下，中国不应该收紧财政政策，而应该继续加大财政政策力度以应对经济下行压力。

（二）财政政策传导效率

根据宏观经济理论，财政政策传导效率的高低主要通过财政乘数效应的强弱加以判断。乘数效应是指当政府部门增加一单位的政府支出或者减少一单位的税收之后，能够通过拉动企业投资和居民消费，最终使全社会总需求实现更大幅度的增加。目前，经济学界关于财政乘数的计算结果存在较大分歧（Bénassy-Quéré et al.，2010），关于中国财政乘数的测算结果同样存在较大差异[③]。究其原因，其一，不同研究采用的计算方法及使用的变量和数据不同，导致计算出的财政乘数存在较大差异；其二，财政乘数受经济发展阶段、

① 2018年政府工作报告明确指出，“调低赤字率，主要是我国经济稳中向好、财政增收有基础，也为宏观调控留下更多政策空间”，而全年财政政策力度明显减小，可以看出当前财政政策的确趋于收紧。

② 熊义明等（2013）定量测算了1901~2010年21个发达经济体利用经济增长、财政紧缩、通货膨胀、金融抑制和债务违约等方式化解政府债务的效果，结果表明，经济增长是削减债务最主要并且最有效的方式，财政紧缩的效果并不理想。究其原因，财政紧缩往往意味着加重税负，不利于企业投资和居民消费，从而会损害长期经济增长，如果经济增速因此放缓，那么很有可能导致债务率不降反升。

③ 可参见：王国静和田国强（2014）、林桐和王文甫（2017）、陈登科和陈诗一（2017）、王立勇和徐晓莉（2018）、王燕武（2018）及林峰和赵焱（2018）。

债务水平、货币政策操作、汇率制度、金融摩擦等多种因素的影响[①]，而不同文献所重点关注的影响因素各不相同，从而导致计算结果不一致。

尽管已有文献关于中国财政支出乘数的大小尚未达成共识[②]，但是越来越多的文献测算发现，近年来中国的财政支出乘数呈现明显的下降趋势[③]。以表 6 测算的结果为例，2010~2014 年即期财政支出乘数为 1.29，随后显著下降，2013~2017 年财政支出乘数已经降至 0.33[④]，长期累计折现乘数也呈现出类似走势。财政支出乘数不断下降的重要原因之一是，政府部门、企业部门和居民部门的债务负担均不断加重，限制了财政政策对消费和投资的拉动效应[⑤]。一方面，政府债务负担不断加剧意味着未来政府实施财政紧缩、提高宏观税负的可能性越来越大，从而影响企业投资和居民消费的信心（Ilzetzki et al.，2010）。事实上，2017~2018 年中国的宏观税负已经呈现出不断升高的迹象。另一方面，政府财政支出的增加会推高实际利率，在企业和居民部门债务存量不断累积的情况下，实际利率升高导致企业和居民需要偿还的债务利息不断升高，从而进一步限制了财政支出对投资和消费的拉动作用。

表 6 近年来中国的政府支出乘数变化趋势

4 年滚动周期			5 年滚动周期			6 年滚动周期		
时期	即期乘数	累计折现乘数	时期	即期乘数	累计折现乘数	时期	即期乘数	累计折现乘数
2010~2013 年	1.41	2.83	2010~2014 年	1.29	2.62	2010~2015 年	1.18	2.38
2011~2014 年	0.58	1.26	2011~2015 年	0.54	1.13	2011~2016 年	0.52	1.05
2012~2015 年	0.35	0.57	2012~2016 年	0.33	0.52	2012~2017 年	0.33	0.52
2013~2016 年	0.32	0.50	2013~2017 年	0.33	0.50			

资料来源：王燕武（2018）

财政政策的整体调控效果是由政策力度和政策传导效率共同决定的。近年来中国财政支出乘数的下降态势意味着财政政策的传导效率正在不断降低，再加上 2018 年积极财政政策的力度明显减弱，两方面因素共同导致 2018

① 关于不同因素对财政乘数的影响机理及相关研究，可以参见许祥云（2013）的文献综述。

② 2018年宏观税负不降反升，给经济增长带来的不利影响是显而易见的，因此本报告不再关注税收乘数的变化，而是重点关注政府财政支出乘数的变化。

③ 相关研究包括林桐和王文甫（2017）、王燕武（2018）及林峰和赵焱（2018）等。

④ 林桐和王文甫（2017）的测算结果显示，2010年政府支出乘数为3.1，而2013~2015年已经小于1。

⑤ 林峰和赵焱（2018）基于全球150个国家（地区）2000~2014年的面板数据，实证考察了政府债务对财政支出乘数效应的影响，发现政府债务负担的加重会显著降低政府财政支出乘数的大小。王燕武（2018）通过模型推导发现，家庭债务负担的加重同样会对财政支出乘数产生不可忽视的影响。

年财政政策的“稳增长”效果不佳。

三、结　语

2018年中国经济增长达到了6.6%，实现了“6.5%左右”的目标值，但是也要注意到，中国经济“稳中有变、变中有忧”，经济下行压力有所加大，这也意味着宏观经济政策“稳增长”的效果欠佳。本报告通过评价货币政策与财政政策的力度和传导效率，分析了宏观经济政策“稳增长”效果欠佳的原因。研究结果表明，2018年宏观经济政策没能很好地应对经济下行压力，是因为货币政策与财政政策的力度均有所不足，而且传导效率普遍不高。就货币政策而言，2018年M2增速持续在历史低位徘徊，社会融资规模余额增速显著下滑，可见数量型货币政策力度不足；虽然各类货币市场利率中枢明显下行，但是信贷市场实际利率不降反升，可见价格型货币政策的力度同样不足。进一步地，房地产分流了大量资金，导致货币政策的传导效率不高，结构性货币政策的长期化、常态化实施同样会损伤货币政策的传导效率。就财政政策而言，2018年财政支出和各类“准财政”支出的力度均有所减弱，而且宏观税负明显升高，可见财政政策的力度同样有所不足。而近年来财政支出乘数的下行态势则意味着财政政策的传导效率有所降低。

由于经济下行压力持续存在，货币政策与财政政策既要加大力度，又要注重提高传导效率，这样才能更好地实现“经济稳定”的调控目标。具体而言，应该重点做好如下几方面工作。

就货币政策而言，在进一步完善宏观审慎监管体系并加快构建房价调控长效机制的前提下，央行可以继续实施降准操作，而且可考虑实施全面降准操作，必要时还可以启用降息操作，从而更好地应对经济下行压力。尽快完善宏观审慎监管体系并加快构建房价调控长效机制，才能谨防过多资金流向房地产市场，从而“改善货币政策的传导机制”，提高货币政策信贷机制的传导效率。也只有减弱甚至消除了房地产对资金的吸附能力，才能打消货币政策的后顾之忧，从而进一步加大政策力度。除此之外还要强调的是，货币政策是总量型政策，不应该过多地关注“调结构”，否则会降低货币政策的调控效率，因此结构性货币政策不应长期化、常态化使用。

就财政政策而言，在地方政府债务风险不断加剧的情况下，财政政策不应该再延续以往依靠“上项目、搞投资”拉动增长的模式，而应该加大减税降费的力度，着力降低宏观税负，这有助于提高财政政策的乘数效应，从而有效拉动投资需求和消费需求，为经济增长注入活力。当然，在财政政策发力的同时，中央也要深化体制机制改革，切实改变地方政府考核体系，推动各级政府官员树立正确的政绩观，从根源上防范和化解地方政府隐性债务不断扩张的态势。

参考文献

陈登科，陈诗一. 2017. 中国财政支出乘数研究——基于金融摩擦与“超低利率”的视角. 金融研究，(12)：17-32.

陈强，叶阿忠. 2009. 股市收益、收益波动与中国城镇居民消费行为. 经济学(季刊)，(3)：995-1012.

陈小亮，陈彦斌. 2018. 结构性去杠杆的推进重点与趋势观察. 改革，(7)：17-30.

陈小亮，李三希，陈彦斌. 2018. 地方政府激励机制重构与房价调控长效机制建设. 中国工业经济，(11)：79-97.

陈彦斌. 2016-03-23. 防止房价泡沫化风险. 光明日报，015.

陈彦斌. 2018. 新时代下中国特色宏观调控的新思路. 政治经济学评论，(4)：65-80.

陈彦斌，陈小亮，刘凯，等. 2017. 宏观政策评价报告 2017. 北京：科学出版社.

陈彦斌，陈小亮，刘凯，等. 2018. 宏观政策评价报告 2018. 北京：科学出版社.

陈彦斌，刘哲希. 2017. 推动资产价格上涨能够“稳增长”吗？——基于含有市场预期内生变化的 DSGE 模型. 经济研究，(7)：49-64.

黄静，屠梅曾. 2009. 房地产财富与消费：来自于家庭微观调查数据的证据.管理世界，(7)：35-45.

姜超，朱征星，杜佳. 2018. 地方政府隐性债务规模有多大？——地方隐性债务系列专题之一. 海通证券研究报告.

李方，段福印. 2013. 新货币政策环境下的中国货币政策框架完善. 经济学家，(10)：62-69.

李涛，陈斌开. 2014. 家庭固定资产、财富效应与居民消费：来自中国城镇家庭的经验证据. 经济研究，(3)：62-75.

李迅雷，高瑞东. 2017. 从广义财政角度看中国经济回暖原因及未来空间. 当代金融研究，(3)：13-22.

廖海勇，陈璋. 2015. 房地产二元属性及财富效应的区域差异研究. 财贸研究，(1)：47-54.

林峰，赵焱. 2018. 政府债务会影响财政支出的乘数效应吗？——来自跨国面板数据的经验证据. 财经研究，(2)：58-74.

林桐，王文甫. 2017. 我国政府支出乘数是下降的吗?. 经济问题探索，(10)：19-27.

宋勃. 2007. 房地产市场财富效应的理论分析和中国经验的实证检验：1998—2006. 经济科学，(5)：41-53.

王国静，田国强. 2014. 政府支出乘数. 经济研究，(9)：4-19.

王立勇，徐晓莉. 2018. 纳入企业异质性与金融摩擦特征的政府支出乘数研究. 经济研究，(8)：100-115.

王燕武. 2018. 不同债务杠杆环境下的中国财政政策效力研究. 工作论文.

谢洁玉，吴斌珍，李宏彬，等. 2012. 中国城市房价与居民消费. 金融研究，(6)：13-27.

熊义明，潘英丽，吴君. 2013. 发达国家政府债务削减的经验分析. 世界经济，(5)：135-160.

许祥云. 2013. 不同环境下的政府支出乘数研究评述. 经济理论与经济管理，(6)：54-61.

闫坤，刘陈杰. 2016. 2016 年上半年我国宏观经济与财政政策分析报告——全球化受阻与供给侧结构性改革之思. 经济研究参考，(38)：3-30.

颜色，朱国钟. 2013. “房奴效应”还是“财富效应”？——房价上涨对国民消费影响的一个理论分析. 管理世界，(3)：34-47.
姚树洁，戴颖杰. 2012. 房地产资产财富效应的区域效应与时序差异：基于动态面板模型的估计. 当代经济科学，(6)：88-97，125.
张勇，范从来. 2017. 货币政策框架：理论缘起、演化脉络与中国挑战. 学术研究，(11)：101-110.
Bénassy-Quéré A，Coeuré B，Jacquet P，et al. 2010. Economic Policy：Theory and Practice. Oxford：Oxford University Press.
Ilzetzki E，Mendoza E G，Vegh C A. 2010. How big (small) are fiscal multipliers?. NBER Working Paper.
Mishkin F S. 2016. The Economics of Money，Banking and Financial Markets. 12th ed. New York：Pearson Education.

分报告四　政策空间研究

宏观经济政策空间的大小决定了未来宏观经济政策的可持续性。尤其是在应对经济下行压力时，如果宏观经济政策不可持续，很容易打击市场信心，进而导致宏观调控的效果大打折扣。2008 年全球金融危机之后，美国和日本等发达经济体的常规货币政策空间（主要是降息）迅速耗尽，不得不采取量化宽松和前瞻性指引等非常规货币政策，不仅如此，各国财政赤字率大幅飙升导致财政政策空间也大幅收窄，财政政策的可持续性越来越弱。这使得各国当局普遍意识到，预留政策空间至关重要。近年来美联储加息的重要考虑之一就是给未来的政策操作提前腾出空间。类似地，2018 年中国的政府工作报告明确指出，“赤字率拟按 2.6%安排，比去年预算低 0.4 个百分点”“调低赤字率，主要是我国经济稳中向好、财政增收有基础，也为宏观调控留下更多政策空间”[①]，可见政府部门对政策空间的重视程度日益提高。有鉴于此，本报告专门对货币政策和财政政策的空间加以判断。

需要说明的是，当经济体处于经济周期的不同阶段时，政策空间的判断依据是不一样的。当经济面临下行压力时，应该判断的是货币政策和财政政策进一步宽松的空间有多大。而当经济过热时，应该判断的是货币政策和财政政策进一步收紧的空间有多大。当前中国经济仍然面临下行压力，因此，应该判断的是货币政策和财政政策进一步宽松的空间有多大。

一、货币政策空间有所收窄，但是与其他国家相比仍有一定空间

中国的货币政策正处于从数量型向价格型转型的过程中，其中数量型货

---

① 《2018年政府工作报告》，http://www.gov.cn/premier/2018-03/22/content_5276608.htm，2019年2月10日。

币政策以存款准备金率为主要工具，价格型货币政策以利率为主要工具。因此，需要从数量型和价格型两方面指标加以判断。总体而言，虽然与2017年相比中国的货币政策空间有所收窄，但是未来仍然具有一定的操作空间。

1. 中国降准的空间仍然较为充裕

要想顺利实施降准操作，需要存款准备金率保持在一定的水平，这样才能有降准的空间。2018年中国央行实施了4次降准操作，使得降准的空间有所收窄。截至2018年底，中国大型金融机构适用的存款准备金率为14.5%，中小型金融机构适用的存款准备金率为11%,跌至2008年来的最低水平(图1)。大型金融机构和中小型金融机构的存款准备金率与2017年底相比均下降了2.5个百分点，与2011年峰值相比更是双双下降了多达7个百分点[①]。

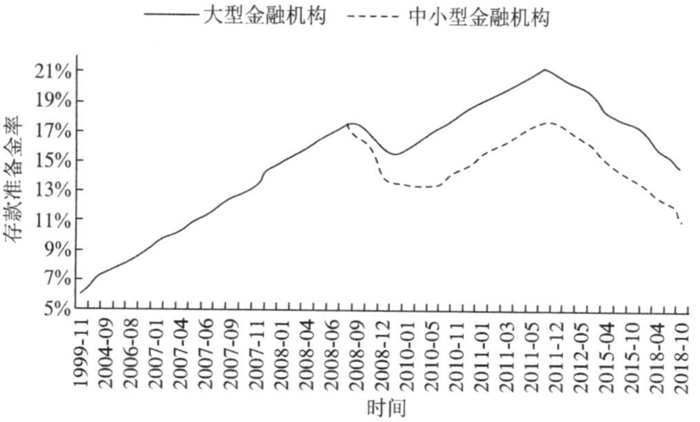

图1　各类金融机构法定存款准备金率变化
横轴标注的时间点是法定存款准备金率变动的时间点

尽管如此，中国央行的降准空间仍然较为充裕。其一，与其他国家相比，中国的存款准备金率处于相对高位。IMF调查报告显示，全世界大部分国家的存款准备金率在0~5%，还有部分国家存款准备金率在6%~15%，只有极少数国家的存款准备金率高于16%[②]。其二，央行不再需要通过较高的存款准备金率来对冲外汇占款对基础货币的影响。21世纪的前10年中国央行不断提高存款准备金率[③]，主要是对外贸易的快速增长导致外汇占款不断增加，央行需要通过不断提高存款准备金率来对冲外汇占款对基础货币的影响。然而，

① 如无特别说明，本报告所使用的数据来自国家统计局、中国人民银行、财政部网站，以及CEIC数据库、Wind数据库和中经网统计数据库。

② 其他国家存款准备金率相关资料引自Gray（2011）。

③ 为了应对2008年全球金融危机，央行曾实施了多次降准操作，但是此后再度恢复到不断提升存款准备金率的轨道，直到2011年中期才开始进入了降准轨道。

近年来外汇占款不断减少，存款准备金率的调整不再受到外汇占款的掣肘，这意味着中国央行降准的可操作空间有所升高。其三，央行不再需要通过较高的存款准备金率来充当“隐性存款保险”的角色。2015 年以前中国没有设立存款保险制度，偏高的存款准备金率起到了“隐性存款保险”的作用。中国已经于 2015 年 5 月正式建立存款保险制度，新形势下银行需要缴纳保费，如果继续保持较高的存款准备金率，会给银行造成双重负担，这同样意味着中国央行降准的可操作空间有所升高（陈彦斌等，2017）。

2. 中国降息的空间有所收窄，但是不会因为美联储加息而受到明显挤压

关于降息的空间，一方面，需要结合国内的存贷款基准利率和货币市场利率水平加以判断；另一方面，开放经济环境下货币政策在国际具有显著的外溢效应，因此还要将其他国家的货币政策操作对中国的影响考虑在内，才能准确判断中国的降息空间。尤其是当前美联储持续加息，不少新兴经济体跟随加息的大背景下，要想准确判断中国的降息空间，必须从开放视角加以深入分析。

第一，中国的货币市场利率有所下行，降息空间有所收窄，但是与美国和日本等发达国家相比仍有空间。

2018 年以来央行采取的 4 次定向降准释放了大量资金到货币市场，使得货币市场利率出现下行态势。图 2 显示，1 天和 7 天全国银行间质押式回购加权平均利率双双下行，截至 2018 年底分别降至 2.43%和 3.22%，与 2017 年底相比分别下降了 0.3 个百分点和 0.64 个百分点。不过，与 2015 年 5~6 月所处的谷底水平相比①，仍然分别高出了 1.27 个百分点和 0.7 个百分点。相比

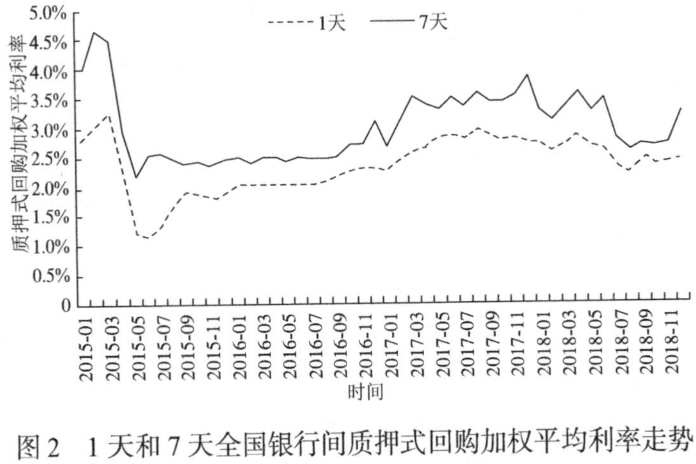

图 2　1 天和 7 天全国银行间质押式回购加权平均利率走势

① 1天全国银行间质押式回购加权平均利率的谷底出现在2015年6月，7天全国银行间质押式回购加权平均利率的谷底出现在2015年5月。

之下，美联储连续 8 次加息之后，截至 2018 年 12 月末联邦基金利率才升至 2.25%~2.50%的区间，与中国银行间质押式回购加权平均利率（1 天）基本持平；日本的无担保隔夜拆借利率则处于负利率状态（–0.06%）。

此外，截至 2018 年末，中国的存款基准利率（1 年期）为 1.5%，贷款基准利率（1 年期）为 4.35%，距离零下限尚有较大空间。可见，与美国和日本等其他国家相比，中国仍拥有一定的降息空间。

第二，虽然美联储持续加息导致中美利差不断收窄，但是中国相对充裕的外汇储备和偏紧的资本管制政策使得货币政策可以保持较高的独立性，因此降息空间不会受到明显挤压。

在美联储持续加息的影响之下，阿根廷、土耳其、俄罗斯、印度尼西亚（以下简称印尼）、印度等新兴经济体相继加息。例如，2018 年以来，阿根廷的基准利率从 27.25%飙升至 10 月 68.05%的高位，11 月以来虽然有所回落，但是仍然高达 60%左右；土耳其的基准利率已经从 8.00%大幅升至 24.00%（表 1）。上述新兴经济体之所以跟随美联储加息，主要是因为这些国家的自身经济状况欠佳，处于财政赤字与贸易赤字的“双赤字”不利局面，并且外债偿付能力较弱、外汇储备覆盖率相对不足（陈卫东等，2018），美联储加息导致它们的汇率大幅贬值、资本大量外流。例如，从表 2 可见，阿根廷比索的汇率从 2018 年 1 月的 0.0524 美元/比索大幅贬值到 2018 年 9 月的 0.0260 美元/比索，贬值幅度达 50.38%。同期，土耳其里拉的汇率从 0.2649 美元/里拉贬至 0.1569 美元/里拉，贬值幅度也达到了 40.77%。在此局面下，阿根廷和土耳其等新兴经济体的央行不得不通过加息操作予以应对。在经过多轮加息等举措之后，这些经济体汇率贬值的态势开始有所放缓，10 月以来阿根廷、土耳其和俄罗斯的汇率还略有升值。

表 1　部分新兴经济体 2018 年以来政策利率走势

时间	印度	印尼	土耳其	俄罗斯	阿根廷
2018-01	6.00%	4.25%	8.00%	7.75%	27.25%
2018-02	6.00%	4.25%	8.00%	7.50%	27.25%
2018-03	6.00%	4.25%	8.00%	7.25%	27.25%
2018-04	6.00%	4.25%	8.00%	7.25%	30.25%
2018-05	6.00%	4.75%	8.00%	7.25%	40.00%
2018-06	6.25%	5.25%	17.75%	7.25%	40.00%
2018-07	6.25%	5.25%	17.75%	7.25%	40.00%
2018-08	6.50%	5.50%	17.75%	7.25%	60.00%
2018-09	6.50%	5.75%	24.00%	7.50%	65.00%

续表

时间	印度	印尼	土耳其	俄罗斯	阿根廷
2018-10	6.50%	5.75%	24.00%	7.50%	68.05%
2018-11	6.50%	6.00%	24.00%	7.50%	60.75%
2018-12	6.50%	6.00%	24.00%	7.75%	59.25%

注：相关数据为各新兴经济体的政策利率，引自 CEIC 数据库。其中，印度的政策利率为回购利率，印尼的政策利率为 7 天逆回购率，土耳其的政策利率为 7 天回购利率，俄罗斯的政策利率为关键利率，阿根廷的政策利率为 7 天流动性票据利率

表 2　部分新兴经济体 2018 年以来汇率走势　　单位：美元/本币

时间	印度：卢比	印尼：印尼盾	俄罗斯：卢布	土耳其：里拉	阿根廷：比索	中国：人民币
2018-01	0.015 7	0.000 075	0.017 6	0.264 9	0.052 4	0.155 7
2018-02	0.015 5	0.000 074	0.017 6	0.264 5	0.050 3	0.158 3
2018-03	0.015 4	0.000 073	0.017 5	0.257 4	0.049 3	0.158 3
2018-04	0.015 2	0.000 072	0.016 5	0.246 5	0.049 4	0.158 8
2018-05	0.014 8	0.000 071	0.016 1	0.226 3	0.042 1	0.157 0
2018-06	0.014 8	0.000 071	0.015 9	0.215 9	0.037 4	0.154 7
2018-07	0.014 6	0.000 069	0.015 9	0.210 4	0.036 0	0.148 9
2018-08	0.014 4	0.000 069	0.015 1	0.174 4	0.033 0	0.146 1
2018-09	0.013 8	0.000 067	0.014 8	0.156 9	0.026 0	0.145 9
2018-10	0.013 6	0.000 066	0.015 2	0.170 5	0.026 9	0.144 5

注：根据 CEIC 数据库数据计算得到，CEIC 数据库提供的是直接标价法下的汇率，本报告将其折算为间接标价法下的汇率

越来越多的新兴经济体被动加息，导致部分学者开始担忧中国的货币政策操作空间将会随之受到挤压，尤其是降息的可操作空间越来越小。本报告则认为，美联储加息不会显著挤压中国的降息空间。与其他新兴经济体相比，中国的整体经济发展状况相对较好，外汇储备较为充裕。本报告根据 IMF 提出的风险加权法测算了中国所需的最优外汇储备规模，结果发现当前中国的实际外汇储备规模较为充裕，尤其当考虑资本管制因素之后中国的外汇储备规模更为充裕①。测算结果显示：截至 2017 年“固定汇率”情形下，最优外汇储备明显超过 3 万亿美元；“固定汇率+资本管制”情形下，最优外汇储备上限略微超过 3 万亿美元；其他情形下，最优外汇储备规模的下限和上限均明显小于 3 万亿美元（表 3）。考虑到中国实行的是“有管理的浮动汇率制度+适度资本管制”，再加上当前所拥有的外汇储备规模仍然高达 3 万亿美元，

① 评估外汇储备规模是否充裕的指标和方法有很多种，文献中常见的主要是单一指标评估法及综合指标评估法。关于单一指标评估法，主要包括外汇储备与商品和劳务进口额的比率、外汇储备与短期外债的比率，以及外汇储备与广义货币供应量的比率等。关于综合指标评估法：一种常见的标准是，将一国3个月的进口额、100%的短期外债，以及20%的广义货币供应量中的最高数值作为衡量该国外汇储备是否充足的标准；另一种常见的做法则是本报告使用的由IMF提出的风险加权法。目前，不管采用哪一种指标，普遍认为中国的外汇储备是较为充裕的，更细致的测算可参见葛奇（2015）及宋科和杨雅鑫（2017）等的研究。

可以推知中国的外汇储备规模较为充裕。除了相对充裕的外汇储备作为保障，未来中国央行依然可以通过采取适度偏紧的资本管制政策应对资本外流和汇率贬值压力①，以保持货币政策的独立性。正因如此，中国的降息空间将不会因美联储加息而被压缩②。

表3 最优外汇储备规模与实际外汇储备规模的对比 单位：万亿美元

年份	IMF 风险加权法测算的最优外汇储备规模								实际外汇储备
	固定汇率		浮动汇率		固定汇率+资本管制		浮动汇率+资本管制		
	下限	上限	下限	上限	下限	上限	下限	上限	
2004	0.43	0.65	0.24	0.36	0.28	0.42	0.17	0.25	0.61
2005	0.53	0.80	0.30	0.45	0.35	0.52	0.21	0.31	0.82
2006	0.64	0.96	0.36	0.54	0.42	0.63	0.25	0.38	1.07
2007	0.78	1.17	0.44	0.66	0.51	0.77	0.31	0.46	1.53
2008	0.96	1.44	0.53	0.79	0.62	0.92	0.36	0.54	1.95
2009	1.16	1.74	0.64	0.95	0.71	1.07	0.41	0.62	2.40
2010	1.42	2.13	0.78	1.18	0.88	1.32	0.52	0.77	2.85
2011	1.74	2.61	0.97	1.45	1.08	1.62	0.64	0.95	3.18
2012	2.00	3.00	1.11	1.66	1.23	1.85	0.72	1.08	3.31
2013	2.31	3.46	1.28	1.92	1.41	2.12	0.83	1.25	3.82
2014	2.79	4.19	1.63	2.45	1.79	2.69	1.13	1.70	3.84
2015	2.95	4.42	1.66	2.49	1.83	2.74	1.10	1.65	3.33
2016	3.03	4.55	1.70	2.55	1.86	2.80	1.12	1.68	3.01
2017	3.31	4.96	1.88	2.83	2.06	3.10	1.26	1.89	3.14

注：IMF（2011，2013，2015）针对如何使用风险加权法测算最优外汇储备规模进行了系列研究，在2015年报告中IMF（2015）给出了较为成熟的结论。本报告参照IMF（2015）计算最优外汇储备规模："固定汇率"下的最优外汇储备下限=30%×短期外债+20%×其他外债+10%×M2+10%×出口收入；"浮动汇率"下的最优外汇储备下限=30%×短期外债+15%×其他外债+5%×M2+5%×出口收入；"固定汇率+资本管制"下的最优外汇储备下限=30%×短期外债+20%×其他外债+5%×M2+10%×出口收入；"浮动汇率+资本管制"下的最优外汇储备下限=30%×短期外债+15%×其他外债+2.5%×M2+5%×出口收入。各种情形下的最优外汇储备规模上限是下限的1.5倍。此外，其他外债指的是中长期外债和对外金融负债项下的股本债券（管涛，2018）

二、财政政策空间正在不断收窄

在面临经济下行压力时，积极财政政策是否能够有效落地，主要取决于政府债务的可持续性。一旦政府债务负担过重，轻则导致积极财政政策不可持续，重则引发债务危机等严重后果。因此，可以借助政府债务水平的高低来判断中国未来积极财政政策空间的大小。

① 2018年前10个月，人民币汇率从0.1557美元/人民币变为0.1459美元/人民币，贬值幅度为6.3%，与其他新兴经济体相比，人民币汇率贬值幅度明显偏低。

② 中国不应被动加息的另外一个理由是：在美联储持续加息的情况下，欧元区和日本等大型经济体并没有随之加息，而是以实现自身经济稳定为主要目标。中国也是典型的大型经济体，中国货币政策的首要目标是应对国内经济下行压力，因此不应被动加息。

1. 中央政府债务率明显偏低，但地方政府债务率尤其是隐性债务率持续升高

中国的政府债务主要由三部分构成，即中央政府债务、地方政府显性债务和地方政府隐性债务。其中，中央政府债务的定义和统计口径较为明确。地方政府显性债务指的是地方政府发行的债券，2015 年开始实施的《中华人民共和国预算法》（2014 年修正）要求地方政府债务全部纳入预算管理，唯一合法的举债方式就是发行地方政府债券。地方政府隐性债务指的是，地方政府通过违法违规举债行为产生的债务。《中国金融稳定报告 2018》指出，“隐性举债方式多样，地方政府通过平台公司、购买服务、PPP、各类发展基金和引导基金等进行融资，资金来源除传统的表内贷款，以及保理、银票保函等表外授信外，还包括资管计划等表外类信贷融资，其中部分涉及明股实债、抽屉协议、承诺回购等违规方式”。

总体来看，近年来中央政府债务和地方政府显性债务负担并不高，但是地方政府隐性债务负担持续攀升（表 4），使得政府财政政策空间不断收窄。

表 4　政府债务规模及其构成

年份	中央政府		地方政府				中央政府+地方政府	
	债务/万亿元	债务率	显性债务/万亿元	债务率	隐性债务/万亿元	债务率	总债务/万亿元	债务率
2014	9.57	14.85%	15.41	23.93%	5.90	9.16%	30.88	47.94%
2015	10.66	15.47%	14.76	21.42%	13.00	18.87%	38.42	55.76%
2016	12.01	16.15%	15.36	20.65%	24.00	32.28%	51.37	69.08%
2017	13.48	16.29%	16.51	19.96%	30.60	37.00%	60.59	73.25%

资料来源：中央政府债务引自历年《中国统计年鉴》，地方政府显性债务引自 CEIC 数据库，地方政府隐性债务引自姜超等（2018）

其一，中央政府债务率（即债务占 GDP 的比重）小幅上升，不过尚处于明显低位。截至 2017 年末，中央政府债务余额为 13.48 万亿元，中央政府债务率为 16.29%。虽然与 2014 年相比提高了 1.44 个百分点，但是仍然处于历史低位，新常态之前的 2005~2011 年中央政府债务率平均而言达到了 16.84%，2007 年更是达到了 19.27%。通过国际对比可以更加清晰地看到，中国的中央政府债务率明显偏低。比如，日本中央政府债务率已经达到 197.8%，希腊也达到了 190.1%、法国、意大利、西班牙、英国也都超过了 100%，加拿大和德国中央政府债务率偏低，但也达到了 40%~50%①。

其二，在严格监管之下，地方政府显性债务率持续走低。自从 2014 年的

① 各国中央政府债务率来源于OECD数据库，其中日本为2015年的数据，其余国家为2016年的数据。

《国务院关于加强地方政府性债务管理的意见》（国发〔2014〕43号）出台之后，中央对地方政府显性债务的监管力度明显提高，地方政府显性债务率随之下降。截至2017年末，地方政府显性债务规模为16.51万亿元，地方政府显性债务率为19.96%，比2014年下降了3.97个百分点。

其三，地方政府隐性债务率快速升高。关于地方政府隐性债务，目前尚无官方权威数据，不少研究尝试估算隐性债务的规模①，其中姜超等（2018）的估算结果显示，地方政府隐性债务已经从2014年末的5.90万亿元剧增至2017年末的30.60万亿元，隐性债务率则从9.16%升至37.00%②。可见，2017年地方政府隐性债务率已经超过了中央政府债务率与地方政府显性债务率之和。

将三者合计可得，中国的政府债务率已经从2014年末的47.94%迅速升至2017年末的73.25%，而且这主要归咎于地方政府隐性债务的不断增长。

2. 中国的政府债务率与其他新兴经济体相比已经偏高

通过国际比较能够更加准确地判断中国财政政策的空间，从表5中可以看出，全世界主要发达经济体的政府债务率普遍较高，如2017年美国、法国、西班牙的政府债务率在100%左右，意大利和葡萄牙政府债务率在130%左右，希腊和日本更是分别高达181.8%和237.6%。相比之下，2017年中国政府的债务率只有73.25%，不难发现，中国的政府债务率与大多数发达经济体相比仍然明显偏低。

表5　部分主要发达经济体的政府债务率

国别	2000年	2005年	2010年	2015年	2016年	2017年
日本	137.9%	176.8%	207.9%	231.3%	235.6%	237.6%
希腊	104.9%	107.4%	146.3%	178.8%	183.5%	181.8%
意大利	105.1%	101.9%	115.4%	131.5%	132.0%	131.8%
葡萄牙	50.3%	67.4%	90.5%	128.8%	129.9%	125.7%
美国	—	65.6%	95.5%	104.8%	106.8%	105.2%
西班牙	58.0%	42.3%	60.1%	99.4%	99.0%	98.4%
法国	58.9%	67.4%	85.3%	95.6%	96.6%	96.8%
英国	37.0%	39.8%	75.2%	87.9%	87.9%	87.5%
德国	58.9%	67.0%	80.9%	70.9%	67.9%	63.9%

注：上述数据来源于IMF数据库

① 具体可参见陶金、韩金标：《隐形债务高达30.1万亿？地方政府负债率超60%预警线？中国地方政府到底欠多少债？》，http://finance.sina.com.cn/money/bond/market/2018-09-04/doc-ihiqtcap1883373.shtml，2019年2月10日。

② 之所以采用姜超等（2018）的测算结果，主要基于两点考虑：一是他们的测算结果处于目前不同研究测算结果的中间水平，而非极端值；二是他们测算了2014~2017年每一年的地方政府隐性债务，结果更丰富，更适合本报告的要求。

然而，与其他新兴经济体相比，中国政府总债务增速明显更快，而且债务率已然不低。其一，从政府债务率的增长幅度来看，2014~2017 年的短短 4 年里，中国政府债务率从 47.94%升至 73.25%，大幅升高了 25.31 个百分点。而其他新兴经济体债务率的增幅明显偏小。比如，印度、墨西哥、南非和印尼的政府总债务率在 2014~2017 年仅升高了 3~6 个百分点；土耳其和俄罗斯的政府债务率不仅没有升高，反而下降了 0.5 个百分点（表 6）。同期，只有巴西的政府债务率涨幅较大，达到了 21.7 个百分点，不过仍然不及中国。其二，从政府债务率的具体数值来看，当前中国政府债务率已经超过大多数新兴经济体。而且，中国政府债务率已经高出南非和墨西哥 20 个百分点左右，高出印尼、俄罗斯和土耳其 40~60 个百分点。

表 6　部分主要新兴经济体的政府债务率

国别	2010 年	2011 年	2012 年	2013 年	2014 年	2015 年	2016 年	2017 年
巴西	63.1%	61.2%	62.2%	60.2%	62.3%	72.6%	78.4%	84.0%
印度	67.5%	69.6%	69.1%	68.5%	67.8%	70.0%	69.5%	71.2%
墨西哥	42.0%	42.9%	42.7%	45.9%	48.9%	52.8%	56.8%	54.3%
南非	34.7%	38.2%	41.0%	44.1%	47.0%	49.3%	51.6%	53.0%
印尼	24.5%	23.1%	23.0%	24.8%	24.7%	27.5%	28.3%	28.8%
土耳其	40.1%	36.5%	32.7%	31.4%	28.8%	27.6%	28.3%	28.3%
俄罗斯	10.9%	11.2%	11.9%	13.1%	16.0%	16.3%	16.1%	15.5%

注：上述数据来源于 IMF 数据库

3. 未来中国政府债务率预计还将持续升高，导致财政政策空间进一步收窄

未来中国政府债务率持续升高的原因主要有三点：一是在政府部门从增长型政府彻底转变为服务型政府之前，中国的政府部门尤其是地方政府仍然需要或多或少地承担着拉动经济增长的职能，这会导致地方政府债务进一步增加。二是党的十九大报告指出，要“使人民获得感、幸福感、安全感更加充实、更有保障、更可持续”①，这意味着未来教育、医疗、科技研发等领域的财政支出将进一步增加。三是人口老龄化的不断加剧将会给政府债务带来额外的负担②。日本等国家的经验表明，老龄化将会显著提高政府债务负担。

① 《决胜全面建成小康社会 夺取新时代中国特色社会主义伟大胜利》，《人民日报》，2017年10月28日，第1版。

② 进入老龄化社会之后，一个国家用于老年人的社会保障开支和福利开支，包括各种形式的养老金、老年人的护理费用和医疗费用及老年人社会福利等将逐渐增加。不仅如此，退休人员数量越来越多而缴纳养老保险金人员相对减少，导致养老金体系收入和支出之间的缺口变大。再加上退休人员领取退休金的时间越来越长，政府的养老金支出规模将会因此而越来越大，从而加重政府的债务负担。更详细的实证研究可参见张士斌等（2012）、马宇和王群利（2015）等。

中国人口老龄化速度明显快于其他国家，而且老龄人口数量是全世界最多的，因此，老龄化给政府债务带来的负担不容忽视[①]。根据刘学良（2014）的预测，如果不采取其他应对措施，并且使用财政资金来补贴养老金缺口，那么到2030年财政养老补贴占GDP的比重将达到2.71%，到2050年财政养老补贴占GDP的比重将达到9.55%。IMF（2017）的测算结果进一步表明，人口老龄化将使得2022年中国政府债务占GDP的比重额外提高15个百分点[②]。

三、结　语

判断中国货币政策的操作空间时，可以主要关注降准和降息空间。就降准空间而言，截至2018年底，中国大型金融机构适用的存款准备金率为14.5%，中小型金融机构适用的存款准备金率为11%，降准空间虽有收窄，但是与其他国家相比仍然较为充裕。就降息空间而言，2018年中国的货币市场利率有所下行，降息空间有所收窄，但是与美国和日本等发达经济体相比尚有空间。而且，相对充裕的外汇储备和偏紧的资本管制政策使得中国的货币政策可以保持较高的独立性，因此，降息空间不会因美联储加息而受到明显挤压。据此，本报告认为，虽然中国的货币政策空间有所收窄，但是与其他国家相比仍然具有一定空间。

判断财政政策空间时，主要关注政府债务率的高低及其演化态势。总体来看，近年来中国的中央政府债务率和地方政府显性债务率并不高，但是地方政府隐性债务率持续攀升，使得中国的财政政策空间不断收窄。事实上，中国的政府债务率已经超过了不少新兴经济体，民生建设和老龄化的不断演进还将导致未来政府债务率进一步升高。据此，本报告认为，中国的财政政策空间正在不断收窄。

为了增强长期中宏观经济政策的可持续性，又不损害短期内宏观经济政策“稳增长”的力度，需要做好如下几方面工作：第一，货币政策要保持独立性并且以调控国内经济为主要目标，不仅不能跟随美联储被动加息，而且在必要的时候央行需进一步采取降准或降息操作以应对经济下行压力。第二，虽然财政政策空间不断收窄，但是这并不意味着当前要收紧财政政策，相反

① 正因如此，2018年7月20日中共中央办公厅和国务院办公厅印发了《国税地税征管体制改革方案》，自2018年9月1日起将社会保险征收工作逐步转至税务部门统一征收，并且于2019年1月1日正式实施。而且，未来还有可能出台延迟退休等方案，以缓解财政养老支出压力。

② 具体测算依据和更详细的数据参见IMF（2017）。

应该继续采取积极财政政策应对经济下行压力。究其原因，防范与化解政府债务风险尤其是地方政府隐性债务风险固然重要，但这涉及深层次的体制机制改革，需要在较长时期内才能完成，短期内财政政策主要应该聚焦于“稳增长”。当然，与此同时，中央应该从深化体制机制改革入手，防范和化解地方政府隐性债务风险[①]。第三，要更加注重疏通货币政策与财政政策的传导机制，提高政策传导效率。只有着力提高政策传导效率，才能“事半功倍”，避免政策空间被过度消耗。第四，要加强货币政策与财政政策的协调配合，政策协调越到位，越有助于节省货币政策与财政政策的空间，从而增强政策的可持续性[②]。

参考文献

陈卫东，钟红，王有鑫，等. 2018. 加息背景下新兴市场金融风险的演化路径. 国际金融，（7）：6-11.

陈小亮，马啸. 2016. “债务-通缩”风险与货币政策财政政策协调. 经济研究，（8）：28-42.

陈彦斌，陈小亮，刘凯. 2017. 宏观政策评价报告 2017. 北京：科学出版社.

葛奇. 2015. 关于新兴市场国家外汇储备管理的若干问题. 国际金融研究，（4）：12-21.

管涛. 2018. 反思对中国外汇储备问题的讨论. 国际经济评论，（1）：4，9-23.

姜超，米征星，杜佳. 2018. 地方政府隐性债务规模有多大？——地方隐性债务系列专题之一. 海通证券研究报告.

刘凯. 2018. 宏观政策协调性评价. 经济研究参考，（3）：68-80.

刘学良. 2014. 中国养老保险的收支缺口和可持续性研究. 中国工业经济，（9）：25-37.

马宇，王群利. 2015. 人口老龄化对政府债务风险影响的实证研究——基于 20 个发达国家动态面板数据的分析. 国际金融研究，（5）：46-55.

宋科，杨雅鑫. 2017. 我国的外汇储备究竟充足不充足. 国际金融，（12）：53-58.

张士斌，杨黎源，张天龙. 2012. 债务危机背景下的老龄化成本与公共财政困境——基于日本和欧美国家比较的视角. 现代日本经济，（5）：55-64.

Gray S T. 2011. Central bank balances and reserve requirements. IMF Working Paper.

IMF. 2011. Assessing reserve adequacy. IMF Working Paper.

IMF. 2013. Assessing reserve adequacy-further considerations. IMF Policy Paper.

IMF. 2015. Assessing reserve adequacy-specific proposals. IMF Policy Paper.

IMF. 2017. People's Republic of China：selected issues. IMF Country Staff Report .

IMF. 2018. People's Republic of China：2018 article Ⅳ consultation-press release; staff report; staff statement and statement by the executive director for the People's Republic of China. IMF Country Staff Report.

① 更详细的论述，参见分报告三：政策力度与传导效率研究。

② 可参见陈小亮和马啸（2016）、刘凯（2018）。

分报告五　预期管理研究

一、引　言

预期管理是指通过信息沟通对公众预期予以引导，从而提高政策效率（郭豫媚和陈彦斌，2017）。基于 Lucas 提出的理性预期假说，新古典宏观经济学认为只有未预期到的货币政策才是有效的。然而，20 世纪 90 年代以来，新凯恩斯主义否定了“政策无效命题”。新凯恩斯主义经济学家认为，工资和价格的变动并不是完全弹性的，预期物价水平的上升并不会立即引起工资水平和物价水平同等程度的变化，因此意料之中的政策也会影响经济周期。而且，由于信息不对称，公众一般无法形成理性预期，意料之中的货币政策能够通过引导公众预期发挥有效作用。正是基于上述逻辑，发达国家央行越来越重视通过提高货币政策透明度和使用前瞻性指引来引导公众预期，提高政策效率。在传统货币政策空间不足时，更是尤为重视预期管理。目前，理论中形成共识且研究相对成熟的主要是中央银行实施的货币政策预期管理。而在中国的具体实践中，预期管理具有更广泛的内涵。中国的预期管理不仅包括货币政策预期管理，还包括财政政策预期管理等其他宏观调控政策的预期管理。

近年来，中国宏观调控政策越来越重视预期管理。《中华人民共和国国民经济和社会发展第十三个五年规划纲要》明确提出，要“改善与市场的沟通，增强可预期性和透明度”，以加强宏观调控对预期的引导作用①。2016 年 5 月

---

① 《中华人民共和国国民经济和社会发展第十三个五年规划纲要》，http://www.xinhuanet.com//politics/2016lh/2016-03/17/c_1118366322_5.htm，2016年3月17日。

9 日，《人民日报》刊登《开局首季问大势——权威人士谈当前中国经济》，文章中指出"要善于进行政策沟通，加强前瞻性引导，提高透明度，减少误读空间，及时纠偏，避免一惊一乍，不搞'半夜鸡叫'"[①]。2018 年，政府经济工作更是尤其重视预期管理。除了在年初的政府工作报告中指出要"引导和稳定预期"[②]，在 7 月 31 日中央政治局会议部署下半年经济工作时提出重点做好"六稳"工作，其中一个重要方面就是"稳预期"[③]。

然而，中国宏观调控预期管理在实践中还存在一些不足。例如，2016 年我国宣布开始推行营业税改增值税（以下简称营改增）和全面减税降费政策，中央经济工作会议和政府工作报告也多次提及实施减税降费政策，这使得公众预期税费负担将会有所减轻。然而事实上，我国宏观税负却出现上升[④]。这不仅扰乱了公众的预期，而且会削弱财政政策的可信度，影响财政政策有效性。

分析与判断宏观经济政策实施状况时，对预期管理进行评价是十分必要的。一方面，中国宏观调控已越来越重视预期管理，但实践中还存在不足，因此，有必要通过系统的评价来发现问题并予以改进；另一方面，"大宏观"团队研究发现，预期管理能够显著提高宏观经济政策有效性。预期管理通过逆周期引导市场预期，能够使社会福利损失大幅降低（郭豫媚等，2016）。鉴于此，本报告将从政策透明度和前瞻性指引两个方面对货币政策预期管理和财政政策预期管理进行评价。需要说明的是，本报告主要对货币政策预期管理和财政政策预期管理两个方面进行分析与判断。原因之一是，货币政策和财政政策是中国宏观经济政策中最主要的两个政策工具。原因之二是，当前货币政策和财政政策空间都有所下降，在此背景下如何使用好有限的政策空间，如何通过加强对预期的引导来提高政策效率显得尤为重要。

① 《开局首季问大势——权威人士谈当前中国经济》，http://politics.people.com.cn/n1/2016/0509/c1001-28333725.html，2016年5月9日。

② 《（两会受权发布）政府工作报告》，http://www.xinhuanet.com/politics/2018lh/2018-03/22/c_1122575588.htm?baike，2018年3月22日。

③ 《中共中央政治局召开会议》，http://politics.people.com.cn/n1/2018/0801/c1024-30181880.html，2018年8月1日。

④ 具体请参见本报告第四部分"财政政策预期管理研究"的内容。

二、预期管理的理论基础与分析依据

2008 年全球金融危机之前,理论和实践主要强调通过提高政策透明度来引导预期。2008 年全球金融危机之后，由于传统货币政策失效，发达国家越发重视对预期的引导，并采用了前瞻性指引手段进一步加强预期管理。鉴于此，本报告选择从政策透明度和前瞻性指引两个维度对预期管理进行分析与判断。

（一）政策透明度

在 20 世纪 90 年代以前世界上各个国家的央行都非常神秘，货币政策透明度很低。然而，现实中由于信息不对称，公众一般无法形成理性预期，即便预期到的货币政策也能发挥有效作用。Brunner（1981）、Blinder（1998）和 Woodford（2001）等学者就对央行货币政策不透明进行了批判，他们认为一个更加透明的央行能够给市场提供更多的信息，并通过影响公众信息集来改善货币政策有效性[①]。与此同时，财政透明度也逐渐引起各国政府的高度关注，成为政府财政管理的一个重要方面。

1. 货币政策透明度

货币政策相关信息的发布能够通过增加货币政策透明度来引导预期。根据已有研究的结论[②]，下述四个方面的信息会影响货币政策透明度，进而影响预期。一是目标信息，主要指央行是否对货币政策目标进行正式声明，以及声明的货币政策目标是否单一、是否量化等。二是经济信息，包括央行用于政策分析的宏观经济模型、反映货币政策力度和效果的基本经济数据，以及央行对通货膨胀和 GDP 等经济变量的定量预测等。三是决策信息，主要指央行货币政策决策的形成过程所涉及的信息，如决策流程、决策委员会投票情况等。四是操作信息，主要指央行货币政策操作工具的定义和说明是否清晰，

---

① 李拉亚（2011）指出，预期管理理论继承了20世纪90年代以来的政策透明思想，促使预期管理成为货币政策的核心问题。相关研究还包括Howells和Mariscal（2002）、Chortareas 等（2002）和Mariscal和Howells（2010）等。

② 具体可参见Eijffinger和Geraats（2006）、徐亚平（2006）、Dincer和Eichengreen（2014）等。

以及对货币政策操作是否进行解释说明①②。结合货币政策透明度的定义及已有研究的分析方法，本报告将从目标信息、经济信息、决策信息和操作信息四个方面对中国货币政策透明度进行分析与判断。

2. 财政政策透明度

根据IMF的定义，财政透明度是指将公共财政过去、当前和未来情况的相关信息向公众进行全面、清晰、可靠和及时的公开，以及公众在其中的参与度。IMF、经济合作与发展组织（Organisation for Economic Co-operation and Development，OECD）和国际预算项目合作组织（International Budget

① Dincer和Eichengreen（2007）调查了1998~2005年全球100家央行的网站建设、报告发布和出版物等情况，发现其中89家央行的透明度有明显提高，其余11家的透明度没有明显变化，但没有一家央行的透明度表现出下降的趋势。

② 货币政策透明度的提高能够从以下三方面起到引导预期的作用：第一，货币政策透明度的提高能够提高央行信誉，增进市场信心（Geraats，2002；van der Cruijsen and Demertzis，2007）。Mishkin（2010）指出，通货膨胀目标制成功稳定通货膨胀的一个重要原因就是透明的通货膨胀目标使得央行对公众高度负责，进而有助于构建公众对央行的信任和对货币政策的支持。第二，货币政策透明度的提高有助于提高私人部门的信息准确度和预测能力。一些学者认为，现实中经济当事人只具有有限理性，由于市场不完全和信息不对称，经济当事人的理性实际上受到约束。即使所有影响决策的因素是确定的，决策者也有这些因素的完全信息，但决策者也没有能力处理所有信息，仍不能做出最优的选择。因此，经济当事人实际上只能依据有限的信息不断学习，从而尽可能地接近理性（Bray，1982；Evans，1985；Evans and Honkapohja，2001）。在货币政策预期中，经济当事人主要基于货币政策操作及政策目标的运行状况等信息来推测货币政策规则，并据此预期未来的政策走向。透明的货币政策还有助于稳定市场对主要宏观经济变量的预期。货币政策调控的思路是，根据经济中发生的冲击进行政策操作，从而实现货币政策目标。但是在某些冲击的影响下，可能导致与货币政策目标相关的经济指标出现偏离政策目标值的情况。在这些情况下，若不对政策操作进行说明，会阻碍经济当事人形成理性预期（Orphanides and Williams，2003；Woodford，2005）。例如，当经济中产生成本推动冲击时，通货膨胀率会上升。但是由于该冲击属于供给冲击，货币政策的调整不仅很难应对，还容易加剧波动。这也是实施通货膨胀目标制的国家通常只关注剔除供给冲击影响后的通货膨胀指标的重要原因。因此，成本推动冲击产生后，央行很可能不会进行操作，并容忍通货膨胀上升。但如果不将上述考虑进行说明，经济当事人很可能误认为是央行政策目标发生变化，从而导致经济当事人的长期通货膨胀预期发生改变。因此，透明的货币政策有助于经济当事人明确政策目标、了解政策调整的依据，从而在对未来政策进行预期时能够更为理性。已有的实证研究发现，货币政策操作后的解释确实在预期引导方面起到了积极作用，而且提高了货币政策的效率。Demiralp和Jorda（2004）、Woodford（2005）、Swanson（2006）等指出，1994年2月以来美联储开始在每次调整联邦基金利率目标值后都进行公告并予以解释，这很大程度上提高了货币政策的可预测性。而且，Poole（2005）指出，格林斯潘时期货币政策有效性的提高很大程度上源于政策的可预测性提升。对欧洲央行等其他国家和地区央行的研究中也得到了类似的结论（Brand et al.，2010）。第三，较高的货币政策透明度还有助于降低市场的不确定性及这些不确定性对预期的影响，从而稳定预期（Blinder，1998；Eijffinger et al.，2000）。通货膨胀目标制正是通过确立通货膨胀率的目标，向公众提供了一个“名义锚”，促使公众通货膨胀预期不会因某些市场因素的变化而出现急剧上升（Bernanke et al.，1999）。

Partnership，IBP）等国际组织均构建了各自的财政透明度评估体系。IMF 构建的财政透明度评估体系包括财政报告透明度、财政预算与预测透明度和财政风险评估与管理三个方面[①]。OECD 和 IBP 对财政透明度的评估则更侧重于预算透明度。OECD 从编制的报告及内容、特定信息披露及报告质量和完整性对预算透明度进行评估。IBP 构建的公开预算透明度评估了中央政府发布的预算前陈述、行政预算草案、立法通过的预算、公民预算、年中报告、年中审核、年终报告和审计报告八项主要预算文件，考察这些文件发布的及时性、内容的全面性和有用性[②]。

财政政策透明度与财政透明度略有差异，这主要体现在两个方面：一是出发点不同。财政透明度的出发点是财政，不仅包括财政政策，还包括财政机构设置和财政制度安排。财政政策透明度的出发点则是财政政策，更强调从宏观经济政策调控和预期管理的视角来评估政策的透明度。二是范围不同。财政具有的含义较广，包括财政机构、财政制度和财政政策等内容。因此，财政透明度考察的范围比财政政策更广[③]。

结合 IMF、OECD 和 IBP 的评估方法和相关理论，本报告将主要从预算透明度和财政风险透明度两个方面评价财政政策透明度。预算透明度方面，主要考察预算文件发布内容的全面性和有用性。财政风险透明度方面，主要

---

① 其中，财政报告透明度涉及财政报告覆盖的范围、发布的频率与及时性、报告质量和报告的可靠性四个维度；财政预算与预测透明度包括全面性、制度性、政策取向和公信力四个维度；财政风险评估与管理包括风险披露及分析、风险管理和财政协调三个维度。资料来源：Fiscal transparency，https://www.imf.org/external/np/fad/trans/，2018年12月31日。

② 资料来源：Open budget survey 2017 methodology，https://www.internationalbudget.org/open-budget-survey/methodology/，2018年12月31日。

③ 财政政策透明度能够从以下三方面起到引导预期的作用：第一，透明的财政政策有助于增加财政政策的可信度，增强市场信心和预期。IMF认为，财政信息的公开能够使立法机构、市场和民众相信政府具有责任感。而且，财政透明，市场对财政计划的可信度也会提高，这有助于巩固市场信心和稳定市场对财政偿付能力的预期。第二，与货币政策透明度类似，财政政策透明度的提高有助于提高私人部门的信息准确度和预测能力，使其形成更为理性的预期。由于公众的非理性，透明的财政政策有助于经济当事人明确财政政策目标、了解财政政策调整的依据，降低不确定性（Arbatli and Escolano，2015），从而在对未来政策进行预期时能够更为理性。第三，透明的财政政策有助于加强政策协调，进而稳定市场预期。财政政策和货币政策作为宏观经济政策组合中最为重要的两个工具，对实现经济稳定和金融稳定都至关重要。在具体运用中，财政政策和货币政策又各有侧重点。财政政策具有结构性和长期性的特征，而货币政策具有总量性和短期性的特征，两者协调配合能够使政策效果最大化。因此，政策透明度是政策协调的前提条件，否则很容易造成调控过度或调控不足，导致市场对政策当局失去信心，产生悲观预期。其中，财政政策的透明度又尤为重要。财政政策的长期性特征决定了财政政策在灵活度上具有一定限制，因此短期波动更多需要货币政策予以应对。透明的财政政策有助于货币当局更准确地把握经济运行状况和财政政策实施状况，进而制定适当的货币政策（Lowry and Alt，2001）。

考察政府债务等风险指标的披露和分析是否全面与准确。

（二）前瞻性指引

1. 货币政策前瞻性指引

目前发达国家的前瞻性指引主要用于货币政策实践，前瞻性指引的核心在于通过发布未来货币政策路径等前瞻性信息来引导公众预期（Svensson，2015；万志宏，2015）。2008 年全球金融危机爆发后，越来越多发达国家的名义利率逼近了零下限，导致以引导短期政策利率为主要手段的传统货币政策几乎没有调控空间。在此背景下，美联储于 2008 年 12 月率先实施了前瞻性指引政策，就未来货币政策利率路径进行沟通。此后，加拿大央行、瑞典央行、欧洲央行、日本央行和英国央行也纷纷对货币政策进行了前瞻性指引。随着实践的深入，前瞻性指引的形式也发生了较大的变化（表 1）。早期的前瞻性指引主要是开放式指引，后来逐步演变到日历式指引和目标式指引。前瞻性指引的上述变化强化了其引导预期的功能。就日历式指引而言，通过在开放式指引的基础上引入具体的政策持续时间，降低了政策的不确定性，从而能够更好地稳定市场预期。就目标式指引而言，通过在开放式指引的基础上引入政策目标，不仅能够避免日历式指引下货币政策灵活性受到约束的问题，而且明确的政策目标有助于进一步锚定市场的预期。

表 1　前瞻性指引的不同形式及其特点

形式	特点	例子
开放式指引（open-ended guidance；也被称为定性指引）	只提出未来将利率保持在较低水平，但并不明确说明低利率水平将持续多长时间	2008 年 12 月美联储声明将联邦基金利率降至 0~0.25%的区间，并将在此水平上维持一段时间
日历式指引（time-contingent guidance；也被称为时间指引）	在开放式指引的基础上引入了明确的政策持续期间。能够降低政策的不确定性，更好地稳定市场预期	在 2011 年 8 月的联邦公开市场委员会会议后美联储指出“直到 2013 年中期，维持极低的联邦基金利率都是合适的”
目标式指引（state-contingent guidance；也被称为状态指引或条件指引）	在开放式指引中加入了量化的政策目标。不仅能够避免日历式指引下货币政策灵活性受到约束的问题，而且明确的政策目标有助于进一步锚定市场的预期	2012 年 12 月美联储在联邦公开市场委员会会议后指出“只要失业率仍处于 6.5%以上、未来 1~2 年内通货膨胀不超过 2.5%，将联邦基金利率保持在极低水平是合适的”

尽管前瞻性指引是在危机时期推出的非常规手段，但其在发达国家的实践中已逐渐演变为常态化货币政策手段。以美国为例，虽然美国自 2015 年 12 月底以来已经进入加息通道，但美联储仍然在使用目标式指引，以加强对

公众预期的引导。例如，2018 年 11 月美联储指出，“对于未来联邦基金利率浮动区间调整的时机和幅度，委员会将基于充分就业目标和 2%对称性通货膨胀目标评估已实现的和预期的经济状况来决定”[①]。美联储前主席耶伦在 2016 年 8 月的讲话中明确提出，前瞻性指引应当成为货币政策工具箱中的重要一员（Yellen，2016）[②]。

考虑到中国货币政策正处于从数量型向价格型的转型过程之中，数量型和价格型指标的有效性都有所不足，在实际操作中央行通过综合运用与关注数量型和价格型指标来予以应对。因此，对数量型和价格型指标进行前瞻性指引都能起到引导市场预期的作用。鉴于此，本报告将从 M2 等数量型指标和利率等价格型指标两个方面对中国货币政策前瞻性指引进行评价。

2. 财政政策前瞻性指引

目前理论和实践中的前瞻性指引主要是指货币政策前瞻性指引，尚没有对财政政策前瞻性指引的详细论述。不过，根据货币政策前瞻性指引的定义与内涵，并不难明确财政政策前瞻性指引的范畴。从货币政策来看，货币政策的主要操作目标是利率或 M2 等指标，货币政策前瞻性指引的核心就是在政策调控前对未来操作目标进行预告和事前沟通。相应地，就财政政策而言，财政政策的主要操作目标包括财政支出和财政收入两方面。因此，财政政策

---

① 原文表述为：“In view of realized and expected labor market conditions and inflation, the Committee decided to maintain the target range for the federal funds rate at 1/2 to 3/4 percent. The stance of monetary policy remains accommodative, thereby supporting some further strengthening in labor market conditions and a return to 2 percent inflation.” 资料来源：Federal Reserve Press Release，2017。

② 货币政策前瞻性指引主要通过以下两个渠道起到引导市场预期和稳定经济的作用。一是利率渠道（Bank of England，2013）。根据利率期限结构理论，长期利率等于当前的短期利率与预期的未来短期利率的加权平均。因此，前瞻性指引引导公众对未来短期利率的预期，可以达到影响长期利率的目的。上述渠道在短期名义利率降为零后显得尤为重要。二是信心渠道。信心反映的是市场对未来经济运行状况的预期，在消费和投资决策中起到至关重要的作用。前瞻性指引所描述的未来政策利率路径，能够使市场了解货币政策稳定经济的决心，在经济低迷时期有助于提振市场信心。相关的理论和实证研究表明，发达国家的前瞻性指引政策确实起到了引导市场预期的作用。Campbell 等（2012）运用事件分析法和动态随机一般均衡方法发现，美国的前瞻性指引政策能够有效引导市场的通货膨胀预期和就业预期，起到了减小经济波动的作用。Svensson（2015）总结了美国、新西兰和瑞典前瞻性指引的实施情况，指出前瞻性指引在大多数情况下都成功地引导了市场预期。也有部分文章指出已有研究高估了前瞻性指引的效果，但从其结论来看依然肯定了前瞻性指引的有效性，只是对于前瞻性指引效果的大小存在不同意见。例如，Carlstrom 等（2015）和Kiley（2016）指出，若考虑信息黏性，前瞻性指引的效果会有所下降，这是因为信息黏性会使得菲利普斯曲线的前瞻性有所下降。McKay 等（2016）指出已有研究均在一个完全市场中检验前瞻性指引的作用，这会高估前瞻性指引的效果，并指出若考虑不完全市场因素前瞻性指引的效果会下降60%。但实际上，上述研究并没有完全否认前瞻性指引在影响预期和调控经济方面的积极作用。

前瞻性指引应当结合财政支出和财政收入的关键指标进行指引[①]。

结合中国财政政策的具体实践，本报告将选取赤字率指标和减税降费政策两个方面对中国财政政策前瞻性指引进行评估。赤字率是政府工作报告中设定的最为重要的财政政策指标，在一定程度上决定了全年财政政策的定位和支出力度。除此之外，减税降费是近年来中国财政政策实践的重点。而且减税降费政策从倡导到推行再到产生效果需要较长的时间，因此政府对减税降费政策的倡导具有前瞻性指引的特征，有必要对其进行评价。

三、货币政策预期管理研究

（一）货币政策透明度有待进一步提高

2016 年和 2017 年的《宏观政策评价报告》指出，中国央行在目标信息、经济信息、决策信息和操作信息的披露方面存在一些不足，这些问题大部分在 2018 年依然继续存在。2018 年货币政策透明度方面的主要改进表现在操作信息方面，央行对重要货币政策操作均进行了解释，而且解释内容更加充分，相比往年沟通效果有所提高。

1. 目标信息方面，可考虑精简货币政策目标并设定优先级目标

要保证较高的目标透明度，要么目标单一，要么在给定多目标的情况下明确设定优先目标。从国际经验来看，发达国家货币政策目标并不多，通常采用单一目标或双重目标。20 世纪 90 年代以来，不少发达国家采用了通货膨胀目标制，将通货膨胀作为货币政策的单一目标。通货膨胀目标制的产生并不是因为失业和产出等目标变得不重要，而是经济学家发现长期来看通货膨胀率是货币政策能够影响的唯一宏观经济变量。美联储采用的是双重目标，将物价稳定和就业最大化作为同等重要的两个目标。相比之下，欧洲央行的目标较多，包括物价稳定、高就业、经济增长等。但是，欧洲央行采用阶梯

---

① 财政政策前瞻性指引将会从三个渠道起到引导市场预期和稳定经济的作用。一是信心渠道。这一点与货币政策前瞻性指引类似。关于未来财政支出及财政收入（尤其是征税力度）变化的指引，能够使市场了解财政政策稳定经济的决心，在经济低迷时期有助于提振市场信心。二是需求渠道。财政支出力度会影响社会总需求。关于未来财政支出力度的前瞻性指引，能够影响企业对未来总需求的预期，进而改变企业投资和生产决策。例如，在经济下行压力加大时期，加大财政支出力度的指引能够使企业产生总需求上升的预期，进而增加投资和扩大生产，从而稳定经济。三是利润渠道。财政收入对于微观主体而言是一种支出，尤其是对企业而言，财政收入对应的是企业的税费负担。税费负担如果过高，企业净利润就会减少。因此，关于未来财政收入的前瞻性指引，会影响企业对未来利润的预期，进而改变企业生产决策。例如，在经济下行压力加大时期，关于减税降费的指引能够使企业提高对未来投资收益的预期，进而刺激企业扩大投资和生产。

目标体系将政策目标分为优先目标和其他目标，物价稳定是唯一的优先目标，只有在实现优先目标的基础上才能追求其他目标。因此，从优先目标层面来看，欧洲央行的政策目标也是单一的。

然而，中国货币政策目标不仅属于多目标，而且并没有在多目标中指定优先目标，导致目标透明度较低。2018 年的货币政策目标主要包括稳增长、调结构、促改革、去杠杆和防风险五个方面（表 2）。并且，在这些目标中并未明确设定优先目标。2018 年第三季度《中国货币政策执行报告》明确指出要“在多目标中把握好综合平衡”。这不仅导致货币政策目标透明度下降，而且多重目标之间的矛盾不利于对预期的引导。与此同时，为响应党的十九大会议和中央经济工作会议精神，2018 年货币政策目标中也加入了“去杠杆”目标。这使得市场判断“去杠杆”在众多货币政策目标中可能相对更为重要，并据此对 2018 年货币政策形成了在稳健中性基础上边际趋紧的判断[①]。然而 2018 年年中以来，受中美贸易问题及民营企业融资难问题的影响，去杠杆转为稳杠杆，央行也多次进行定向降准，表明货币政策实际又转为更加注重稳增长[②③]。由此可见，在多目标且缺乏优先目标的情况下，市场很难准确判断和把握货币政策取向，不利于稳定预期。

表 2　2018 年中国货币政策目标

时间	目标	时间	目标
2018 年第一季度	稳增长	2018 年第三季度	稳增长
	调结构		调结构
	促改革		促改革
	去杠杆		去杠杆
	防风险		防风险
2018 年第二季度	稳增长	2018 年第四季度	稳增长
	调结构		调结构
	促改革		促改革
	去杠杆		防风险
	防风险		

注：每季度货币政策目标均来自前一季度《中国货币政策执行报告》，原文表述请参见附表 1

① 李超，宫飞，程强，等:《1月经济数据预测——温和通胀可能是指导投资的主线》，http://www.sohu.com/a/220135140_618583，2018年2月1日。

② 《〈2018年中国银行业发展趋势报告〉2019年金融形势前瞻：稳增长重要性提升，货币政策稳健偏宽松》，《21世纪经济报道》，2018年12月12日，第11版。

③ 盘和林：《稳健基调不见“中性”，货币政策呈现“边际宽松”趋势》，http://www.sohu.com/a/245078671_614005，2018年8月4日。

2. 经济信息方面，可进一步增加央行所发布的信息

经济信息不充分主要体现在两个方面。第一，中国央行仍没有发布官方经济预测。尽管 2014 年以来中国央行工作论文对 GDP、CPI、消费和投资等经济指标进行了定量预测，但该预测结果并不代表中国央行，工作论文首页即明确声明“论文内容仅代表作者个人学术观点，不代表人民银行”。而且，2017 年以来工作论文的预测也已停止发布。此外，在《中国货币政策执行报告》的“中国宏观经济展望”中也只有描述性的分析，几乎没有提供给市场额外的有用信息。以 2018 年第二季度为例，不难发现，央行提供的信息基本都是市场早已从政府工作报告或其他文件中所知悉的：

> “展望未来一段时期，经济保持平稳发展的有利因素仍然较多……从国内来看，中国经济韧性较强，经济基本面长期向好的趋势没有改变。中国发展有巨大的潜能，新型城镇化、服务业、高端制造业以及消费升级有很大的发展空间，回旋空间也比较大。经济体制改革持续推进，在供给侧结构性改革和市场机制的作用下，我国经济供求总体平衡，就业形势向好，增长动力加快转换，新兴产业蓬勃发展，传统产业转型升级态势良好，工业企业利润较好，产能利用率提高，经济结构继续优化。与此同时，宏观杠杆率趋稳，防范化解金融风险取得初步成效。金融与经济的关系正在发生一些变化，在高质量发展和经济结构调整阶段，低一些的融资增速仍能够支持经济平稳运行。在多种因素的共同推动下，2018年上半年中国经济保持平稳发展态势，转型升级稳步推进，新旧动能接续转换，经济运行内在稳定性有所提升，质量效益保持较好水平。中国人民银行2018年第二季度的企业家问卷调查显示，宏观经济热度指数和信心指数同比、环比均进一步提高；城镇储户问卷调查显示，居民就业感受和预期指数保持在相对高位。”（《中国货币政策执行报告》2018年第二季度）

第二，中国央行仍未公布用于宏观经济分析和政策分析的理论模型。这使得公众难以知晓央行进行宏观经济分析和政策分析的理论框架与理论依据，也很难在实践中依据央行的理论模型修正自身的预期。相比之下，美联储官网详细地公布了在宏观经济分析和货币政策分析时所使用的联邦储备委员会的美国经济分析（Federal Reserve Board/U.S. model，FRB/US）模型和估计动态（estimated dynamic optimization，EDO）模型。

3. 决策信息方面，可进一步提高货币政策决策过程的透明度

中国人民银行货币政策委员会会议纪要除了公布会议召开的时间、地点和参会人员，还包括涉及的两方面核心内容：一是会议对当前国内外经济金融形势的看法；二是未来货币政策的调控思路。这两方面内容不仅与《中国货币政策执行报告》中的相关内容重合度较高，而且并没有涉及货币政策决策的具体过程，没有为公众提供有关货币政策决策过程的信息，导致决策透明度不足。中国货币政策决策过程缺乏透明度的主要原因是货币政策委员会对货币政策不具有决策权。“根据 1997 年 4 月 5 日国务院发布的《中国人民银行货币政策委员会条例》，货币政策委员会的职责是，在综合分析宏观经济形势的基础上，依据国家宏观调控目标，讨论货币政策的制定和调整、一定时期内的货币政策控制目标、货币政策工具的运用、有关货币政策的重要措施、货币政策与其它宏观经济政策的协调等涉及货币政策等重大事项，并提出建议”①。从中不难发现，货币政策委员会只能讨论并建议货币政策如何实施，并不涉及货币政策决策。正因如此，货币政策委员会会议后的纪要中也不会公布有关货币政策决策的实质性内容。相比之下，美联储在官方网站不仅对联邦公开市场委员会组织架构、决策程序和决策规则进行了明确说明②，而且每次联邦公开市场委员会会议声明中均会公布货币政策决策过程中各个委员的投票情况。

4. 操作信息方面，总体上做得较好，沟通效果有所提高

2018 年，中国央行货币政策主要有三方面的操作：一是定向降准；二是上调部分货币政策工具的利率水平；三是常态化的公开市场操作。对于上述货币政策操作，央行不仅在操作后进行了相应沟通和说明，而且沟通内容较以往更为全面与深入，沟通效果有明显提高。

定向降准方面，2018 年共进行了 4 次定向降准，除 1 月的定向降准在 2017 年已进行公告和解释外，其余 3 次均也已进行了及时的解释和说明（附表 2），并较好地引导了市场预期。从沟通内容来看，涵盖了操作内容、操作方式、操作目的、对货币政策取向的影响和对外汇市场的影响等多个方面。从沟通效果来看，实现了引导预期的目的。往年央行定向降准后，市场对货币政策

---

①《货币政策委员会职责》，http://www.pbc.gov.cn/huobizhengceersi/214481/214543/214782/2847818/index.html，2018年12月31日。

② 具体可参见：Rules and authorizations，https://www.federalreserve.gov/monetarypolicy/rules_authorizations.htm，2018年12月31日。

倾向仍然会存在异于政策当局意图的解读①。而 2018 年以来，在央行及时和详细的解释下，市场对定向降准的解读与央行意图较为一致。例如，在 2018 年 6 月 24 日央行宣布通过定向降准支持市场化法治化“债转股”和小微企业融资后，央行在答记者问中指出“此次定向降准有利于稳步推进结构性去杠杆，有利于加大对小微企业等薄弱环节的支持力度，属于定向调控和精准调控。人民银行将继续实施好稳健中性的货币政策，为高质量发展和供给侧结构性改革营造适宜的货币金融环境”②。市场认为此次定向降准有助于缓解资金压力、稳妥推进去杠杆、改善市场情绪，此次定向降准不等于放水③，推高房价的可能性较小④。可见，市场的解读和看法与央行较为一致，没有出现较大的误解和分歧⑤。

利率调整方面，2018 年公开市场操作中标利率水平共发生 1 次变化，并且在利率调整后进行了及时的解释和说明（附表 2）。2017 年公开市场利率上行曾被认为是加息，2018 年逆回购利率上行鲜有被再视为加息的。市场基本认同央行的说法，认为此次逆回购利率上行是随行就市，货币政策态度并没有发生变化。

公开市场操作方面，央行与往年的公告方式存在很大差异，对公开市场操作的解释更加丰富和翔实，较好地引导了市场预期。2018 年央行关于公开市场操作的解释，延续了 2017 年的优点，更加常态化。一是沟通频率进一步提高，逐步成为央行沟通的常态化渠道。2017 年全年沟通 95 次，2018 年全年沟通达 195 次。二是央行对不开展公开市场操作的解释也大幅增加。2018 年，共有 138 次沟通发生在没有操作的交易日。三是央行公开市场操作的解

① 例如，2017年3月16日和12月14日，逆回购、SLF利率和MLF利率出现不同程度的上行，在这两次利率变化后央行在当日的答记者问和采访中就对利率调整进行了解释。但是，上述解释在引导预期方面效果欠佳。以3月16日的利率调整为例，央行明确指出此次中标利率上行“是在保持流动性基本稳定目标下市场供求推动的结果”，同时指出“观察是否加息则要看是否调整存贷款基准利率，中标利率上行并不是加息”，“并不意味着货币政策取向发生变化”。尽管如此，各大新闻报道和研究报告中仍将公开市场利率调整视为加息。而且，此后央行又多次在《中国货币政策执行报告》等文件和其他场合强调了公开市场利率上行并不是加息的观点，但是12月公开市场利率再次出现上行时，市场仍然将其解读为加息。

② 《中国人民银行有关负责人就定向降准支持市场化法治化“债转股”和小微企业融资答记者问》，http:// www.pbc.gov.cn/zhengcehuobisi/125207/125213/125434/125798/3564337/index.html，2018年12月31日。

③ 《不要误会，定向降准≠放水！》，https://www.sohu.com/a/237850319_434290，2018年6月26日。

④ 《央行定向降准0.5%放水七千亿，会引发新的一轮楼市上涨吗？》，http://bank.hexun.com/2018-06-25/193263222.html，2018年6月25日。

⑤《央行定向降准释放资金约7000亿，券商机构这么说》，https://www.yicai.com/news/5433920.html，2018年6月24日。

释内容较为详细。给予的解释则更为详细和丰富，包括税期、现金回笼、金融机构缴纳法定存款准备金、逆回购到期、银行体系流动性、财政支付力度等多个方面。即使不开展公开市场操作的交易日，央行给出的解释也较为详细[①]。四是沟通更加清晰。央行公开市场业务的主要目的是削峰填谷，维护市场流动性稳定。在央行的沟通中，有时会明确对市场流动性高低状况进行明确说明，这有助于市场理解货币市场运行状况和央行操作意图，我们将其定义为清晰的沟通。2017 年共进行了 62 次清晰的沟通，2018 年共进行了 154 次清晰的沟通。

（二）2018 年货币政策对前瞻性指引的运用有所减少

数量型方面，第一，政府工作报告对 M2 和社会融资规模余额的年度增速指引在 2018 年取消，而央行自身也没有对上述指标进行前瞻性指引。2017 年 M2 全年同比增长仅 8.2%，低于年初 12%左右的目标值，低增速引发广泛关注。但是，在没有给出替代性指标的情况下直接取消 M2 增速预期目标值的方法并不能解决问题，只会进一步减弱预期管理的效果。第二，2018 年央行进行了多次定向降准，但并没有像 2017 年一样对定向降准政策进行前瞻性指引。2017 年 9 月 29 日，央行发布定向降准的通知，宣布将于 2018 年 1 月 25 日实施定向降准。对定向降准政策进行前瞻性指引，为市场提供了预期下一阶段数量型指标的重要信息。然而，对于 2018 年 4 月、6 月和 10 月实施的定向降准并没有进行前瞻性指引[②]。

价格型方面，2018 年央行不再对利率指标进行前瞻性指引。2017 年，央行开始在报告中给出短期利率的合理目标区间，虽然形式上与前瞻性指引仍存在差距，但一定程度上发挥了前瞻性指引的作用。例如，在 2017 年第二季度《中国货币政策执行报告》中，央行指明了 DR007（银行间存款类金融机构以利率债为质押的 7 天回购利率）是目前银行间市场最具代表性的利率指标，而且明确指出了该利率的合理区间，“第二季度以来市场预期趋于稳定，金融机构对央行以中性适度取向对流动性进行‘削峰填谷’的理解加深，舆论误读

---

① 例如，2018年12月5日，公开市场业务交易公告[2018]第233号指出，“目前银行体系流动性总量处于较高水平，可吸收金融机构缴存法定存款准备金等因素的影响，2018年12月5日不开展逆回购操作”。2018年12月13日，公开市场业务交易公告[2018]第239号指出，“目前银行体系流动性总量处于合理充裕水平，可吸收国债发行缴款等因素的影响，2018年12月13日不开展逆回购操作”。

② 虽然每一次定向降准均在实施前7天左右公布，但这7天只是为商业银行流动性管理提供正常的调整时间，不属于前瞻性指引的范畴。

减少。银行间市场最具代表性的 7 天回购利率（DR007）总体在 2.75%—3.0% 的区间内运行”。在适应性预期的特征之下，中国的市场参与者往往依据历史信息预测未来（许志伟等，2015；马理等，2016），2.75%~3%的历史合理区间一定程度上起到了引导利率预期的作用。实践中，该区间也已成为市场对国债利率和货币市场利率进行预期时的重要参考依据之一①。在数量型指标有效性逐步下降的情况下，对价格型指标进行前瞻性指引越来越有必要。然而，2018 年前三季度央行均没有再明确说明 DR007 的合理区间。

四、财政政策预期管理研究

（一）财政政策可以进一步提高透明度

本报告将主要从预算透明度和财政风险透明度两个方面分析与判断财政政策透明度。

预算透明度方面，我国仍有一定的提升空间。一是可以向公众提供更多的预算文件。在 IBP 调查的八项预算文件中，我国未制作预算前陈述、公民预算和年中审核。预算提案虽然做了但仅针对内部使用，并未公开发布。二是所公开的预算文件披露的信息可以更加丰富，有用程度有限。以年终审核（决算报告）为例，2017 年全国一般公共预算收入决算表仅公布了各类税收收入、各类非税收入、全国一般公共预算收入，以及全国财政使用结转结余和调入资金的预算数、决算数、决算数与预算数之比和决算数与上年决算数之比，而没有任何解释与说明。

财政风险透明度方面，地方隐性债务口径和认定标准的缺失，导致我国财政风险透明度较低。虽然我国财政部官方每年公布我国政府债务规模，但官方数据中并没有统计地方政府隐性债务，导致官方数据并不能准确反映我国财政风险。2015 年，财政部发布的《政府会计准则——基本准则》对政府负债进行了定义，该准则指出，政府债务是指“政府会计主体过去的经济业务或者事项形成的，预期会导致经济资源流出政府会计主体的现时义务”。由于隐性债务的政府会计主体是地方融资平台，而且隐性债务大多为或有债务，目前财政部计算的政府债务规模中实际上并没有计算隐性债务。而由于隐性债务的测算缺乏统一口径和认定标准，不同机构的测算结果差异很大（表 3）。

① 《DR007波动性下降对国债利率平抑效果的实证研究》，https://mp.weixin.qq.com/s/vJYet9MFL0jU-1GZbw858Q，2017年8月17日。

根据IMF的测算，2016年我国政府债务规模达到46.4万亿元。根据BIS的测计，2016年和2017年我国政府债务规模达到33万亿元和38.8万亿元。可以看到，IMF和BIS的测算结果均比我国官方预测结果高出20%~70%，这主要是因为IMF和BIS的测算中加入了地方政府隐性债务。同时，不难发现，BIS和IMF的测算结果也存在较大差异，国内金融机构海通证券研究所的测算结果则比BIS更高，这进一步表明我国财政风险透明度不高。

表3　我国官方和国际机构对我国政府债务的测算

发布机构	2016年	2017年
中国财政部	27.3万亿元（15.3万亿地方政府债务+12万亿元国债余额）	29.95万亿（16.47万亿元地方政府债务+13.48万亿元国债余额）
BIS	33万亿元	38.8万亿元
IMF	46.4万亿元（狭义政府债务27.3万亿元+19.1万亿元地方政府隐性债务）	—
海通证券研究所	—	60.6万亿元

（二）财政政策前瞻性指引效率有待进一步提高

就赤字率指标而言，赤字率预期目标设定问题和指标口径问题导致前瞻性指引效果受到影响。赤字率是财政赤字与GDP的比值，反映了财政政策的态度与立场。2018年，有关赤字率的财政政策前瞻性指引主要存在两方面问题。一是目标设定未能较好地引导预期。2018年，政府赤字率预期目标值设定在2.6%，是自2012年以来首次下降（图1）。赤字率预期目标的下降，引发了市场对全年财政政策积极程度的疑虑①。在经济下行压力犹存的背景下，赤字率预期目标的设定并未能够有效地引导市场对财政政策和未来经济形成合理预期。

二是指标口径缺陷导致赤字率指标并不能准确反映中国财政政策立场，这也导致赤字率指标在引导预期方面的效率不高。不同于货币政策具有价格型指标，财政政策的大部分指标均为数量型指标，这就使得财政政策指标构建难度较大而且较为复杂。赤字率虽然是目前政策实践中最常使用和参

① 招商证券宏观分析师张一平认为，“从政策意义上看，降低赤字率，一是要控制政府部门，尤其是地方政府部门的杠杆水平，二是可以预计主要由政府部门驱动的基建投资规模将低于过去几年的平均水平，三是财政政策积极力度也将低于去年，四是随着赤字率的降低和机构改革，政府在新时代高质量发展过程中的角色将向服务型政府变化”。资料来源：《2018年中国赤字率目标大幅降低 分析师怎么说？》，http://www.sohu.com/a/224855890_313745，2018年3月5日。

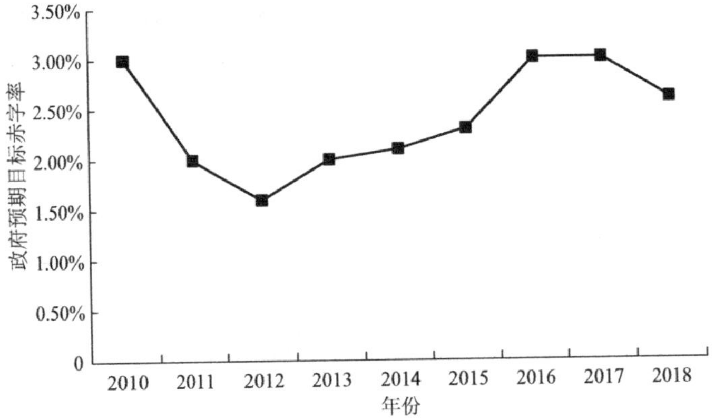

图 1　2010~2018 年赤字率预期目标值

考的指标，但也存在明显缺陷，导致赤字率指标并不能准确反映财政政策立场。

我国官方赤字率指标主要存在三大问题。问题之一是我国官方赤字率只考虑了一般公共预算收支，而财政预算包括一般公共预算、政府性基金预算、国有资本经营预算和社会保险基金预算四本账。问题之二是我国官方赤字率考虑了结转结余及调入资金和补充中央预算稳定调节基金等项目，这部分资金的结转和调节使得当年实现的赤字率总是能够达到预期目标，同时也使得赤字率并不能准确反映当年财政政策积极性。根据申万宏源证券有限公司的测算，2015~2017 年，按国际标准计算出的赤字率高于官方赤字率，表明财政支出动用了往年结转结余及调入资金和补充中央预算稳定调节基金，财政政策积极性实际上大于官方赤字率（图 2）。问题之三是我国赤字率指标没有考虑周期性和

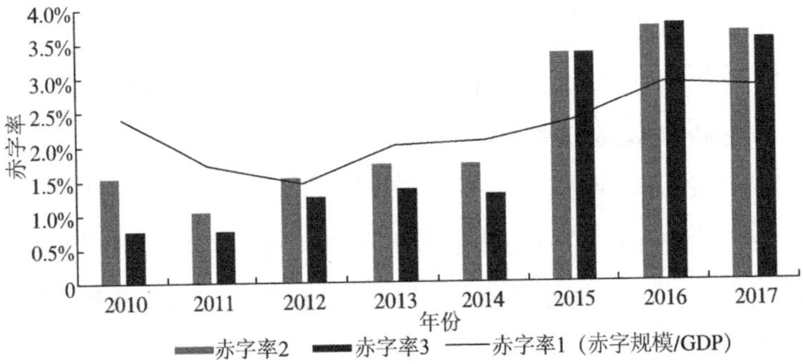

图 2　不同口径赤字率的比较

赤字率 1 为我国官方赤字率，计算公式为：[(全国一般公共预算支出+补充中央预算稳定调节基金+结转下年支出的资金)–(全国一般公共预算收入+结转结余及调入资金)]/名义 GDP。赤字率 2 不考虑结转结余和调入项，计算公式为：(全国一般公共预算支出–全国一般公共预算收入)/名义 GDP。赤字率 3 在赤字率 2 的基础上进一步考虑了其他预算收支，计算公式为：[(全国一般公共预算支出–全国一般公共预算收入)+(全国政府性基金预算支出–全国政府性基金预算收入)]/名义 GDP

资料来源：申万宏源研究，https://mp.weixin.qq.com/s/UNWgoF3dxYL8rvbc1wWIag，2018 年 5 月 22 日

一次性财政支出因素的影响。财政余额受经济周期影响较大，导致赤字率具有顺周期性，而这部分变化并非财政自主调整的结果。非经常性、大规模一次性财政活动（如私有化收入）也会影响财政余额，进而导致误判财政政策立场（Joumard et al.，2008）。为了克服上述问题，财政政策理论和发达国家实践中均提出了不同维度的赤字率指标，以尽可能通过不同口径的指标来全面把握财政政策取向（表 4）。例如，OECD 发布的欧元区财政余额变化（财政余额的变化即为当期财政赤字）数据中，同时考虑了财政余额变化、基本余额变化和潜在基本余额变化三个口径。而我国并没有公布不同口径的赤字率。

表 4 财政失衡的度量

度量口径	计算公式	含义
财政余额	基本收支余额	公共部门支出与收入的差额
基本余额	基本收支余额–利息支付	利息支付取决于债务水平和长期利率，这两个变量短期内不是政府能够控制的，因此予以剔除
潜在基本余额	周期性基本余额+一次性收入+潜在基本财政余额–利息支付	剔除一次性操作影响后的经周期调整的基本财政余额。主要进行了以下两方面修正。 1. 财政余额变动具有顺周期性，因此为了刻画财政政策变化，有必要核算周期性调整财政余额。经周期性调整后的财政收支从本期到下一期的变化衡量了财政政策的自主性，更好地反映了货币政策取向。 2. 基本余额和结构性余额包括一些非经常性、大规模一次性财政活动，这些一次性行为破坏了以结构性余额作为财政姿态指标的准确性，因此予以剔除

资料来源：Bénassy-Quéré 等（2010）

就减税降费而言，减税降费政策实际效果不足导致前瞻性指引效果较差。2016 年我国开始推行营改增和全面减税降费政策①。2018 年政府工作报告继续要求“大幅降低企业非税负担”，并且给出了定量的目标，要求“全年要为市场主体减轻非税负担 3000 多亿元”。自 2016 年提出全面减税降费以来，表面上税负有所降低。根据财政部公布的数据，2013~2018 年我国减税降费规模实际达数万亿元。财政部和国家税务总局发布数据显示，全面推开营改增试点以来，2016 年累计减税 5736 亿元，2017 年全年减税 9186 亿元。2018

① 2016年以来营改增的举措主要包括如下内容。一是自2016年5月1日起，将试点范围从此前的10省市扩大到全国范围，并且将建筑业、房地产业、金融业、生活服务业等行业全部纳入其中。二是从2017年7月1日起，将增值税税率由四档（17%、13%、11%和6%）减至三档（17%、11%和6%），不仅取消了13%这一档税率，而且将农产品、天然气等行业的增值税税率从13%降至11%。三是从2018年5月1日起，将制造业等行业的增值税税率从17%降至16%，将交通运输业、建筑业、基础电信服务业等行业及农产品等货物的增值税税率从11%降至10%。此外，将工业企业和商业企业小规模纳税人的年销售额标准由50万元和80万元大幅上调至500万元，并在一定期限内允许已登记为一般纳税人的企业转登记为小规模纳税人，让更多企业享受按较低征收率计税的优惠。

年 4 月，中国财政部副部长程丽华在博鳌亚洲论坛上更是指出，2013~2017 年 5 年我国减税降费规模总额达 3 万多亿元。

然而，2016 年以来我国宏观税负有所上升，全面减税降费政策并没有产生预期的效果[①]。本报告计算结果显示（图 3），2018 年中国的宏观税负达到 34.7%，比 2017 年提高了 0.6 个百分点[②]；如果将社保征管体制改革的影响考虑在内，预计 2019 年宏观税负将会进一步加重[③]。这不仅损害了财政政策前瞻性指引的效果，而且在长期中会影响财政政策的可信度。

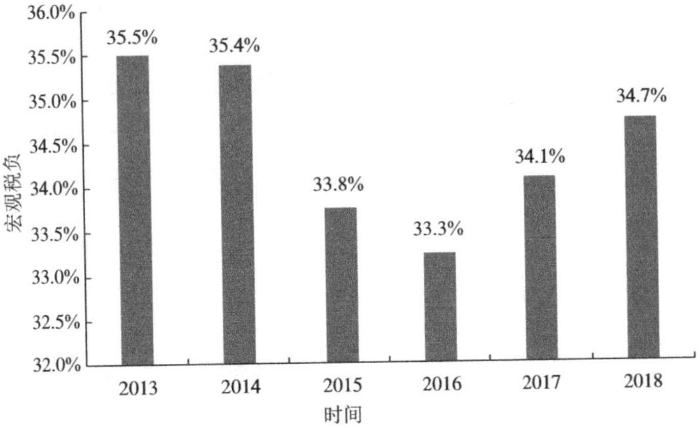

图 3　中国宏观税负走势

官方减税数据与市场主体实际获得感不足的主要原因在于，财政部与市场主体的参照系有所不同[④]。官方公布的减税数据实际上是根据营改增前后名义税率的变化进行测算得到的，因此，只要税率有所下降必然能够得到减税的结果。然而，市场主体则是从实际缴纳税负是否变化的角度来感受减税降费的力度。以下两方面的因素导致我国微观主体对减税降费政策的实际获得感不强：一是营改增后征收率上升。营业税的税基是企业营业销售额，与上下游企业无关。而增值税的税基与从上游供应商处拿到的增值税发票有关，如果未能从上游企业获得增值税发票进行抵扣，增值税税基就会增加。结果

① 资料来源：陈小亮（2018）。

② 具体参见分报告三：政策力度与传导效率研究。

③ 以往我国社会保险缴费存在较为严重的企业逃缴行为。2018年7月20日，中共中央办公厅和国务院办公厅印发的《国税地税征管体制改革方案》明确指出，自2018年9月1日起社会保险费将逐步转至税务部门统一征收，并且于2019年1月1日正式实施。这一举措会强化征管，减少漏缴、少缴现象，明显加重企业和居民税负，尤其会加重企业税负。

④《刘尚希释疑：政府真金白银减税，为何部分企业获得感不强》. https://baijiahao.baidu.com/s?id=1618709179320811477&wfr=spider&for=pc，2018年12月31日。

是，增值税的征收过程不仅受到税务局的监督，而且上下游企业之间也会相互监督，从而大幅提升了征收率。二是经济下行压力加大，微观主体效益下滑，抵消了减税效果。微观主体的税负感受不仅取决于缴税额，还与收入密切相关。如果收入下降速度超过减税幅度，那么税收负担就会加重。企业方面，2017 年，我国工业企业中亏损企业数量增加 3.2%，2018 年前 10 个月又增加 6.2%。居民方面，城镇居民人均可支配收入实际增速已由 2013 年的 7%逐步回落，2016 年和 2017 年仅分别为 5.6%和 6.5%，2018 年也仅为 5.6%。这反映到宏观层面就体现在宏观税负的上升。上述分析表明，从预期管理的角度来看，减税降费政策要有效引导市场预期、稳定市场信心，必须更加关注微观主体实际税负感受，而不仅是名义税率的变化。

相比之下，美国实施的减税政策则产生了较好的效果。特朗普主导的《减税与就业法案》于 2018 年 1 月正式开始实施。根据长江证券研究所的估算，美国企业税后利润规模在 2018 年第一季度和第二季度分别增加 282 亿美元和 265 亿美元，增速均提升 11 个百分点左右。与此同时，美国企业海外资金大幅回流，2018 年第一季度和第二季度回流资金分别高达 2949 亿美元和 1695 亿美元，超过 2015~2017 年总和[①]。

五、结　　语

结合预期管理理论与国际经验，本报告从政策透明度和前瞻性指引两个维度对 2018 年我国货币政策预期管理和财政政策预期管理进行了分析与判断。研究结果表明，货币政策预期管理和财政政策预期管理仍存在较大的改进空间。就货币政策而言：第一，货币政策透明度可以进一步提高。货币政策在目标信息、经济信息、决策信息和操作信息的披露方面仍存在问题，且大部分均为往年存在的问题。主要的改进表现在操作信息方面，央行对重要货币政策操作均进行了解释，而且解释内容更加充分，相比往年沟通效果有所提高。第二，货币政策前瞻性指引仍有待提高。主要表现在，不再在年初公布 M2 和社会融资规模余额的前瞻性指标，不再对定向降准政策进行前瞻性指引，对于合理利率区间的指引予以取消。就财政政策而言：第一，财政政策透明度有较大改进空间。一方面，发布的预算文件和信息可以更为完善，

① 赵伟，徐骥:《特朗普减税效果，是否高估？》，https://mp.weixin.qq.com/s/UOBeNxoPJANPmO7QxphOgQ，2018年11月29日。

从而提高财政预算透明度；另一方面，因地方隐形债务口径和认定标准的缺失，财政风险透明度也有所不足。第二，财政政策前瞻性指引效率可以进一步提高。一方面，预期目标设定不合理和指标口径问题导致赤字率目标的前瞻性指引效果受到影响；另一方面减税降费政策虽倡已倡导许久，但 2017 年以来我国宏观税负有所上升因此财政政策的前瞻性指引作用也有待提高。

最后，需要强调的是，“信心就是黄金”，预期管理的核心就在于影响市场信心并进而引导预期，但这并不意味着预期管理要通过“误导”公众来增强信心。目前，人们对预期管理的内涵和作用仍然存在很多误解，甚至有个别观点将预期管理错误地解读成误导公众，认为预期管理就是在通货膨胀率上升时期告诉公众目前通货膨胀率并不高，在汇率贬值趋势下告知公众汇率不会贬值。误导公众，事实上是在阻碍公众形成理性预期。然而，真正的预期管理不但不是否定理性预期，而且是要通过沟通帮助公众形成理性预期。

参考文献

陈小亮. 2018. 中国减税降费政策的效果评估与定位研判. 财经问题研究，（9）：90-98.

郭豫媚，陈伟泽，陈彦斌. 2016. 中国货币政策有效性下降与预期管理研究. 经济研究，（1）：28-41，83.

郭豫媚，陈彦斌. 2017. 预期管理的政策实践与改进措施. 中国人民大学学报，（5）：60-67.

李拉亚. 2011. 预期管理理论模式述评. 经济学动态，（7）：113-119.

马理，何梦泽，刘艺. 2016. 基于适应性预期的货币政策传导研究. 金融研究，（8）：19-33.

万志宏. 2015. 货币政策前瞻指引：理论、政策与前景. 世界经济，（9）：166-192.

徐亚平. 2006. 货币政策有效性与货币政策透明制度的兴起. 经济研究，（8）：24-34.

许志伟，樊海潮，薛鹤翔. 2015. 公众预期、货币供给与通货膨胀动态——新凯恩斯框架下的异质性预期及其影响. 经济学（季刊），（4）：1211-1234.

Arbatli E，Escolano J. 2015. Fiscal transparency，fiscal performance and credit ratings. Fiscal Studies，36（2）：237-270.

Bank of England. 2013. Monetary policy trade-offs and forward guidance. http://www.bankofengland.co.uk/speech/2013/monetary-policy-and-forward-guidance-in-the-uk[2018-12-31].

Bray M. 1982. Learning，estimation，and the stability of rational expectations. Journal of Economic Theory，26（2）：318-339.

Bernanke B S，Laubach T，Mishkin F S. 1999. Inflation Targeting. Princeton：Princeton University Press.

Bénassy-Quéré A，Coeuré B，Jacquet P，et al. 2010. Economic Policy：Theory and Practice. Oxford：Oxford University Press.

Blinder A S. 1998.Central Banking in Theory and Practice. Cambridge：MIT Press.

Brand C，Buncic D，Turunen J. 2010. The impact of ECB monetary policy decisions and communication on the yield curve. Journal of the European Economic Association，8(6)：1266-1298.

Brunner K. 1981. The art of central banking. Center for Research in Government Policy and Business，University of Rochester Working Paper GPB：81-86.

Campbell J R，Evans C L，Fisher J D，et al. 2012. Macroeconomic effects of federal reserve forward guidance. Brookings Papers on Economic Activity：1-80.
Carlstrom C T，Fuerst T S，Paustian M. 2015. Inflation and output in new Keynesian models with a transient interest rate peg. Journal of Monetary Economics，76：230-243.
Chortareas G，Stasavage D，Sterne G. 2002. Does it pay to be transparent? International evidence from central bank forecasts. Review-Federal Reserve Bank of Saint Louis，84（4）：99-118.
Demiralp S，Jorda O. 2004. The response of term rates to fed announcements. Journal of Money，Credit and Banking，36（3）：387-405.
Dincer N N，Eichengreen B. 2007. Central bank transparency：where，why，and with what effects. NBER Working Paper.
Dincer N N，Eichengreen B. 2014. Central bank transparency and independence：updates and new measures. International Journal of Central Banking，10（1）：189-253.
Eijffinger S C W，Geraats P M. 2006. How transparent are central banks. European Journal of Political Economy，22（1）：1-21.
Eijffinger S C W，Hoeberichts M，Schaling E. 2000. A theory of central bank accountability. CEPR Discussion Papers.
Evans G W. 1985. Expectational Stability and the multiple equilibria problem in linear rational expectations models. Quarterly Journal of Economics，100（4）：1217-1233.
Evans G W，Honkapohja S. 2001. Learning and Expectation in Macroeconomics. Princeton：Princeton University Press.
Geraats P M. 2002. Central bank transparency. The Economic Journal，112（483）：532-565.
Howells P，Mariscal I. 2002. Central bank transparency：a market indicator. Aix en Provence：Annual Conference of the European Association of Evolutionary Political Economy.
Joumard I，Minegishi M，André C，et al. 2008. Accounting for one-off operations when assessing underlying fiscal positions. OECD Economics Department Working Paper.
Kiley M T. 2016. Policy paradoxes in the new Keynesian model. Review of Economic Dynamics，21：1-15.
Lowry R C，Alt J E. 2001. A visible hand? Intertemporal efficiency，costly information，and market-based enforcement of balanced-budget laws. Economics and Politics，13（3）：49-72.
Lucas R E. 1972. Expectations and the neutrality of money. Journal of Economic Theory，4（2）：103-124.
Mariscal I，Howells P. 2010. Central bank communication，transparency and interest rate volatility：evidence from the USA//Fontana G，McCombie J，Sawyer M. Macroeconomics，Finance and Money. London：Palgrave Macmillan：91-108.
McKay A，Nakamura E，Steinsson J. 2016. The power of forward guidance revisited. The American Economic Review，106（10）：3133-3158.
Mishkin F S. 2010. The Economics of Money，Banking，and Financial Markets. 9th ed. New York：Pearson Education.
Orphanides A，Williams J. 2003. Imperfect knowledge，inflation expectations，and monetary policy. NBER Working Paper.
Poole W. 2005. How predictable is Fed policy?. Review-Federal Reserve Bank of Saint Louis，87（6）：659-668.
Svensson L E O. 2015. Forward guidance. International Journal of Central Banking，11（S1）：19-64.
Swanson E T. 2004. Federal Reserve transparency and financial market forecasts of short-term interest rates. Journal of Money，Credit and Banking，38（3）：791-819.
van der Cruijsen C，Demertzis M. 2007. The impact of central bank transparency on inflation expectations. European Journal of Political Economy，23（1）：51-66.

Woodford M. 2001. Monetary policy in the information economy. NBER Working Paper.
Woodford M. 2005. Central bank communication and policy effectiveness. NBER Working Paper.
Yellen J L. 2016. The Federal Reserve's monetary policy toolkit: past, present, and future. Jackson Hole: At "Designing Resilient Monetary Policy Frameworks for the Future", A Symposium Sponsored by the Federal Reserve Bank of Kansas City.

附　录

附表 1　2018 年货币政策目标及《中国货币政策执行报告》中的相关表述

时间	目标	《中国货币政策执行报告》中原文表述
2018 年第一季度	稳增长	"为供给侧结构性改革和高质量发展营造中性适度的货币金融环境""保持货币信贷和社会融资规模合理增长，把握好稳增长、去杠杆、防风险之间的平衡"
	调结构	"促进结构优化，支持经济结构调整和转型升级"
	促改革	"进一步推进利率市场化和人民币汇率形成机制改革，提高金融资源配置效率，完善金融调控机制""深化金融机构改革，通过增加供给和竞争改善金融服务"
	去杠杆	"在控制总杠杆率的前提下，把国有企业降杠杆作为重中之重，深入推进市场化法治化债转股。进一步规范地方政府举债融资，防范化解地方政府债务风险"
	防风险	"打好防范化解重大金融风险攻坚战，加强金融监管协调，守住不发生系统性金融风险的底线"
2018 年第二季度	稳增长	"为供给侧结构性改革和高质量发展营造中性适度的货币金融环境"
	调结构	"促进结构优化，支持经济结构调整和转型升级"
	促改革	"进一步深化利率市场化和人民币汇率形成机制改革，提高金融资源配置效率，完善金融调控机制""深化金融机构改革，通过增加供给和竞争改善金融服务"
	去杠杆	"掌控好流动性尺度，助力去杠杆"
	防风险	"守住不发生系统性风险的底线，坚决打赢防范化解重大金融风险攻坚战"
2018 年第三季度	稳增长	"为供给侧结构性改革和高质量发展营造适宜的货币金融环境"
	调结构	"促进结构优化，支持经济结构调整和转型升级"
	促改革	"进一步深化利率市场化和人民币汇率形成机制改革，提高金融资源配置效率，完善金融调控机制""是深化金融机构改革，扩大对外开放，通过增加供给和竞争改善金融服务"
	去杠杆	"坚定做好结构性去杠杆工作，把握好力度和节奏"
	防风险	"打好防范化解金融风险攻坚战，守住不发生系统性金融风险底线"
2018 年第四季度	稳增长	"进一步加强政策协调，疏通货币政策传导渠道，创新货币政策工具和机制，进一步提高金融服务实体经济的能力和意愿。聚焦进一步深化供给侧结构性改革，在实施稳健中性货币政策、增强微观主体活力和发挥好资本市场功能三者之间，形成三角形支撑框架，促进国民经济整体良性循环"

续表

时间	目标	《中国货币政策执行报告》中原文表述
2018年第四季度	调结构	“发挥货币政策的结构优化作用，支持经济结构调整和转型升级”
	促改革	“进一步深化利率市场化和人民币汇率形成机制改革，提高金融资源配置效率，完善金融调控机制”“深化金融机构改革，扩大对外开放，通过增加供给和竞争改善金融服务”
	防风险	“打好防范化解金融风险攻坚战，处理好稳增长与去杠杆、强监管的关系，守住不发生系统性金融风险底线”

注：表中时间为政策目标适用的时间，关于相应时间段内的政策目标，央行均在上一季度的《中国货币政策执行报告》中予以说明。例如，2018年第四季度货币政策目标的表述来源于2018年第三季度《中国货币政策执行报告》

附表2　2018年货币政策调整及其解释

公告时间	政策操作	沟通形式	主要内容
准备金率调整			
4月17日	下调部分金融机构存款准备金率以置换中期借贷便利： 2018年4月25日起，下调大型商业银行、股份制商业银行、城市商业银行、非县域农村商业银行和外资银行人民币存款准备金率1个百分点；同日，上述银行将各自按照“先借先还”的顺序，用降准释放的资金偿还其所借央行的MLF	央行官网公告	1. 此次通过降准置换中期借贷便利将如何操作？ 2. 此次通过降准置换中期借贷便利的主要考虑是什么？ 3. 降准是否意味着货币政策取向发生改变？
6月24日	通过定向降准支持市场化法治化“债转股”和小微企业融资： 2018年7月5日起，下调国有大型商业银行、股份制商业银行、邮政储蓄银行、城市商业银行、非县域农村商业银行、外资银行人民币存款准备金率0.5个百分点；邮政储蓄银行和城市商业银行、非县域农商行等中小银行应将降准资金主要用于小微企业贷款，着力缓解小微企业融资难融资贵问题	答记者问	1. 此次定向降准支持市场化法治化“债转股”和小微企业融资的具体内容是什么？ 2. 此次定向降准支持市场化法治化“债转股”和小微企业融资的主要考虑是什么？ 3. 定向降准资金支持的“债转股”项目应满足哪些条件？
10月7日	下调部分金融机构存款准备金率置换中期借贷便利： 下调大型商业银行、股份制商业银行、城市商业银行、非县域农村商业银行、外资银行人民币存款准备金率1个百分点。降准所释放的部分资金用于偿还10月15日到期的约4500亿元MLF	央行官网公告	1.此次通过降准置换中期借贷便利将如何操作？ 2. 央行再次通过降准置换中期借贷便利的主要考虑是什么？ 3. 降准是否意味着货币政策取向发生改变？

续表

公告时间	政策操作	沟通形式	主要内容
利率调整			
10 月 7 日	下调部分金融机构存款准备金率置换中期借贷便利： 下调大型商业银行、股份制商业银行、城市商业银行、非县域农村商业银行、外资银行人民币存款准备金率 1 个百分点。降准所释放的部分资金用于偿还 10 月 15 日到期的约 4500 亿元 MLF	央行官网公告	4. 降准是否会加大人民币汇率贬值压力？
3 月 22 日	逆回购中标利率小幅上行 5 个基点 [1)]	接受《金融时报》记者采访	“此次公开市场操作利率小幅上行符合市场预期，也是市场对美联储刚刚加息的正常反应”“此次公开市场操作利率随行就市小幅上行反映了资金供求关系，可进一步收窄二者之间的利差，有利于增强公开市场操作利率对货币市场利率的传导作用，也有利于市场主体形成合理的利率预期，约束非理性融资行为，对稳定宏观杠杆率可起到一定的作用”

1）同期 SLF、MLF 利率也同步上行 5 个基点

分报告六　政策协调性研究

宏观经济政策相互协调具有一定的必要性，这主要体现在两个方面。一是要实现经济稳定与金融稳定的“双稳定”目标，需要不同类别的宏观经济政策共同发挥作用。根据“政策工具数量至少要等于目标变量数量”的丁伯根法则，单一政策无法同时实现“双稳定”。二是各类宏观经济政策之间并不是相互独立、互不相关的，而是紧密联系的①，协调不当会影响彼此的调控效率和未来政策空间。例如，宏观审慎政策与货币政策的相关度很高②。当宏观审慎政策通过调控银行流动性和杠杆率来抑制资产泡沫时，货币政策会在一定程度上被动收缩。

鉴于此，加强政策协调已成为我国宏观经济政策调控的重要思路。《中华人民共和国国民经济和社会发展第十三个五年规划纲要》强调，要完善以财政政策、货币政策为主，产业政策、区域政策、投资政策、消费政策、价格政策协调配合的政策体系③。党的十九大报告在“加快完善社会主义市场经济体制”部分也明确提出，要“健全财政、货币、产业、区域等经济政策协调机制”④。2018 年 11 月 1 日，在民营企业座谈会上习近平总书记指出，“加强政策协调性，细化、量化政策措施，制定相关配套举措，推动各项政策落地、

---

① 例如，在某些情形下宏观审慎政策与货币政策是高度相关的，像调整存款准备金率这样的操作就既属于货币政策范畴，也属于宏观审慎政策范畴。

② 关于货币政策与宏观审慎政策的相关性，Beau 等（2012）、王爱俭和王璟怡（2014）及Claessens（2014）有类似观点。

③ 详见《中华人民共和国国民经济和社会发展第十三个五年规划纲要》第十七章“创新和完善宏观调控”第一节，http://www.xinhuanet.com//politics/2016lh/2016-03/17/c_1118366322_5.htm，2016年3月17日。

④ 习近平：《决胜全面建成小康社会　夺取新时代中国特色社会主义伟大胜利——在中国共产党第十九次全国代表大会上的报告》，http://www.gov.cn/zhuanti/2017-10/27/content_5234876.htm，2018年12月31日。

落细、落实，让民营企业从政策中增强获得感”[①]。

然而实践中，宏观经济政策之间的协调性并不高。2018 年 7 月 13 日，中国人民银行研究局局长发表题为“当前形势下财政政策大有可为”的文章，指出“多个现象表明积极的财政政策不是真积极”。7 月 16 日，财新网署名为“青尺”的一位财政系统人士予以反驳，指出不能将赤字规模与积极财政政策的力度简单等同起来，财政政策已经通过“统筹收入、赤字、专项债务和调用预算稳定调节基金，适度扩大财政支出规模”。以上争论反映出，在经济下行压力和部分金融风险加大的情况下，逆周期调节的货币政策和财政政策在协调配合上出现了问题。

鉴于政策协调的重要性及实践中的不足，本报告将从三个方面对政策协调性进行评价。一是央行内部的货币政策与宏观审慎政策之间的协调，二是央行与财政部之间的货币政策与财政政策的协调，三是传统宏观经济政策（货币政策和财政政策）与产业政策的协调。选择上述三个方面的考虑之一是政策的重要性。货币政策、财政政策和宏观审慎政策是实现“双稳定”中最常使用和最为关键的政策，而产业政策是长期以来我国宏观经济政策工具箱中的重要一员。考虑之二是政策间的联系度。货币政策与宏观审慎政策同属于央行内部的政策，存在紧密联系而又容易发生冲突，协调的必要性较高。货币政策与财政政策的主要目标都是经济稳定，但是两大政策由不同部门主导，实际操作中协调不足会使政策陷入“囚徒困境”，甚至导致经济稳定目标无法实现。传统宏观经济政策更侧重于需求管理，而产业政策能够影响供给侧，尤其是企业的投资空间和投资机会，如何从需求侧和供给侧协调配合也尤为重要。

一、货币政策与宏观审慎政策协调

（一）当前经济形势下央行应采取的最优政策组合是“稳健略偏宽松货币政策+偏紧宏观审慎政策”

2018 年，我国在经济稳定和金融稳定方面仍存在一定压力。经济稳定方面，经济增速趋缓，下行压力有所加大。2018 年第一季度和第二季度，我国 GDP 增速分别达到了 6.8%和 6.7%，基本延续了 2017 年的增长势头。然而，

① 习近平：《在民营企业座谈会上的讲话》，http://cpc.people.com.cn/n1/2018/1102/c64094-30377329.html，2018年11月2日。

2018 年第三季度和第四季度 GDP 增速下滑至 6.5%和 6.4%，创下了 2009 年以来的新低（图 1）。金融稳定方面，部分金融风险仍需警惕。中国社会科学院经济研究所国家金融与发展实验室发布的报告显示，2018 年我国非金融部门杠杆率虽然较 2017 年下降了 0.3 个百分点，但仍然高达 243.7%（张晓晶等，2009）。受去库存和棚户区改造等因素影响，三、四线城市房价在 2018 年出现较大幅度上涨，潜在下跌风险加大。人民币贬值压力有所加大，相较于年内最高点人民币跌幅接近 10%。

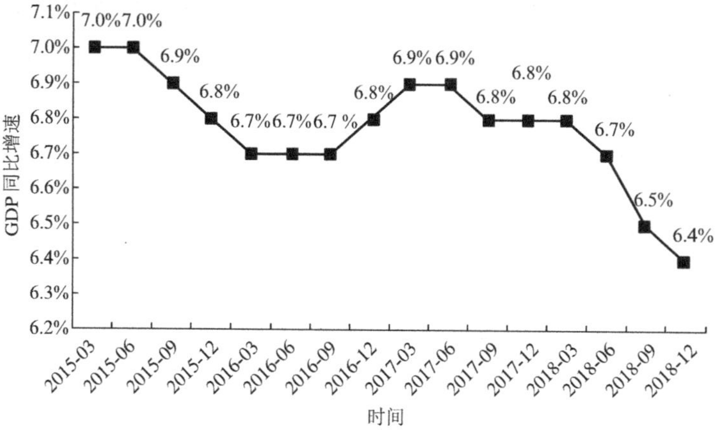

图 1　中国 GDP 同比增速

在经济稳定和金融稳定双重目标的压力下，应当实施“稳健略偏宽松货币政策+偏紧宏观审慎政策”的政策组合，主要原因包括以下三点。第一，稳健略偏宽松的货币政策有助于实现经济稳定。货币政策可以通过调节利率和货币供应量作用于产出、就业和物价水平。一般而言，货币政策采取逆周期调节策略。以产出目标为例，在产出下滑时，应当采用降息和增加货币投放的宽松货币政策，刺激消费和投资，从而稳定产出；反之，在产出增加时，应采用加息和减少货币投放的紧缩性货币政策抑制消费和投资，实现稳定产出的目的。基于此，在当前经济趋缓压力加大的情况下，有必要实施稳健略偏宽松的货币政策。

第二，偏紧的宏观审慎政策能够为实施稳健略偏宽松的货币政策提供空间。自 2011 年以来，我国货币政策一直定位于稳健或稳健中性，货币政策的宽松程度受到一定限制。这主要源于对金融稳定的担忧。2018 年，在三、四线城市房地产价格上涨，非金融部门杠杆率高企，人民币贬值压力加大等因素的影响下，货币政策不敢贸然宽松。正因如此，偏紧的宏观审慎政策的配合就显得尤为重要。偏紧的宏观审慎政策通过对银行流动性、资本金和杠杆率等方面进行约束，能够限制银行体系对高风险领域和高杠杆部门的信贷投放，抑制金融系统的投机性和高风险行为，缓解房地产泡沫风险和其他金融风险（Gertler et al.，2012；Bianchi and Mendoza，2013）。因此，偏紧的宏观审慎政策有助于实现金融稳定，减缓金融稳定因素对货币政策的制约。

第三，偏紧的宏观审慎政策能够增加货币政策独立性，有助于更好地实施稳健略偏宽松的货币政策。无论是“三元悖论”还是“二元悖论”理论都认为，资本自由流动会影响货币政策独立性。自 2015 年 8 月人民币汇率形成机制改革以来，人民币汇率波动加大。受人民币贬值压力的加大及美联储加息等因素的影响，资本出现了外流。截至 2018 年末，我国外汇储备已由前期 4 万亿美元的高点回落至 3.07 万亿美元。因此，适当加强对跨境资本流动的宏观审慎管理[①]，能够增强货币政策独立性，为“稳健略偏宽松的货币政策”提供更大的空间和灵活度。

（二）实践中，宏观审慎政策定位准确，但是货币政策定位有所偏离

宏观审慎政策定位准确，符合最优政策组合的要求。一是出台了《资管新规》，加强了对影子银行的监管力度，控制了影子银行风险。2018 年 4 月 27 日，央行、银保监会、证监会和国家外汇管理局发布《资管新规》。委托贷款、信托贷款层层嵌套，对银行而言能够实现原先不便投放的资产，美化监管指标，但也导致监管难以穿透，潜在风险较高。对融资方而言，层层嵌套提高了融资成本。2018 年以来，针对资管的审慎管理政策使表外融资回表，委托贷款、信托贷款等非标准化债权资产增速明显回落，较好地控制了影子银行风险。2018 年 3 月以来委托贷款同比增速降至负数，8 月同比增速为 −6.17%。二是重启了跨境资本流动管理宏观审慎政策，较好地防范了大规模跨境资本流动冲击。2018 年第二季度，央行重启资本流动管理政策对外汇供求进行逆周期调节。资本流动管理政策包括采取全口径外债宏观审慎管理，征收银行远期售汇风险准备金，对境外机构境内存款执行正常的存款准备金率，人民币对美元中间价报价模型中引入逆周期因子等。跨境资本流动管理

① 加强跨境资本流动管理并不是也不应该是完全资本管制，正常、合理的跨境资本流动是存在的，也是允许的。例如，由于中国居民和企业部门对外币资产偏好的增强及中国企业“走出去”战略的实施，短期内一定程度的资本外流不可避免。

宏观审慎政策是 2018 年中国汇率弹性增强、外汇储备规模保持稳定（图 2）的重要原因。这不仅有效抑制了对外金融风险及内外金融风险的恶性联动，也保证了货币政策的独立性。

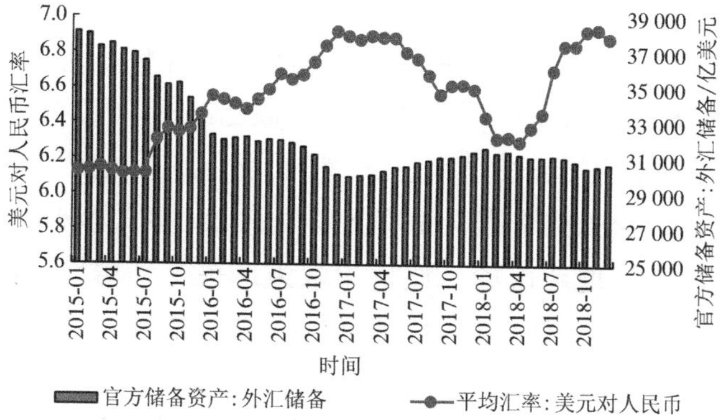

图 2　中国外汇储备与人民币汇率走势

然而，货币政策力度整体不足，导致货币政策与宏观审慎政策的实际组合偏离了最优组合。从数量型指标来看，M2 增速和社会融资规模增速均处于历史低位。2017 年我国 M2 增速仅 8.2%，已处于较低水平，而 2018 年增速进一步下滑至 8.1%。社会融资规模的下滑更为明显，2018 年社会融资规模余额增速仅 9.8%，比 2017 年下降了 3.6 个百分点[①]。从价格型指标来看，2018 年贷款利率逐步攀升。如图 3 所示，2018 年第一季度，金融机构人民币一般

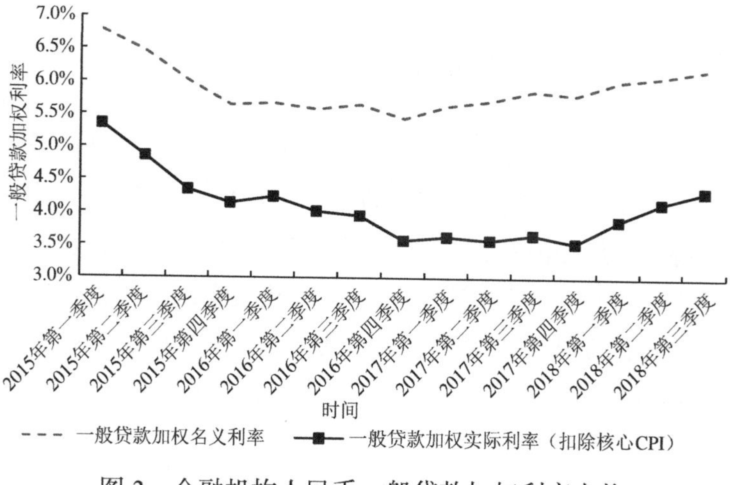

图 3　金融机构人民币一般贷款加权利率走势

① 2018年中国人民银行对社会融资规模的统计口径进行了两次调整。一是自2018年7月起将“存款类金融机构资产支持证券”和“贷款核销”纳入社会融资规模统计口径，二是自2018年9月起将“地方政府专项债券”纳入社会融资规模统计口径。本报告所用的是新口径下的数据。

贷款加权实际利率为 3.88%，相比 2017 年末上升了 0.35 个百分点。第二季度和第三季度一般贷款加权实际利率更是进一步上升至 4.15%和 4.32%。

尽管宏观审慎政策定位准确，但在引导信贷资金流向方面仍有所不足，宏观审慎政策与货币政策没有形成合力。从贷款数据来看，2018 年仍有大量信贷进入了房地产市场，偏紧的宏观审慎政策没有有效地引导资金进入实体经济。央行数据显示，房地产部门的贷款余额已经从 2012 年第一季度末的 11 万亿元增长至 2018 年第三季度末的 37.45 万亿元，房地产部门贷款余额占金融机构所有贷款余额的比重则从 19.2%升高到 28.1%。宏观审慎政策未能有效控制信贷资金进入房地产市场，使货币政策调控受到房地产泡沫化风险的制约。结果是货币政策不敢发力，经济下行压力加大。

二、货币政策与财政政策协调

（一）当前经济形势下最优的政策组合应当是“稳健略偏宽松的货币政策+积极的财政政策”

如前所述，2018 年我国经济下行压力有所加大。与此同时，应对经济稳定的货币政策和财政政策效率不高，空间也逐步收窄。货币政策方面，仍有较大比例的资金流入房地产市场，导致货币政策的信贷传导机制不畅。中国人民银行发布的数据显示，2018 年第三季度末，房地产部门贷款余额为 37.45 万亿元，占金融机构所有贷款余额的比重达到 28.1%，而 2012 年初该比重不足 20%。与此同时，随着美联储逐步加息，我国货币政策降息的空间已有所收窄。财政政策方面，近年来我国财政乘数显著下降，财政政策对消费和投资的拉动效应很弱。王燕武（2018）的测算结果表明，2010~2014 年我国财政支出乘数约为 1.29，随后显著下降，2013~2017 年财政支出乘数已经降至 0.33。而随着地方政府债务尤其是隐性债务的快速积累，财政政策空间也有所收窄。

尽管货币政策与财政政策都能够缓解经济下行压力并实现经济稳定，但是在货币政策和财政政策效率不高和空间逐步收窄的背景下，两者的协调配合尤为必要。

第一，“稳健略偏宽松的货币政策+积极财政政策”的组合能够通过抵消挤出效应等方式，提高政策效率。一般情况下，当以扩大赤字、增发政府债券的方式实施积极财政政策时，实际利率会上升，进而挤出企业投资。如果有偏宽松货币政策的配合来抑制实际利率上升，那么财政政策稳定产出的目标就能够更好地实现，社会福利也会得到改进[①]。积极财政政策的效果还依赖于边际消费倾向的强弱，较高的边际消费倾向才能保证积极财政政策有较强的乘数效应。而在经济长期不景气时期，偏宽松货币政策与积极财政政策的协调配合能够更好地恢复公众信心（Krugman，2015），从而能够增强边际消费倾向，帮助经济更快地摆脱不景气。

第二，“稳健略偏宽松的货币政策+积极的财政政策”的组合有利于为财政政策和货币政策创造更宽裕的空间，保证政策的可持续性。单独使用财政政策刺激经济，至少会通过三个渠道推升政府债务水平、压缩未来财政政策空间。首先，没有偏宽松货币政策的配合，要想达到同等程度“稳增长”的效果，财政政策力度需要比有宽松货币政策配合时更大。这就会进一步扩大财政赤字和政府债务规模。其次，由于没有偏宽松货币政策的配合，积极财政政策会导致名义利率上升，这会加大政府债务融资成本和还本付息负担。最后，由于缺乏偏宽松货币政策的“再通胀”效应，政府名义债务不能被很好地稀释，政府实际债务负担可能会进一步加重。“大宏观”团队构建的定量宏观模型表明：只使用财政政策刺激经济，赤字率提高的同时政府实际债务率也会提高，而在有货币政策配合的情形下，政府实际债务率反而会下降[②]。相应地，积极财政政策的实施能够降低货币政策“稳增长”的压力，为未来货币政策调控预留空间[③]。

（二）从政策实践来看，货币政策和财政政策力度均有所不足，偏离了最优政策组合

2018 年，不仅货币政策不够宽松，而且积极财政政策力度也明显不足。就一般公共预算支出而言，2018 年以来支出增速相对较慢。2018 年 1~10 月一般公共预算财政支出累计同比增速为 8.2%，分别比 2016 年同期和 2017 年同期下降了 1.8 个百分点和 1.6 个百分点。即使加上政府性基金支出（扣除成本性支出）[④]，2018 年两类财政支出总和的增速也比 2017 年同期明显偏低。

---

① Šehović（2013）和Hallett 等（2011）也持有类似观点。

② 具体模型及数值模拟结果可参见陈小亮和马啸（2016）。

③ Bernanke（2003）等也持有类似观点。

④ 根据《中华人民共和国预算法》（2018年修正）的规定，政府预算包括“四本账”，与之相对应的财政支出包括一般公共预算支出、政府性基金支出、国有资本经营支出和社会保险基金支出四大部分。其中，社会保险基金支出“专项用于社会保险”，与财政政策“稳增长”的直接关系不大，国有资本经营支出虽然“安排资金调入一般公共预算”，但是规模非常小。因此，一般公共预算支出和政府性基金支出是最重要的两类财政支出。

2018 年前三季度，两类财政支出总和的增速为 9.4%，而 2017 年同期为 12.6%。即便 2018 年第四季度两类财政支出总和增速有所升高，考虑到财政政策从出台到落地存在一定的时滞，其在 2018 年的实际政策力度也将明显偏小。积极财政政策力度不足的根源在于地方政府债务高企。虽然财政部公布的数据显示，2017 年底地方政府杠杆率仅为 19.9%，但这没有包含城投债及地方融资平台、政府指导性基金与专项建设基金所负担的债务。如果将隐性债务考虑在内，地方政府债务问题将进一步显现。

三、传统宏观经济政策与产业政策协调

（一）当前经济形势下最优的政策组合应当是“积极的传统宏观经济政策+以放松管制为核心的产业政策”

2018 年我国经济下行压力加大，这很大程度上源于企业投资意愿不强。央行调查数据显示，2018 年第一季度贷款总体需求指数为 70.9%，第二季度和第三季度已大幅下降到 66.7%和 65.2%。长江商学院的调查显示，企业投资前瞻指数已由 2018 年 1 月的 72.5 大幅回落至 54.4（2018 年 10 月），11 月小幅反弹至 59.3，但仍处于近年来低位。需要说明的是，尽管 2018 年民间固定资产投资增速为 8.7%，比 2017 年提高了 2.7 个百分点，但这主要源于房地产投资增加及钢铁、建材和有色金属等传统高能耗行业投资的迅猛增加①。整体而言，民间投资增速的短期回升并不稳固。

在此背景下，除了需要货币政策和财政政策发力来应对经济下行压力，更需要以放松管制为核心的产业政策的配合。

第一，以放松管制为核心的产业政策能够刺激市场需求，提高货币政策传导效率。货币政策的效果存在非对称性，紧缩性货币政策的效果通常比宽松货币政策的效果更强。用凯恩斯的话来说，宽松货币政策就如同“推绳子”，效果并不好。这主要是因为经济下行时期，微观主体的需求有所下降，仅有宽松的货币金融环境而没有足够的投资意愿和消费意愿，货币政策的效果也就无法从银行端传导到实体端。20 世纪 90 年代，日本宽松货币政策没有能够成功地刺激经济复苏的一个重要原因就是当时日本的企业经历了资产负债表衰退，企业的目标从利润最大化变为了负债最小化（辜朝明，2016），投资

① 具体分析请参见分报告二“宏观经济政策整体效果研究”。

需求明显不足。以放松管制为核心的产业政策能够为企业提供新的投资机会和发展空间，刺激市场需求，促进流动性从银行端向实体端传导。

第二，以放松管制为核心的产业政策能够扩大企业尤其是民营企业的投资空间，缓解积极财政政策可能产生的挤出效应。积极财政政策之下，政府支出的快速增长会对私人投资产生挤出效应。张勇和古明明（2011）利用我国跨省面板数据研究发现，公共支出对私人投资的实际拉动作用显著为负。帅雯君等（2013）发现，2009 年第一季度至 2012 年第三季度，我国政府支出对私人投资产生了明显的挤出效应。对美国、印度和跨国面板数据的研究也发现了财政支出扩张对私人部门的挤出效应（Mitra，2006；Mountford and Uhlig，2009；Fuceri and Sousa，2011）。以放松管制为核心的产业政策能够改善内外部投资环境，为企业尤其是民营企业提供更大的投资空间，有助于缓解积极财政政策的挤出效应。

（二）在政策实践中，政策当局没有出台强有力的以放松管制为核心的产业政策，产业政策未能与传统宏观经济政策形成合力

以放松管制为核心的产业政策主要包括两个方面。一是直接放松管制的市场准入政策。二是间接放松管制的产业发展政策，包括支持重点产业发展和支持民营企业投资的产业政策。这类政策虽然没有直接放松管制，但实际上通过相应的鼓励性和支持性政策变相放松了管制，也为相关产业和民营企业的投资提供了空间。

从市场准入来看，产业政策在放松管制方面没有太多进展。受供给侧结构性改革的影响，民营企业在第二产业的投资空间有所缩小，放开第三产业管制对于稳定民营企业投资至关重要。然而，第三产业的管制政策仍未放松。目前我国试行的市场准入负面清单是 2015 年国务院印发的《国务院关于实行市场准入负面清单制度的意见》，以及 2016 年国家发展和改革委员会（以下简称国家发改委）、商务部印发并在天津、上海、福建、广东等多地开展试点工作的《市场准入负面清单草案（试点版）》。《市场准入负面清单草案（试点版）》中禁止或限制准入的投资项目仍然高达 328 项，其中，禁止类项目 96 项，有 78 项属于第三产业；限制类项目 232 项，有 164 项属于第三产业。这些限制导致民营企业难以进入拥有较高回报率的金融、医疗、养老等第三产业（陈彦斌和刘哲希，2016）。而且，从工业和信息化部网站公布的信息来看，2018 年产业政策司重点行业准入领域没有相关政策出台。

从产业发展政策来看，2018 年也并没有出台大范围的鼓励重点产业发展和民营企业投资的政策。附表整理了国家发改委 2018 年出台的工业发展与服务业发展政策。这些政策主要包括以下两类。一是支持重点产业发展的政策，但这些政策或是仍处于设计阶段，或是仅在某些地方进行试点，并没有大范围推广实施，如 2018 年 1 月 5 日出台的《智能汽车创新发展战略》（征求意见稿），这些政策仍处于顶层设计和战略谋划阶段，并未开始真正实施。再比如，《成都市“互联网+”2015—2017 年三年行动计划》只是地方性的产业发展政策。二是支持民营经济发展的政策，这些政策大多是从货币金融的角度予以支持，真正支持民营企业参与到产业发展的政策较少。2018 年下半年以来，广东、浙江、江苏和山东等地纷纷出台了支持民营经济发展的政策。这些政策中，除了广东实施的“实体经济新十条”[①]中提到了支持制造业高质量发展和加强重大产业项目支持力度外，其他地方的政策仍然以降低成本和加强金融支持为重点。

四、结　语

在 2018 年经济下行压力和内外部金融风险犹存的背景下，宏观经济政策之间相互协调的必要性进一步加大。但是，本报告对政策协调的研究结果表明，2018 年政策协调中仍存在诸多问题。从央行内部的政策协调来看，应当实施的最优政策组合是“稳健略偏宽松的货币政策+偏紧的宏观审慎政策”。政策实践中，宏观审慎政策定位较为准确，但货币政策力度有所不足，偏离了最优组合。从货币政策与财政政策的协调来看，应当实施的最优政策组合是“稳健略偏宽松的货币政策+积极的财政政策”。政策实践中，货币政策和财政政策力度均有所不足，协调效果较差。从传统宏观经济政策与产业政策的协调来看，应当实施的最优政策组合是“积极的传统宏观经济政策+以放松管制为核心的产业政策”。政策实践中，产业政策没有大力度地放开管制，未能与传统经济宏观政策形成合力。

为实现高质量发展，新时代下的宏观经济政策制定必须高度重视各类宏观经济政策之间的协调配合，明确各类宏观经济政策的定位和职责。一是加大积极财政政策力度，重点通过减税降费等方式降低当前有所偏高的宏观税负，更有效地与货币政策配合，应对经济的下行压力。二是明确货币政策定位，货币政策需要维护流动性的稳定充裕，适当加大力度。三是稳步和有序

---

① 文件全名为《广东省降低制造业企业成本支持实体经济发展的若干政策措施（修订版）》。

完善宏观审慎框架，并加强宏观审慎逆周期调节的功能，通过适宜的宏观审慎政策疏通货币政策传导机制。四是加快落实以放松管制为核心的产业政策，有效促进民间投资，扩大市场需求。

参考文献

陈小亮，马啸. 2016. “债务—通缩”风险与货币政策财政政策协调. 经济研究，(8)：28-42.

陈彦斌，刘哲希. 2016. 实施积极政策组合 提升民间投资活力. 宏观经济管理，(8)：23-27.

辜朝明. 2016. 大衰退：宏观经济学的圣杯. 喻海翔译. 北京：东方出版社。

帅雯君，董秀良，胡淳. 2013. 我国财政支出挤入挤出效应的动态时间路径分析——基于MS-VECM的实证检验. 财经研究，(9)：19-34.

王爱俭，王璟怡. 2014. 宏观审慎政策效应及其与货币政策关系研究. 经济研究，(4)：17-31.

王燕武. 2018. 不同债务杠杆环境下的中国财政政策效力研究. 工作论文.

张晓晶，常欣，刘磊. 2019. 宏观杠杆率首次下降，去杠杆目标部分实现. http:www.nifd.cn/Research Comment/Details/1282[2019-03-12].

张勇，古明明. 2011. 公共投资能否带动私人投资：对中国公共投资政策的再评价. 世界经济，(2)：119-134.

Beau D，Clerc L，Mojon B. 2012. Macro-prudential policy and the conduct of monetary policy. Banque de France Working Paper.

Bernanke B S. 2003. Some thoughts on monetary policy in Japan. https://www.federalreserve.gov/boarddocs/speeches/2003/20030531/default.htm[2003-05-31].

Bianchi J，Mendoza E G. 2013. Optimal time-consistent macroprudential policy. National Bureau of Economic Research Working Paper，No. 19704.

Claessens S. 2014. An overview of macroprudential policy tools. IMF Working Paper，No. 14/214.

Furceri D，Sousa R M. 2011. The impact of government spending on the private sector：crowding-out versus crowding-in effects. Kyklos，64（4）：516-533.

Gertler M，Kiyotaki N，Queralto A. 2012. Financial crises，bank risk exposure and government financial policy. Journal of Monetary Economics，59：S17-S34.

Hallett A D，Libich J，Stehlik P. 2011. Welfare improving coordination of fiscal and monetary policy. AUCO Czech Economic Review，5（1）：7-26.

Krugman P. 2015-10-20. Rethinking Japan. New York Times，The Opinion Pages.

Mitra P. 2006. Has government investment crowded out private investment in India? American Economic Review，96（2）：337-341.

Mountford A，Uhlig H. 2009. What are the effects of fiscal policy shocks? Journal of Applied Econometrics，24（6）：960-992.

Šehović D. 2013. General aspects of monetary and fiscal policy coordination. Journal of Central Banking Theory and Practice，2（3）：5-27.

Williams J C. 2015. Macroprudential policy in a microprudential world. Comments delivered at the Symposium on Asian Banking and Finance.

Yellen J L. 2014. Monetary policy and financial stability. The 2014 Michel Camdessus Central Bank Lecture，IMF.

附　录

附表　国家发改委 2018 年工业发展与服务业发展政策

时间	政策	具体内容
工业政策		
2018 年 1 月 30 日	关于《智能汽车创新发展战略》（征求意见稿）公开征求意见情况的通告	加快推进我国智能汽车创新发展，加强顶层设计和战略谋划
2018 年 4 月 11 日	关于促进首台（套）重大技术 装备示范应用的意见（发改产业〔2018〕558 号）	以首台套示范应用为突破口，推动重大技术装备水平整体提升。提出完善重大技术装备研发创新体系：确定重大技术装备创新重点领域；建设重大技术装备研发创新平台；加强重大技术装备研发创新合作；健全重大技术装备众创引导机制
2018 年 11 月 28 日	广东实施“实体经济新十条”支持实体经济发展	09. 支持制造业高质量发展。到 2020 年 40%以上规上工业企业设立研发机构，鼓励企业积极申报高新技术企业享受相关优惠政策。2020 年前省财政对企业开展数字化、网络化、智能化和绿色化技术改造给予重点支持，主营业务收入 1000 万元以上工业企业可享受技术改造事后奖补（普惠性）政策。 10. 加大重大产业项目支持力度。对符合广东省产业政策、投资额 50 亿元以上重大制造业项目，由制造强省建设领导小组牵头协调，实行省直部门专员服务制，专员范围包括发展改革、经济和信息化、财政、人力资源社会保障、国土资源、环境保护、商务等职能部门工作人员
2018 年 11 月 28 日	浙江出台十条金融新举措 支持实体经济高质量发展	浙江省制定出台《关于强信心稳预期促进实体经济高质量发展的指导意见》，推出了优化信贷结构，满足实体经济有效融资需求；强化民营企业金融服务，在信贷准入、利率定价等方面给予精准支持等十项新的金融举措
2018 年 11 月 28 日	江苏 28 条举措支持实体经济高质量发展	江苏省发布《关于进一步降低企业负担促进实体经济高质量发展若干政策措施的通知》，从税费负担、用地成本、用工成本、用电成本、物流成本、融资成本、创新成本、制度性交易成本共 8 个方面、28 条政策措施，进一步降低企业负担，促进实体经济高质量发展，预计可为实体经济企业降本减负 600 亿元左右
2018 年 11 月 28 日	山东制定出台支持实体经济高质量发展的若干政策	山东省制定出台《支持实体经济高质量发展的若干政策》，针对降本增效、创新创业、产业升级①、招商引资、招才引智、金融支持、用地供应等提出多项具体措施

① 鼓励企业实施技术改造，2018年1月1日后完工的技改项目，符合一定条件，并经有关部门核实，按企业技术改造后产生的地方新增财力的50%连续3年全部奖补给企业。企业技术改造后产生的地方新增财力额度，以企业技术改造后主体税种税收额（增值税、企业所得税）的增加部分为依据。扶持小微企业创新发展，2018年10月1日起，省财政对获得国家级小型微型企业创业创新示范基地、中小企业公共服务示范平台、国家中小企业创新创业特色载体的，最高给予100万元一次性奖励。

续表

时间	政策	具体内容
服务业政策		
2018年3月13日	湖南省政府出台政策支持郴州市开展服务业综合改革试点工作	湖南省人民政府办公厅印发了《关于支持郴州市加快推进服务业综合改革试点的意见》（湘政办发〔2018〕13 号），重点围绕用地、税收、财政金融、价费、集聚区建设等方面，研究提出相关支持政策
2018年10月19日	成都市坚持创新引领深入推进国家服务业综合改革示范工作	实施《成都市“互联网+”2015—2017年三年行动计划》，在全国率先发布《关于鼓励共享单车发展的试行意见》。出台《关于营造新生态发展新经济培育新动能的意见》、《新经济企业梯度培育若干支持政策》等文件，制定数字经济、智能经济、流量经济、共享经济、创意经济发展实施方案，打造智慧服务、体验服务、定制服务、共享服务、绿色服务、跨境服务等新业态。围绕制造业需求，巩固提升研发设计、信息技术等生产性服务业。加快农村电商发展，倒逼农业转型升级和农村服务升级，促进产业融合发展
2018年11月8日	湖南省政府出台相关政策措施助推服务业创新发展	湖南省人民政府出台了《关于推进服务业创新发展的意见》（以下简称《意见》）。《意见》明确提出推进服务业创新发展的七大路径。如：推进集聚示范工程，对以生产性服务业为主导的省级服务业示范集聚区，给予省级工业园区同等政策待遇，力争到2020年，打造50家左右省级服务业示范集聚区，建设一批服务业特色县、特色小镇。 《意见》明确提出要强化五大载体支撑。如：引进培育创新人才，实施湖湘服务领军人才培育计划和“湖湘工匠”创建工程，定期推出一批现代服务业紧缺急需的职业培训项目，对参加培训并合格人员给予适当补贴，对服务业创新人才按规定在个人所得税方面给予优惠。 《意见》明确提出要落实六大保障措施。如：在创新监管方面，任何部门和单位不得设置服务业企业登记的前置条件（有特殊规定的除外）。允许快递、零售等行业实行“一照多址”，允许分支机构使用总部取得的资质证书，分支机构的管理由属地管理。允许经营股权投资、电子商务、文化创意、软件设计、动漫游戏等现代服务业的市场主体，将同一地址作为多家市场主体的住所
2018年11月8日	安徽省出台加快发展现代服务业若干政策	一是加快主辅分离。 二是扩大全面开放。鼓励具备条件的服务业企业“走出去”参与“一带一路”等建设和国际合作，省对外投资合作专项资金按不同投资合作方式给予相应补助支持。 三是深化重点改革。全面清理废除妨碍统一市场及公平竞争的各种规定，建立并完善服务业企业对市场准入不公问题直接投诉和协调处理机制。 四是强化人才支撑。 五是加强组织实施

分报告七 美国宏观经济政策研究

美国是世界上最大的经济体，美元是国际货币体系中占主导地位的世界货币，美国经济及其宏观经济政策对全球经济的影响是其他经济体所无法比拟的。2018 年 11 月 30 日习近平主席在 G20 峰会上指出，“发达经济体在采取货币和财政政策时，应该更加关注并努力减少对新兴市场国家和发展中国家的冲击”[①]。而在发达经济体中，美国的宏观经济政策对新兴市场国家和发展中国家的冲击无疑是最大的。例如，1993~1994 年，美联储收紧货币政策，将基准利率从 3%提高至 6%，这是引发墨西哥大规模资本外逃和爆发货币危机的重要外部原因。2008 年全球金融危机后，美国采取的一系列宽松货币政策也对其他经济体的资本市场和实体经济产生了很大影响[②]。因此，正如关注一个经济体的金融风险时必须重点关注系统重要性银行一样，考察全球经济的动态变化时必须重点考察“系统重要性国家”——美国的宏观政策所带来的影响。本报告将对 2018 年美国主要宏观经济政策（包括货币政策、财政政策和贸易政策）进行系统性评价。

虽然美国宏观经济政策对其他经济体具有很强的外溢效应，但美国的政策制定部门是以最大化美国利益（而不是全球利益）为标准来制定其宏观政策的（刘凯，2017）。因此，评价美国宏观经济政策时，站在美国自身的角度和站在全球经济的角度会得到不一样的结论。有鉴于此，本报告对 2018 年美国宏观经济政策的评价将从两个维度展开：一是评价美国宏观经济政策对美国经济自身的影响，二是评价美国宏观经济政策对全球经济（尤其是新兴市场国家）的影响。

---

① 习近平：《登高望远，牢牢把握世界经济正确方向——在二十国集团领导人峰会第一阶段会议上的发言》，http://www.xinhuanet.com/world/2018-12/01/c_1123792375.htm，2019年2月20日。

② 美国宽松货币政策释放的流动性有很大一部分流入到新兴经济体，推高了股市并压低了市场利率，产生了流动性溢出效应，具体机制及分析可参考Lei 和 Liu（2015）和Chen 等（2018）。

一、美国宏观经济政策执行情况

梳理美国主要宏观经济政策的具体执行情况是进行政策评价的前提。自特朗普就任美国总统以来，美国宏观经济政策的制定和实施在很多方面都出现了明显变化。就 2018 年而言，美国货币、财政和贸易政策表现出鲜明特点：紧缩性的货币政策搭配扩张性的财政政策，而贸易保护主义则是贸易政策的主旋律。

1. 美联储通过加息、缩表等手段收紧货币政策

2008 年全球金融危机之后，为了刺激经济复苏，美联储实施了极为宽松的货币政策，先后通过降息、量化宽松、前瞻性指引等一系列宽松政策手段降低信贷成本、向市场投放流动性。在此过程中，美国联邦基金利率逐步下降到 0 左右，美联储资产负债表规模从 9000 亿美元左右扩张到最高约 4.5 万亿美元①。

美联储自 2015 年 12 月开始正式进入加息周期、逐渐收紧货币政策，并从 2017 年 10 月开始缩减资产负债表（图 1 和图 2）。自 2018 年 2 月鲍威尔接替耶伦就任美联储主席以来，美联储延续了之前的渐进加息政策，2018 年全年加息 4 次（表 1），加息步伐有所加快②。这 4 次加息决定分别是在 2018 年 3 月、6 月、9 月和 12 月的美国联邦公开市场委员会（The Federal Open Market Committee，FOMC）会议上做出的。截至 2018 年 12 月，联邦基金利率区间

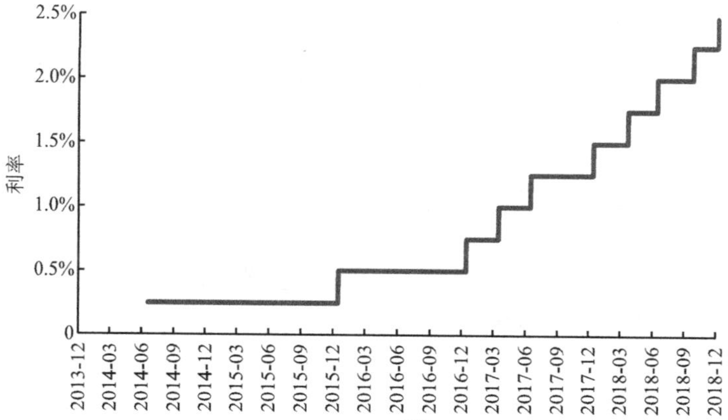

图 1　美国联邦基金利率（区间上界）在 2013 年 12 月~2018 年 12 月走势

① 如无特殊说明，本报告中的美国和全球经济数据均来自美联储、美国国会预算办公室（Congressional Budget Office，CBO）、IMF、世界银行或世界贸易组织（Word Trade Organization，WTO）。

② 2015年12月至2018年12月，美联储共加息9次，其中，2015年和2016年各1次，2017年3次，2018年4次。

上界已升至 2.5%。除了渐进加息，美联储资产负债表缩减也稳步推进，2018年底美联储总资产规模相比 2018 年初缩减 0.37 万亿美元，降至 4.08 万亿美元，比历史最高点下降约 9.4%（图 2）。

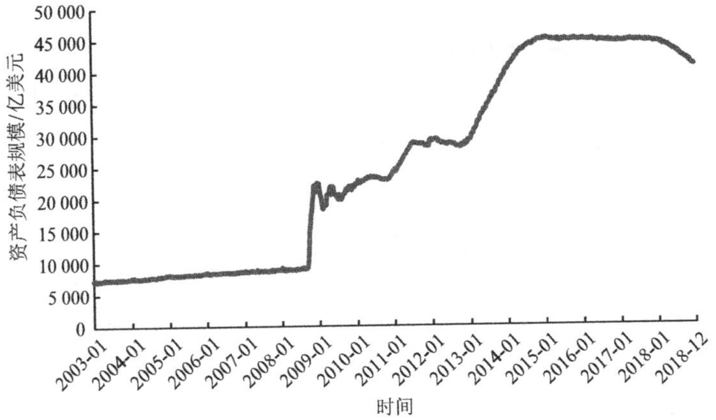

图 2　美联储资产负债表规模在 2003~2018 年走势

表 1　2018 年美国货币政策基本情况

FOMC 会议	时间	货币政策操作
第一次	1 月 30~31 日	维持联邦基金利率在 1.25%~1.50%的区间不变
第二次	3 月 20~21 日	（1）第一次加息：上调联邦基金利率 25 个基点至 1.50%~1.75%；（2）美联储继续缩减资产负债表，3 月国债与机构抵押支持证券（mortgage-backed security，MBS）缩减规模上限分别为 120 亿美元和 80 亿美元；（3）4 月国债与 MBS 缩减规模增至 180 亿美元和 120 亿美元
第三次	5 月 1~2 日	维持联邦基金利率在 1.50%~1.75%的区间不变
第四次	6 月 12~13 日	（1）第二次加息：提高联邦基金利率 25 个基点至 1.75%~2.00%，提高超额准备金利率（interest rate on excess reserves，IOER）20 个基点；（2）继续缩减资产负债表，6 月缩减规模上限分别为 180 亿美元国债和 120 亿美元 MBS；（3）7 月国债与 MBS 缩减规模增至 240 亿美元和 160 亿美元
第五次	7 月 31 日~8 月 1 日	维持联邦基金利率目标区间在 1.75~2.00%
第六次	9 月 25~26 日	第三次加息：上调联邦基金利率 25 个基点至 2.00%~2.25%
第七次	11 月 7~8 日	维持联邦基金利率在 2.00%~2.25%的区间不变，维持 IOER 在 2.20%不变
第八次	12 月 18~19 日	（1）第四次加息：提高联邦基金利率 25 个基点至 2.25%~2.50%；（2）IOER 从 2.20%上调至 2.40%；（3）维持每个月资产负债表缩减幅度在 500 亿美元不变

美联储收紧货币政策主要基于三方面考虑。一是为了抑制经济过热风险。截至 2018 年 11 月，美国经济已连续增长 113 个月，创下历史上第二长的增

长纪录[①]。而失业率仅为3.7%，处于48年以来的最低水平。如此情景下，偏宽松的货币政策容易导致经济过热和较为严重的通货膨胀（Powell，2018）[②]。二是为了抑制资本市场泡沫风险。自2009年3月以来，在宽松货币政策的刺激下，美股持续上行，截至2018年9月标准普尔500指数上涨超过了300%。如果美联储继续维持偏宽松的货币政策态势，那么美股可能继续上涨，从而蕴藏更大的泡沫破灭风险。美联储主席鲍威尔在2018年9月FOMC会议后的新闻发布会上明确表示：部分资产价格已处于历史高位，而金融因素是美联储制定货币政策的重要考虑因素之一。美联储前主席耶伦和格林斯潘在此之前也发表言论，认为美国股市正在经历“非理性繁荣”。三是为未来预留足够的货币政策空间。未来美国经济可能再次进入新的波动周期，在美国经济尚好的情形下及时退出非常规货币政策、使利率水平上升到合适位置，可以为以后美联储应对经济下行提供更大的操作空间[③]。但是，为了防止过快加息对实体经济和就业造成伤害，以及可能引发资本市场大幅下跌，美联储采取了务实的渐进加息策略（Powell，2018）。

2. 美国政府通过大规模减税、扩大政府支出等手段实行扩张性的财政政策

美国财政政策的总体基调是扩张性的，具体制定和执行情况如表2所示。在减税方面，大部分企业的所得税税率从35%大幅降至21%[④]，个人所得税大部分档位的税率均有所下降，其中最高税率从39.6%降至37%，且个人所得税的标准抵扣额几乎翻倍。在政府支出方面，特朗普执政以来，政府总支出规模稳步攀升，从2016年底约6.5万亿美元扩大到2018年约6.9万亿美元。其中军费开支在2019财年高达7163亿美元，规模创2010年以来新高。如果综合考虑减税和政府支出增加，那么财政赤字规模这一指标能够更加全面地反映美国财政政策的扩张性程度。根据IMF数据（图3），美国财政赤字占GDP比重由2017年的4.5%大幅攀升至2018年的5.3%，2019年还将进一步上升至5.5%。美国财政部数据也显示，2018年10月和11月两个月（即2019财年的头两个月）美国联邦政府预算赤字已达到3050亿美元，远高于上年同期2020亿美元的预算赤字额[⑤]。

① 美国历史上经济扩张最长久的时期是从1991年3月到2001年3月，经济连续增长长达120个月。

② 美国经济在2018年已出现过热迹象，下文会详细分析。

③ 金砖智库（2018）也持有类似观点。

④ 具体来说，原先适用35%所得税税率的公司，税改后其所得税税率降至21%；原适用15%~35%累进税率的C型公司（股权有限公司），改为适用21%的比例税率。税改前多数美国公司适用35%的税率，因此企业所得税方面的整体减税力度是很大的（杨志勇，2018）。

⑤ 事实上，财政赤字问题已经引起了特朗普本人的注意，2018年10月中旬他曾召集内阁成员开会，希望各部门在下一财年将预算缩减5%。

表 2　2017~2018 年美国财政政策基本情况

时间	主要内容	具体内容
2017 年 5 月	2018 财年预算案发布 1)	（1）财政支出规模稳步提高：2018 财年美国联邦政府财政预算支出总额约 4.1 万亿美元，绝对值稳步提高。 （2）联邦机构支出大幅压缩：2018 年各联邦机构支出降至 11 503 亿美元，同比下降 2.6%。 （3）科研经费大幅降低
2017 年 9 月	《2018 财年国防授权法案》通过	军费开支大幅增加：进一步提升了国防预算的规模，用于军事方面的总开支飙升至 7000 亿美元，这一数额超过了总统特朗普的预算要求、打破了国防费用的法定上限
2018 年 1 月	美国《减税和就业法案》开始实施	（1）降低企业所得税：大多数公司税率将从 35%降至 21%；对美国企业留存海外的利润一次性征税，其中现金利润的税率为 15.5%；推行“属地制”征税原则。企业所得税税改内容是永久的。 （2）降低个人所得税：维持 7 档税率不变，但大部分税率有所下降，其中最高税率从 39.6%降至 37%，个人所得税标准抵扣额接近翻倍。2) 有效期到 2025 年底
2018 年 2 月	2019 财年预算案	（1）财政支出规模进一步提高：2019 财年美国联邦政府财政预算支出总额规模达 4.4 万亿美元。 （2）为国防开支提供高达 6860 亿美元预算，规模创 2010 年以来新高。 （3）庞大的基建投资计划：计划未来 10 年内利用 2000 亿美元联邦资金撬动 1.5 万亿美元的地方政府和社会投资，改造美国基础设施
2018 年 8 月	《2019 财年国防授权法案》通过	军费开支继续增加：2019 财年批准 7163 亿美元国防开支

1）美国 2018 财年起始于 2017 年 10 月 1 日

2）具体来说，个人免征额从 6350 美元增至 1.2 万美元，家庭报税减免额从 1.27 万美元提高到 2.4 万美元

特朗普政府实施扩张性财政政策（尤其是大规模减税）是为了刺激美国 GDP 和就业进一步增长，在政治上迎合选民。从美国历史来看，大规模减税确实可以拉动经济增长。20 世纪 70 年代末 80 年代初，美国经济出现高失业与高通胀并存的“滞胀”状态。在供给学派理论的指导下，里根政府开始大规模降低个人所得税和企业所得税，以降低企业成本、增加国民可支配收入。在减税政策的影响下，美国经济不仅摆脱了“滞胀”，还持续增长长达 65 个月之久。21 世纪初，小布什政府的减税政策也取得了良好效果，2002 年到 2004 年美国 GDP 增速连续三年快速回升①。值得指出的是，2018 年美国经济

① 大规模减税能够在短期内拉动经济增长的主要原因是私人部门投资和消费（尤其是投资）的增速回升。例如，在里根政府时期，企业所得税税率的降低刺激了私人部门投资，从1983年到1985年，私人投资增速不断上升，最高点甚至一度达到近30%。

有偏热迹象（下文会详细分析），特朗普政府旨在迎合选民的大规模减税虽然可以拉动美国经济进一步增长①，但对于美国经济稳定和金融稳定来说却是不利的。

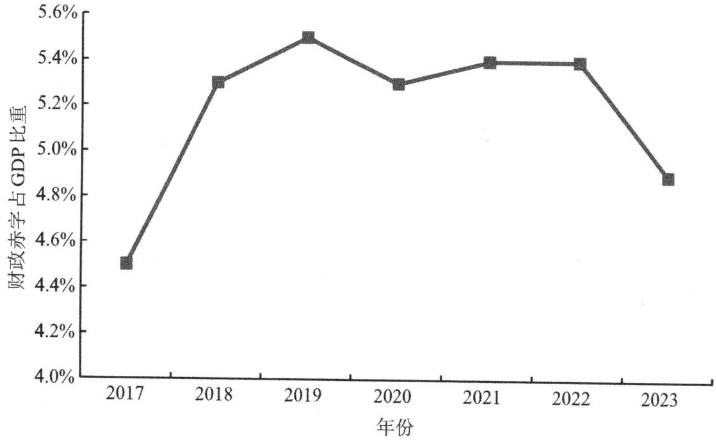

图 3　美国财政赤字占 GDP 比重走势

2019~2023 年数据为预测数据

3. 美国实行保护主义的贸易政策

2017 年以来（尤其是 2018 年）美国的贸易政策表现出贸易保护主义特征，主要贸易措施如表 3 所示。首先，美国以威胁国家安全为由，于 2018 年初对来自中国、日本、欧盟等经济体的钢铁和铝产品加征关税。其次，2018 年中以来，美国又以贸易不平衡为由②，通过大规模加征关税或相关威胁要求中国加大对美国产品的进口并附加其他经贸甚至政治条件，要求欧盟和日本对美国汽车降低关税并扩大进口。另外，美国排斥 WTO 等多边贸易体系，通过双边谈判的方式向不同经济体施压。加拿大、墨西哥这两个强烈依赖美国的经济体，不得不做出让步，于 2018 年 11 月 30 日和美国重新签订了自由贸易协定。

---

① 从理论上讲，大规模减税既属于供给管理政策，能够促进美国潜在经济增速的上升（Laffer，2004；Mankiw and Weinzierl，2006；Romer C D and Romer D H，2010），又属于总需求管理政策，能够刺激美国短期总产出的扩张（Giannitsarou，2006）。在本报告中，我们主要是在经济周期范畴内考察宏观经济政策对短期宏观经济波动和金融波动的影响，而对大规模减税政策的长期增长效应不过多分析。例如，在后文中我们将评估美国的产出缺口和失业率缺口状况，而在估算潜在GDP及自然失业率时，减税对经济增长的长期影响已经考虑在内了。因此，产出缺口和失业率缺口是已经剔除了长期因素、只反映短期经济波动状况的变量。

② 从理论上来看，美国与其他经济体的贸易不平衡，本质上是美元本位体系下不公平的国际贸易结果，是有利于美国福利而有损于他国福利的（刘凯，2017；2018）。

表 3　2017~2018 年美国贸易政策基本情况

时间	对象	主要内容
2017 年 1 月 23 日	日本、澳大利亚、智利等	特朗普签署行政命令，正式宣布美国退出跨太平洋伙伴关系协定（Trans-Pacific Partnership Agreement，TPP）
2017 年 8 月 18 日	中国	美国正式对中国发起“301 调查”
2018 年 3 月 8 日	中国、日本、欧盟（5 月底前豁免）等	特朗普签署公告，认定进口钢铁和铝产品威胁美国国家安全，对进口钢铁和铝产品加征关税（即“232 措施”），3 月 23 日实施
2018 年 4 月 16 日	中国	美国商务部对中国电信设备制造商中兴通讯股份有限公司发布 7 年“禁售令”
2018 年 6 月 15 日	中国	特朗普宣布对总值约 500 亿美元的中国输美商品加征 25%的关税，其中对约 340 亿美元自 2018 年 7 月 6 日起加征关税，对 160 亿美元商品加征关税开始征求公众意见
2018 年 6 月 19 日	中国	特朗普宣称将对 2000 亿美元中国商品加征 10%关税，他还威胁，如果中国继续反击，美国将对额外 2000 多亿美元中国商品追加额外关税。9 月 24 日起 2000 亿美元规模关税加征开始实施，并将在 2019 年 1 月 1 日起上升至 25%
2018 年 7 月 25 日	欧盟	特朗普和欧盟委员会主席容克宣布达成贸易协议，称将致力于消除美国与欧盟之间的关税和贸易壁垒
2018 年 9 月 30 日	加拿大、墨西哥	新版北美自由贸易协定框架协议达成
2018 年 11 月 30 日	加拿大、墨西哥	美国、加拿大、墨西哥三国领导人签署新版北美自由贸易协定——美墨加协定（United States-Mexico-Canada Agreement，USMCA）。新协定里包含所谓“毒丸”条款：若三国中有一国与某个“非市场经济国家”签署自贸协定，则其他协议伙伴有权在 6 个月内退出
2018 年 12 月 1 日	中国	在阿根廷 G20 峰会期间，中美两国领导人达成共识：贸易战暂时休战，美国自 2019 年 1 月 1 日起暂不对华加征新的关税，两国争取在未来 90 天内通过谈判磋商就经贸问题达成解决方案

特朗普政府推行贸易保护主义有多方面的目的。其一，兑现其所谓“让美国再次伟大”的竞选承诺，试图通过重整钢铁、汽车等制造业来实现“再工业化”并迎合相关产业的选民。要实现这一目标，美国政府一方面通过加征关税直接保护美国国内的相关产业①，另一方面通过税收减免、研发补贴、

---

① 美国贸易保护主义有着深厚的历史渊源，美国建国以来的对外贸易政策，就是一部自由贸易主义和贸易保护主义不断交织、碰撞的历史（Irwin，2017）。在建国之初，由于与其他资本主义老牌强国相比，美国整体的经济实力和产业发展相对落后，美国通过关税法来保护本国产业的发展免受来自其他国家相关产业的冲击。此后在世界大战和经济危机中，为了刺激国内经济复苏，美国也通过提高关税的办法来减少进口，但引起了其他国家的报复性措施，关税保护并未取得明显效果。20世纪60年代以来，美国的贸易保护主义政策变得更具有针对性，被称为美国贸易保护“核武器”的301条款就是在20世纪70年代提出来的，钢铁、汽车、农产品和高科技领域成为美国贸易保护针对的重点对象。在2009年至2017年期间，美国共实施贸易保护措施1392起，占全球总额的14%，平均每年高达154起。从产业来看，钢铁产品是被实施贸易保护措施最多的行业。

政府采购等一系列产业政策努力实现“制造业回流”。其二，通过限制贸易来限制中国进一步发展及获取先进技术、在全球产业链上进一步爬升，阻碍中国发展的目的十分明显。美国针对中国的很多贸易措施，并不是以表面上的贸易逆差为出发点，而是以中国的技术和产业发展战略为出发点。阻碍中国发展在某种程度上已经上升为美国国家战略的一部分，这从特朗普政府对华贸易保护主义措施得到了美国两党较为广泛的支持可以看出。

二、美国宏观经济政策对美国经济的影响

与陈彦斌等（2017，2018）的逻辑一致，在评价 2018 年美国宏观经济政策组合“紧缩性货币政策+扩张性财政政策+保护主义贸易政策”对美国经济的影响时，本报告主要从是否有助于实现美国宏观经济稳定和金融稳定的视角来进行评价。

（一）在经济稳定方面，美国经济有偏热迹象

近年来美国经济增长较为强劲。2018 年美国实际 GDP 增速为 2.9%，比日本、英国、法国和德国这些发达经济体分别高出 2.0 个百分点、1.5 个百分点、1.4 个百分点和 1.4 个百分点（图 4）。但是从经济周期理论的视角来看，经济增速并不是越高越好。如果经济增速高于其长期潜在水平，那么通胀压力就会上升，且未来经济会面临回调和不景气的风险。事实上，美国经济已出现过热迹象，主要表现为以下三点。

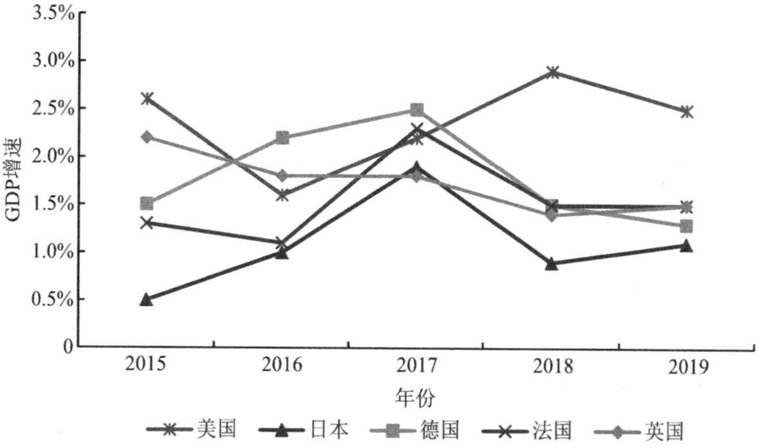

图 4　美国及主要发达经济体经济增速走势

资料来源：IMF 于 2019 年 1 月发布的《世界经济展望》（*World Economic Outlook*）更新数据

1. 产出缺口为正

产出缺口是帮助政策制定者和市场主体判断经济活动相对强弱程度的重要指标①。无论是 CBO 还是 IMF 的估算，2018 年美国的产出缺口均显著为正（图 5 和图 6）。其中，CBO 对 2018 年第四季度美国产出缺口的估算值为+0.8%，其预计产出缺口 2019 年会扩大到 1%以上，2020 年之后开始缩小。IMF 的估算值比 CBO 的要大，其估算的 2018 年产出缺口为+1.2%，但其对产出缺口趋势的预测与 CBO 一致：产出缺口于 2019 年将继续扩大，2020 年之后开始缩窄。

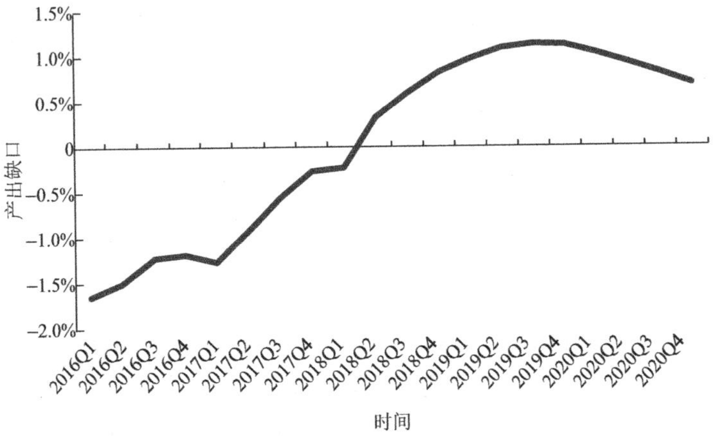

图 5　CBO 口径下的美国产出缺口走势（占潜在 GDP 的百分比）

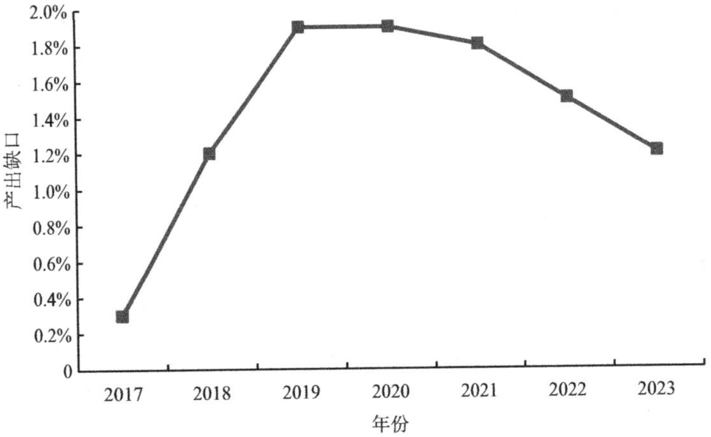

图 6　IMF 口径下的美国产出缺口走势（占潜在 GDP 的百分比）

① 产出缺口一般指的是实际GDP对潜在GDP的百分比偏离，其具体定义和估算方法有多种，Kiley（2013）进行了很好的总结和对比研究。CBO使用的是基于生产函数的方法，Armenter（2011）对此方法有较为详细的介绍。

美国2018年至2020年产出缺口持续为正表明，美国经济的生产能力已经得到充分发挥，企业难以在短期内再扩大产能。在这样的情形下，市场需求的增加只会使企业提高其产品售价从而转化为通胀压力（Armenter，2011）。由此可以判断，美国经济已经出现偏热迹象。虽然2018年美国实际GDP增速接近3%，但其潜在GDP增速只有2%左右。实际增速高于潜在增速的部分是宏观经济政策操作不当及其他短期因素发挥作用的结果，美国经济的暂时高速增长在未来不可持续（余永定，2018）。IMF等国际机构也持类似观点（IMF，2018a）。

2. 实际失业率已经低于自然失业率

自然失业率与潜在产出一样，都是反映经济基本结构特点的最为重要的变量（Powell，2018）。失业率缺口与产出缺口如一枚硬币的两面，根据经济波动理论二者是负相关关系。根据CBO的估算，2018年美国的自然失业率水平大约为4.6%，而2018年第四季度实际失业率数据仅为3.8%，失业率缺口为-0.8%。这一结果与2018年美国存在约+1%的较大产出缺口是一致的。失业率缺口为负表明美国劳动力已经被充分利用，工资将面临较大上涨压力。

从历史数据来看，2010年以来美国自然失业率和实际失业率双双下行，但实际失业率的下降速度要快于自然失业率。如图7所示，从2013年到2018年，美国实际失业率从7.8%的较高水平大幅下降至3.8%，降幅高达4个百分点。与此同时，自然失业率从5.5%下降至4.6%，下降了0.9个百分点。美国自然失业率每下降1个百分点，在长期内能够多创造出160万个就业岗位（Powell，2018）。自然失业率的下行是劳动力市场活力提升和结构性改革取得成效等多重因素的共同结果。值得一提的是，CBO在估算美国自然失业率

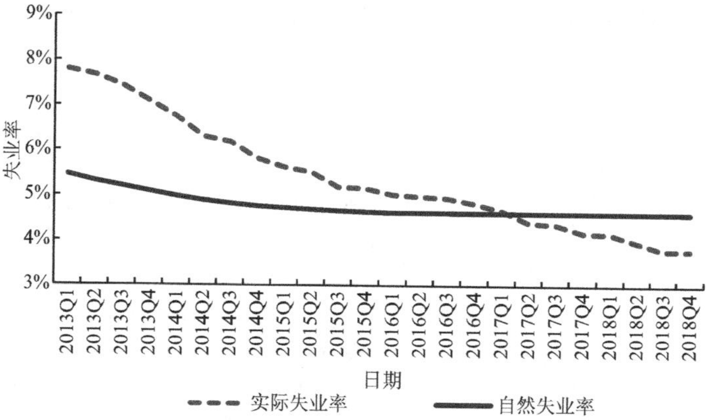

图7　近年来美国实际失业率及自然失业率走势

自然失业率数据为CBO估算结果

时已经考虑了生产率变化、人口结构变动及特朗普减税政策对美国长期潜在GDP 的影响。由于美国实际失业率的下降速度大幅快于自然失业率，自 2017 年第二季度以来，美国失业率缺口就持续为负，经济过热迹象明显。

3. 通胀率高于 2%的目标值

CPI 和个人消费支出（personal consumption expenditures，PCE）物价指数是美国政策制定部门衡量市场通胀水平的主要参考指标①。剔除食品和能源因素后的核心物价指数能够提供更为稳定的通胀数据。而其中，核心 PCE 物价指数通胀率是美联储最为关注的通胀指标②。数据显示，2018 年美国 CPI 通胀率较 2017 年大幅上升，达到 3.2%，PCE 物价指数通胀率为 2.8%，均高于 2%的目标值。核心 CPI 通胀率与核心 PCE 物价指数通胀率也分别达到了 2.4%和 2.0%。

从近 10 年美国通胀的历史数据来看，2018 年的通胀压力也是明显的。自 2008 年美国爆发金融危机以来，其核心 PCE 物价指数通胀率（同比）绝大部分时间都低于 2%的水平（图 8）③。而在 2018 年，大部分月份的核心 PCE 物价指数通胀率都处于 2%以上。由此可见，美国经济基本走出了经济周期的不景气区间而进入到偏热阶段，这与我们根据产出缺口和失业率缺口做出的判断也是基本一致的。实际上，伴随着美国工资上涨预期的加强，美国通胀水平预计会进一步上升，美国多家公司在其财务报告中都表达了对通胀和劳动力成本上涨的担忧。预计 2019 年和 2020 年，核心 PCE 物价指数通胀率将进一步上升至 2.3%和 2.2%（IMF，2018a）。

（二）在金融稳定方面，美国三大金融风险有所加剧

2008 年全球金融危机带来的一个深刻教训是，宏观经济政策制定部门

---

① 这两种物价指数的主要区别有两点。第一，CPI的篮子是固定的，而PCE物价指数的篮子可以进行调整，通常会调整为更为便宜的产品和服务（考虑了替代效应）。第二，二者的范围与权重不同。例如，医疗开支在PCE篮子中相比在CPI篮子中权重大很多，这样考虑的原因是总医疗开支还包括了雇主和政府所进行的费用支付。PCE物价指数包括金融服务的假计成本（类似机会成本），而CPI并不包含。住房在CPI中权重为31%，但在PCE物价指数中只有15%。由于这些差异，从长期来看，PCE物价指数通胀率在数值上更低一些，两种通胀指标的历史平均差值大约为0.5%。

② CPI通胀率是被广泛使用的通胀指标，但从2000年开始，美联储完成了从CPI到PCE物价指数的转变：美国FOMC不再公布他们对CPI的预期，而是以PCE物价指数表达对通胀前景的看法。美联储认为PCE物价指数相比CPI有多个好处。第一，支出组成更能反映消费者的实际行为。第二，PCE物价指数的权重涉及面更为广泛。第三，PCE物价指数可以根据最新的信息和改进的计量方法进行修改。

③ 仅在2012年初短暂略微超过了2%。

图 8　2008 年以来美国核心 PCE 物价指数通胀率走势

应密切关注金融风险，并努力采取措施预防金融危机的发生。从美国历次金融危机的发展过程及金融危机理论来看，威胁美国金融稳定的核心因素主要包括以下几个方面：不当的金融创新风险（金融自由化）、资产价格泡沫的积聚与崩溃及非金融部门过度负债（Mishkin，2012）。与新兴经济体显著不同的是，外汇风险对美国来说一般不是重大风险来源。就不当的金融创新风险而言，2008 年以来美国的金融监管制度不断完善①。加之经过市场主体资产负债表的修复及实体经济的稳步复苏，美国金融系统的总体健康程度已有很大提升（IMF，2018c）。2009 年之后美联储每年都会对美国银行业进行压力测试。近几年的压力测试结果表明，美国主要银行资本稳定增加、贷款质量改善，银行系统总体健康②。就资产价格泡沫而言，美国股市的回调风险引起了美国国内和国际社会的广泛关注。就非金融部门债务而言，虽然美国居民部分杠杆率已由金融危机时期近 100%的高点持续下降至 2018 年 80%

---

① 值得注意的是，特朗普当选美国总统后尝试放松金融监管。典型例子是2018年5月修订后的《多德–弗兰克华尔街改革和消费者保护法》（*Dodd-Frank Wall Street Reform and Consumer Protection Act*）得以通过，这预示着2008年全球金融危机以来美国坚持10年之久的金融监管政策发生了重大转变，银行业监管将大幅松绑。此法案把系统性重要金融机构的认定标准从资产规模500亿美元拉高至2500亿美元，并放松对资产规模低于100亿美元的银行的交易、放款及资本规定，资产低于门槛的银行将可免除压力测试与较严苛的资本规定。美联储前主席耶伦曾指出，这将会是“特朗普最错误的决策”。特朗普政府放松金融监管的政策对未来美国金融市场和全球经济的影响如何，目前不得而知，但值得高度关注。

② 在2018年的年度压力测试中，所有35家大银行均通过了第一轮测试，第二轮测试35家受试大银行中仅有德意志银行一家未能过关。在压力测试中，在美国失业率达到10%、企业和房地产信贷市场严重承压、外国经济出现严重衰退的极端假设情况下，美国银行系统仍能正常运行。

左右，但企业部门和政府部门的杠杆率不断攀升，值得高度关注。因此，本报告将从股市回调风险、企业债务风险和政府债务风险三个方面来考察美国的金融稳定。

1. 股市回调风险加大

2018 年以来，处于高位的美国股市的整体波动性在加剧，年内已出现多次大幅度回调。例如，2018 年 2 月 5 日，道琼斯工业指数下跌 4.6%，创下 2015 年 8 月 24 日以来最大单日点数跌幅，标准普尔 500 指数和纳斯达克指数也分别收跌 4.1%和 3.78%，回吐年内全部涨幅。12 月 4 日，三大股指跌幅均超过 3%。12 月 24 日，三大股指连续第四个交易日大幅下跌，道琼斯工业指数全天下跌 650 多点，跌幅为 2.91%，标准普尔 500 指数和纳斯达克指数下跌幅度也均超过 2%。相比于年内高点，2018 年美国三大股指跌幅均超过 10%。进一步观察标准普尔 500 指数的波动率指数可以发现，2018 年美国股市的波动性相比 2016 年和 2017 年的确有趋势性的提高（图 9）。

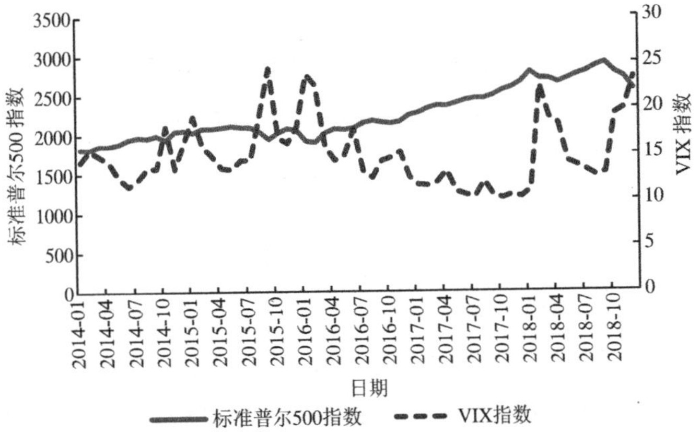

图 9　标准普尔 500 指数及其波动率指数走势

VIX 指数，即 volatility index，波动率指数

与历史进行对比可以发现，多重迹象表明美国股市的泡沫破灭风险正在加大。首先是市盈率过高。2009 年之后美国股市市盈率开始了恢复性上涨，2016 年以来又开启了新一轮涨势，目前已超过 2007 年（2008 年全球金融危机前）的水平（图 10）。一般来说，美股市盈率超过 25 倍意味着进入“非理性繁荣”的疯狂期。在 2000 年互联网泡沫破裂前夕，这一数值曾高达 44.2 倍。当前美股市盈率已经超过 30 倍，这意味着美股已经处于需要高度警惕的高估区域内。其次是美国实际利率长期为负。实际利率为负意味着货币环境十分宽松，资产泡沫很容易形成，而当实际利率上升时泡沫就有破灭的风险。

1990 年以来，美国实际利率经历了两次负利率时期，一次是 2002 到 2006 年期间，引发了房地产泡沫，并导致了 2007 年次贷危机的爆发；另一次就是从 2009 年至今。最后，美国期限利差开始倒挂。期限利差可以作为预期未来经济的一个先行指标[①]。作为先行指标，期限利差领先宏观经济 6~24 个月，而股市一般领先实体经济 3~6 个月[②]，因此，期限利差倒挂能够对股市泡沫的破灭起到前瞻性的预测作用。2000 年互联网泡沫期间，期限利差倒挂领先泡沫破灭 6 个月；次贷危机期间，期限利差倒挂领先房地产泡沫破灭 22 个月。2018 年 12 月 3 日，5 年期和 3 年期国债利差转负，美国国债收益率曲线在 11 年后又一次出现倒挂，预示着股市回调风险正在加大。

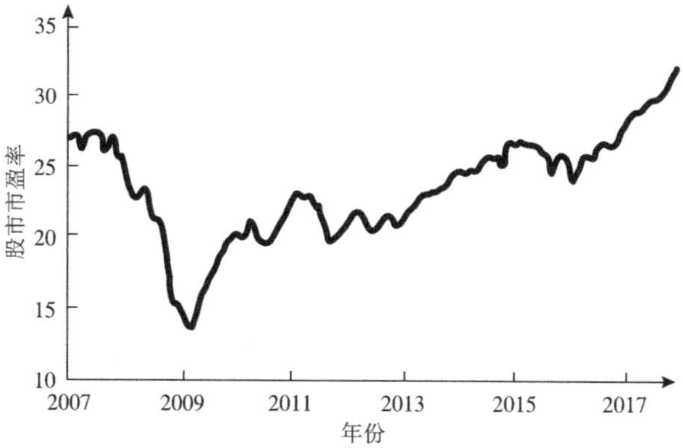

图 10　美国股市市盈率走势（已经过周期性调整）

2. 企业债务风险攀升

2012 年以来，伴随着美国经济复苏和市场流动性持续宽裕，美国非金融企业杠杆率持续攀升。2018 年美国非金融企业债务占 GDP 比重接近 74%，比 2012 年初 66%的低点大幅增加了近 8 个百分点，已超过 2008 年全球金融危机前的最高点（图 11）。在美国企业债务中，企业垃圾债风险尤其值得关注。据穆迪公司估算，2021 年之前到期的美国企业垃圾债券将达到 1 万亿美元之多。2018 年 10 月以来，暂不属于垃圾债券的通用电气公司债券也遭到抛售，引起市场关注。美国企业债市场中像通用电气公司这样拥有 BBB 投资评级但债券价格却滑向垃圾债券的企业还有很多。德意志银行统计数据显示，美国投资级企业债规模约为 6.4 万亿美元，而处于其最低档的 BBB 债券的占比接近 60%，这一数据几乎是 10 年前的三倍。

① 据美联储旧金山分行统计，自1955年以来利差跌至负值的情形出现了10次，在随后的6~24个月，一共有9次美国都陷入了衰退。

② 领先时间以第一次出现期限利差倒挂到美股见顶之间的时间差来进行计算。

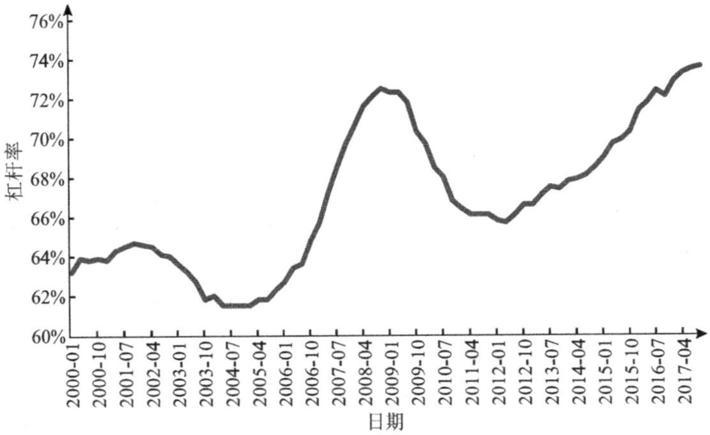

图 11　美国非金融企业杠杆率走势（债务占 GDP 百分比）

从理论层面来看，企业杠杆率过高、偿债压力和违约风险上升，不仅会导致经济活力下降，而且容易使经济陷入“债务-通缩”陷阱之中（Mishkin，2012）。2018 年美联储已经加息 4 次，与过去宽松货币政策环境不同的是，2019 年和 2020 年债务到期的企业不可能以比现在低的利率来“借新还旧”。随着美国利率的上升和 2020 年左右美国经济增速的可能放缓（IMF，2018d），美国企业债务的违约风险将不断增大。BIS 也对此提出了警告。

3. 政府债务风险上扬

随着美国财政赤字率的大幅上升（图 3），美国政府债务规模进一步扩大。2017 年美国政府债务占 GDP 比重已超过 100%，2018 年增加到 106%，比 2008 年全球金融危机前约 64%的水平大幅上涨了近 42 个百分点，这是自 1950 年以来的最高点。接下来几年美国政府债务规模将继续扩大，且 2019 年之后会加速上扬（图 12）。在 IMF 预测模型的基准设定下，从 2017 年到 2027 年，美国联邦政府债务占 GDP 比重将从 77.4%上涨 18.2 个百分点至 95.6%，而政府总债务规模将达到 120%左右。

与新兴经济体不同的是，美国政府债务规模过高并不会直接引发货币危机或金融危机，历史上也没有发生过美国联邦政府债务违约事件[①]。但美国政府高杠杆问题依然会通过两个渠道对金融市场和实体经济产生重大影响，其风险不可忽视。第一，受制于美国两党之争，法定债务上限问题可能导致债

① 由于美元的世界货币地位，对美国来说不存在外债问题。虽然美国政府债务存在法定上限，但理论上讲美国政府可以无限次地修改这一上限。实际上，自1940年以来，美国债务上限已经修改过100多次。

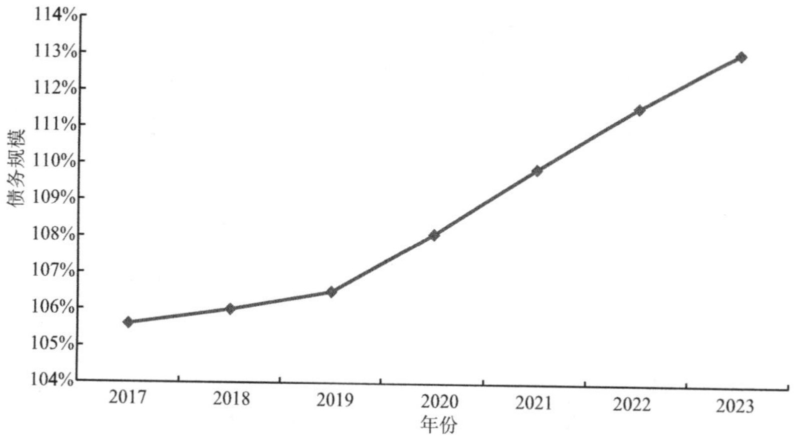

图 12 美国政府债务规模走势（占 GDP 百分比）

务技术性违约，其引发的风险可大大超过美国政府关门危机本身。美国国债是国际市场上无风险的“金边债券”，它是金融市场定价的基准，其风险变化将引发巨大连锁反应。2011 年 8 月，美国政府债务就曾险些触及上限，虽然两党在最后期限达成一致、提高了债务上限，但国际评级机构标准普尔将美国长期主权信用评级由“AAA”降至“AA+”，评级展望为负面。这是美国国债历史上首次失去 AAA 信用评级，其引发了美国股市和全球金融市场大幅波动。第二，即使不出现债务违约，更高的美国政府债务规模也将导致债务可持续性下降及美国财政政策空间受到挤压。这会通过国债利率上升和美元升值（余永定，2018）、财政政策应对经济下行的能力受限、市场预期未来税收上升等多重机制对经济产生负面影响。

（三）美国宏观经济政策组合没能很好实现经济与金融“双稳定”的主要原因

在美国“紧缩性货币政策+扩张性财政政策+保护主义贸易政策”的政策组合中，货币政策方面做得较好，其力度和节奏总体尚可，渐进加息和缩表的策略既有助于抑制通胀和经济过热风险，也不至于对实体经济和资本市场造成过大冲击。但是财政政策和贸易政策在平抑经济波动和金融波动方面做得不够好，具体表现如下。

1. 财政政策力度偏大，与货币政策的调控方向相冲突

在 2018 年美国经济有偏热风险且政府债务规模处于历史高位的情形下，理论上讲应该采取中性偏紧的财政政策与紧缩性的货币政策配合。这样的政

策组合既可以抑制通胀风险和正的产出缺口继续扩大，又能够适当控制政府部门杠杆率、增强财政政策的可持续性。但特朗普政府为了取悦选民、赢得中期选举，不惜采取扩张性的财政政策以实现尽可能高的经济增速，尽管这种高速增长并不可持续。特朗普曾多次批评美联储加息抑制了美国经济增长，例如，2018 年 10 月 10 日，特朗普表示货币政策过于紧缩，并称美联储已经“疯了”。2018 年 12 月 14 日，特朗普再次施压美联储，称不希望美联储在 12 月 18~19 日的议息会议中做出继续加息的决定。

扩张性的财政政策对美国经济和金融稳定造成了多方面的负面影响。首先，直接导致了经济过热风险上升。特朗普于 2017 年 12 月签署《减税和就业法案》，该法案于 2018 年 1 月正式实施，美国政府于 2018 年 2 月公布了 2019 财年预算案。可以发现，在这些扩张性财政政策具体措施公布前后，专业机构对美国通胀率的预测发生了较为显著的变化。例如，IMF 对 2018 年 CPI 通胀率和核心通胀率的预测值分别调高了 0.7 个百分点和 0.1 个百分点（图 13），其对 2019 年通胀率的预测值也调高了。对 PCE 物价指数通胀率的预测也有类似结果。其次，推升了美国政府债务风险。在 2017 年底、2018 年初美国扩张性财政政策措施公布之后，IMF 显著调升了对未来美国联邦政府债务规模的预测值（图 14）。正是扩张性的财政政策导致了美国政府赤字率和债务规模的上涨，并推高了国债利息①，进而使政府债务的可持续性变差。

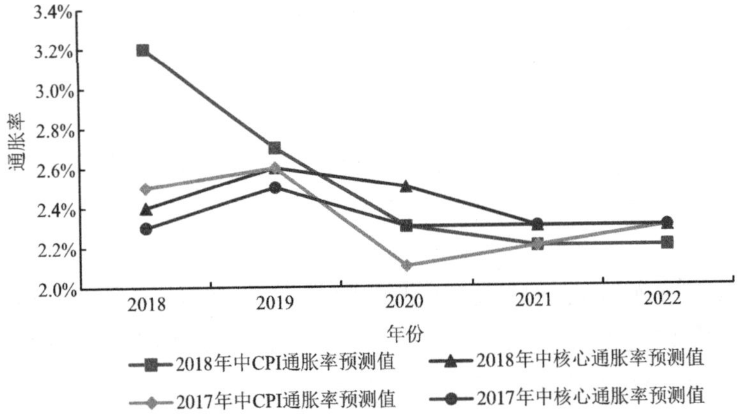

图 13　特朗普签署《减税和就业法案》和公布 2019 财年预算案前后美国通胀率预测值的变化

① 客观来讲，美国国债利率的上扬是由紧缩性货币政策和扩张性财政政策共同导致的。但是，从理论上来看，即使没有紧缩性的货币政策，扩张性财政政策也会导致利率上升，进而产生所谓的挤出效应。

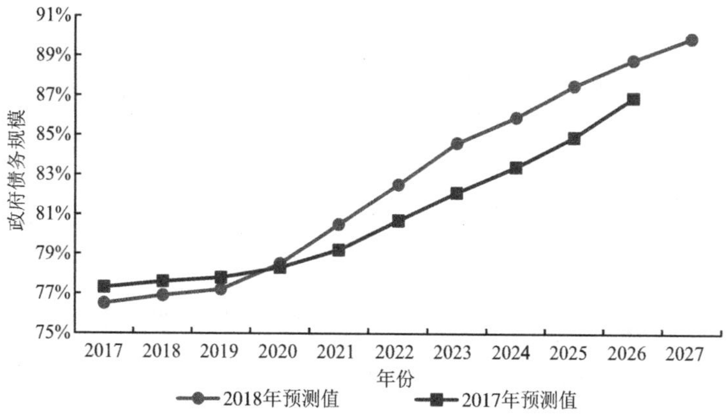

图 14　美国联邦政府债务规模走势预测及其调整

最后，美联储加息力度被动加大（IMF，2018a），从而增大了美国股市回调压力和企业不良债务违约风险。图 15 描绘了 IMF 在 2017 年中和 2018 年中对美国联邦基金利率预测值的变化。相比于 2017 年的经济形势，美联储在 2018 年的确面临更高的加息压力。如果美国在 2018 年采取中性偏紧的财政政策，那么美联储的加息节奏可能会比实际情况放缓一些，资本市场的波动也会因此稍微平缓一些。

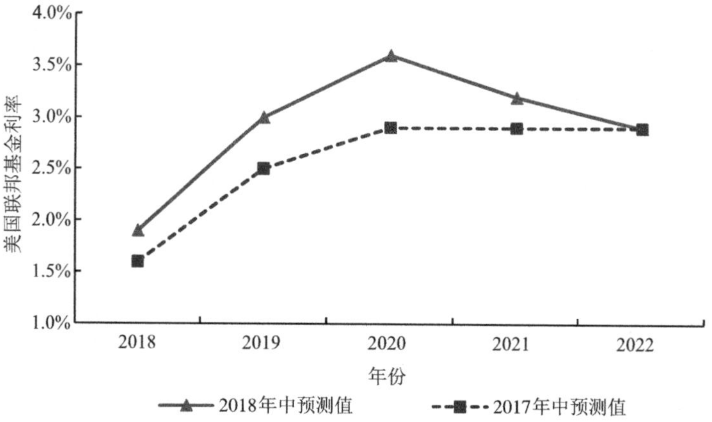

图 15　IMF 对美国联邦基金利率（年度平均值）走势的预测及其调整

2. 保护主义的贸易政策加剧了美国股市波动[①]

美国采取的一系列贸易保护主义措施通过多种渠道影响到美国金融市场稳定。首先，那些受到贸易战直接影响的企业和行业的股票价格受到了直接冲击。例如，特朗普于 2018 年 3 月 22 日签署总统备忘录，称将依据“301

① 贸易保护主义措施还直接导致了美国部分进口商品价格上涨，加大了美国通胀压力。

调查”结果对从中国进口的商品大规模征收关税，并限制中国企业对美投资并购。消息一出，那些与中国有大量业务往来的公司的股票急剧下跌。当天波音公司、高通公司、英伟达、苹果公司、德州仪器、耐克、通用汽车公司和 3M 公司的股价分别大跌了 5.19%、2.17%、2.70%、1.42%、4.34%、2.91%、3.27%和 4.69%。又如，加征关税导致钢铝成本上升，通用汽车公司于 2018 年 7 月 25 日下调了公司 2018 年盈利预期，结果导致其股价大跌超过 5%。而在此前一天，曾极力支持特朗普政府对进口洗衣机加征关税的美国家电制造商惠而浦公司股价暴跌 14.5%，原因就是钢铝成本上升导致其制造成本大增、销量锐减，使其在 2018 年第二季度净亏损 6.57 亿美元之多。

其次，贸易战会增大未来不确定性，削弱投资者对实体经济和资本市场的投资热情，进而引发整个金融市场出现动荡。根据 Baker 等（2015）的方法可计算得到 2018 年与美国股市直接相关的不确定性指数（图 16）。Baker 等（2015）在微观企业层面和宏观层面都证明了，不确定指数的上升会对投资、生产及金融市场都产生负面影响。在 2018 年 3 月美国对进口钢铁和铝产品加征关税、2018 年 6 月美国对来自中国的 500 亿美元进口商品加征 25%关税、2018 年 9 月美国继续对 2000 亿美元中国商品加征关税等贸易举措发生之后，该不确定性指数都出现了较大幅度的上扬。进一步观察图 9 可以发现，2018 年美国股市的多次下跌在时间上也都与贸易战高度一致。也就是说，在贸易战最为激烈的 3 月、6 月和 9 月，不确定性程度的上升加大了美股波动。具体到 2018 年 3 月 22 日当天，受特朗普签署关于对中国进口产品加征关税的总统备忘录影响，整个美国股市出现恐慌性下跌，三大股指跌幅都超过 2%。

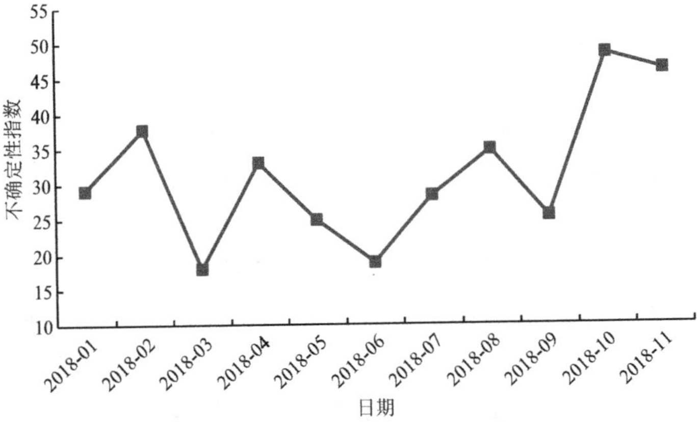

图 16　与美国股市相关的不确定性指数走势

资料来源：美联储圣路易斯分行网站，https://fred.stlouisfed.org/ series/USEPUINDXM

三、美国宏观经济政策对全球经济的影响

2018年美国“紧缩性货币政策+扩张性财政政策+保护主义贸易政策”的政策组合对全球经济产生了巨大的外部性，其对新兴经济体的影响尤为明显。因此本报告将重点评价美国宏观经济政策对新兴经济体及中国经济稳定和金融稳定的影响。

（一）美国宏观经济政策组合对新兴经济体的影响

1. 外汇市场出现动荡

2018年第二季度以来，美元指数强势反弹，2018年底美元指数月度平均值已达到92.0的年内高点，相比于年初的86.3上涨了6.6%（图17）。在这一背景下，新兴经济体货币相对美元普遍贬值，部分新兴经济体甚至发生了货币危机。例如，阿根廷比索、土耳其里拉和巴西雷亚尔这三种新兴经济体货币，相比于2018年初的币值，它们在2018年内最大贬值幅度分别达到了50.6%、40.5%、21.8%（图18）。巴基斯坦卢比、俄罗斯卢布、印度卢比、南非兰特等货币对美元的年内最大贬值幅度也超过了10%。对于新兴经济体来说，外汇市场动荡是巨大的风险来源，因为货币危机往往是诱发新兴经济体全面金融危机的关键环节（Mishkin，2012）。

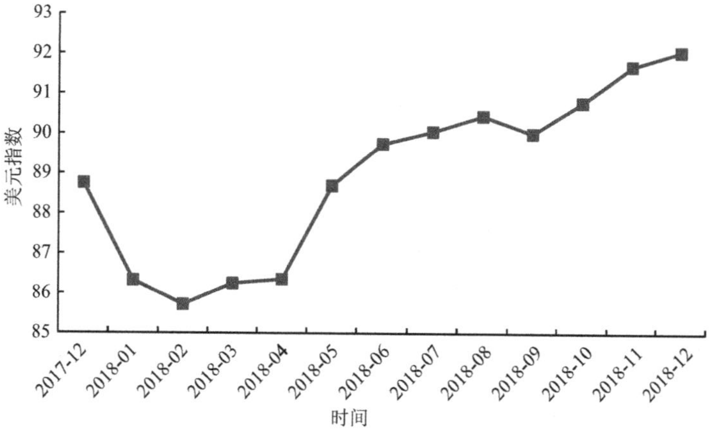

图17　2018年美元指数走势

新兴经济体货币大幅贬值与美国宏观经济政策密切相关。首先，美联储加息和旨在降低美国企业所得税的《减税和就业法案》共同导致了美元升值和美元回流。而资本从新兴经济体大量回流美国，必然使新兴经济体货币走

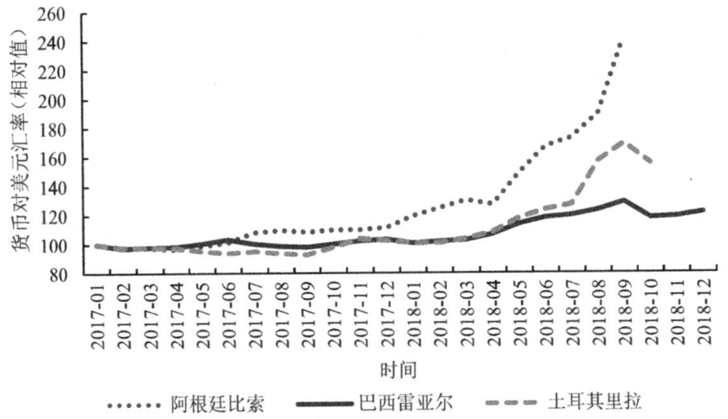

图 18　部分新兴经济体货币对美元汇率走势

图中数据为月度平均数据，2017 年 1 月汇率值标准化为 100

弱。实际上，从国际历史经验来看，美元加息或者美元升值预期往往是诱发新兴经济体资本外逃和货币危机的重要因素。“大宏观”团队总结了近 20 年来新兴经济体货币危机的诱导因素及其经验教训（表 4），从中可以发现：美联储加息或者美元升值预期是 1997 年泰国泰铢危机、2001 年阿根廷比索危机及 2014 年俄罗斯卢布危机的重要外部诱因。

表 4　近 20 年来新兴经济体货币危机总结

诱因及经验教训	1997 年泰国泰铢危机	1998 年俄罗斯卢布危机	2001 年阿根廷比索危机	2014 年俄罗斯卢布危机
内部诱因	固定汇率制，房地产泡沫，股市泡沫	政局不稳，财政失衡	固定汇率制，财政失衡，政局不稳	外债负担沉重
外部诱因	美元升值，投机性货币攻击	泰国、韩国金融危机传染，投机性货币攻击	美联储加息	油价大跌，美国与欧盟金融经济制裁，美元升值预期
经验教训	密切关注美元升值动向，外汇储备不充足时固定汇率风险大，金融制度完善应先于金融开放	市场制度完善应先于金融开放，要有良好财政状况和合理债务结构，要有充足的外汇储备	密切关注美元加息，固定汇率制的弊端，要有良好财政状况和合理债务结构	外债规模要合理，经济结构单一（过度依赖石油出口）危害较大，需要密切关注美元升值动向

资料来源：刘凯（2017）

其次，美国贸易保护主义引发的贸易战推升了全球避险情绪，进一步加剧了新兴经济体资本流入受阻。美国与其他经济体的贸易摩擦不仅增加了其国内市场的不确定性，也增加了全球经济的不确定性。而不确定性的增加推升了全球避险情绪，使国际市场降低对新兴经济体货币和资产的偏好，而增加对安全资产的需求。在 2018 年贸易摩擦较为激烈的月份，黄金、瑞士法郎等避险属性较强的资产价格确实出现了上涨。这意味着新兴经济体的货币和资产遭到一定程度抛售，从而使部分新兴经济体货币承压。

2. 股票市场波动加剧

美国宏观经济政策组合引发的美元升值、资本回流美国和全球避险情绪上升，在导致新兴经济体外汇市场动荡的同时，也必然会通过全球流动性收缩和新兴经济体资本外流等渠道导致新兴经济体资本市场出现大幅波动。新兴经济体的金融危机史可以验证这一点，在资本外流压力较大时货币危机与国内资本市场动荡往往相伴而生。1997 年泰国、印度尼西亚、马来西亚、韩国等经济体爆发货币危机。从 1997 年 7 月至 1998 年 1 月，这四个经济体货币分别大幅贬值 48.3%、59.4%、36.4%和 47.5%。在同一时间段，这四个经济体的股市也分别大跌 25.6%、32.6%、43.8%和 21.9%。

2018 年，阿根廷、土耳其和巴西等新兴经济体的确出现了股市与汇市的联动下跌[①]。相比于 2018 年初，阿根廷 MERVAL 指数、土耳其 BIST100 指数、巴西 BOVESPA 指数在年内的最大跌幅分别为 25.5%、25.5%和 14.1%（图 19）。值得注意的是，未来两年美国货币政策可能会进一步收紧，全球贸易环境的不确定性可能不会减弱。因此，新兴经济体金融市场的脆弱性可能会进一步增加，值得高度关注（中国人民银行货币政策分析小组，2018）。

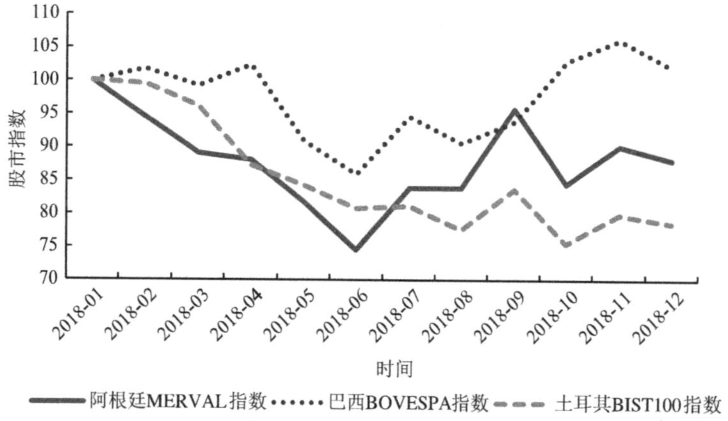

图 19　2018 年部分新兴经济体股市走势

图中数据为期末值，2018 年 1 月指数值标准化为 100

① 另外，新兴经济体在全球金融状况宽松期积累起的（以外币尤其是美元计价的）大量公司和主权债务也将成为潜在风险点。

3. 经济增长受到拖累

美国三大宏观经济政策均给新兴经济体的经济增长带来了负面影响。就美国货币政策而言，美联储的多次加息通过美元回流和全球流动性收缩、他国货币政策被动调整等渠道拉升了全球利率水平，抑制了其他经济体的投资和经济增长[①]。截至 2018 年 9 月末，1 年期伦敦银行同业拆借市场美元 Libor 为 2.92%，较上年末上升约 82 个基点；阿根廷、土耳其、巴西长期国债收益率较 3 月末分别上升 532.7 个基点、501 个基点、218 个基点[②]。2018 年以来阿根廷的基准利率已从 27.25%飙升至 67.715%的高位，而土耳其的基准利率也由 13.5%大幅攀升至 24%。利率水平的上扬显然不利于实体经济投资，进而使许多还未从 2008 年全球金融危机中完全复苏的经济体遭遇一定困难。

就美国财政政策而言，大规模减税在一定程度上重塑了全球产业链和跨国企业投资动向，给新兴经济体造成压力。自 2018 年 1 月实行的《减税和就业法案》，除了降低美国居民个人所得税[③]，还大幅降低了企业所得税：对多数企业来说税率从 35%降至 21%的国际中低水平，降幅高达 14 个百分点[④]。美国的低税负优势将提升美国跨国公司的国际竞争力、增大美国对国际投资的吸引力，进而影响跨国企业的投资动向和全球产业链的布局[⑤]。除了大幅降低美国本土的企业所得税率，此次税改在跨境税制方面也推出了重要改革举措。为了鼓励美国企业将海外利润汇回美国进行投资，税改后的海外利润汇回税率也大幅降低。同时，美国将推行“属地制”征税原则，即未来美国企业的海外利润将只需在利润产生的国家交税，而无须再向美国政府交税。因

① 考虑到美元的世界货币地位，只要一国采取的不是完全资本管制的政策，那么在美联储进入加息周期的大背景下该国货币政策的有效性和国内市场利率必然会受到影响（Rey，2015；刘凯，2017）。

② 阿根廷为9年期国债，土耳其、巴西为10年期国债。

③ 7档税率中大部分税率有所下降，其中最高税率从39.6%降至37%，而且个人所得税标准抵扣额接近翻倍。

④ 在发达经济体中，美国的宏观税负一直处于较低水平（IMF，2018b）。如果仅看企业所得税税率，美国税改前的税率在国际上处于中高水平（郑联盛和陈旭，2018）。2017年美国国会税收联合委员会对美国未来10个财年（2018~2027财年）的估算结果显示，这10年间美国减税总额将高达约14 560亿美元，其中企业所得税减税约6538亿美元，个人所得税减税约11 266亿美元，而国际税制改革增税约3244亿美元。

⑤ 联合国贸易和发展组织发布的《全球投资趋势监测报告》显示，全球FDI（foreign direct investment，外商直接投资）在2018年上半年仅为4700亿美元，比上年同期下降41%，这与美国减税政策及贸易战有密切关系。

此，除非其他国家的税率本来就很低[①]、能够吸引美国企业将海外利润留在该国继续投资，否则新税制将鼓励投资和就业机会从国外返回美国（IMF，2018a；杨志勇，2018）[②]。从历史上看，20世纪80年代里根政府的减税政策的确使国际投资大量流入美国。当时，美国企业所得税占GDP比重从2.5%大幅下降至1.5%左右，降幅高达40%左右，导致了美国FDI净流入占全世界FDI净流入的比例不断提高，在1986年和1987年甚至一度突破了40%。特朗普政府引发的全球税收竞争已经开始，在美国《减税和就业法案》正式实施前，英国、德国、法国就已经相继出台政策为企业减轻税负（黄健等，2018）。而日本紧随美国其后，提出要将企业所得税减至20%。这将给依赖FDI进行资本积累以推动经济增长的新兴经济体和发展中国家带来挑战，也迫使它们调整自己的税收制度以应对这场“税收战”。

就美国贸易政策而言，加征关税及其引发的贸易战通过抑制全球贸易、增大全球经济不确定性等渠道抑制了全球经济增长。“大宏观”团队构建了具有关税因素和美元本位特征的多国动态一般均衡模型[③]，对美国加征关税及贸易战对全球经济的影响进行了量化研究（刘凯，2018）[④]。美国加征关税将导致其他国家的出口直接受到负面影响，在外需下滑的情况下其他国家的GDP也会出现下降；反过来，其他国家GDP的下降会导致美国的出口也受到负面影响，进而使美国GDP也受到负面影响。如此恶性循环的结果是国际贸易的萎缩和全球总产出的下降[⑤]。具体数值模拟结果表明，在其他条件不变的情况下，美国单方面加征20%关税时，美国自身的长期稳态GDP会下降2.5%，

① 从理论上讲，向“属地制”征税原则的转变在一定程度上增加了利润和投资从美国转移到低税收国家的可能性，有证据表明，英国的类似举措确实增加了英国企业对低税收国家的对外投资。但由于美国的税率本身已较低，加上《减税和就业法案》的施行，美国对投资的整体吸引力是增大了的。

② 美国《减税和就业法案》实施才一年多，目前还难以区分国外利润回流美国之后是以进入实体经济为主，还是以进入股市为主，二者带给美国经济的影响会有差异。

③ 特朗普政府发起贸易战的一个重要原因是美国持续性的巨额贸易逆差，而当前国际货币体系的美元本位特征是其根本原因之一（王道平和范小云，2011；李晓和周学智，2012；王国刚，2014；刘凯，2017），因此有必要在模型中考虑美元本位因素。

④ 一些文献基于国际贸易定量模型分析了旨在削减关税的多边贸易协定或加征关税的中美贸易战对各国产出及居民福利的影响（Eaton and Kortum，2002；Ossa，2014；Alessandria and Choi，2014；Caliendo and Parro，2015；樊海潮和张丽娜，2018）。相比于这些研究，“大宏观”团队构建的多国动态一般均衡模型为厘清相关传导机制并进行精确福利分析提供了可能，而这是一般的贸易模型或计量实证研究难以做到的。另外，“大宏观”团队的分析充分考虑了美元本位因素对美国贸易逆差和全球经济的重要影响，而这是已有文献中完全忽视的重要因素。

⑤ 2018年前三季度，世界货物贸易出口额（扣除价格因素后的实际值）同比增长率分别为3.7%、3.1%和2.7%，呈逐步下降趋势，且与上年同期增速相比均大幅下降。

其他国家 GDP 会下降 1.1%，而全球 GDP 会下降 1.4%。如果其他国家采取报复性措施（如对等加征关税），那么全球贸易和生产受到的负面影响会更大。另外，正如前文所述，贸易战不仅会加大美国经济的不确定性，还会加大全球经济的不确定性。而不确定性的上升会给投资和经济增长带来不利影响（Baker et al.，2015）。

正是由于上述因素，IMF 在 2018 年 10 月发布的《世界经济展望》报告中下调了2018年和2019年新兴经济体的平均经济增速预期,二者分别比2018年 4 月的预期值下降了 0.2 个百分点和 0.4 个百分点。2019 年 1 月 IMF 进一步下调 2019 年新兴经济体平均经济增速预期 0.2 个百分点。具体到土耳其的经济增长，2018 年初土耳其经济还处于高速增长状况，第一季度 GDP 同比增速为 7.3%。土耳其里拉从 2018 年 3 月开始持续大幅贬值，货币危机破坏了国内经济秩序，利率大幅上升进一步抑制了经济活力，到 2018 年第二季度土耳其 GDP 同比增速下降到 5.2%。

（二）美国宏观经济政策组合对中国经济的影响

中国作为最大的新兴经济体，经济规模要比阿根廷、土耳其等其他新兴经济体大很多。另外，中国在资本管制、汇率形成机制等制度安排方面与其他新兴经济体也有明显的不同。再则，美国贸易保护主义措施的主要实施对象就是中国。有鉴于此，有必要单独分析美国宏观经济政策对中国经济的影响。2018 年以来，中国经济增长速度持续下行。GDP 增速由第一季度的 6.8%，逐步下滑至第四季度的 6.4%，达到十年来季度增速的最低水平。与此同时，中国股市持续下跌，金融系统的稳定性面临挑战。中国经济增速的放缓和金融系统的不稳定，虽然有国内结构性和周期性的原因及宏观经济政策在某些方面做得不足等原因①，但美国宏观经济政策带来的负面影响不可忽视。具体来说，美国“紧缩性货币政策+扩张性财政政策+保护主义贸易政策”的政策组合给中国经济和金融稳定带来了以下三个方面的不利影响。

1. 中国实体经济投资受到负面影响

近些年来中国经济下行压力持续存在的一个重要原因，就是投资增速不断下行。从 2011 年到 2017 年，固定资产投资增速从 24%趋势性下滑至 7.2%。2018 年投资下行态势并无改观，全年固定资产投资增速仅为 5.9%，比 2017

① 具体可参考本书中的各个分报告。

年下降了 1.3 个百分点。如果剔除价格因素，2018 年固定资产投资的实际增速更低，基本处于零增长状态。2018 年中国投资增速低迷的原因，除了长期存在的制约民间投资的市场准入限制（陈彦斌等，2018）及一些周期性因素以外，美国宏观经济政策也是一个重要原因。

首先，美联储加息及美国大规模减税政策，虽然没有导致中国像其他一些新兴经济体那样出现大规模资本外流，但还是在一定程度上削弱了中国对外部资金的吸引力，导致相关投资出现下滑。国家统计局数据显示，2018 年 1~11 月，房地产投资利用外资累计值仅为 102.3 亿元，大幅下跌 30.4%。

其次，美联储加息进程使中国货币政策在 2018 年无法定位于稳健偏宽松来刺激经济，以避免人民币汇率大幅贬值，这也在一定程度上使中国投资受到负面影响[①]。正如分报告三“政策力度与传导效率研究”所指出的，无论从数量型工具还是从价格型工具来看，2018 年中国货币政策的力度都是不够的，难以有效刺激投资增长，因而没能很好实现稳增长的目标。而中国货币政策力度不够大的原因之一，就是中国实行有管理的浮动汇率制，货币政策部分承担了稳汇率的责任（陈彦斌等，2018）[②]。在美联储加息四次的背景下，如果中国货币政策过于宽松，人民币贬值压力会更大。从这个意义上来讲，美联储加息对中国

---

① 美国货币政策冲击对中国经济影响的全面分析可以参见“大宏观”团队的定量宏观模型（刘凯和李育，2018）。虽然一些研究也在全球经济视野下定量分析了美国货币政策冲击对其他国家（包括中国）的影响（Lei and Liu，2015；Georgiadis，2016；Chen et al.，2016；Chen et al.，2018），但“大宏观”团队构建的全球多国动态一般均衡模型充分考虑了国际贸易和国际金融领域的美元本位因素，与国际经济现实更相符。除了这里提到的货币政策渠道，美联储加息至少还会通过3个渠道对中国宏观经济产生影响。第一是总供给冲击渠道。美联储加息会导致美元升值，由于国际贸易美元定价机制及价格黏性的存在，中国的部分进口商品价格会上涨。这是典型的负面供给冲击，会导致总供给曲线向左移动，引起产出下降和通胀上升。第二是外需收缩渠道。美国紧缩型的货币政策会抑制美国经济增长，美国的经济下行会降低其对中国产品的进口需求，进而拉低中国出口和经济增长。这会给中国GDP和通胀都带来下行压力。第三是相对价格—净出口渠道。美元升值意味着人民币和其他货币相对贬值，但贬值幅度取决于各国在资本管制和汇率制度等方面的安排。各国货币汇率的变化，会通过影响各国商品在国际市场上的相对价格进而影响国际贸易，最终通过净出口来影响中国的总产出。最终定量结果显示，总供给冲击渠道、外需收缩渠道及货币政策渠道发挥了主要作用，拉低了中国的GDP水平。

② 从理论上讲，中国应该实行更灵活的汇率制度以确保货币政策的独立性和有效性（陈彦斌等，2018）。无论是“三元悖论”还是“二元悖论”理论都认为，在完全资本管制时，货币政策能够获得完全独立性。但是，适当加强跨境资本流动管理并不是也不应该是完全资本管制，正常、合理的跨境资本流动是存在的，也是允许的。在非完全资本管制的情形下，更灵活的人民币汇率形成机制有利于增强货币政策独立性，而独立、有效的货币政策对中国这样的大型经济体来说其重要意义是不言而喻的。允许人民币汇率对国际、国内经济金融形势做出及时调整，有利于发挥汇率的价格发现和风险提示功能。这既有利于及时释放人民币面临的贬值或升值压力从而稳定市场预期，也有利于货币政策制定不再过多关注汇率稳定因素，从而更主动、更独立地发挥“稳增长”作用。

货币政策形成了掣肘，进而间接给中国实体经济投资带来了不利影响。

最后，美国贸易保护主义所引发的中美贸易摩擦，既削弱了相关出口企业的投资，也通过增大市场不确定性而削弱了中国整体投资。国家统计局数据显示，2018 年 1~11 月纺织服装行业及金属制品行业等受美国加征关税影响较大的行业，其固定资产投资完成额同比增速比上年同期大幅下滑。另外，受中美贸易战影响，2018 年中国不确定性指数不断上扬，在贸易战较为激烈的 3 月、6 月和 9 月，不确定性指数在当月或者之后都有较大幅度上涨（图 20）。从中国景气指数的走势来看（图 21），2018 年消费者预期指数和信心指数都出现了较大幅度的下滑，且受贸易战影响明显；制造业和非制造业 PMI 的下跌趋势也较明显。在经济下行压力持续存在的背景下，贸易战增加了中国经济的不确定性，导致消费者和投资者信心受挫，进而削弱了实体经济投资（Baker et al.，2015）。

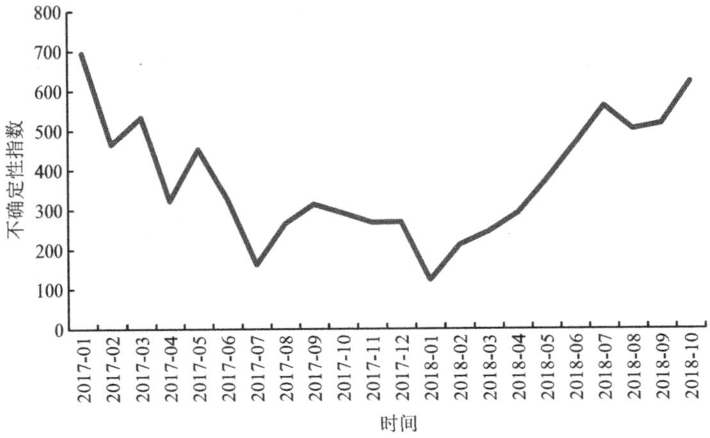

图 20　中国不确定指数走势

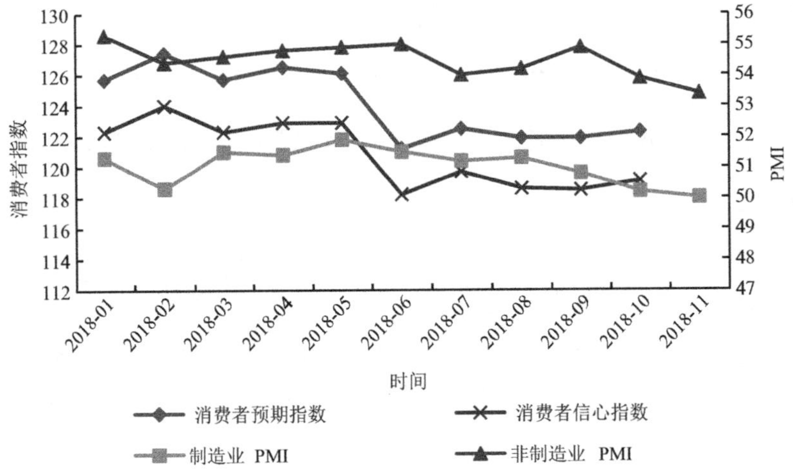

图 21　中国景气指数走势

2. 中国出口受到直接冲击

2018 年中国出口增速放缓。首先，在出口总额方面，2018 年以人民币计价的出口总额同比增长 7.1%，增速比 2017 年下降 3.7 个百分点。其次，规模以上工业企业出口交货值在 2018 年 1~11 月同比增长 8.5%，增速比 2017 年同期下降 2.6 个百分点。最后，在企业出口订单方面，制造业企业 PMI 中的新出口订单指数大幅下滑（图 22），2018 年下半年以来其持续处于 50 的荣枯线以下，至 12 月已跌至 46.6 这一自 2017 年 1 月以来的最低位。

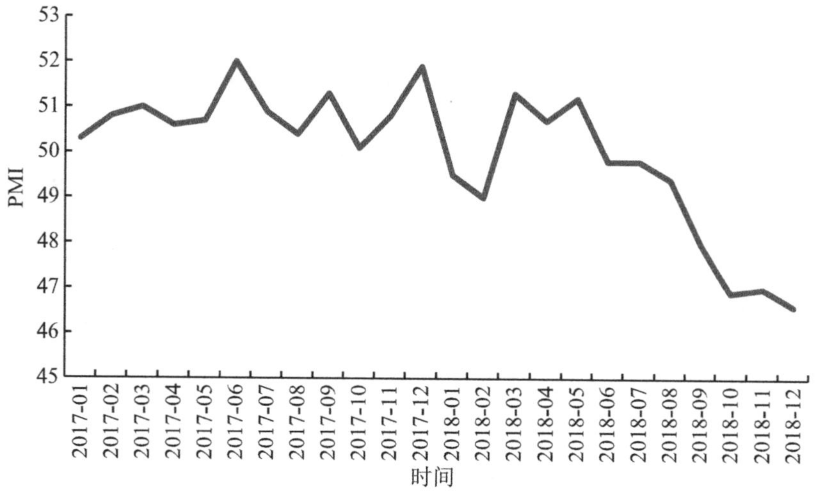

图 22　制造业企业 PMI 中新出口订单指数走势

出口增速下滑使 2018 年中国贸易顺差显著收窄。中国海关总署数据显示，2018 年上半年中国货物贸易顺差为 9013.2 亿元，较上年同期收窄 26.7%。到了 2018 年第三季度末，中国货物贸易顺差为 1.44 万亿元，同比收窄 28.3%。而全年货物贸易顺差为 2.33 万亿元，同比收窄 18.3%。图 23 描绘了 2017 年和 2018 年中国货物贸易顺差的走势。可以看到，除 2 月外，2018 年的月度贸易顺差额（无论以人民币计价还是美元计价）比 2017 年有趋势性的下滑。与 2017 年相比，2018 年货物与服务的净出口对中国经济增长的贡献率由正转负。2018 年前三季度，净出口对中国 GDP 增速的贡献为–0.6 个百分点。

中国出口增速下行与美国宏观经济政策有直接关系。首先，美国引发的贸易战直接导致了中美贸易增长受阻。数据显示，2018 年前三季度中国对美国进出口额同比增长仅 6.5%，远低于 2017 年同期 18.7%的增速。图 23 中所显示的 2018 年 2 月中国月度净出口大幅增加，其中一个重要原因就是出口企

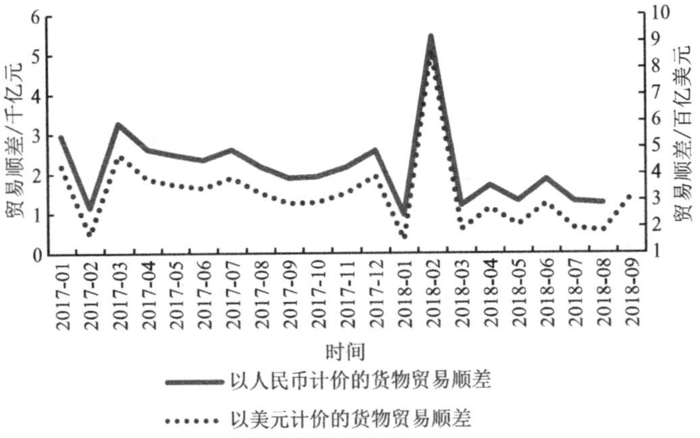

图 23　中国货物贸易顺差走势

数据已经过季节性调整

业为了躲避关税增加而采取了“出口抢跑”策略。这虽然使 2018 年前几个月中国出口数据好于预期，但却透支了下半年的出口需求，使 2018 年下半年及全年的出口增速出现下滑。进一步观察图 22 和图 23 可以发现，在 2018 年中美贸易摩擦较为激烈的 3 月和 6 月，制造业企业 PMI 中新出口订单指数及货物贸易顺差在当月或之后都出现了较大幅度的下滑。这就印证了美国贸易保护主义政策对中国出口的直接影响。其次，美国宏观经济政策对全球经济增长造成了负面影响，这也导致其他经济体对中国的进口出现了下滑。正如前文所述，2018 年美国宏观经济政策组合通过多个渠道给其他经济体（尤其是新兴经济体）的经济增长带来了冲击。这些经济体国民收入增速的下滑必然会导致它们减少进口，这其中就包括对中国的进口。

3. 人民币汇率和中国金融市场波动加大

与其他新兴经济体不同的是，中国拥有超过 3 万亿美元的巨额外汇储备，执行较为严格的跨境宏观审慎监管，总体上还是一个贸易盈余国家且外债占比很低，这些都保证了中国几乎不会发生货币危机（刘凯，2017）。虽然如此，但在美元主导的国际货币体系下，除非一国采取完全资本管制政策，否则美国货币政策的剧烈调整都会导致一定程度的资本流出或流入，即所谓“二元悖论”成立（Rey，2015；刘凯，2017）。

事实上，受美联储加息、美国大规模减税政策及中美贸易摩擦的影响，与其他新兴经济体类似，2018 年中国也出现了资本外流。正如前文所述，虽然 2018 年中国出口增速下滑，但依然实现了贸易盈余。如果没有资本外流，那么外汇储备规模应该会扩大。但是，2018 年 12 月末中国外汇储备规模仅为 3.07 万亿美元，比年初 3.16 万亿美元的规模下降了约 3%（图 24）。由此可见，2018 年中国的确出现了资本外流，只是规模没有 2015 年“811 汇改”之后那样大。

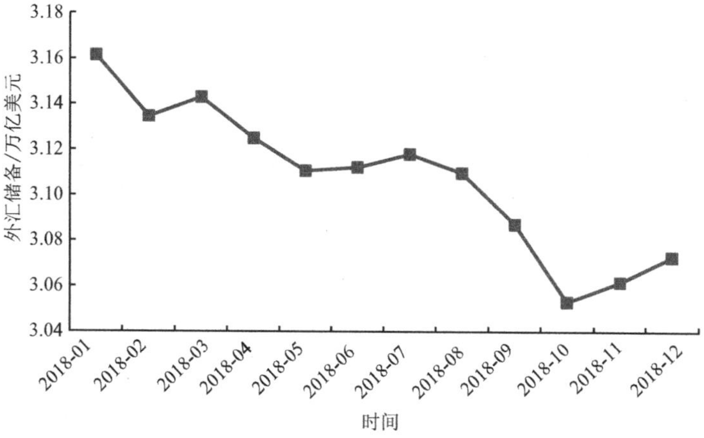

图 24　2018 年中国外汇储备走势

资本外流及美国宏观经济政策组合造成的市场不确定性上升和信心下滑，共同导致了人民币贬值压力与中国股市下行压力增大。与年中汇率高点（2018 年 4 月）相比，2018 年 12 月人民币对美元平均汇率为 6.94，贬值了近 9.2%（图 25）。2018 年 12 月末上证指数仅为 2493.90 点，比 2018 年 1 月末大幅下跌了近 28.4%（图 26）。假如美国不采取“紧缩性货币政策+扩张性财政政策+保护主义贸易政策”的政策组合，由于美国经济增长强劲而中国经济面临下行压力，人民币汇率和中国股市可能依然会下跌。但是，美国这一政策组合使人民币汇率和中国股市的下跌幅度进一步加大了。这可以通过以

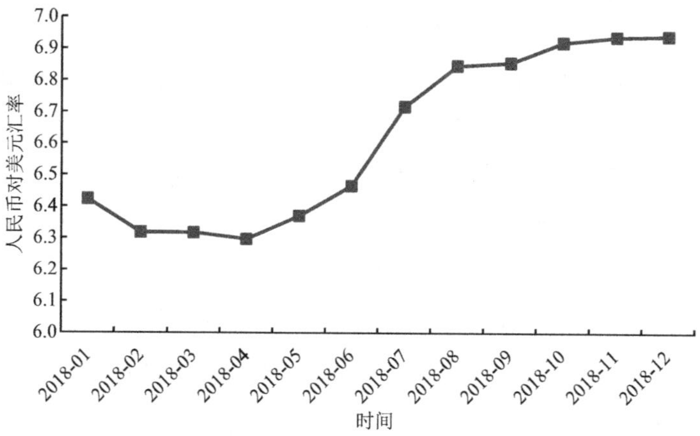

图 25　2018 年人民币对美元汇率走势

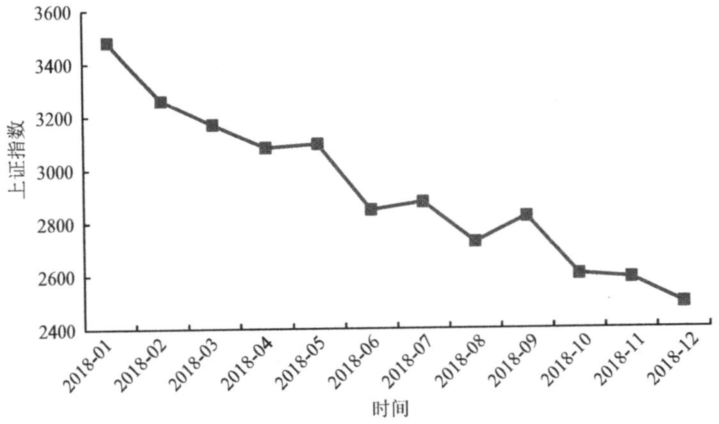

图 26　2018 年上证指数走势

下事实来证明：2018 年 6 月和 9 月，美联储都采取了加息措施且中美贸易摩擦加剧，在这两个时点之后的一两个月内，人民币贬值幅度扩大且上证指数加速下跌（图 25 和图 26）。值得肯定的是，由于中国继续保持偏紧的跨境宏观审慎监管，相比于阿根廷比索和土耳其里拉，2018 年人民币的贬值幅度相对温和。

四、结　　语

2018 年美国实施了“紧缩性货币政策+扩张性财政政策+保护主义贸易政策”的宏观经济政策组合。这一政策组合，在实现美国自身经济稳定和金融稳定方面做得不够好。财政政策力度偏大，与货币政策的调控方向相冲突，这不仅使美国经济出现偏热迹象，加大了通胀风险，而且推升了政府债务风险，还通过使美联储加息力度被动加大而增大了股市回调压力和企业债务违约风险。而保护主义的贸易政策则通过多种渠道影响到美国金融市场稳定。

与此同时，美国宏观经济政策组合对全球经济产生了很强的负外部性，既拖累了全球经济增长，也加剧了新兴经济体金融市场动荡。站在美国自身角度来看，美联储通过渐进加息和缩表的方式逐步收紧货币政策有其合理性，但它推升了全球货币市场利率，造成了全球流动性紧缩和资本回流美国，削弱了其他国家尤其是新兴经济体的投资和实体经济复苏。而且，从历史经验来看，美国进入加息周期往往预示着新兴经济体面临极大的对外金融风险，2018 年的国际金融现实验证了这一点：阿根廷、土耳其及巴西等国的汇市和股市都经历了大幅波动。美国大规模减税政策引发了全球范围内的税收竞争，会在一定程度上重塑全球产业链和跨国企业投资动向，给新兴经济体造成压力。而美国保护主义的贸易政策削弱了全球贸易和生产的增长，推升了全球不确定性和避险情绪，给新兴经济体的经济稳定和金融稳定带来了负面影响。

就中国而言，2018 年美国宏观经济政策组合不仅使中国实体经济投资和出口受到负面冲击，给中国经济增长带来了实质性的不利影响，还加大了中国汇市和股市的波动。当然，也应该看到，中国作为工业门类齐全、自身市场广阔、工业化与城市化尚未完成的大型经济体，其受到美国宏观经济政策的冲击是有限的。以贸易政策为例，有学者甚至认为，假如中国充分接受了美国关于贸易和投资方面的规则，并在更宽领域、更高层次开放市场，那么中国经济可能因为改革加速反而增长得更快。当然，中国经济也可能因来自国外的竞争加剧、企业受到冲击而增长放缓。但无论如何，中国经济增长都不大可能出现剧烈的变化（Summers，2018）。

简而言之，2018 年美国宏观经济政策的制定和实施对美国自身来说不是最好的选择，对全球经济来说更是产生了巨大的负外部性。因此，美国宏观经济政策有必要进行调整。首先，应该适当降低财政政策力度和赤字率，并加强财政政策与货币政策的协调性。这样既可以防范美国经济过热和通胀风险，也能使美联储加息力度适当减小一些，进而能够减弱美国宏观经济政策对全球经济的负面外溢效应。其次，应该放弃贸易保护主义立场，理性看待中国发展（Summers，2018），在多边机制下解决贸易争端，在改进国内收入分配的基础上实行开放自由的贸易政策以促进全球贸易发展。贸易自由化和经济全球化是有利于美国和世界居民整体福利的，其带来的美国部分产业和工人利益受损问题，应该通过再分配机制而不是贸易战来解决。

当然，我们应该意识到，在美国宏观经济政策的制定和实施过程中，政治因素发挥了特殊的、有时候还是决定性的作用。有鉴于此，世界其他国家尤其是新兴经济体要做好政策调整准备，以应对美国宏观经济政策产生的负外部性。在短期内，新兴经济体及广大发展中国家应该做好以下几点。第一，在美联储加息周期中要适当加强跨境宏观审慎监管，以避免货币危机和国内金融市场动荡。第二，要把握好机会和力度进行结构性改革（包括税收制度改革），以增强本国经济活力和韧性。第三，各新兴经济体和发展中国家之间要加强合作，“抱团取暖”，还要加强与美国之外其他发达经济体的合作，以此来减弱来自美国方面的冲击、不确定性和压力。在长期内，新兴经济体要联合国际社会以推动全球经济治理的改革与完善，尝试将美国宏观经济政策的负外部性内部化。既要在 G20 框架下倡议加强全球宏观经济政策的协调，必要时可构建统一战线联合向美国施压，也要推动国际货币体系和国际经济治理机构的改革，推动国际经济秩序朝着多极化方向发展。

参 考 文 献

陈彦斌，陈小亮，刘凯，等. 2017. 宏观政策评价报告 2017. 北京：科学出版社.

陈彦斌，陈小亮，刘凯，等. 2018. 宏观政策评价报告 2018. 北京：科学出版社.

樊海潮，张丽娜. 2018. 中间品贸易与中美贸易摩擦的福利效应：基于理论与量化分析的研究，中国工业经济，(9)：41-59.

黄健，刘蓉，祖进元. 2018. 供给学派减税理论与政策评析，经济学动态，(1)：125-134.

金砖智库. 2018. 美元加息对新兴市场国家的影响与对策. 北京："美元加息对新兴市场国家的影响与对策"研讨会暨报告发布会.

李晓，周学智. 2012. 美国对外负债的可持续性：外部调整理论的扩展. 世界经济，(12)：130-155.

刘凯，2017. 美元与中国宏观经济. 北京：科学出版社.

刘凯，2018. 加征关税如何影响美国贸易逆差及全球福利——基于美元本位下两国动态一般均衡框架的分析. 工作论文.

刘凯，李育. 2018. 美元本位下的中国宏观经济波动与汇率形成机制改革. 工作论文.

王道平，范小云. 2011. 现行的国际货币体系是否是全球经济失衡和金融危机的原因. 世界经济，(1)：52-72.

王国刚. 2014. 全球治理新框架的经济学哲理——评李杨等著《失衡与再平衡》. 经济研究，(3)：190-191.

杨志勇. 2018. 里根与特朗普税制改革的比较分析及对中国的启示. 国际经济评论，(3)：5，47-63.

余永定. 2018. 特朗普税改：两减一改、三大新税种和对美国经济的影响. 国际经济评论，(3)：4，9-25.

郑联盛，陈旭. 2018. 特朗普税改"冲击波"：经济影响与政策应对. 国际经济评论，(3)：5，26-46.

中国人民银行货币政策分析小组. 2018. 中国货币政策执行报告(二〇一八年第二季度).

Alessandria G, Choi H. 2014. Establishment heterogeneity, exporter dynamics, and the effects of trade liberalization. Journal of International Economics，94（2）：207-223.

Armenter R. 2011. Output gaps：uses and limitations. Federal Reserve Bank of Philadelphia Business Review，1st Quarter：1-8.

Baker S R，Bloom N，Davis S J. 2015. Measuring economic policy uncertainty. NBER Working Paper，No. 21633.

Caliendo L，Parro F. 2015. Estimates of the trade and welfare effects of NAFTA. The Review of Economic Studies，82（1）：1-44.

Chen A，Filardo A，He D，et al. 2016. Financial crisis，US unconventional monetary policy and international spillovers. Journal of International Money and Finance，67：62-81.

Chen Y，Liu K，Liu Z. 2018. U.S. money supply and China's business cycles. Emerging Markets Finance and Trade，54（5）：957-980.

Eaton J，Kortum S. 2002. Technology，geography，and trade. Econometrica，70（5）：1741-1779.

Georgiadis G. 2016. Determinants of global spillovers from US monetary policy. Journal of International Money and Finance，67：41-61.

Giannitsarou C. 2006. Supply-side reforms and learning dynamics. Journal of Monetary Economics，53（2）：291-309.

IMF. 2018a. Article IV consultation with the United States. Washington：IMF.
IMF. 2018b. Fiscal monitor：managing public wealth. Washington：IMF.
IMF. 2018c. Global financial stability report：a bumpy road ahead. Washington：IMF.
IMF. 2018d. World economic outlook：challenges to steady growth. Washington：IMF.
Irwin D A. 2017. Clashing over Commerce：A History of US Trade Policy. Chicago：University of Chicago Press.
Kiley M T. 2013. Output gaps. Journal of Macroeconomics，37：1-18.
Laffer A B. 2004. The Laffer curve：past，present，and future. Backgrounder，1765：1-16.
Lei J，Liu K. 2015. US money supply and global business cycles：1979-2009. Applied Economics，47（52）：5689-5705.
Mankiw N G，Weinzierl M. 2006. Dynamic scoring：a back-of-the-envelope guide. Journal of Public Economics，90（8/9）：1415-1433.
Mishkin F S. 2012，The Economics of Money，Banking and Financial Markets. 10th ed. New York：Pearson Education Inc.
Ossa R. 2014. Trade wars and trade talks with data. American Economic Review，104（12）：4104-4146.
Powell J. 2018. Monetary policy in a changing economy. Remarks at the symposium "Changing Market Structure and Implications for Monetary Policy" sponsored by the Federal Reserve Bank of Kansas City.
Rey H. 2015. Dilemma not trilemma：the global financial cycle and monetary policy independence. NBER Working Paper，No. 21162.
Romer C D，Romer D H. 2010. The macroeconomic effects of tax changes：estimates based on a new measure of fiscal shocks. American Economic Review，100（3）：763-801.
Summers L. 2018-12-04. Washington may bluster but cannot stifle the Chinese economy. Financial Times，Opinion US Politics & Policy.

第二篇　专题研究

专题研究一　推动我国经济高质量发展的六大突破口①

党的十九大报告对我国经济发展趋势做出了重要论断:"我国经济已由高速增长阶段转向高质量发展阶段"②。2017 年 12 月底召开的中央经济工作会议更加明确地指出:"中国特色社会主义进入了新时代,我国经济发展也进入了新时代,基本特征就是我国经济已由高速增长阶段转向高质量发展阶段"③。推动高质量发展具有重大意义,这不仅是"保持经济持续健康发展的必然要求",而且是"适应我国社会主要矛盾变化和全面建成小康社会、全面建设社会主义现代化国家的必然要求"③。正因如此,在党中央提出"高质量发展"这一新概念之后,社会各界对"高质量发展"的内涵进行了多方面的解读。概括来看,已有观点认为高质量发展的内涵包括更依靠创新驱动、更高的生产效率、更高的经济效益、更合理的资源配置、更优化的经济结构、更加注重消费对经济发展的基础性作用、更小的贫富差距、更注重幸福导向、更加注重防范金融风险、更绿色环保的发展方式,等等。作者认为,在"高质量发展"的诸多内涵中,应着重关注以下六大突破口,它们不仅是"高质量发展"的核心要义,而且是"高质量发展"其他内涵的"因"。

第一,从要素驱动转向创新驱动。从增长核算的视角来看,经济增长的动力源泉主要包括资本、劳动、人力资本和全要素生产率(total factor

---

① 作者:陈彦斌,中国人民大学经济学院教授、副院长。本专题研究已发表于《光明日报》2018年5月29日第15版。

② 习近平:《决胜全面建成小康社会 夺取新时代中国特色社会主义伟大胜利——在中国共产党第十九次全国代表大会上的报告》,《人民日报》,2017年10月28日,第1版。

③ 《中央经济工作会议在北京举行——习近平李克强作重要讲话 张高丽栗战书汪洋王沪宁赵乐际韩正出席会议》,http://www.xinhuanet.com/mrdx/2017-12/21/c_136841382.htm,2017年12月21日。

productivity，TFP）四大类，其中 TFP 可以细分为技术进步和效率改进。理论和国际经验均表明，创新和技术进步是一个国家经济增长最重要的动力源泉。然而，我国在过去三四十年的高增长过程中，主要靠的是资本和劳动等要素驱动，而技术进步对经济增长的贡献明显偏低。不仅如此，产能过剩等问题导致我国难以继续依靠资本积累拉动经济增长，人口老龄化则使我国难以通过增加劳动力数量拉动经济增长。在此境况下，只有从要素驱动转向创新驱动，才能更好地实现“高质量发展”。

第二，提高资本质量和人力资本质量。第一点所述的从要素驱动转向创新驱动，并不意味着不再关注资本和劳动投入，而是不再追求资本积累的规模和劳动人口的数量，转而追求资本质量和人力资本质量。就资本质量而言，最近一二十年房地产投资对我国的经济增长做出了较大贡献，但是由此形成的是非生产性资本积累，再加上产业结构有所失衡，还有不少行业处于产能过剩的状态，因此我国资本积累的质量并不足够高。要想推动“高质量发展”，亟须改善资本质量。就人力资本质量而言，高校扩招以来的 20 年里高校毕业生人数大幅增加，但部分高校过度扩招导致招生规模远超其所能承受的范围，因此教育质量还有提高的空间。未来应深化市场化改革，让民间资本更好地参与到教育事业中，以提高教育质量和人力资本质量。

第三，缩小贫富差距尤其是财产差距。高收入群体的消费倾向一般低于低收入群体，所以贫富差距的扩大会使居民整体消费倾向趋于下降，从而减少全社会的消费。增强消费对经济发展的基础性作用，既需要缩小收入差距，又需要缩小财产差距。具体而言，就是要深入贯彻党的十九大报告提出的“完善按要素分配的体制机制”“履行好政府再分配调节职能”①等举措来缩小收入差距。

第四，防范并化解金融风险。2008 年全球金融危机等事件表明，金融风险一旦爆发将会给经济体带来严重冲击，因此要高度防范金融风险。近年来我国也日益重视防范金融风险，并且在去杠杆，抑制一、二线热点城市房价泡沫化风险等方面取得了一定成效，但仍然面临着一些潜在的金融风险与隐患。例如，企业偿债压力尚未得到有效缓解；地方政府债务区域性风险和隐性化问题较为突出。降低金融风险才能够为经济与社会平稳发展营造良好的氛围，使人民更有安全感。因此，要想推动“高质量发展”，需要进一步防范

① 习近平：《决胜全面建成小康社会 夺取新时代中国特色社会主义伟大胜利——在中国共产党第十九次全国代表大会上的报告》，《人民日报》，2017年10月28日，第1版。

并化解金融风险，确保“守住不发生系统性金融风险的底线”。

第五，优化财政支出结构，尤其要增加民生和社会保障支出。以往我国的财政支出有相当一部分用于“上项目、搞投资”，教育、医疗和社会保障等方面的财政支出相对偏少。“高质量发展”要求增强人民的获得感、幸福感，因此需要优化财政支出结构，尤其要增加民生和社会保障支出。需要强调的是，增加民生财政支出结构还有助于消除居民的后顾之忧，减少他们为应对教育、医疗和养老等问题而进行的预防性储蓄，从而增强消费对经济发展的基础性作用。

第六，治理污染，保护环境。改革开放以来，我国实现了持续较高速度的经济增长，也带来了空气污染、水污染和土壤污染等问题。2018 年我国人均 GDP 已超过 8000 美元，开始接近高收入国家的下限，人民对良好生态环境的需求越来越强烈，生态环境的好坏已成为衡量人民幸福感的重要指标之一。因此，推动“高质量发展”，必须要减少污染，保护环境。2017 年 12 月底召开的中央经济工作会议将污染防治作为未来三年的三大攻坚战之一，在 2018 年 5 月召开的全国生态环境保护大会上，习近平强调，“加大力度推进生态文明建设、解决生态环境问题，坚决打好污染防治攻坚战，推动我国生态文明建设迈上新台阶”①。中央高度重视污染防治，这为“高质量发展”的顺利推进提供了保障。

综上可知，上述六大突破口是实现“高质量发展”的关键，把握好这六大突破口才能推动我国经济由高速增长阶段向高质量发展阶段顺利转变。不过也要认识到，“高质量发展”需要一个较长的过程，不是一朝一夕就可以完成的。为了推动“高质量发展”，还需要制定“指标体系、政策体系、标准体系、统计体系、绩效评价、政绩考核”及“创建和完善制度环境”。这些工作都需要花费一定的时间才能完成，因此要做好打长期战、持久战的准备。

① 《习近平出席全国生态环境保护大会并发表重要讲话》，http://www.gov.cn/xinwen/2018-05/19/content_5292116.htm，2018年5月19日。

专题研究二 消费疲软之谜与扩大消费之策[①]

一、引 言

我国经济步入新常态以来，以往所依靠的“高投资—高出口”双轮驱动的发展模式越发难以为继，扩大居民消费成为经济工作的重中之重。党的十八大报告明确提出“要牢牢把握扩大内需这一战略基点，加快建立扩大消费需求长效机制，释放居民消费潜力”[②]。党的十九大报告不仅进一步强调要“完善促进消费的体制机制”，更是指出要“增强消费对经济发展的基础性作用”[③]。由此可见，我国对消费的重视程度达到了前所未有的高度。而消费的快速增长也确实成为新常态下我国经济的一大亮点，在经济运行中发挥了重要的“稳定器”和“压舱石”作用。2013~2016 年，最终消费支出对 GDP 增长的贡献率持续攀升，从 47%大幅提高至 66.5%的 21 世纪以来最高点，超越投资成为推动经济增长的第一动力[④]。

然而，2017 年以来我国消费的增长动力明显减弱，突出表现为消费对 GDP 增长贡献率的下降。2017 年最终消费支出对 GDP 增长的贡献率回落至

---

① 作者：刘哲希，对外经济贸易大学国际经济贸易学院讲师；陈彦斌，中国人民大学经济学院教授、副院长。本专题研究已发表于《财经问题研究》2018年第11期。

② 胡锦涛：《坚定不移沿着中国特色社会主义道路前进 为全面建成小康社会而奋斗——在中国共产党第十八次全国代表大会上的报告》，http://www.xinhuanet.com/18cpcnc/2012-11/17/c_113711665.htm，2012年11月17日。

③ 习近平：《决胜全面建成小康社会 夺取新时代中国特色社会主义伟大胜利——在中国共产党第十九次全国代表大会上的报告》，http://www.xinhuanet.com/politics/19cpcnc/2017-10/27/c_1121867529.htm，2017年10月27日。

④ 如无特殊说明，本专题研究使用数据均来自国家统计局与世界银行数据库。

58.8%，相较于 2016 年下降了 7.7 个百分点之多。不仅如此，我国消费还出现了其他一系列疲软迹象。例如，居民消费率（居民消费支出/GDP）未能延续 2012 年以来的持续上升走势，2017 年下滑了 1.1 个百分点至 38.3%，这也是近十年来居民消费率的最大年度降幅。又如，2017 年社会消费品零售总额增速仅有 10.2%，年度增速触及近 14 年来的最低点，而在 2018 年上半年该增速进一步下滑至 9.4%的低位。

之所以将本轮消费疲软称为一个谜题，主要是因为出乎了许多专家学者的预料。通常来讲，判断消费增速的走势主要是综合居民收入、消费者信心与制度环境等几方面因素，但这些因素均难以较好地解释本轮消费的疲软。从居民收入增速来看，2017 年居民人均可支配收入实际增速是有所上升的，从 2016 年的 6.3%提高至 7.3%。从消费者信心指数来看，2017 年下半年以来该指数更是已经攀升至 120 左右的历史最高点。从政策制度环境来看，以往研究所关注的不利于消费增长的社会保障制度不完善与要素市场扭曲等问题也没有出现恶化（白重恩等，2012；汪伟等，2013；陈斌开等，2014）。因此，为什么近两年消费会出乎意料的疲软就成了亟待回答的重要问题。有鉴于此，有必要对造成消费疲软的原因进行系统地梳理与分析，以找到扩大消费的有效对策，从而增强消费对经济发展的基础性作用，推动中国经济实现高质量发展。

二、消费疲软的主要表现：四个维度

当前，虽然社会各界对消费疲软现象已经开始给予重视，但是对该问题的分析还不够系统。从总体支出来看，居民消费支出增速放缓迹象究竟是否明显？从各分项支出来看，是不是只有商品消费增速在放缓，而过去几年增长较快的服务消费依然在保持快速增长？从消费结构来看，居民消费升级步伐是否仍在延续，近来被广泛关注的消费降级问题又是否存在？这些问题对于理解消费疲软问题的严重性至关重要。因此，本部分将从居民总体消费支出情况、商品消费增速情况、服务消费增速情况及居民消费升级情况等四个维度，对我国居民消费进行全方位的分析。总体来看，当前居民消费的疲软不是只表现在某些局部领域，而是全面的下滑，值得高度警惕。

（一）从总体消费支出来看，居民人均消费支出增速显著下滑，更值得注意的是居民主动型消费支出增速的下滑幅度更大

居民人均消费支出增速的下滑是当前消费疲软的核心表现。2017 年居民

人均消费支出名义增速仅为 7.1%，比 2016 年下滑了 1.8 个百分点，这也是自 2013 年起国家统计局实施居民消费支出新统计口径以来的最低点。剔除价格因素之后，2017 年居民人均消费支出的实际增速只有 5.4%，低于 2016 年 1.4 个百分点。其中，城镇居民人均消费支出增速更低，2017 年名义增速和实际增速分别只有 5.9%和 4.1%，分别低于农村居民人均消费支出的名义增速和实际增速 2.2 个百分点和 2.7 个百分点。进一步考虑到我国城镇居民消费规模接近于农村居民消费规模的 4 倍之多，由此可知，当前我国消费疲软的问题主要在于城镇居民消费的疲软。

需要注意的是，2018 年上半年城镇居民人均消费支出增速出现了一定的回升，名义增速达到 6.8%，比 2017 年同期略微提高了 0.1 个百分点。那么，这是否意味着居民消费疲软问题已经开始得到一定的改善？作者认为，答案是否定的。通过分析居民的消费支出结构可以发现，城镇居民消费支出增速的回升源于居住消费和日常生活用品与服务等被动型消费支出增速的加快。这部分刚性消费难以由消费者自身所主动掌握，较快的增速其实意味着居民的生活成本在上升，并非意味着居民消费意愿的增强。剔除被动型消费支出之后可以发现①，2018 年上半年城镇居民人均主动型消费支出增速仅为 5.4%，实际上仍然比 2017 年同期下降了 0.9 个百分点。2017 年之前，城镇居民人均主动型消费支出增速一直高于整体消费支出增速，表明居民具有较为旺盛的消费意愿。但在 2017 年之后，主动型消费支出增速出现了明显的下滑，不仅低于整体消费支出增速，而且负向缺口在持续扩大。居民削减消费支出时肯定是要首先削减可以控制的主动型消费支出，因此主动型消费支出增速的过快下滑更能够反映居民消费的疲软状态。

（二）从商品消费增速来看，社会消费品零售总额增速快速下行，而且必需品与非必需品零售增速走势出现了明显分化

商品消费主要是指穿衣吃饭等基础物质类消费。长期以来商品消费在居民消费中一直占据主导地位，所以我国对商品消费规模的统计较为完善，每个月国家统计局会公布社会消费品的零售总额与增速。需要说明的是，目前对社会消费品零售总额的统计中不仅包括企业（单位）通过交易售给个人与社会集团的实物商品金额，还包括提供餐饮服务所取得的收入。由于后一部

① 按照国家统计局对城镇居民消费支出各分项的划分，本专题研究将居民的居住消费与日常生活用品及服务消费列为居民的被动型消费支出，剔除被动型消费支出后的其他支出列为居民的主动型消费支出。

分属于服务消费，剔除餐饮收入的社会消费品零售总额增速更能准确反映商品消费的增速变化。自 2015 年我国 GDP 增速步入 6.7%~7%的新中高速增长平台之后，直到 2017 年上半年之前，社会消费品零售总额增速（剔除餐饮收入，下同）其实一直处于较为平稳的运行状态，月度增速基本在 10%~13%的区间内保持相对平稳的运行。然而，2017 年下半年起社会消费品零售总额增速的下行态势十分明显，从 2017 年 6 月的 11%快速下行至 2018 年 7 月的 3.7%。剔除价格因素的影响之后，社会消费品零售总额实际增速的下滑幅度更为明显，2018 年 7 月的实际增速已经降至 1.4%，触及该指标公布以来的最低点。

更进一步地，本专题研究对各项消费品进行分类①，将食品烟酒饮料类、服装衣帽类与日用品类划为必需品类，将体育娱乐用品类、化妆品类与汽车类消费划为非必需品类。2016~2018 年必需品与非必需品零售总额增速出现了较为明显的分化走势。必需品零售总额增速基本保持平稳，甚至 2018 年上半年的增速还较 2017 年同期提高了 0.4 个百分点，达到了 9.8%的较高水平。相比之下，非必需品零售总额增速则是持续下行，2018 年上半年的增速仅为 3.0%，比 2017 年同期下降了 2.6 个百分点，更是比 2016 年同期下滑了 4.1 个百分点。非必需品零售增速快速下滑的逻辑与之前论述的居民主动型消费支出增速快速下滑的逻辑基本一致，即居民消费意愿下滑过程中首先会削减可买可不买的非必需品方面的消费支出，而必需品方面的支出增速则具有一定的刚性。因此，当前非必需品与必需品零售总额增速的分化走势进一步印证了居民消费意愿下降的事实。

（三）从服务消费增速来看，虽然服务消费占居民消费支出比重仍在上升，但主要是由居民消费支出增速的过快下滑所致，服务消费增速本身也明显下降

服务消费是与商品消费相互对立的概念，主要是指教育、医疗、文化、娱乐等体验式消费，是居民消费支出的另一大重要组成部分。不过，相较于对商品消费规模较为完善的统计，目前我国对服务消费规模的统计还较为缺乏。这也在一定程度上造成了公众对居民服务消费情况较为模糊的认识，往

① 社会消费品还包括家用电器和音响器材类、建筑及装潢材料类与家具类组成的住房类消费。此类消费与房地产销售增速的联系更为密切，所以未划入必需品与非必需品的分类。此外，金银珠宝类消费与居民投资黄金的行为更为密切，不宜划为消费领域之中。

往只是通过观察旅游、电影等一些较为火爆的市场就对居民服务消费的整体情况做出判断。

事实上，要更严谨地估算服务消费增速及占居民消费支出比重的变化情况，还是要基于国家统计局每季度公布的居民消费支出的各分项数据（程大中，2009）。按照国家统计局的统计口径，中国居民消费支出主要划分为八个大项，分别是食品烟酒、衣着、居住、家庭设备用品及服务、文教娱乐、医疗保健、交通通信及其他商品与服务。其中，文教娱乐、医疗保健与交通通信这三个大项属于服务消费。此外，食品烟酒、衣着、家庭设备用品及服务和其他商品与服务这四个大项中也包含服务消费的小项，如表 1 所示。例如，食品烟酒中包含在外用餐和食品加工服务费，衣着中包含衣着加工服务费，家庭设备用品及服务中包含家庭服务消费，其他商品与服务中包含其他服务消费。遗憾的是，2013 年起国家统计局实施居民消费支出的新统计口径之后，就不再公布八类消费支出下面各小项的具体数据。但从已经公布的 2005~2012 年城镇居民消费支出数据来看，文教娱乐、医疗保健与交通通信这三项支出能够稳定地占到城镇居民人均服务消费支出的 76%~79%，增速大致与城镇居民人均服务消费支出的增速相一致。因此，可以用 2013 年以来城镇居民文教娱乐、医疗保健与交通通信这三项的人均消费支出增速来替代同期城镇居民人均服务消费支出的增速①。

表 1　城镇居民消费支出各分项具体情况

消费支出各大分项	各大分项下的小项（2013 年起不再公布）
食品烟酒	粮食、淀粉及薯类、干豆类及豆制品、油脂类、肉禽及制品、蛋类、水产品类、蔬菜类、调味品、糖类、烟草类、酒和饮料、干鲜瓜果类、糕点类、奶及奶制品类、其他食品、**在外用餐**、**食品加工服务费**
衣着	服装、衣着材料、鞋类、**衣着加工服务费**
居住	住房、水电燃料及其他
家庭设备用品及服务	耐用消费品、室内装饰品、床上用品、家庭日用品、家具材料、**家庭服务**
交通通信	**交通**、**通信**
文教娱乐	**文化娱乐用品**、**教育**、**文化娱乐服务**
医疗保健	**医疗保健**
其他用品与服务	其他商品、**其他服务**

注：表中字体加黑的属于服务消费

① 事实上，本专题研究这一做法会高估2013年以来服务消费的增速。究其原因，在剩下的20%服务消费中有3/4为在外用餐消费。而从社会消费品零售总额中统计的餐饮收入增速可以看到，2012~2017年餐饮收入增速从15.1%下滑至10.1%，这实际上也会导致服务消费增速的下降。

通过测算可以发现，2012 年以来服务消费占城镇居民人均消费支出的比重确实出现了明显上升，从 2012 年的 43%上升至 2017 年的 48.7%，平均每年提高 1.14 个百分点，如图 1 所示。这与国家统计局对居民服务消费占比情况的描述基本一致。在国家统计局新闻发言人就 2018 年上半年国民经济运行情况答记者问的发言中，新闻发言人指出“最近这些年在居民消费支出里，服务消费的比重每年大概提高 1 个百分点。目前居民消费里面，服务消费的比重约为 50%”[①]。

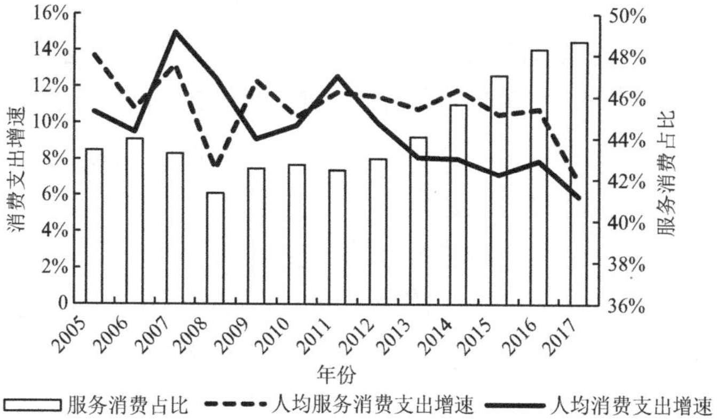

图 1　服务消费占城镇居民人均消费支出的比重变化情况

但需要注意的是，服务消费占比的攀升并不能作为支撑居民服务消费依旧保持旺盛的主要依据。这是因为，近两年城镇居民人均消费支出增速在快速下滑，即使居民人均服务消费支出增速下滑，但只要下滑幅度不超过人均消费支出增速的下滑幅度，就可以使服务消费占比保持上升。现实情况也是如此，2012 年以来，我国城镇居民服务消费确实在一段时期内保持了较快的增长速度，2012~2016 年的平均增速达到了 11.1%，高于同期人均消费支出增速 2.9 个百分点。然而，2017 年以来城镇居民人均服务消费支出增速却出现了明显的下滑，2017 年全年增速仅为 6.8%，触及 2005 年统计居民消费支出各项数据以来的最低点。2018 年城镇居民服务消费增速依然延续了低迷态势，上半年增速仅为 7.4%，与 2017 年同期相比下滑了 1.9 个百分点。由此可见，2017 年以来我国服务消费增长实际上也出现了较为明显的放缓。

① 《国家统计局新闻发言人就2018年上半年国民经济运行情况答记者问》，http://www.stats.gov.cn/tjsj/sjjd/201807/t20180716_1609974.html，2018年7月16日。

（四）从居民消费升级情况来看，升级步伐虽在延续但有所趋缓，部分群体的消费降级现象开始凸显

近年来，伴随着人均收入水平的不断提高，社会各界愈加关注居民的消费升级情况。居民消费升级的核心是从以往物质消费为主的消费模式向服务消费为主的消费模式切换，因而一般采用服务消费占居民消费比重来衡量居民消费升级步伐的快慢（张颖熙和夏杰长，2011；关利欣，2018）。如前所述，新常态下服务消费占比在持续攀升，已从 2012 年的 43%上升至 2017 年的 48.7%，这印证了近年来我国居民消费升级的大趋势。不过要注意的是，2017 年服务消费占比仅提高了 0.4 个百分点，增幅比 2016 年减少了 0.9 个百分点，这也是 2012 年以来的最小年度增幅。由此可以推知，居民消费升级步伐虽然在延续，但出现了一定的趋缓迹象。

当前有观点基于榨菜与白酒中低价位的二锅头销量大幅增长等一些微观数据得到了部分群体出现了消费降级趋向的结论[①]，这一观点引起了社会各界广泛关注。但不可否认的是，微观数据容易存在样本选择偏差等问题。要想更严谨地判断究竟是否有消费降级现象的出现还需要通过宏观数据进行观察。事实上，本专题研究之前论述的居民主动型消费支出增速与非必需品消费增速下滑的现象，已经在一定程度上反映出了部分群体的消费降级趋向。

更进一步地，由于消费降级的一个核心特点是居民从高品质消费向低品质消费转变，本专题研究认为可以通过观察限额以上单位消费品零售总额占社会消费品零售总额比重的变化予以判断。这是因为，限额以上单位是指年主营业务收入 2000 万元及以上的批发业单位或企业、500 万元及以上的零售业单位或企业、200 万元及以上的住宿和餐饮业单位或企业。相比于限额以下单位，这部分单位或企业提供的零售商品或餐饮住宿服务的品质一般较高。因此，如果限额以上单位消费品零售总额占全社会消费品零售总额的比重出现了明显下降，就很可能意味着消费者开始更多地选择较低品质的商品进行消费。计算结果表明，2012 年以来限额以上单位消费品零售总额占社会消费品零售总额的比重除了在 2014 年和 2015 年略有下滑之外，其他时间内一直处于相对较为稳定的状态，处于 45%以上。但自 2017 年底以来，在没有受到较大政策影响的情况下，该比重却出现了十分明显的下滑，截至 2018 年 7 月已经罕见地跌至 40%以下。由此可见，部分群体消费降级问题已经不容忽视，

① 具体请参见https://finance.qq.com/a/20180731/031114.htm，2018年7月31日。

这也是当前居民消费疲软的重要表现之一。

三、消费疲软的主要原因分析

既然我国对扩大消费的重视程度在不断提高，并且在过去几年取得了较好的成效，那么为什么 2017 年以来居民消费却出现了明显的疲软迹象？尤其是在 2017 年 GDP 增速与居民人均收入增速均有所回升的背景下，居民消费潜力本应得到更大程度的释放，而现实情况并非如此。本专题研究认为，消费出乎意料的疲软既源于一些抑制消费增长的新问题的出现，也源于一些过去导致居民消费不足的老问题发生了新变化。具体而言，主要有以下四个方面的原因。

（一）居民部门债务问题开始凸显，挤占居民消费支出

尽管自 2008 年全球金融危机以来我国居民部门杠杆率（居民部门债务/GDP）一直呈现上升走势，但在 2015 年之前的上升速度还较为温和。2009~2012 年居民部门杠杆率一共上升了 6.2 个百分点，2012~2015 年上升了 9.1 个百分点。但自 2016 年开始，居民部门杠杆率的上升速度明显加快，2016 年和 2017 年两年间居民部门杠杆率就上升了 9.6 个百分点之多。事实上，这一上升速度在全球范围内也是罕见的，即使美国在 2007 年次贷危机全面爆发之前次级抵押贷款增长最旺盛的时期，居民部门杠杆率两年间的增幅（2003~2004 年）也不过 9.8 个百分点。

但有观点认为，尽管 2016 年和 2017 年居民部门杠杆率的上升速度较快，但截至 2017 年底中国居民部门杠杆率也只有 48.4%，与发达国家（76.1%）和全球（62.1%）的平均水平相比并不高，不需要过多担忧居民债务问题。本专题研究认为这一观点值得商榷，我国居民部门的债务问题已经较为严重，主要有以下三个方面的原因。一是考虑到中国目前所处的发展阶段及金融体系完善程度等因素，将居民部门杠杆率与新兴经济体进行比较更为妥当[①]。截至 2017 年末，剔除中国的新兴经济体居民部门杠杆率的平均水平仅为 32.6%，由此可见，当前中国居民部门杠杆率已经明显高于大多数新兴经济体。二是由于我国居民收入占 GDP 比重偏低，采用“居民债务/GDP”的计算方法会低估居民部门债务问题的严重性（陈小亮和陈彦斌，2018）。以“居民债务/居

① 发达经济体的杠杆率水平普遍较高的一个重要原因是这些国家的金融服务体系较为完善，借贷主体面临的融资约束较为宽松，因而借贷活动更为频繁。正因如此，以往研究中多以私人债务/GDP作为衡量金融深化程度的重要变量（Turner，2015）。

民可支配收入”测度居民部门杠杆率更为准确，截至 2017 年底，以此方法测度的我国居民部门的杠杆率高达 110.9%。三是我国家庭借贷还是以向亲戚朋友借钱的民间借贷为主要途径，2015 年的《中国居民金融能力报告》的调查数据显示，超过 63.9%的家庭借钱首选是亲戚朋友，其次才是银行等其他融资渠道。因此，居民部门存在大量不纳入杠杆率统计口径的隐性债务，实际的债务问题会比杠杆率所显示的更加严重。

快速攀升的债务负担会加大居民部门的偿债压力，从而使居民削减其他部分的消费支出，这就会对居民消费产生较为显著的抑制作用。从数据上来看，这种影响已开始有所显现，2016 年和 2017 年居民部门杠杆率增长最快的时期恰是居民消费支出增速快速回落的时期，居民人均消费支出的实际增速从 6.9%下降至 5.4%的历史低位。从实证检验结果来看，潘敏和刘知琪（2018）基于中国家庭追踪调查数据检验了居民部门杠杆率上升对消费支出的直接和间接影响，也同样得到了近年来居民部门杠杆率攀升显著地抑制了城镇居民消费支出增加的结论[①]。不仅如此，Baker（2014）的研究表明，在面对相同的收入冲击时，具有较高杠杆率的家庭对支出的调整幅度会显著大于杠杆率较低的家庭。这就意味着如果中国经济增速难以维持 2017 年所呈现的回升势头，那么未来债务对居民消费的抑制作用将会进一步增强。

（二）房价上涨过快，制约居民消费空间

2015 年以来，我国房地产市场在经历了短暂低迷之后开始回暖，并且迅速升温。首先是北京、上海、广州、深圳等一线城市和南京、厦门等部分二线城市迎来了一轮房价的大幅上涨，2015 年和 2016 年两年间，北京、上海、广州、深圳四个城市新建商品住宅销售价格的平均涨幅高达 53.4%，其中深圳的涨幅更是高达 80.5%。合肥、厦门、南京等部分二线城市的新建商品住宅销售价格也分别上涨了 48.3%、51.1%与 52.8%。随后，伴随着 2017 年政府对房地产市场调控力度的加强，一线城市与热点二线城市的房价涨幅有所回落，不过房价上涨势头迅速向其他一些二线城市与三、四线城市转移。据统计，截至 2016 年底我国平均房价超过 1 万元/米^{2}的城市只有 19 个，以一线城市和二线城市为主。但是到 2017 年底，由于一些三、四线城市房价出现

---

① 刘哲希和李子昂（2018）基于含有高杠杆特征的动态一般均衡模型也研究发现，中国居民部门杠杆率的攀升会抑制居民消费支出的增长，只不过由于产出水平下滑幅度更大的缘故，消费率会在消费支出下滑的同时“被动”上升，从而掩盖居民消费需求萎缩的事实。

了大幅上涨，平均房价超过 1 万元/米^{2}的城市数量已经高达 53 个①。

值得注意的是，不同于以往房价上涨主要是由适龄购房人群的强劲刚性需求释放所驱动，2015 年以来的这一轮房价上涨呈现明显的信贷驱动特征。究其原因，推动房价上涨的需求主要源自两个方面。一是部分群体的投资性与投机性需求，他们一般通过加杠杆的方式以相对较少的自有资金来撬动大规模的信贷资金，试图获取更大的收益。二是一些年轻家庭在“再不买就买不起”的担忧下，不得不通过加大借贷规模提前集中入市。从数据上看，房价上涨的信贷驱动特征突出表现在房地产贷款规模的迅猛扩张之上。新增房地产贷款占每年新增人民币贷款的比重从 2014 年的 28.1%大幅攀升至 2016 年的 44.8%，达到了该项指标有记录以来的最高点。2017 年在房地产调控加码的情况下这一比重有所回落，但依然处于 40%以上的高位②。

由信贷驱动的房价上涨对居民消费会产生更为明显的挤出作用。一方面是因为随着房贷规模的增加，购房群体的还贷压力也相应增加，这对于居民消费会产生一定的负面影响。另一方面信贷扩张与房价上涨存在正向反馈机制，很容易导致房价上涨速度过快，大幅偏离合理水平（Mian and Sufi，2014）③，这会给没有住房的居民带来更大的购房压力与租房成本，从而使他们压缩消费支出。事实上，高房价对居民消费的挤出作用已经有所显现。2018 年上半年全国人均居住消费占总体消费支出比例高达 22.8%，比 2017 年同期大幅上升了约 0.9 个百分点，这也是该项数据近五年以来的同期最高点。此外，房价上涨主要是对城镇居民产生影响，对农村居民影响不大，因此还可以对比城镇与农村居民消费支出增速（剔除居住消费支出）来判断房价上涨是否对居民消费产生了挤出作用。2017 年三、四线城市房价呈现普涨态势以来，城镇居民人均消费支出增速显著下滑，而农村居民人均消费支出增速反而是有所上升。2018 年上半年城镇居民人均消费支出的同比实际增速仅有 4.7%，而农村居民人均消费支出的同比实际增速达到了 10.1%，两者之差相较于 2017 年同期扩大了 3.5 个百分点之多④。由此可知，当前房价上涨对居民消费的挤出

① 具体请参见https://www.sohu.com/a/221061766_99981064，2018年2月5日。

② 每年新增个人购房贷款占商品房销售额比重的大幅上升，也表明越来越多的购房资金来源于信贷资金。2014~2016年该比重从22.5%提高至42.2%。

③ 易居研究院（2018）发布的报告表明，截至2018年上半年，80个大中城市中有54个城市偏离度为正，29个城市偏离度为负。其中，厦门（偏离度为41.6%）、南京（偏离度为35.7%）、广州（偏离度为29.6%）等偏离度较大的城市也是过去几年房价上涨较快的城市。

④ 要强调的是，从城镇居民和农村居民收入增速来看，2018年上半年城镇居民人均可支配收入同比增速为7.1%，农村居民人均收入同比增速为9.8%，两者之差比2017年同期只扩大了1.8个百分点。因此，仅从收入端难以较好地解释城镇与农村居民消费支出增速的差距。

作用已不容忽视。

（三）收入差距问题发生新变化，对消费抑制作用增强

长期以来，收入差距对我国居民消费的抑制一直是社会各界与学术研究关注的重点问题（杨汝岱和陈诗娥，2007；娄峰和李雪松，2009）。事实上，收入差距扩大在以往对居民消费的负面影响也是显而易见的。改革开放以来，我国居民收入的基尼系数明显扩大，从改革开放之初的不足 0.2 上升至 2008 年的 0.49 这一历史高位。与此同时，居民消费率则是从 50%左右大幅下降至 35%左右的低点。不过，自 2008 年起我国居民收入的基尼系数成功地实现“七连降”，2015 年时基尼系数已下降到 0.462。而在 2016 年和 2017 年，居民收入基尼系数虽然有所回升，但是幅度十分微小，仅上升至 0.465。因此表面上来看，从收入差距的视角难以继续较好地解释当前我国居民消费的疲软。

但通过仔细分析可以发现，近两年我国收入差距问题其实呈现出一点重要的新变化。以往尤其是 21 世纪以来收入差距扩大主要是由高收入群体收入增速过快所致。在此期间，中低收入群体收入增长也较快，只不过增速低于高收入群体，从而导致收入差距逐步拉大。例如，2001~2015 年，城镇低收入群体（排名在后 20%）的人均可支配收入平均增速能够达到 10.7%，而高收入（排名在前 20%）的人均可支配收入平均增速则更高，达到了 12.3%。但 2016 年以来，我国居民收入情况发生了明显变化，大多数居民的收入增速出现了明显下滑，其中，中低收入群体收入增速的下滑速度更快。2016 年低收入群体的人均可支配收入增速仅有 6.3%，高收入群体的收入增速依然能达到 8.1%。这一点变化也突出地反映在居民人均可支配收入增速（平均数增速）与中位数增速的分化走势之上，尤其是 2017 年出现了中位数增速下降而平均数增速上升的情况[①]。这意味着高收入群体收入增速有所加快，而中低收入群体收入增速依然在下滑。由此可见，近两年收入差距扩大的主要原因不再是高收入群体收入增速过快，而是中低收入群体收入增速下滑过快。

经济学理论表明，中低收入群体的消费倾向（消费支出/可支配收入）显著大于高收入群体。我国各收入阶层家庭的消费情况也符合这一经济规律，

---

① 一般而言，人均收入的中位数增速快速下滑意味着中低收入群体的收入增速在快速下滑。如果平均数增速显著快于中位数增速，那么就表明高收入群体的收入增速整体快于中低收入群体，意味着收入分配格局有所恶化。

以 2012 年数据为例[①]，城镇最低 10%收入家庭的消费支出占可支配收入比重达 93.5%，所有家庭的消费支出占可支配收入比重为 69.5%，最高 10%收入家庭该比重仅为 59.8%。消费倾向的这一特征意味着在面临相同的负向收入冲击时，中低收入群体缩减的消费规模会明显大于高收入群体。换言之，由中低收入群体收入增速过快下滑所引致的收入差距对居民消费的影响会大于由高收入群体收入增速过快所引致的收入差距。因此，即使 2016 年和 2017 年收入差距的上升幅度并不十分明显，但是其对居民消费的抑制作用也是不可忽视的。而当前消费降级现象的出现也主要是由中低收入群体收入增速过快下滑所致。

（四）居民消费需求结构与供给结构不匹配

尽管当前中国中低收入群体出现了一定的消费降级现象，但是中高收入与高收入群体的消费结构升级步伐仍在延续[②]。这一点可以从旅游、电影等一些市场的持续较快增长得以体现。2017 年国内旅游收入总额已达到 4.57 万亿元，较 2012 年的 2.27 万亿元翻了一番之多；电影市场总票房高达 559.1 亿元，是 2012 年总票房的 3.3 倍[③]。不过随之而来的问题是，虽然居民对高质量产品与服务的需求在增加，但是国内的市场供给却没有相应地升级，从而限制了居民消费潜力的释放，导致了居民消费升级对消费增长的推动力还不够强劲。

具体而言，当前中国居民消费需求结构与供给结构的不匹配主要体现在两个方面。一是居民对教育、文化、养老、医疗等方面更高品质服务的需求在增多，但受行业准入限制等因素的影响，这些领域的有效供给严重不足。二是虽然居民对消费品品质的要求在提升，但存在产品质量的信息不对称问题，导致市场存在低质量产品，存在“以次充好”现象，从而使一些消费者对国内产品失去信心。一个典型的例子是，人们通过“代购”“海淘”等方式大量购买国外产品。据统计，2017 年中国跨境进口零售电商交易规模高达 1.5 万亿元，已经接近于同期全社会消费品零售总额的 40%。更进一步地，如果考虑居民的境外购物消费规模（商务部数据显示 2017 年约为 2000 亿美元），

---

① 由于2013年之后《中国统计年鉴》不再公布按收入等级分组的各群体消费支出数据，本专题研究以2012年数据为例。

② 瑞士信贷银行统计数据显示，中国中产群体规模（财富介于1万美元到10万美元）在全球中所占比重从2000年的12.6%上升至2017年的35%。

③ 旅游收入数据来源于原国家旅游局，电影市场票房数据来源于原国家新闻出版广电总局。

那么中国居民购买国外商品的规模已经接近于国内商品销售规模的 85%。正因如此，党的十九大报告指出“我国社会主要矛盾已经转化为人民日益增长的美好生活需要和不平衡不充分的发展之间的矛盾”[①]，可见，供给结构与需求结构的不匹配已经成为制约消费增长的重要因素。

四、扩大居民消费的有效对策

从以上造成消费疲软的原因来看，如果不能积极地妥善应对，那么消费疲软问题不仅将长期存在，甚至会更加严重。而且需要注意的是，当前消费疲软问题是在经济增速回升的背景下出现的，这意味着一旦未来经济增速再次下滑，那么消费疲软问题将会进一步加重。基于此，本专题研究认为要扩大居民消费，既要对以上造成消费疲软的原因对症下药，又要着力做好“稳增长”工作，具体而言主要有以下五点。

（一）遏制居民部门杠杆率过快上升的势头

虽然中国对高债务问题早已有所重视，2015 年底的中央经济工作会议就将“去杠杆”列为“三去一降一补”五大供给侧结构性改革的重点任务之一，但是以往去杠杆的重点是企业与地方政府部门，对居民部门的重视程度不够。不仅如此，还有观点认为可以通过适度让居民部门加杠杆以拉动消费，从而缓冲企业和地方政府去杠杆带来的经济下行压力（李若愚，2016）。但事实上，伴随着近年来居民部门杠杆率的快速上升，中国居民部门的债务压力不断加重，已经成为制约居民消费增长的重要因素。而且，历史经验还表明居民部门杠杆率的快速上升相比于企业部门杠杆率的快速上升更易于引发债务危机（张斌等，2018）[②]。由此可见，如果继续让居民部门加杠杆，不仅难以促进消费，甚至还会加大债务危机爆发的可能性。

要有效遏制居民部门杠杆率过快上升势头，需要从削弱居民部门主动负

---

① 习近平：《决胜全面建成小康社会 夺取新时代中国特色社会主义伟大胜利——在中国共产党第十九次全国代表大会上的报告》，http://www.xinhuanet.com//politics/19cpcnc/2017-10/27/c_1121867529.htm，2017年10月27日。

② 张斌等（2018）研究发现，在过去100多年所发生的138次危机中由家庭部门杠杆率上升过快所引发的危机占到100次，由企业部门杠杆率上升过快所引发的危机只有38次。具体来讲，经济危机包括通胀、货币、股市、内债、外债及银行危机6种。如果危机前8年，家庭债务增长率高于企业部门则定义此次危机为“家庭债务主导型”，反之为“企业债务主导型”。

债激励与加强对居民部门负债渠道监管这两个方面入手。削弱居民部门主动负债激励方面，近年来居民负债激励增加主要是因为，在房价上涨预期增强的影响下，居民投机性心理或者“晚买不如早买”心理增强，从而增加了借贷规模。因此，削弱居民部门主动负债激励的关键在于通过完善房地产市场调控，改变居民对于房价“只涨不跌”的预期。加强对居民部门负债渠道监管方面，既要加强对个人住房贷款的管控，提高二套房及多套房的贷款利息与首付比例，又要打击挪用消费贷款、违规透支信用卡等行为，严控个人贷款违规流入房市和股市从事投机性行为。

（二）加快建立房地产市场平稳健康发展长效机制

伴随着房价的持续快速上涨，高房价及与之密切相关的高房租已经给居民带来较重的购房与住房压力，使居民既不敢也没有充裕的资金进行消费。因此，抑制高房价对于释放居民消费活力至关重要。过去政府对于高房价的调控往往以“限购”“限贷”等短期从需求侧入手的政策为主。这些政策虽然在短期内会取得成效，但一旦管控放开或者调控力度有所减弱就会迎来房价的报复性反弹，从而使房价陷入“越调越涨”的怪圈。由此，自 2016 年 12 月的中央经济工作会议以来，中央已经开始多次强调要“加快建立房地产市场平稳健康发展的长效机制”。

针对以往房地产调控过程中存在的问题，本专题研究认为在建立房地产市场平稳健康发展的长效机制的大方向下，需要重点做好以下几点工作。一是改变以往房地产调控从属于宏观调控的局面，大幅弱化房地产在“稳增长”方面所扮演的角色，确保房地产调控政策的独立性和长期稳定性（陈小亮，2018）。二是由于高房价带来的高额土地出让金是地方政府弥补财权与事权资金缺口的主要资金来源，地方政府调控房价的激励较弱。因此，深化财税体制改革并且加快政府职能从发展型向服务型转变，从而打破地方政府对土地财政的依赖，是建立房地产市场长效机制的重要一环。三是加快构建土地供给与常住人口之间的联动机制，完善多主体供给、多渠道保障、租售并举的住房制度，从根本上化解一线与部分热点城市的住房供需失衡问题。

（三）扭转中低收入群体可支配收入增速过快下滑局面

要扭转中低收入群体可支配收入增速过快下滑的局面，既要从初次分配环节入手，也要从再分配环节入手。一是要通过深化劳动、资金等要素市场改革，扭转劳动报酬偏低与资金利息报酬偏低的局面，从而改变要素价格管制下中低收入群体补贴高收入群体的格局。二是调整个人所得税征收模式和机制，特别是要解决在当前“分类征收、代扣代缴”模式下中低收入群体承担主要税收负担的问题[①]。三是解决再分配环节存在的“逆向调节”问题，切实让中低收入群体的生活得到改善与保障。

此外，近年来逐步扩大的财产差距也是不容忽视的重要问题。要缩小居民财产差距，一是要缩小家庭之间的房产持有不平等程度，这是因为房产持有不平等是目前中国家庭财产不平等的主要来源。因此，应按照“立法先行、充分授权、分步推进”的原则，加快推进房地产税的立法与推广实施。二是完善金融体制，避免少数人利用制度缺陷牟取暴利。同时，构建多元化金融市场，让金融市场更好地为中低收入群体提供服务，以实现财产的保值增值。三是适时征收遗产税，遏制财产差距的代际固化问题。

（四）加快推进供给侧结构性改革，提高供给结构对需求结构的适应性

针对当前存在的市场供给结构与居民消费结构不匹配的问题，消费领域的供给侧结构性改革，主要需要做好以下两个方面。一是减少教育、医疗等领域的准入管制，全面实施市场准入负面清单制度，清理废除妨碍统一市场和公平竞争的各项规定和做法，让民间资本更顺利地进入市场并享受公平的市场环境。民间资本的进入不仅能够为公众提供更多的消费选择，而且可以有效激发各类市场主体活力，与本身已处于这些领域的企业形成良性竞争，推动整个商品与服务供给质量的改善。二是放管结合，在强化市场主体地位的同时政府需要切实履行自身的监管职能。以更高的标准和更严格的监管着力提升整个供给体系质量，严格查处各种假冒伪劣行为，避免“劣币驱逐良币”的恶性竞争。让消费者买得放心、用得放心，进而更好地激发居民的消费需求。

（五）谨防经济增速进一步下滑

尽管 2017 年中国经济增速实现近七年来的首次回升，但在中美贸易摩擦

---

① 这是因为，在“分类征收、代扣代缴”模式下，中低收入居民的工薪所得由所在单位代扣代缴，被严格控制在监管范围之内。而高收入居民的财产收入和经营收入没有固定的代扣代缴单位，避税和逃税的概率较大，由此导致个人所得税成为“工薪阶层税”，加重了中低收入居民的税负（陈彦斌和陈惟，2017）。

不断升级与高债务等问题尚未得到妥善解决的背景下，中国经济仍然面临较大的下行压力。而一旦经济增速下滑，将会导致居民收入水平下降与债务压力加重等一系列问题出现，由此不可避免地会使当前消费疲软问题进一步加剧。因此，现阶段保证经济平稳增长是扩大居民消费所必不可少的一环。

要实现“稳增长”目标需要将积极的宏观调控与增长动力转换紧密结合。具体而言，宏观经济政策要实施积极的财政政策与稳健偏宽松的货币政策[①]，以保证经济稳定。需要注意的是，财政政策要改变以往以扩大投资来“稳增长”的模式，转而通过加大减税降费力度等方式来降低宏观税负。特别是在当前我国居民和企业税负感较重的情况下，税负的降低对居民消费与经济增长的提升会更为明显。增长动力转换是要从资本与劳动等“老动力”向全要素生产率和人力资本等“新动力”转换，这就需要加快市场化改革的步伐。市场化改革不仅能通过改善资源配置效率这一条机制促进经济增长，还能通过促进技术进步、提升人力资本质量及改善资本积累与劳动供给的结构等其他机制促进经济增长（陈彦斌和刘哲希，2016）。

参考文献

白重恩，李宏彬，吴斌珍. 2012. 医疗保险与消费：来自新型农村合作医疗的证据. 经济研究，(2)：41-53.

陈斌开，陈琳，谭安邦. 2014. 理解中国消费不足：基于文献的评述. 世界经济，(7)：3-22.

陈小亮. 2018. 构建房地产长效机制的对策探析：基于“长效”的视角. 人文杂志，(8)：33-41.

陈小亮，陈彦斌. 2018. 结构性去杠杆的推进重点与趋势观察. 改革，(7)：17-30.

陈彦斌，陈惟. 2017. 中国宏观税负的测算及启示. 财经问题研究，(9)：3-10.

陈彦斌，刘哲希. 2016. 经济增长动力演进与“十三五”增速估算. 改革，(10)：106-117.

程大中. 2009. 收入效应、价格效应与中国的服务性消费. 世界经济，(3)：14-25.

关利欣. 2018. 消费升级的国际比较及其借鉴意义. 国际经济合作，(5)：25-29.

李若愚. 2016. 居民部门杠杆率的国际比较与启示. 金融与经济，(1)：23-27.

刘哲希，李子昂. 2018. 结构性去杠杆进程中居民部门可以加杠杆吗？——基于含有高杠杆特征的动态一般均衡模型. 工作论文.

娄峰，李雪松. 2009. 中国城镇居民消费需求的动态实证分析. 中国社会科学，(3)：109-115，206.

潘敏，刘知琪. 2018. 居民家庭“加杠杆”能促进消费吗？——来自中国家庭微观调查的

① 货币政策之所以定位于稳健偏宽松，是因为偏紧的货币政策会导致企业尤其是中小企业融资成本的上升，加剧经济下行。当然，稳健偏宽松货币政策的实施需要宏观审慎政策的配合，从而谨防资金过多地流向僵尸企业与房地产市场。

经验证据. 金融研究，(4)：71-87.
汪伟，郭新强，艾春荣. 2013. 融资约束、劳动收入份额下降与中国低消费. 经济研究，(11)：100-113.
杨汝岱，陈诗娥. 2007. 公平与效率不可兼得吗？——基于居民边际消费倾向的研究. 经济研究，(12)：46-58.
易居研究院. 2018. 80 城房价收入比偏离度研究. 专题研究报告.
张斌，何晓贝，邓欣. 2018. 不一样的杠杆——从国际比较看杠杆上升的现象、原因与影响. 金融研究，(2)：15-29.
张颖熙，夏杰长. 2011. 服务消费结构升级的国际经验及其启示. 重庆社会科学，(11)：54-64.
Baker S. 2014. Debt and the consumption response to household income shocks. Working Paper，Stanford University.
Mian A，Sufi A. 2014. House of Debt：How They(and you) Caused the Great Recession and How We Can Prevent It From Happening Again. Chicago：The University of Chicago Press.
Turner A. 2015. Between Debt and the Devil：Money，Credit，and Fixing Global Finance. Princeton：Princeton University Press.

专题研究三　结构性去杠杆的推进重点与趋势观察①

杠杆率高企是当前中国经济面临的突出问题。为了有效降低杠杆率，2018年4月2日召开的中央财经委员会第一次会议提出了去杠杆的新思路——“结构性去杠杆”。会议指出，要“分部门、分债务类型提出不同要求，地方政府和企业特别是国有企业要尽快把杠杆降下来，努力实现宏观杠杆率稳定和逐步下降”②。需要注意的是，虽然在过去两三年间中央没有明确提出“结构性去杠杆”的概念，但是“结构性去杠杆”的思路其实早有体现。例如，2017年7月召开的全国金融工作会议就已经强调，“把降低企业杠杆率作为重中之重”，并且“严控地方政府债务增量，终身问责，倒查责任”，这与中央财经委员会第一次会议所提出的“结构性去杠杆”的核心目标是一致的，都把去杠杆的关键点锁定在了国企和地方政府。

中央之所以提出“结构性去杠杆”的新思路，是因为中国的杠杆率在不同部门之间及各部门内部体现出明显的结构性特点。一方面，在企业部门、居民部门和政府部门三大部门之间，企业部门的高杠杆问题最为突出。另一方面，各部门内部的杠杆率也体现出明显的结构性差异。就企业部门而言，2/3以上的企业债务集中在国企。就政府部门而言，2/3左右的政府债务集中在地方政府。就居民部门而言，中国居民部门债务的60%以上是房贷，它们主要由城市家庭尤其是一、二线城市的居民家庭承担。就金融部门而言，与大银行相比，中小银行与非银行金融机构的高杠杆问题更为严重。

---

① 作者：陈小亮，中国社会科学院经济研究所副编审；陈彦斌，中国人民大学经济学院副院长、教授。本专题研究已经发表于《改革》2018年第7期。

② 章斐然：《中央财经委首提结构性去杠杆 一行两会准备怎么干？》，http://www.xinhuanet.com/fortune/2018-04/06/c_1122642623.htm，2018年4月6日。

中央所提出的“结构性去杠杆”新思路与当前中国杠杆率的结构性特征相匹配，为去杠杆指明了新的方向。不过，究竟何为“结构性去杠杆”？“结构性去杠杆”新思路与传统去杠杆思路有何本质区别？各部门具体应该如何推进“结构性去杠杆”？目前社会各界对这些问题的研究还不够深入，但是这些问题显然是至关重要的，因为只有尽快找到它们的答案才能真正将“结构性去杠杆”稳步推进。为此，本专题研究先将“结构性去杠杆”新思路与传统去杠杆的方法和思路进行对比，从而准确把握“结构性去杠杆”的内涵。在此基础上，本专题研究结合中国杠杆率的结构性特征、中央正在推行的政策及去杠杆的国际经验，给出中国各部门“结构性去杠杆”的具体路径。

一、“结构性去杠杆”新思路与传统去杠杆思路的区别与联系

去杠杆并非新鲜事物，20 世纪 20 年代的德国魏玛共和国、20 世纪 30 年代的美国、20 世纪 90 年代的日本、2008 年全球金融危机之后的美国和西班牙等国家都经历过去杠杆的过程，中国也多次经历过去杠杆的过程[①]。然而，无论在国内还是在国际范围内，“结构性去杠杆”都是新的概念、新的思路。将“结构性去杠杆”新思路与传统去杠杆思路进行对比，探寻它们之间的区别与联系，有助于更好地把握“结构性去杠杆”的深刻内涵。

（一）“结构性去杠杆”新思路与传统去杠杆思路的两点主要区别

1. “结构性去杠杆”更加注重各部门之间及部门内部杠杆率的结构性差异，从而使去杠杆操作更加精准

传统去杠杆思路通常是以降低总体杠杆率为目标，没有专门聚焦杠杆率的结构性特点。日本在 20 世纪 90 年代的去杠杆进程就是一个典型的案例。泡沫经济破灭之后，大量企业陷入资不抵债的境况，变为僵尸企业。政府部门没有重视企业部门杠杆率的结构性特点，没有将优质企业和僵尸企业区分开来，而是继续鼓励银行向僵尸企业发放信贷，导致资源错配和经济结构失衡，最终使去杠杆进程缓慢，效果不佳。

相比之下，中国正在推行的“结构性去杠杆”充分考虑了企业部门、政府部门、居民部门等部门之间及各部门内部杠杆率的结构性特点，并且将国

① 例如，2003~2007年高增长时期，中国的杠杆率曾出现明显下降。再如，通胀率显著升高使2011年的杠杆率比2010年有所降低。

企（尤其是僵尸企业）和地方政府确定为去杠杆的主要对象，从而大大提高了去杠杆操作的精准度，避免出现“该去杠杆的市场主体去不了杠杆、不该去杠杆的市场主体被动去杠杆”的局面。

需要注意的是，除了国有企业和地方政府，居民部门债务风险已经不容忽视，金融业杠杆率偏高的问题也较为严重，它们也都应该被纳入“结构性去杠杆”的范畴并且重点关注。就居民部门而言，虽然表面上中国居民部门杠杆率水平不高，但是实际债务风险已经较为严重。究其原因，中国居民部门杠杆率的攀升速度过快，2013~2017 年中国居民部门杠杆率上升了 18.7 个百分点，与 2008 年全球金融危机爆发前的五年间美国居民部门杠杆率的上升幅度不相上下。不仅如此，中国家庭还普遍向亲戚朋友进行民间借贷，因而存在大规模的隐性债务。就金融部门而言，近年来中国金融机构加杠杆激励较强，由此导致金融部门脱离经济基本面支撑的自我快速膨胀，而且与大型商业银行相比，中小型商业银行的加杠杆激励更强，使资产规模的扩张势头更为迅猛，因此这些机构亟须去杠杆。

2. “结构性去杠杆”旨在避免去杠杆进程中可能引发的经济剧烈波动，从而实现杠杆率“稳定和逐步下降”

历史经验表明，去杠杆初期会发生大量的债务减记、债务重组与债务核销等行为，推动坏账率骤然上升并且引发恐慌行为，进而引发资产集体抛售和资产价格大幅下跌的后果。再加上大量企业和金融机构破产，去杠杆初期难免会出现经济增长的显著下滑。以 2008 年全球金融危机期间美国去杠杆为例，已有研究普遍认为这是世界范围内成功去杠杆的经典案例之一，即便如此，去杠杆初期经济增速仍然出现了显著下滑。2008 年和 2009 年是美国私人部门债务调整的高峰期，同时也出现了经济负增长，这两年美国经济增速分别为-0.3%和-2.8%。日本在去杠杆初期经济增速同样显著下滑，1990 年日本经济增速尚且处于 5.6%的高位，1991~1993 年则持续快速降至 3.3%、0.8%和 0.2%。

中国推行“结构性去杠杆”的根本目的是，促进经济平稳运行并且实现“高质量发展”，从而“使人民获得感、幸福感、安全感更加充实、更有保障、更可持续”。如果“结构性去杠杆”导致经济发生剧烈波动，那么显然与去杠杆的初衷是相悖的。正因如此，“结构性去杠杆”专门强调要实现杠杆率的“稳定和逐步下降”，体现了中央不希望杠杆率大幅波动从而导致经济大幅波动的总体思路，这也就成为“结构性去杠杆”新思路和传统去杠杆思路的又一主要区别。

（二）“结构性去杠杆”新思路与传统去杠杆思路的相通之处

根据杠杆率的计算公式：杠杆率=总债务/GDP，可以将传统去杠杆思路下所依靠的去杠杆的具体方法归结为两大类。第一类方法旨在减小杠杆率的“分子”，即降低债务规模。第二类方法旨在增大杠杆率的“分母”，即提高经济增长率。Dalio（2012）和 Buttiglione 等（2014）通过对 20 世纪 20 年代德国魏玛共和国、20 世纪 30 年代美国、20 世纪 90 年代日本、2008 年全球金融危机之后美国和西班牙等国家去杠杆的经历进行总结发现，这些国家去杠杆过程中通常既会使用减小杠杆率“分子”的方法，也会使用增大杠杆率“分母”的方法。

具体而言，要想减小杠杆率的“分子”，通常可以采取以下几种方法。一是债务清偿，即具有偿债能力的债务人通过使用自有资金或者出售资产等方式偿还债务。二是债务重组，即在债务人无法按照原定契约偿还债务的情况下，对原定的借贷金额、借款期限、借贷方式等内容做出调整，帮助债务人更顺利地偿还债务。例如，可以考虑进行债务展期，延长偿债期限，还可以考虑调整债务利息结构，用低利率债务替换高利率债务。三是债转股，即将债权人的债权转化为股权，在债权转为股权之后，企业债务减少的同时注册资本会增加，杠杆率随之下降①。四是债务减记和坏账核销，即当债务人在规定期限内无法偿还债务，并且已经丧失偿债能力时，将部分或全部债务作为不良债务进行核销。此时，需要中央银行发挥最后贷款人的功能或者政府向银行注资，帮助银行进行坏账核销。五是提高直接融资所占的比重。根据杠杆率计算公式可得，杠杆率=总债务/GDP=（总债务/投资）×（投资/GDP），其中第一个括号的内容与间接融资所占比重高度正相关，因此可以考虑发展直接融资市场，提高直接融资所占比重，从而使杠杆率趋于下降。

杠杆率的“分母”是名义 GDP，可以进一步拆分为通胀率和实际 GDP 两部分，因此，要想增大杠杆率的“分母”，既可以提高通胀率，也可以提高实际 GDP 增速。具体而言，可以采用以下几种方法从“分母”端去杠杆。一是通过大量增发货币推高通胀率，从而达到稀释债务、降低杠杆率的目的。二是通过积极的财政政策或者扩张性的货币政策刺激总需求，这既有助于提高通胀率，也有助于提高实际 GDP 增速，从而增大“分母”。三是当常规货币政策和财政政策空间受限或者效果欠佳时，可考虑通过推高资产价格来增

① 虽然债转股在短期内有助于降低企业的债务负担和杠杆率，但是就长期而言并非企业的最佳选择。Mishkin（2016）指出，在筹资领域，债务合约比股权合约的应用范围更普遍，究其原因，股权合约之下债权人在任何情况下都拥有对公司利润的索取权，这会导致较为严重的道德风险（委托—代理问题）。相对而言，债务合约之下债务人只需要向债权人定期支付固定金额的报酬，因此能够减弱道德风险，这也使债务合约比股权合约更有吸引力。不仅如此，债转股之后，债权人需要以股东的身份参与公司治理，但是很多情况下债权人并不具备经营公司的能力，因此债权人转为股东之后可能会影响企业的长期发展。可见，债转股并非“免费的午餐”。

大“分母”。资产价格上涨不仅能够通过财富效应和托宾 q 效应拉动消费需求和投资需求，而且能够通过放松家庭与企业的融资约束使更多的信贷需求得到满足，从而激发经济活力。四是通过进行深层次改革和经济结构调整等方式，激发经济活力，从而增大杠杆率的“分母”。

中国在推进“结构性去杠杆”的过程中，可供选择的方法主要也是上述两大类方法。而且，与 Dalio（2012）和 Buttiglione 等（2014）所强调的观点类似，中国在“结构性去杠杆”的过程中，同样需要综合采用多种方法，才能更好地实现平稳去杠杆的目的。例如，对于地方政府去杠杆而言，一方面，要使用债务重组等方式降低政府的债务负担，地方债务置换就是典型的债务重组，其目的是降低地方政府债务的利息、延长还债期限。另一方面，还要深化财税体制改革，使地方政府事权与财权相匹配，从根本上消除地方政府的借债动机，从而避免产生新的政府债务。再如，对于国企去杠杆而言，既要使用企业兼并重组和债转股等方法降低国企债务，以减小杠杆率的“分子”，又要通过深化改革、加快技术进步等方式增强企业活力，以增大杠杆率的“分母”。地方政府和国企去杠杆路径的细致分析详见下文。

二、分部门推进“结构性去杠杆”的重点方向

基于当前中国杠杆率在企业部门、居民部门、政府部门和金融部门之间及各个部门内部的结构性差异，本专题研究接下来秉持“结构性去杠杆”的总体思路，并结合去杠杆的常用方法，给出各部门“结构性去杠杆”的具体路径。

（一）企业部门：国企去杠杆是重中之重

当前，中国杠杆率最高的部门是企业部门，而企业债务的 2/3 以上聚集在国企，在“结构性去杠杆”这一新思路的指导下，企业部门去杠杆的主要目标是实现国企去杠杆。事实上，2017 年 7 月召开的全国金融工作会议就已经明确指出，“要把国有企业降杠杆作为重中之重，抓好处置‘僵尸企业’工作”①。2018 年 4 月召开的中央财经委员会第一次会议再度强调，“企业特别是国有企业要尽快把杠杆降下来”②。

①《全国金融工作会议在京召开》，http://www.gov.cn/xinwen/2017-07/15/content_5210774.htm，2017年7月15日。

②《习近平主持召开中央财经委员会第一次会议》，http://www.gov.cn/xinwen/2018-04/02/content_5279304.htm，2018年4月2日。

总体而言，国企去杠杆可以采取以下几种途径。一是加速清理僵尸企业，加大兼并重组力度。日本去杠杆的教训表明，对僵尸企业的清理至关重要，中国在推进国企去杠杆的过程中要把处置僵尸企业作为重要抓手，尽快切断对僵尸企业的信贷等资源的提供，不能再为它们“输血续命”。二是稳步推进国企债转股。事实上，国企债转股在中国并非新鲜事物，早在 1998 年“国有企业三年脱困”时就采用过债转股这一方式。当时的债转股取得了一定的成效，但是也有一些不足之处。例如，不少债务人认为债转股是“免费的午餐”，一些本应破产的企业没有及时破产，而是进行了债转股，但是最终还是以破产告终。新一轮债转股要严禁把僵尸企业作为目标企业，并且通过市场化方式完成债转股，帮助企业改善治理结构、恢复盈利能力，从而真正达到去杠杆的目的。三是加强对国企举债行为的约束。以往，由于国企面临预算软约束和刚性兑付，在借债时通常不会过多地考虑杠杆率或资产负债率的高低。加强对国企资产负债的约束不仅可以限制增量债务的产生，而且可以敦促国企加速化解存量债务，从而加快国企去杠杆的进程。

需要强调的是，不同地区和不同行业国企的杠杆率也存在明显的结构性差异。就地区差异而言，如图 1 所示，截至 2016 年末，山西、吉林、河北、陕西等地区的国企资产负债率超过 70%，在样本范围内处于明显偏高水平，

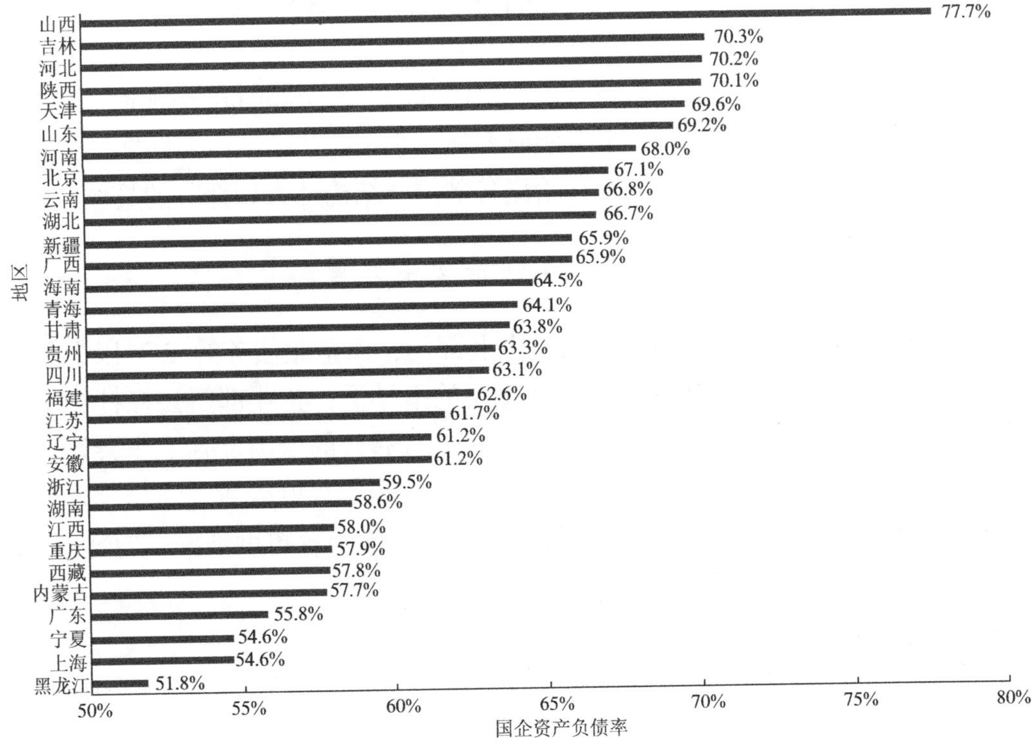

图 1　不同地区国企的资产负债率对比（2016 年）

因此，在“结构性去杠杆”过程中要将这些地区的国企作为重点对象。此外，天津、山东、河南、北京、云南、湖北、新疆、广西等地区的国企资产负债率也超过了 65%，同样需要高度重视。就行业差异而言，如图 2 所示，截至 2017 年末，煤炭开采和洗选业，黑色金属冶炼及压延加工业，有色金属冶炼及压延加工业，石油加工、炼焦及核燃料加工业，电力、热力的生产和供应业等行业的国企资产负债率超过 60%，在工业部门各行业中处于较高水平，因此，在“结构性去杠杆”的过程中尤其要降低这些行业的国企杠杆率。

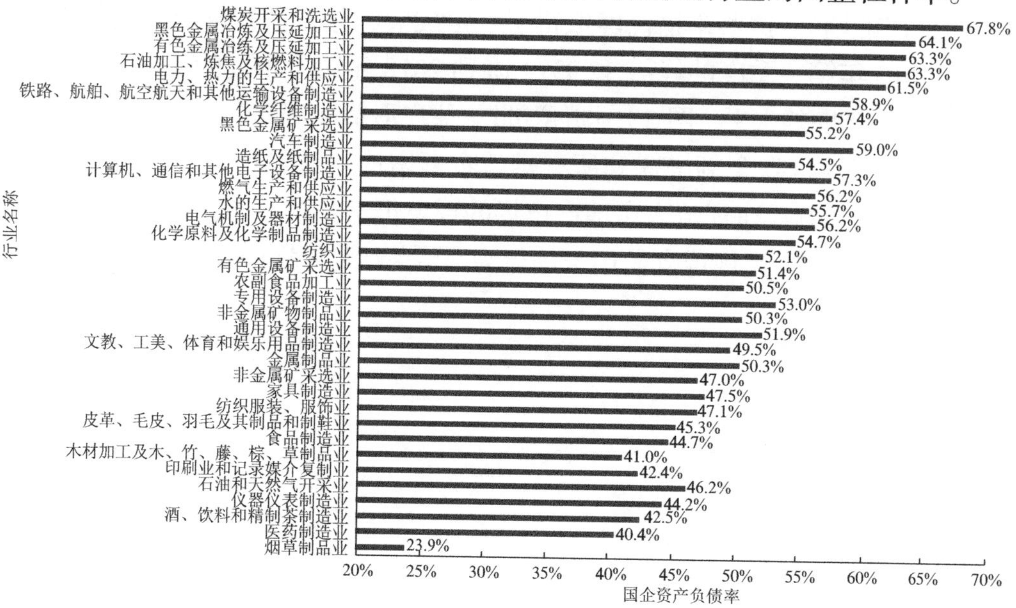

图 2　工业部门各行业国企资产负债率的对比（2017 年）

（二）居民部门：控制居民部门杠杆率过快上升的势头

居民部门杠杆率在过去几年间持续大幅攀升，而且居民部门债务分布不均，部分居民家庭的债务风险可能已经处于较高水平，因此相关部门开始高度重视居民部门债务问题。2018 年 1 月 25~26 日召开的全国银行业监督管理工作会议提出，要“努力抑制居民杠杆率，重点是控制居民杠杆率的过快增长”①。2018 年 4 月 3 日召开的中国银行保险监督管理委员会党委会议再次强调，要“有效控制居民部门杠杆率过快上升趋势”。

居民部门持续快速加杠杆的主要目的是购买住房，在常规性住房贷款受到限制的情况下，购房者不断寻找新的方式贷款买房。2015~2016 年不少居

① 《2018年全国银行业监督管理工作会议召开》，http://www.cbrc.gov.cn/chinese/home/docView/9C6447BBF00748DA964B45AF9A0765EE.html，2018年1月26日。

民家庭使用“首付贷”等方式贷款买房。随后，中国人民银行明确表态，使用“首付贷”买房是违法行为，并且加强对“首付贷”的监管力度。然而，这并没有从根本上消除信贷流向房地产的趋势。2017 年以来，新增贷款通过短期“消费贷”等方式隐蔽地流入房地产市场。

有鉴于此，“控制居民部门杠杆率过快上升趋势”的核心是，防范信贷以各种隐蔽形式流向房地产市场。中国人民银行及不少省区市自 2017 年以来陆续出台了相关政策，严查“消费贷”“经营贷”“信用贷”，防范信贷资金违规流入房地产市场①。这些举措已经取得了一定成效，住户消费性贷款余额增速已经从 2017 年第一季度的峰值 32.9%下降到 2018 年第一季度的 23.4%，基本回归到 2015 年底的水平（图 3）。即便如此，住户消费性贷款余额增速仍然大幅高于企业经营性贷款余额增速和所有贷款余额增速，这也反映出信贷资金通过“消费贷”等方式违规流入房地产市场的现象仍然存在。为此，要继续严厉打击挪用消费贷款、违规透支信用卡等行为，严控个人贷款违规流入房地产市场。

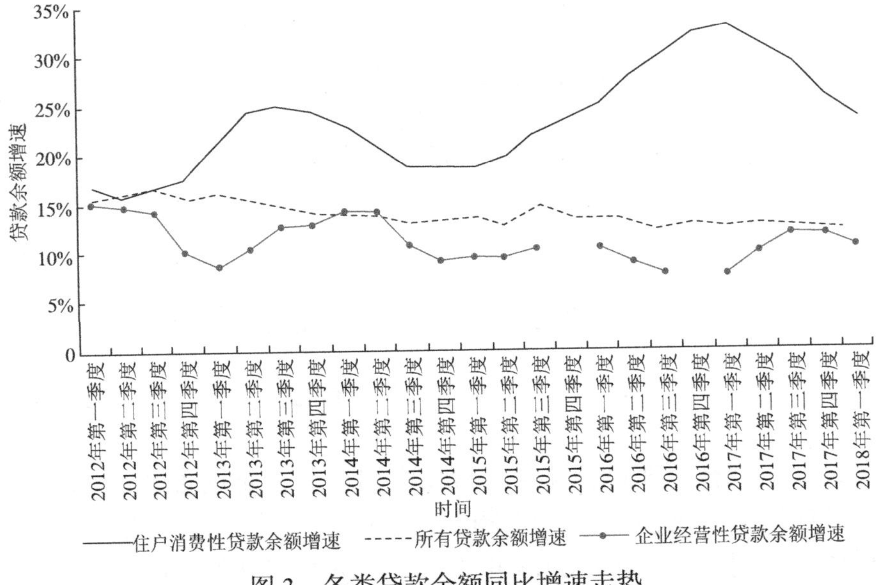

图 3 各类贷款余额同比增速走势

（三）政府部门：重点是降低地方政府的杠杆率

“结构性去杠杆”思路在政府部门的具体体现是，中央政府适度加杠杆，

① 2017年9月，中国银行业监督管理委员会北京监管局和中国人民银行联合印发《北京银监局 人行营业管理部关于开展银行个人贷款资金违规进入房地产市场情况检查的通知》，重点检查消费信贷违规流入房地产的情况。此后，广东、江苏、重庆、江苏、江西等地区也陆续出台了相关政策，严查消费贷违规流入房地产的问题。

地方政府着力去杠杆。中央政府债务负担仍然处于安全范围之内，不仅不需要去杠杆，而且要考虑适度加杠杆。一方面，需要继续实施积极财政政策尤其是继续减税降费，鼓励企业投资和居民消费，为“结构性去杠杆”营造良好的宏观环境。另一方面，需要增加教育、医疗、社会保障等民生领域的财政支出。与之不同，地方政府的债务负担已经较重，如果再将隐性债务和未来的社会保障负担考虑在内，地方政府的债务负担将进一步加剧，因此，政府部门“结构性去杠杆”的主要任务是降低地方政府的杠杆率。

为了实现地方政府平稳去杠杆，需要做好以下几个方面的工作。一是针对存量债务，继续进行地方债务置换，延长地方政府偿债期限并降低债务利息，减轻地方政府短期内集中偿债的压力及债务利息负担。二是针对增量债务，规范地方政府融资方式，尤其要限制地方政府以政府投资基金、专项建设基金、政府购买服务、PPP 增加隐性债务。2018 年 3 月，财政部出台的《财政部关于规范金融企业对地方政府和国有企业投融资行为有关问题的通知》明确指出，“不得直接或通过地方国有企事业单位等间接渠道为地方政府及其部门提供任何形式的融资”“不得提供债务性资金作为地方建设项目、政府投资基金或政府和社会资本合作（PPP）项目资本金”，就是为了防范地方政府隐性债务。三是切实改变地方政府考核体系，推动各级政府官员树立正确的政绩观，谨防地方政府官员为了晋升而大量举债“上项目、搞投资”。之所以地方政府违规举债的情形屡禁不止，很重要的原因之一就是地方政府热衷于通过基础设施投资等形式拉动经济增长，从而更好地实现职位晋升等目标。为此，应该尽快改变对地方政府官员的考核体系，将经济增长之外能够反映“高质量发展”的指标纳入考核体系，从而降低地方政府违规举债的激励。

值得注意的是，不同地区的地方政府杠杆率也存在明显差异，因此地方政府去杠杆的过程中同样需要遵循“结构性去杠杆”的总体思路。根据中诚信国际信用评级有限责任公司的测算结果，综合考虑显性债务和隐性债务之后，贵州、青海、云南、新疆、广西、甘肃、四川、北京、重庆、天津、陕西、江苏 12 个省区市的政府杠杆率（政府债务/各省区市 GDP）超过了 60%的警戒线，其中贵州、青海、云南、北京、重庆、天津的政府杠杆率甚至达到 80%以上。毫无疑问，在地方政府去杠杆的过程中需要将这些地区作为重中之重。

（四）金融部门：加强监管以推动金融去杠杆，并且尽快从分业监管转向功能监管

2016 年以来，金融监管相关部门明显加大了金融监管的力度，纷纷出台了

大量政策文件推动金融去杠杆，其中颇具代表性的是 2017 年 3~4 月银监会密集出台的“三三四十”专项整治方案。这些监管政策的实施取得了一定成效，金融体系无序加杠杆的态势得到了初步遏制。然而需要注意的是，当前中国金融监管面临的根本问题并不是单个监管部门出台的监管政策不充分，而是分业监管与混业经营之间的矛盾。随着金融创新的不断增强，银行、证券、保险等金融机构业务之间的依存关系越来越强，行业之间业务的交叉、渗透融合也越来越深入。在此情形下，各部门分业监管的模式不再适用。一方面，针对同一类业务，不同监管部门存在“监管重复”，而且监管标准并不统一，进一步引发监管套利。另一方面，越来越多的新业务、新模式涌现出来，不同监管部门可能因为监管职责不清而出现“监管真空”。如果不从根本上解决分业监管与混业经营之间的矛盾，纵使各部门继续出台各类新的监管政策，也很难避免“监管重复”和“监管真空”等问题，导致监管成本高昂、效率低下。

要想提高混业经营环境下的监管效率，应该尽快从分业监管转向功能监管。所谓功能监管，是指按照经营业务的性质来划分监管对象的金融监管模式，而不管从事这些业务经营的机构性质如何。与分业监管相比，功能监管既可以避免不同监管机构针对同一类业务的“监管重复”或者监管标准不统一的问题，又可以及时处理各个监管机构因为协调不畅而产生的“空地”及金融创新过程中出现的新问题，避免出现“监管真空”，因此能够更有效地推进金融去杠杆。2017 年 7 月召开的全国金融工作会议提出要“加强功能监管，更加重视行为监管”，2018 年银监会与保监会合并组建银保监会则是分业监管向功能监管迈进的重要一步。接下来，需要相关部门进行顶层设计，进一步明确和落实功能监管的细则，确定每一类业务的监管主体和监管标准，从而改善金融去杠杆的效果。

三、“结构性去杠杆”需要关注的几个关键问题

如前所述，“结构性去杠杆”与传统去杠杆的两点本质区别在于，“结构性去杠杆”试图根据杠杆率的结构性特点实现精准去杠杆，并且避免去杠杆过程中的剧烈经济波动。然而世界各国去杠杆的经验充分表明，要想真正实现这两大目标绝非易事。这要求我们决不能采用简单化、机械化的思路来看待“结构性去杠杆”，而应该采用辩证思维对去杠杆给经济带来的短期冲击与长期影响，去杠杆对僵尸企业和优质企业的差异化影响，货币政策在去杠杆过程中的定位，以及通过提高通胀率去杠杆的利弊等重要问题进行深入分析和权衡取舍。

（一）要在保证经济平稳运行的前提下坚定去杠杆的决心

短期内，去杠杆难免会给经济与社会带来一定的冲击。从美国和日本等国家以往去杠杆的经验来看，去杠杆初期阶段经济增速大都出现了较为显著的下滑。中国推进“结构性去杠杆”，在短期内也难免会给经济与社会带来一定冲击。具体而言，以往当经济面临下行压力时，国企和地方政府是“稳增长”的重要力量，而当前“结构性去杠杆”的重点对象恰恰是国企和地方政府。伴随着国企去杠杆的推进，僵尸企业将会陆续退出市场，就业压力随之加剧。伴随着地方政府去杠杆的推进，短期内地方政府的融资能力将会受限，它们也就难以像以往那样通过带动基础设施投资“稳增长”。事实上，去杠杆对投资活动的影响已经开始显现。图 4 表明，2018 年 1~4 月，天津、山西、内蒙古、宁夏、新疆等地区的固定资产投资均出现了负增长，同比增速分别为–21.6%、–11.2%、–28.9%、–21.1%、–40.4%。地方政府融资受限和 PPP 清理等因素导致的基础设施投资增速下滑是这些地区的投资出现负增长的重要原因。

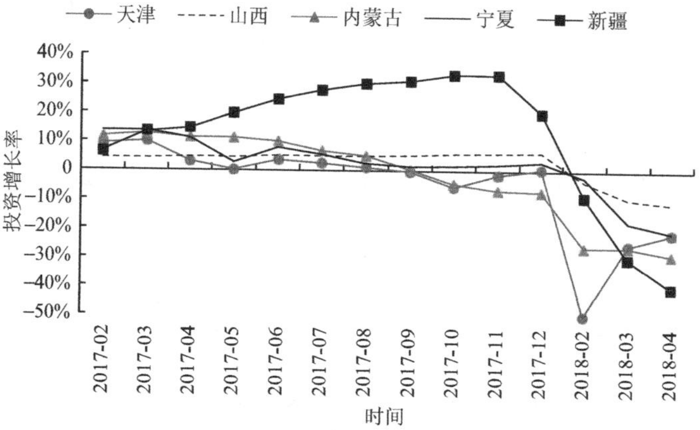

图 4　部分地区固定资产投资累计同比增速

长期而言，中国经济需要由“高速增长阶段”转向“高质量发展阶段”，而要想实现“高质量发展”，必须稳步推进“结构性去杠杆”。一是去杠杆可以抑制市场主体的过度投机行为，提高银行等金融机构的资产质量和抗风险能力，从而防范和化解金融风险。二是去杠杆将改变此前资金在金融部门空转及资金“脱实向虚”等顽疾，并且显著缩短资金在金融体系中的传导链条以降低资金成本，从而使金融更好地服务于实体经济。三是去杠杆通过“优胜劣汰”，能够使僵尸企业尽快退出市场，从而将信贷等资源更多地配置到生产效率较高的企业，有助于实现资源优化配置。四是去杠杆可以帮助地方政府摆脱还本付息的困扰，将更多的财政资金用于教育、医疗和社保等民生领域，并且腾出更大的空间来减税降费，促进家庭消费和企业投资，增强经济内生增长动力。

因此，我们一方面要对去杠杆在短期内给经济带来的下行压力进行高度关注和密切监控，另一方面要切实把去杠杆作为当前和未来一到两年内的攻坚战，在保证经济平稳运行的前提下坚定“结构性去杠杆”的决心，降低经济运行所面临的金融风险，从而为实现“高质量发展”打下坚实基础。总之，当前讨论的重点不应该是要不要继续推进去杠杆，而应该是如何将去杠杆所带来的短期冲击最小化。政府部门可以通过顶层设计，对各个部门去杠杆的力度与进度进行合理规划，以降低去杠杆给经济带来的短期冲击。

（二）既要重视债务占比高的“灰犀牛”风险，也要重视占比低的“黑天鹅”风险

“灰犀牛”风险指的是，发生概率较大，而且一旦发生将产生巨大影响的风险事件。与之不同，“黑天鹅”风险发生的概率很小，容易被人忽视，但是一旦爆发同样会给经济体带来严重冲击。回顾历史可知，引发危机的既可能是“灰犀牛”风险，也可能是“黑天鹅”风险。日本 1990 年泡沫经济破灭之前，社会各界普遍认识到房地产泡沫风险已经非常高，政府部门也已经尝试采用抬升利率、收紧信贷等方式予以应对，然而还是不幸刺破了泡沫，并引发了严重的危机，这是典型的由“灰犀牛”风险引发的危机。与之不同，2008 年美国金融危机则是由占比并不太高、没有引起足够重视的次级贷款所引发，因此是由“黑天鹅”风险引发的危机。危机爆发前，美国次级抵押贷款规模的确出现了显著上升，不过危机前未偿付的贷款中只有 13%属于次级抵押贷款，风险最高的可调整利率次级抵押贷款占未偿付贷款的比重更是只有 8%。出人意料的是，次级抵押贷款最终引发了席卷全球的系统性金融危机，不管是美国、日本、欧盟等发达经济体还是新兴经济体，普遍遭受重创[①]。因此，“黑天鹅”风险同样需要引起高度重视。

“结构性去杠杆”的过程中，国企和地方政府债务风险是典型的“灰犀牛”风险，理应引起足够重视。除此之外，当前还存在两大“黑天鹅”风险点，同样应该引起高度重视。一是居民部门债务风险。表面上看，在企业、

① Bernanke（2015）明确表示，他们低估了次贷危机可能引发的后果。究其原因，次贷危机爆发之前，美国经济的整体表现尚可，次级抵押贷款的市场份额相对较小，从表面上看银行体系也保持着健康的运行态势，因此Bernanke等认为次级贷款问题不太可能引发大的损失。事实上，美联储曾经专门对次级贷款可能引发的损失进行过测算，结果表明，即便出现非常高的次级抵押贷款违约率，引发的经济损失也不会超过全球股票市场行情糟糕时一天的损失。

政府和居民部门之间，居民部门债务占比并不高，而且中国居民部门的杠杆率与发达国家相比明显偏低。但是，中国居民部门杠杆率增速很快，而且如果将隐性债务考虑在内，居民部门杠杆率会进一步升高。国外已经爆发的危机中，大部分都是由居民部门高债务引发的，2008 年美国金融危机也源自居民部门债务的过度扩张。因此，中国不应该任由居民部门盲目加杠杆。二是部分民企的债务风险。虽然与国企相比，民企的杠杆率偏低，但是决不能因此而忽视民企背后潜藏的债务风险。2017 年某些大型地方民企债务违约事件的接连发生，暴露出一些地区较为严重的企业互联互保现象，而互联互保很容易引发大面积集体债务违约风险。此外，部分民企的杠杆率也已经偏高，甚至依靠"借新还旧"维持经营，其债务风险同样不容忽视。事实上，由于融资环境趋紧，2018 年以来多家民企已经相继出现债券违约。

总之，在践行"结构性去杠杆"这一新思路的同时，要避免简单化、机械化、绝对化的思维模式。不能简单地认为企业部门和政府部门杠杆率高、居民部门杠杆率低，就要给居民部门加杠杆。不能简单地认为国企杠杆率高、民企杠杆率低，就要给民企加杠杆。政府部门和社会各界一定要对各个部门、各类企业、各类家庭的债务风险进行更加深入的分析，谨防"黑天鹅"风险。

（三）谨防触发"分子"与"分母"之间的动态联动机制

在探寻去杠杆的路径时，已有观点普遍认为，既要从杠杆率的"分子"端发力，又要从"分母"端发力。对于前者，可以通过债务清偿、债务重组、债务减记等方式减少债务规模，从而降低杠杆率的"分子"。对于后者，可以通过深化改革、加快技术进步等方式促进经济增长，从而提高杠杆率的"分母"。当前，针对中国"结构性去杠杆"的理论探讨和政策实践，也基本上是按照上述思路进行的。

然而，上述思路却在很大程度上将杠杆率的"分子"和"分母"割裂开来，忽视了二者之间的动态联动机制。理论上，杠杆率的"分子"和"分母"并不是相互独立的，二者之间存在密切联系。其一，从杠杆率"分子"端发力去杠杆的同时，将会减少企业投资和居民消费，从而给实体经济带来下行压力，导致杠杆率的"分母"（用 GDP 测度）下降。其二，如果通过大幅收紧货币政策来降低杠杆率的"分子"，很可能引发股票和房地产等资产价格的剧烈下跌，导致杠杆率的"分母"（用资产价值测度）显著下降。这意味着，压缩债务在降低杠杆率"分子"的同时很可能也会降低其"分母"，"分子"

与“分母”之间的动态联动机制最终使去杠杆的目标难以实现。以日本为例，房地产泡沫破裂之后，房价大幅下跌，导致私人部门资产严重缩水，并触发了杠杆率“分子”与“分母”之间的动态联动机制。其结果是，虽然从 1990 年开始日本非金融私人部门的债务增速持续快速下滑，但是杠杆率并没有下降，相反在去杠杆之初的几年里杠杆率不断走高。如图 5 所示，1994 年日本私人部门杠杆率达到峰值，与去杠杆前的 1989 年相比升高了 13.5 个百分点①。

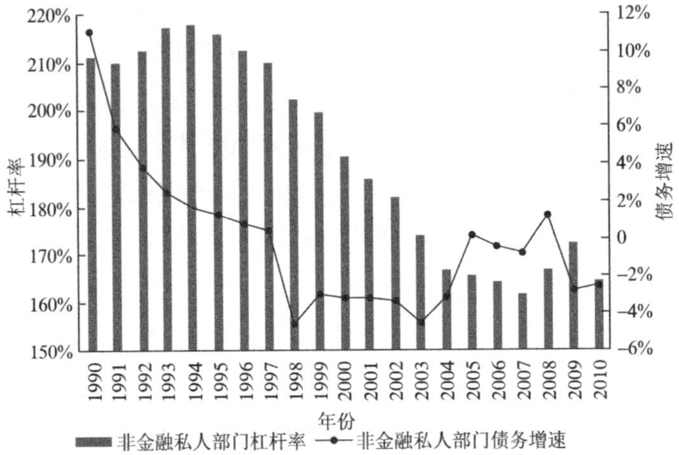

图 5　1990 年之后日本非金融私人部门杠杆率和债务增速走势

具体到中国，去杠杆过程中同样可能触发杠杆率“分子”与“分母”之间的动态联动机制。一方面，如前所述，去杠杆过程中全社会投资增速放缓的迹象已经显现，部分省区市的投资甚至出现了明显的负增长。另一方面，房产不仅是中国家庭财富最主要的组成部分，而且被广泛用于抵押贷款，房价泡沫一旦破裂，家庭财产及企业所抵押房地产的价值将大幅缩水，很可能导致债务清偿和资产廉价抛售的恶性循环。那样的话，经济增长将受到较大程度的冲击，杠杆率“分母”下降的幅度可能会超过“分子”下降的幅度，去杠杆的目的也就难以实现。可见，中国在“结构性去杠杆”过程中，要着重避免房价大幅波动，谨防触发杠杆率“分子”与“分母”之间的动态联动机制。

（四）既要尽快清理僵尸企业，又要谨防“误伤”优质企业

僵尸企业生产效率低下、债务高企，早已丧失了继续生产经营的意义和

---

① 美国2008年金融危机后去杠杆初期，杠杆率同样不降反升。BIS数据显示，美国非金融私人部门杠杆率在2007年和2008年仍然处于上升趋势，分别达到了167.7%和167.9%，比2006年高出了约7个百分点。

价值。如果不及时清理僵尸企业，它们不仅会与优质企业抢夺信贷等资源，而且会与优质企业抢夺市场，引发恶性竞争等不利后果。因此，“结构性去杠杆”的过程中必须要尽快处置僵尸企业，清理僵尸企业的存量债务。而这就需要加强金融监管，收紧僵尸企业的融资环境。例如，2018 年 1 月银监会出台的《中国银监会关于进一步深化整治银行业市场乱象的通知》就明确提出，要把“违规将表内外资金直接或间接、借道或绕道投向股票市场、‘两高一剩’等限制或禁止领域，特别是失去清偿能力的‘僵尸企业’”作为 2018 年整治银行业市场乱象工作要点之一。

需要注意的是，收紧融资环境、抬升融资成本等举措虽然有助于清理僵尸企业债务负担，但是也会对优质企业造成“误伤”。去杠杆带来的利率上行态势将会加重优质企业的债务利息负担和融资成本，从而侵蚀优质企业的效益，导致它们的现金流受损。优质企业要想扩大生产经营，就很有可能需要增加对外部债务的依赖，从而被动加杠杆。当前国企去杠杆初见成效的同时，私营企业已经呈现出被动加杠杆的迹象，融资成本升高是重要的原因之一。从图 6 可以看出，截至 2018 年 4 月末私营企业利息支出累计同比增速达到了 11.4%，比 2017 年同期提高了近 10 个百分点。而且，融资成本升高等因素导致越来越多的私营企业陷入亏损，截至 2018 年 4 月末私营企业亏损比例达到了 15.9%，比 2017 年同期提高了 3.9 个百分点，处于 2015 年以来的高位。

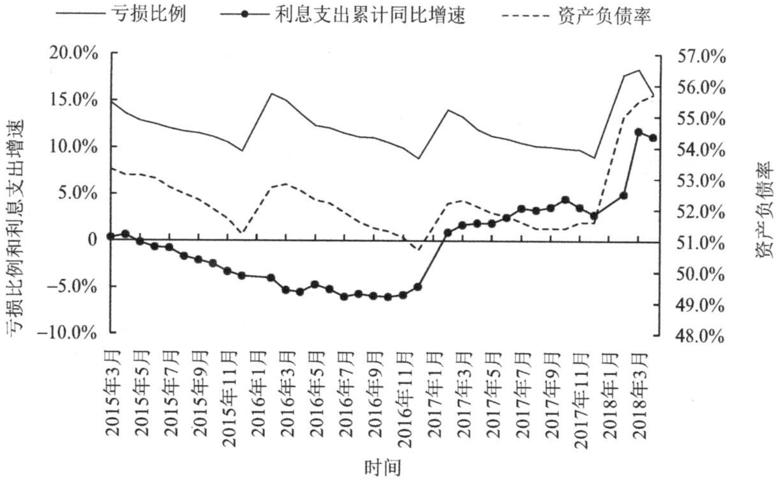

图 6　规模以上私营企业主要指标走势

原始数据无 1 月

可见，政府部门在加快清理僵尸企业债务的同时，还要注重改善优质企业的效益，谨防优质企业被动加杠杆。一方面，要帮助优质企业营造良好的融资环境，避免优质企业陷入融资难、融资贵的局面。2008 年金融危机爆发后，美国政府在帮助陷入困境的企业破产重组的同时，也非常注重扶持优质企业尤其是创新型企业，它们通过中小企业管理局以信用担保的形式帮助优质企业融资。中国目前的资本市场发展尚不完善，企业融资渠道相对有限，这更要求政府部门帮助优质企业改善融资环境。另一方面，要加大减税降费的力度。虽然在过去十年间中央已经采取了结构性减税及“营改增”等举措为企业减负，并且取得了一定成效，但是目前企业部门尤其是小微企业的税负感仍然偏重。在推行“结构性去杠杆”的同时，还要进一步落实减税降费政策，提高优质企业的绩效。

（五）去杠杆过程中货币政策既不能大水漫灌，也不能过于收紧

要想推进“结构性去杠杆”，货币政策绝不能重回大水漫灌的老路。一是货币政策大水漫灌会引发债务规模进一步攀升，导致杠杆率的“分子”加大，因此不利于去杠杆。二是宽松货币政策所释放的大量资金很可能继续配置到本应退出市场的高杠杆企业，进一步加剧资源错配，因此也无法通过增加杠杆率的“分母”去杠杆。三是在房地产和金融部门杠杆率高企的情形下，过于宽松的货币政策会强化金融体系的风险承担激励，加剧房价等资产价格泡沫化风险。

不过，这并不意味着货币政策需要大幅收紧。一是利率大幅上升会加剧债务者的偿债负担，引发债务总量进一步攀升，从“分子”端推高而非降低杠杆率。二是利率大幅上升会抑制投资和消费需求，不利于经济增长，从“分母”端推高而非降低杠杆率。三是货币政策骤然收紧容易导致金融体系出现流动性风险，进而引发债务危机。回顾美国和日本去杠杆的经验可知，在步入去杠杆阶段之前，两国的利率水平都曾出现过大幅升高，但是与之相伴的是杠杆率的持续攀升而非下降（图 7）。

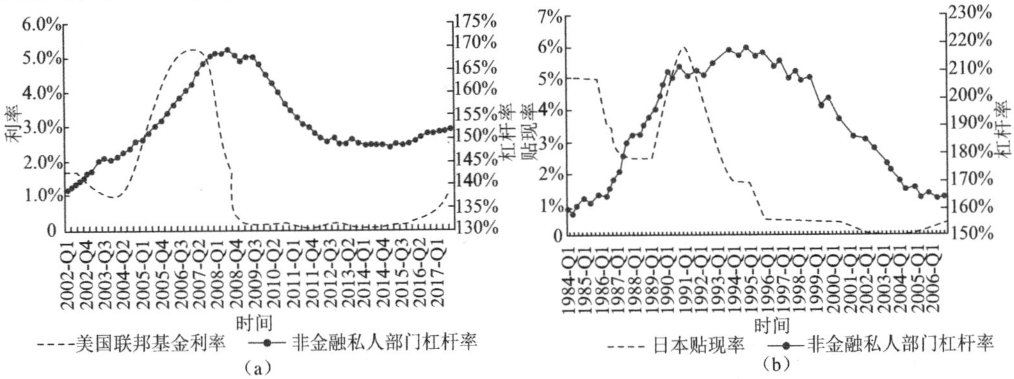

图 7　美国和日本在去杠杆前后利率和杠杆率走势对比

有观点认为，2017 年中国整体杠杆率涨幅放缓的主要原因是货币政策有所收紧，并据此认为应该继续收紧货币政策才能去杠杆。本专题研究则认为，2017 年中国整体杠杆率涨幅放缓的主要原因并不是货币政策收紧，而是名义 GDP 的大幅攀升所致。去产能等供给侧结构性改革的持续推进使 PPI 和 GDP 平减指数大幅攀升，从而显著推高了名义 GDP 增速。国家统计局数据显示，2017 年名义 GDP 增速高达 11.2%，比 2016 年高出了 3.3 个百分点之多。即便如此，整体杠杆率仍然比 2016 年上升了 1.5 个百分点，由此可以反推，货币政策收紧并不是杠杆增速放缓的主要原因。

根本而言，去杠杆主要应该依靠“强监管”政策而非货币政策，货币政策的主要目标不应该是去杠杆，而应该是为去杠杆提供稳定的宏观经济环境，谨防去杠杆过程中出现经济剧烈波动等不良后果。

（六）不应寄希望于借助通胀去杠杆

理论上，通过大幅推高通胀率，可以稀释债务，进而达到快速去杠杆的目的。20 世纪 20 年代的德国魏玛共和国就曾借助于恶性通胀实现了去杠杆的目的。由于第一次世界大战期间的巨额开支及战后的巨额赔款严重超出了德国当时的实际支付能力，德国政府采取了大量增发货币的方式来削减债务。截至 1923 年底，德国货币流通量达到了第一次世界大战前的 1280 亿倍，物价水平更是达到了第一次世界大战前的 1.4 万亿倍（贺永金，2007）。货币超发引发的恶性通胀，使德国政府的实际债务负担几乎削减至零，成功达到了去杠杆的目的。中国在 2010 年和 2011 年时，虽然债务增速维持在 20.8%和 18.2%的高水平，但是杠杆率不升反降，也是主要得益于通胀率的大幅升高。2009 年，CPI 和 PPI 分别仅为−0.7%和−5.4%，而 2010 年 CPI 和 PPI 分别升至 3.3%和 5.5%，2011 年 CPI 和 PPI 进一步升至 5.4%和 6.0%。

虽然足够力度的通胀能够降低杠杆率，但是对全社会而言代价较大，通胀不仅会导致皮鞋成本、菜单成本等损失，还会加剧资源错配和贫富差距，恶性通胀则会引发社会动乱和政治风险。德国魏玛共和国时期在使用恶性通胀去杠杆的过程中，就引发了居民的储蓄和债券等财富的大幅缩水、企业纷纷破产、工人大量失业、黑市猖獗等问题，从而给经济和社会带来了灾难性打击。中国推进“结构性去杠杆”的根本目的是实现“高质量发展”，从而提高人民的获得感和幸福感，而过高的通胀率所带来的严重后果显然与之相悖。需要补充说明的是，虽然 2010~2011 年 5%左右的通胀率（以 CPI 衡量）也起到了去杠杆的作用，但是给社会带来的不良后果不容忽视。由于中国居民家庭的贫富差距尤其是财产差距较大，富裕家庭所持有的房产等能够在通胀中起到保值增值的效果，而贫穷家庭的储蓄则会大幅缩水，因此哪怕是 5%左右的通胀率也会进一步拉大贫富差距，不利于社会稳定。正因如此，本专题研究认为中国不应寄希望于推高通胀率去杠杆。

（七）“结构性去杠杆”不仅要“治标”，更要通过深化改革来“治本”

债务重组和债转股等传统方法能够削减债务规模或者降低债务利息，从而在一定程度上起到去杠杆的效果。以债转股为例，20 世纪 90 年代末中国推行的国企债转股在实施初期收到了显著成效，实施一年之后，相关企业的平均资产负债率从 73%大幅下降到了 50%以下，并且 80%的企业扭亏为盈。当前中国正在推行的新一轮债转股预计同样有助于降低国企的杠杆率。此外，当前中国正在推行的地方政府债务置换，将地方政府原有的短期、高息债务（银行贷款、理财产品等）换成中长期、低息的地方政府债券，既避免了集中偿债的压力，又降低了利息负担，因此亦有助于降低地方政府杠杆率。

然而，国企和地方政府的高杠杆是由体制机制层面的深层次原因所导致的，使用传统方法只能“治标”而不能“治本”。国企债务负担产生的重要原因在于，国企承担着政治和社会功能，导致其治理结构不完善，并且面临预算软约束等深层次问题。而上一轮债转股并没有对国企的治理结构产生根本性影响，而且债转股也无法解决预算软约束问题，因此无法根治国企的债务问题。调查结果显示，上一轮债转股实施一两年之后，部分国企的资产负债率就已经开始呈现上升的苗头，不少企业从盈利再度转为亏损。进一步地，从上一轮债转股到现在也不过十几年的时间，国企的资产负债率普遍高企，充分表明债转股无法从根本上降低国企的杠杆率。与之类似，长期以来地方政府充当着“增长型政府”的角色，通过大量基础设施投资项目拉动经济增长。面对 2008 年全球金融危机以来持续存在的经济下行压力，地方政府持续不断地通过“上项目、搞投资”来“稳增长”。这使地方政府产生了大量的资金需求，然而在当前财税体制之下，地方政府的财权明显与事权不匹配，它们只能自己想方设法融资，由此积累了大量债务。如果不对体制机制加以完善，即便通过债务置换等方式减轻了地方政府偿债负担，当经济面临下行压力时，地方政府将会再度出现融资需求，而在既有的财税体制之下它们依旧需要自我融资，地方政府高债务问题将随之重现。事实上，近几年来地方政府已经开始通过政府购买服务和 PPP 等形式变相增加隐性债务。

要想“治本”，必须从体制机制入手深化改革。其一，消除政府对国企的隐性担保，加快完善国企的公司治理结构，从而减轻乃至消除国企预算软约束问题。其二，加快政府由“增长型政府”向“服务型政府”转变的模式，让地方政府将主要精力用于改善民生、完善社会保障，减轻它们的投资冲动。其三，深化财税体制改革，一方面要适度增加中央政府的事权、减少地方政府的事权，另一方面还要尽快在全国范围内开征房产税，从而为地方政府开辟新的税源，增加地方政府财权，使地方政府的事权与财权相匹配。

四、结　语

为了有效降低杠杆率，2018 年中央提出了去杠杆的新思路——“结构性去杠杆”。本专题研究将“结构性去杠杆”新思路与传统去杠杆思路进行对比分析，发现二者主要存在两方面区别。一是传统去杠杆思路没有关注杠杆率的结构性特点，而“结构性去杠杆”更加注重各部门之间及部门内部杠杆率的结构性差异，从而使去杠杆操作更加精准。二是传统去杠杆往往伴随着经济的大幅波动，而“结构性去杠杆”旨在避免去杠杆进程中可能引发的经济剧烈波动，从而实现杠杆率的“稳定和逐步下降”。不过，“结构性去杠杆”与传统去杠杆思路也存在相通之处，它们所使用的去杠杆的具体方法大致相同。在此基础上，本专题研究提出了各部门去杠杆的具体路径。就企业部门而言，应该通过加速清理僵尸企业、稳步推进债转股和强化预算约束等方式降低国企杠杆率，而且要根据不同地区和不同行业国企杠杆率的结构性差异来确定国企去杠杆的具体次序。就居民部门而言，要严厉打击挪用消费贷款、违规透支信用卡等行为，严控个人贷款违规流入房地产市场。就政府部门而言，要通过债务置换和防范隐性债务等方式降低地方政府的杠杆率，并且结合不同地方政府杠杆率的结构性差异来确定去杠杆的具体次序。就金融部门而言，要想去杠杆，加强监管固然重要，但是更重要的是尽快从分业监管转向功能监管，这样才能有效解决混业经营下的“监管重复”和“监管真空”等问题，从而实现金融去杠杆的目的。

而且，本专题研究认为，不应该采用简单化、机械化的思维来看待“结构性去杠杆”，而应该采用辩证的思维来审视“结构性去杠杆”，尤其要注意以下七大方面的权衡取舍。一是虽然去杠杆在短期内会给经济带来一定冲击，但是长期内有利于实现“高质量发展”，因此要在保证经济平稳运行的前提下坚定去杠杆的决心。二是既要重视国企和地方政府债务等“灰犀牛”风险，也要重视居民部门债务风险及部分民营企业的债务风险等“黑天鹅”风险。三是在注重降低杠杆率“分子”、提高“分母”的同时，谨防触发“分子”与“分母”之间的动态联动机制。四是既要尽快清理僵尸企业，又要谨防“误伤”优质企业。五是去杠杆过程中货币政策既不能大水漫灌，也不能过于收紧。六是不应寄希望于借助通胀去杠杆。七是“结构性去杠杆”不仅要“治标”，更要通过深化改革来“治本”。

当然，“结构性去杠杆”的顺利推进需要平稳的宏观经济环境作为重要前提和保障，这要求相关部门综合运用各类宏观经济政策以应对经济下行压力。财政政策方面，如果“结构性去杠杆”过程中经济下行压力过大，可考虑适当加大财政政策的力度，重点通过减税降费等方式降低宏观税负，以激励企业投资和居民消费活动。货币政策方面，应该继续实施“稳健中性”的货币政策，通过降准等方式确保社会融资规模平稳增长并谨防融资成本继续升高。产业政策方面，应该尽快从选择性政策转变为功能性政策，并且着重做好两方面工作。一是产业政策要摒弃以往扶持重点产业的做法，转而以放松管制和促进竞争为核心，为民间投资创造更大的发展空间，从而促进民间投资的发展。二是产业政策应该致力于推动基础性科学研究的发展，为企业研发提供良好前提，从而激发内生经济增长动力。

参考文献

陈彦斌. 2018. 宏观政策评价报告 2018. 经济研究参考，(3)：3-9.

陈彦斌，陈伟泽，陈军，等. 2013. 中国通货膨胀对财产不平等的影响. 经济研究，(8)：4-15，130.

陈彦斌，刘哲希. 2017. 推动资产价格上涨能够“稳增长”吗？——基于含有市场预期内生变化的 DSGE 模型. 经济研究，(7)：49-64.

陈彦斌，邱哲圣. 2011. 高房价如何影响居民储蓄率和财产不平等. 经济研究，(10)：25-38.

丁少敏. 2003. 国有企业债转股问题研究. 中国工业经济，(8)：5-13.

贺永金. 2007. 中、德两国恶性通货膨胀之比较研究. 社会科学，(8)：46-60.

胡玉明. 2003. 国有企业“债转股”政策：问题与对策. 中国工业经济，(12)：26-31.

刘海明，王哲伟，曹廷求. 2016. 担保网络传染效应的实证研究. 管理世界，(4)：81-96，188.

单宝刚. 2016. 魏玛德国与中华民国的恶性通胀——基于政治环境和政府承诺. 北方经贸，(2)：117-119.

吴敬琏. 2017. 产业政策面临的问题：不是存废，而是转型. 兰州大学学报，(6)：1-9.

张晓晶，常欣，刘磊. 2018. 结构性去杠杆：进程、逻辑与前景——中国去杠杆 2017 年度报告. 经济学动态，(5)：16-29.

Bernanke B S. 2015. The Courage to Act：A Memoir of Crisis and its Aftermath. New York：

Norton Press.
Buttiglione L，Lane P，Reichlin L，et al. 2014. Deleveraging? What deleveraging?. The 16th Geneva Report on the World Economy.
Dalio R. 2012. An in-depth look at deleveragings. Bridgewater Associates Report.
Mishkin F S. 2016. The Economics of Money，Bank and Financial Markets. 11th ed. New York：Pearson Education.

专题研究四　结构性去杠杆进程中居民部门可以加杠杆吗[①]

一、引　言

自 2015 年底中央经济工作会议提出“三去一降一补”的任务以来，去杠杆一直是中国经济工作的重要任务[②]。2018 年 4 月 2 日，中央财经委员会第一次会议更是首次提出了“结构性去杠杆”的新思路，指出“要以结构性去杠杆为基本思路，分部门、分债务类型提出不同要求，地方政府和企业特别是国有企业要尽快把杠杆降下来，努力实现宏观杠杆率稳定和逐步下降”。从以上论述中可以推知，与传统去杠杆相比，结构性去杠杆这一新思路有两点重要区别：①传统去杠杆通常是以降低总体宏观杠杆率为目标，没有过多地聚焦于杠杆率的结构性问题。结构性去杠杆则针对中国杠杆率的实际情况，更加注重各部门之间的杠杆率差异性，将杠杆率偏高的企业部门尤其是国有企业与地方政府确定为去杠杆的主要对象[③]，力争做到有的放矢，精准发力（陈小亮和陈彦斌，2018）。②传统去杠杆过程中一般会出现经济增速剧烈波动的

---

① 作者：刘哲希，对外经济贸易大学国际经济贸易学院讲师；李子昂，普林斯顿大学经济系博士研究生。本专题研究已经发表于《中国工业经济》2018年第10期。

② 去杠杆顾名思义是要降低杠杆率，更进一步来讲是要降低宏观杠杆率。杠杆率最早属于微观层面上的重要概念，用于衡量企业总资本与权益资本之间的比例关系，进而从资产负债表考察企业的财务状况。宏观杠杆率的概念广泛应用是在2008年全球金融危机之后，这次危机的爆发使各界深刻意识到债务对经济运行的重要影响。由于现实中往往很难及时获得某个部门完整的资产负债表，存在数据缺失、时滞较长等一系列问题，以总债务/总资产的方式测算杠杆率的难度较大（中国人民银行杠杆率研究课题组，2014）。IMF、BIS等国际研究机构更多的是采用“债务总额/GDP”来测算宏观杠杆率。

③ 具体到各部门的杠杆率，为便于在不同国家之间进行横向比较，一般采用部门总债务规模/GDP的计算方式，这也是BIS、IMF等研究机构通常采取的做法。

情况（Dalio，2012），对于以“稳增长”作为首要目标的中国而言，在结构性去杠杆过程中自然希望避免出现由杠杆率大幅波动导致经济大幅波动的情况。因此，中央政府一方面强调地方政府和企业特别是国有企业要尽快把杠杆降下来，另一方面对于宏观杠杆率则希望是稳定和逐步下降的。由此可见，结构性去杠杆过程中各部门杠杆率将有升有降，降低企业和地方政府杠杆率的同时，中央政府或居民部门很可能成为加杠杆的主体。

事实上，当前各界对中央政府加杠杆已基本形成了共识，但对居民部门是否应加杠杆还存在较大的争论，认为居民部门可以加杠杆的观点主要有以下几点理由：①中国居民部门杠杆率处于较低水平。因此，居民部门仍存在进一步加杠杆的空间（张晓晶等，2018）。②居民部门加杠杆或有助于促进消费增长，进而能够改善中国长期以来消费率偏低而投资率偏高的结构性失衡问题（伍戈等，2018）。特别是在新常态以来中国投资增速显著下滑的背景下，更需要激发居民消费需求，发挥消费对经济增长的基础性作用①。③有不少研究指出中国的高储蓄率是企业等其他部门杠杆率偏高的主要原因（冯明，2016；史云鹏，2017），而居民部门加杠杆的本质是减少居民储蓄规模，所以居民加杠杆（即储蓄率的降低）有助于降低企业等其他部门的杠杆率，从而有助于结构性去杠杆目标的实现（刘喜和等，2017）。④居民部门加杠杆可以缓冲企业部门去杠杆带来的经济下行压力，为结构性去杠杆的推进创造更有利的宏观经济环境（李若愚，2016）。

不过，也有不少研究认为中国居民部门加杠杆可能弊大于利。比如，何南（2013）、田新民和夏诗园（2016）等通过实证分析发现，居民部门杠杆率上升虽然短期内有助于促进居民消费支出的增加，但是长期内对居民消费可能会产生一定的抑制作用。潘敏和刘知琪（2018）研究发现，中国居民部门杠杆率上升对居民消费会产生结构性影响，既会对生存型消费起到促进作用，也会对发展与享受型消费起到抑制作用，所以居民部门杠杆率上升对居民消费的总体作用效果是不确定的。此外，居民部门加杠杆还可能会显著加剧资产泡沫风险（魏玮和陈杰，2017），从而更容易引发金融危机的爆发。张斌等（2018）对36个国家1951~2010年的债务和经济危机信息进行整理后发现，在138次危机中由居民部门杠杆率上升过快所引发的危机占到100次，由企业部门杠杆率上升过快所引发的危机只有38次。由此可见，目前对结构性去

① 国际经验也表明，居民部门杠杆率上升对消费支出或经济增长存在非线性影响（Cecchetti et al.，2011；Lombardi et al.，2017）。当居民部门杠杆率超过某一阈值（一般在60%以上）之后，杠杆率的进一步攀升会抑制消费，而在达到这一阈值之前，杠杆率的上升是有助于刺激消费的。

杠杆过程中居民部门究竟能否加杠杆这一问题尚未形成共识。

从已有研究看，对于居民部门加杠杆是否可行的判断，或是依据理论和国际经验对居民部门加杠杆的影响进行定性分析，或是通过实证分析检验居民部门加杠杆对消费或资产价格等单一变量的影响，会存在以下几点不足：①由于中国的杠杆率具有其他国家很少具备的结构性特征，直接套用发达国家的已有经验并不合适。比如，国外研究对居民部门加杠杆是否有利于消费的分析一般只是聚焦于居民本身债务压力的变化（Kukk，2016）。但就中国居民部门加杠杆而言，还可能存在通过影响企业部门债务压力从而影响到居民收入等其他作用机制，所以需要更加深入地探析居民部门加杠杆与各主要宏观变量之间的作用效果。②对于居民部门加杠杆是否可行的讨论应该统筹考虑居民部门加杠杆对居民消费支出、企业部门债务压力、经济产出水平及资产泡沫风险等多个变量的影响，由此才能更加全面客观地判断居民部门加杠杆的可行性。只研究居民部门加杠杆对消费等单一变量的影响，很可能会低估或高估居民部门加杠杆的作用效果。③在研究推动结构性去杠杆过程中居民部门加杠杆是否可行的问题时，由于缺乏足够的历史数据，实证研究也不是较为合适的研究手段。如果采用已有的实证结果进行外推，则会遭遇到“卢卡斯批判”等问题。

基于以上分析可知，运用动态一般均衡模型刻画中国杠杆率的结构性特征，并利用数值模拟实验分析结构性去杠杆过程中居民部门加杠杆在宏观层面上带来的影响，是更为合适的研究方法。事实上，2008 年全球金融危机之后学术界已经深刻认识到高杠杆对经济运行的重要影响，并已开始不断尝试在动态一般均衡模型中纳入债务这一要素（Eggertsson and Krugman，2012；Martin and Ventura，2016）。遗憾的是，国内利用动态一般均衡模型进行有关高杠杆或去杠杆的研究还较少。针对结构性去杠杆过程中居民部门是否可以加杠杆这一问题，在 Martin 和 Ventura（2016）模型的基础上，本专题研究主要做了以下工作：①在家庭部门中引入异质性特征，刻画储蓄和投资两类家庭，从而模拟现实中居民部门加杠杆会导致居民储蓄率下降这一动态机制；②由于现实中企业部门处于高杠杆状态下的核心特征是越来越多的企业开始依靠不断地“借新还旧”来滚动债务（纪敏等，2017），基于 Minsky（1986）的“金融内在不稳定性”假说，本专题研究在企业部门中引入对冲性与投机性两种融资模式，较为妥善地刻画了企业部门的高杠杆特征。

通过数值模拟实验，本专题研究主要得到以下三点结论：①居民部门加杠杆不仅难以促进反而会抑制居民消费支出的增长。同时，值得注意的是，虽然居民部门加杠杆过程中居民消费率会有所上升，但主要是由于经济产出水平下滑幅度大于消费支出，并不代表经济结构的改善，反而会掩盖居民消费需求低迷的事实。②尽管理论上存在居民部门加杠杆会促进企业部门去杠杆的杠杆转移机制，但现实中却难以很好地付诸实践。这是因为，居民部门加杠杆过程中居民投机性行为也会显著增强，这不仅会使得杠杆转移效果大打折扣，而且会加剧资产泡沫风险。③居民部门加杠杆难以缓冲企业部门去杠杆带来的经济下行压力。当居民部门加杠杆与企业部门去杠杆同步推进时，效果反而更加不理想，尤其是会出现经济产出水平显著下滑的现象，更不利于结构性去杠杆进程的推进。有鉴于此，本专题研究认为在结构性去杠杆过程中居民部门杠杆率应保证稳定，避免出现杠杆率过快上升的情况。

与已有研究相比，本专题研究的贡献主要在于：①本专题研究是较早通过动态一般均衡模型对居民部门加杠杆作用效果展开量化评估的系统性研究。本专题研究所构建的动态一般均衡模型不仅简便可行地刻画了居民部门杠杆率上升与储蓄率下降这一现实中存在的重要动态机制，而且较为妥善地刻画了企业部门的高杠杆特征，这对后续相关研究具有一定的借鉴意义。②本专题研究对常见的一些关于居民部门加杠杆似是而非的观点进行了严谨的分析，并且做出了客观判断。比如，一种常见观点认为，居民部门加杠杆能够缓冲企业部门去杠杆带来的经济下行压力，有助于保持经济的平稳运行。然而本专题研究发现，居民部门加杠杆与企业部门去杠杆同步推进时反而会导致经济产出水平出现更大幅度的下滑。又如，当前中国消费率的上升往往被视为居民部门加杠杆所取得的积极成效与经济结构改善优化的表现。但本专题研究发现，居民部门加杠杆实际上会抑制居民消费需求，消费率不过是由于经济产出水平下滑幅度更大而“被动”上升。

二、中国杠杆率的典型特征

（一）总体杠杆率偏高且各部门杠杆率的差异较大

宏观杠杆率（债务总额/GDP）高企是近年来中国经济面临的突出问题。虽然表面上看中国的总体杠杆率不是很高，但要注意的是杠杆率高于中国的国家基本都是发达经济体。这是因为，发达经济体的金融服务体系较为完善，借贷主体面临的融资约束较为宽松，从而使得借贷活动更为频繁①。鉴于中国所处发展阶段与金融体系的完善程度，中国的杠杆率与新兴经济体的杠杆率相比较更为合适。截至 2017 年底，新兴经济体杠杆率的平均水平仅为 193.6%，如果剔除中国的影响，新兴经济体杠杆率的平均水平只有 141.7%。由此可见，中国总体杠杆率水平已经处于明显偏高的状态。

更值得高度重视的是，中国杠杆率呈现明显的结构性特征，各部门之间的杠杆率差异较大。就政府而言，中央政府部门杠杆率较低，截至 2017 年底杠杆率仅为 16.3%②。但是，地方政府部门杠杆率偏高，如果将隐性债务考虑在内，IMF 的测算结果表明中国地方政府部门的杠杆率高达 51.8%③。就私人部门而言，居民部门杠杆率较低而企业部门杠杆率过高。截至 2017 年底，中国居民部门杠杆率为 48.4%，低于大多数主要经济体，韩国居民部门杠杆率为 94.8%，英国为 86.7%，美国为 78.7%，日本为 57.4%。相比之下，截至 2017 年底中国企业部门杠杆率则高达 156.9%，在主要经济体中位居首位。法国企业部门杠杆率次之，为 133.8%，日本为 103.4%，其余主要经济体的企业部门杠杆率均在 100%以下。

（二）居民部门的低杠杆与高储蓄

相比于其他主要经济体，中国居民部门杠杆率一直处于较低水平，这主要与自身较高的储蓄率有密切关系。理论上，较高的储蓄率意味着居民部门拥有较为充足的自有资金以应对收支缺口，不需要过多地进行借贷，因而居民部门的杠杆率较低；反之则意味着居民需更多地依靠借贷来应对收支缺口，因而居民部门杠杆率较高④。从国际经验看，储蓄率较高的国家，居民部门的杠杆率一般均处于较低水平。

近年来，中国居民部门杠杆率较快攀升的同时储蓄率也出现了明显的下降，两者"一升一降"走势同样印证了居民部门杠杆率与储蓄率之间的负相关关系。根据张晓晶等（2018）的测算，2008~2017 年，中国居民部门杠杆率由 17.9%上升到 49%，9 年上升了 31 个百分点，年均增幅近 3.5

① 正因如此，以往研究中多以私人债务/GDP作为衡量金融深化程度变化的指标（Turner，2015）。

② 美国、英国、法国等国家中央政府杠杆率都达到了90%~120%的水平，日本更是接近200%。

③ 具体请参见IMF（2017）与中国2017年第四条磋商报告。

④ 需要说明的是，对整个经济体的总体杠杆率而言，高储蓄率一定程度上会导致高杠杆率（冯明，2016；史云鹏，2017），其逻辑在于大量资金储藏于银行体系之中，使得企业需过多地依靠间接融资获得资金，从而导致债务规模较大，杠杆率较高。

个百分点。由于居民将更多资金用于购置房产，储蓄率也相应地有所下降。同期，中国的储蓄率则是从52.3%降至47%。鉴于此，本专题研究在模型中要刻画居民部门的加杠杆过程，本质上是刻画居民部门杠杆率与储蓄率之间的负相关关系，即在居民部门杠杆率上升同时储蓄率下降这一联动机制[①]。

（三）企业部门的高杠杆与对“借新还旧”的依赖

虽然从与其他主要经济体的企业部门杠杆率的比较来看，中国企业部门的杠杆率明显偏高，但要从理论上更为严谨地判断中国企业部门杠杆率是否过高，仅比较杠杆率水平的高低是不够的。这是因为，较高的企业部门杠杆率可能是由企业过度依赖间接融资等因素所致（马建堂等，2016），所以杠杆率偏高不一定意味着企业的债务压力过重。Minsky（1986）对如何判定企业部门处于高杠杆状态提供了可借鉴的思路，并且得到了学术界的广泛认可。Minsky（1986）将企业融资分为对冲性融资、投机性融资和庞氏融资三类。对冲性融资是指债务人预期从融资合同中获得的可承兑收入能够覆盖利息和本金；投机性融资和庞氏融资分别是指债务人预期从融资合同中获得的可承兑收入只能覆盖利息和连利息已无法覆盖而只能依靠“借新还旧”不断地滚动债务。当企业部门的投机性融资与庞氏融资占比过大时，则表明企业部门已处于高杠杆状态。此时一旦出现利率上升等外生冲击，就很容易导致债务危机的爆发。

事实上，近年来中国企业部门杠杆率过高的突出表现就是越来越多的企业陷入了只能依靠“借新还旧”来不断滚动债务的困境。从微观层面看，伴随着企业部门杠杆率的不断走高，依靠“借新还旧”维持生存的僵尸企业占所有企业的比例呈现上升走势。黄少卿和陈彦（2017）的测算结果显示，上市企业中僵尸企业数量占比由2011年的12.1%上升到2014年的16.4%。IMF（2017）的测算结果也表明，中国僵尸企业占据的债务规模占企业部门债务规模的比重从2011年的不到5%已经上升到2016年的15%左右。从宏观层面看，一般采用企业部门债务利息支出与新增债务之比作为企业对“借新还旧”依赖程度的替代变量（纪敏等，2017），该比重越高，表明企业的债务偿还压力越大，在不主动选择债务违约的情况下只能更加依赖“借新还旧”来滚动债务。本专题研究的测算结果表明，近年来企业部门债务利息支出占当期新

---

① 事实上，支持居民部门加杠杆的主要理由也是希望资金从居民储蓄中释放出来，更多地用于消费与资产投资等领域，从而激发整个经济的活力（徐诺金和姚余栋，2013；李若愚，2016）。

增债务的比重呈现趋势性上升的走势（图 1），由此也表明依靠“借新还旧”维持生存的企业占比越来越高[①]。鉴于此，本专题研究在动态一般均衡模型中刻画企业部门高杠杆状态的关键在于刻画企业对“借新还旧”的依赖程度。

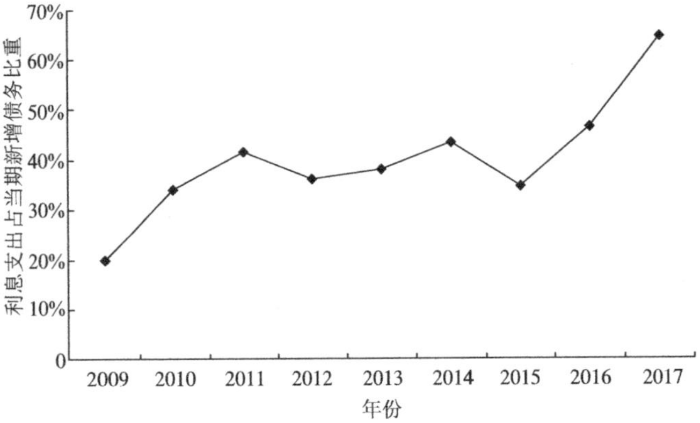

图 1　企业部门债务利息支出占当期新增债务的比重变化情况

三、基准模型构建

本专题研究试图回答结构性去杠杆过程中居民部门是否可以加杠杆这一问题，所以首先模型需要纳入债务这一要素。由此，本专题研究以 Martin 和 Ventura（2016）构建的刻画债务周期的动态一般均衡模型为基础。同时，基于上一部分典型事实的论述，本专题研究主要做出了以下两点改进：①本专题研究在家庭部门中引入异质性特征，将家庭部门划分为储蓄家庭与投资家庭两类，并且基于理论推导与现实情况加入投资家庭杠杆率上升会导致投资家庭数量占比上升的联动机制。由此，模型可以较好地实现典型事实部分所描述的居民部门杠杆率与储蓄率的动态关系。②鉴于高杠杆状态下企业对“借新还旧”的依赖程度会显著增强这一典型事实，参照 Minsky（1986）对企业融资模式的分类，本专题研究在模型中引入了企业的两种不同类型融资模式：对冲性融资与投机性融资[②]。由此，本专题研究模型可

---

① 企业部门的利息支出源于发行债券的利息和银行贷款的利息两部分，本专题研究以3年期AAA级中短期票据到期收益率作为企业债券利率，以金融机构一般贷款加权利率作为企业贷款利率，基于债券融资和银行贷款各自占企业债务的比重进行加权，计算得到企业债务的平均利息率。

② 虽然Minsky（1986）指出还存在庞氏融资模式，考虑到庞氏融资的核心特征与投机性融资相同，所以本专题研究模型主要考虑对冲性融资和投机性融资两类。

以较好地刻画企业部门的高杠杆状态[①]。

（一）异质性家庭

假设家庭部门由标准化为 1 的连续个体组成，每个家庭在模型经济中活动两期，并在第二期期末退出经济[②]。家庭在第一期通过为企业提供劳动获得收入，但在第二期没有劳动力禀赋，只能依靠第一期积累的财富支付第二期的消费。家庭部门财富转移的途径主要有两种，分别是储蓄 S 和金融资产 B 。为了更好地刻画现实中各类家庭投资渠道存在显著差异的情况，模型设定每类代表性家庭只能对以上两种资产中的一种进行配置。投资家庭可以进行资产投资但不能进行储蓄；储蓄家庭可以储蓄但不能持有金融资产。参照 Martin 和 Ventura（2016）的设定，本专题研究模型假设所有家庭均为风险中性。

对投资家庭（上标由 s 表示）而言，需要在第一期对消费与用于资产投资的资金进行合理分配，以最大化两期效用：$U(C_{1t}^s, C_{2t+1}^s) = U(C_{1t}^s) + \beta E_t U(C_{2t+1}^s)$ 。其中，β 为主观贴现因子。投资家庭面临的预算约束为

$$C_{1t}^s + B_t^s = W_t n_t^s(\eta_t) \tag{1}$$

$$C_{2t+1}^s = B_{t+1}^s \tag{2}$$

其中，C_{1t}^s、C_{2t+1}^s、B_t^s 分别为投资家庭的第一期消费、第二期消费和持有的金融资产规模；W_t 为家庭部门总体劳动收入；$n_t^s(\eta_t)$ 为投资家庭占家庭部门比重；$W_t n_t^s(\eta_t)$ 为投资家庭获得的劳动收入。η_t 为投资家庭的杠杆率，本专题研究设定投资家庭持有的金融资产规模相对于其收入存在一个最大比例 η_t：

$$B_t^s \leqslant \eta_t W_t n_t^s(\eta_t) \tag{3}$$

这里需要说明的是，既然本专题研究要刻画居民部门（即模型中家庭部门）的杠杆率，那么直观上在家庭部门内部引入借贷行为是最优方式[③]，为什

---

① 由于本专题研究主要关注企业部门与地方政府在高债务下的“借新还旧”行为，在此方面两者的特征是一致的，为简化运算并增加模型的稳健性，模型中仅刻画了企业部门，不再刻画地方政府。

② 模型中部分个体退出经济的同时会有相同数量的个体进入经济，由此模型中企业和家庭的规模保持不变。

③ 之所以在家庭部门内部引入借贷行为，而不是将家庭部门整体作为借贷者，是因为在模型所刻画的由家庭与企业两部分所组成的经济体中，不可能同时让这两个部门都是借贷部门，由此模型中将不存在提供可贷资金来源的部门。即使模型中纳入银行部门，这一约束条件也是成立的，因为银行只能作为资金的中介部分而无法成为资金的最终来源部门。换言之，模型中家庭部门和企业部门必须分别扮演着储蓄者和借贷者的角色。

么本专题研究没有采用这一设定，这是因为，根据无套利条件在资产泡沫不破裂时资产泡沫的预期回报率与储蓄获得的预期回报率相同，即$E_t R_{t+1} = E_t R_{t+1}^B$。但是考虑到模型中资产泡沫存在一定的破裂概率，资产泡沫的综合收益率实际上会低于储蓄带来的收益率。由此在无摩擦的环境下，储蓄家庭不会选择将资金借贷给投资家庭。换言之，投资家庭难以获得资金去购买资产，这显然与现实情况不符。因此，如果在家庭部门内部纳入借贷行为，就必须要再引入现实中存在的金融摩擦。但是在模型中企业部门借贷时已经面临融资约束的情况下，继续在家庭部门引入另外一种金融摩擦会增加模型求解的复杂性，导致模型的不稳定性下降①。

正因如此，本专题研究在模型中引入了投资家庭杠杆率η_t上升会导致投资家庭数量占比$n_t^s(\eta_t)$提高的联动机制，这不仅可以降低模型的求解难度并提升模型的稳定性，而且这一刻画与在家庭部门内部纳入借贷行为的刻画是等价的。具体而言，假设家庭部门内部存在借贷行为，即投资家庭没有劳动收入，需要从储蓄家庭获得贷款进行投资。如果将投资家庭从储蓄家庭中获取贷款的数量设定为L_t^i，同时投资家庭继续面临类似于式（3）的约束：$B_t^s \leqslant \eta_t L_t^i$，那么可以得到家庭部门的储蓄规模为$W_t - L_t^i = W_t(1 - L_t^i / W_t)$，金融资产投资规模为$B_t^s = \eta_t L_t^i$。而在本专题研究所选择的设定下，家庭部门的储蓄规模为$W_t[1 - n_t^s(\eta_t)]$，金融资产投资规模为$B_t^s = \eta_t W_t n_t^s(\eta_t)$。由此可知，当投资家庭数量占比$n_t^s(\eta_t)$等于$L_t^i / W_t$时，两种设定下得到的结果是相等的。由于投资家庭杠杆率η_t上升是家庭面临更宽松的融资约束所致，即投资家庭能够从储蓄家庭获得更多的借贷L_t^i（L_t^i / W_t会相应地提高），这就等同于使$n_t^s(\eta_t)$上升。由此可见，本专题研究将$n_t^s(\eta_t)$设定为关于η_t的增函数，可以妥善地刻画居民部门的加杠杆行为，而且相比于引入家庭部门内部的借贷行为更为简便可行②。

对储蓄家庭（上标由w表示）而言，需要选择最优的消费储蓄决策以

① 另外一个突出问题是，由于模型中储蓄家庭借贷给企业和投资家庭的收益率是一样的，当同时存在投资家庭和企业两个配置方向时，任意一个资产配置对储蓄家庭都一样，从而会使得模型陷入多重均衡陷阱之中。

② η_t与$n_t^s(\eta_t)$的正相关关系也与现实情况相符，即当家庭融资约束放松时（η_t提高），会有更多的家庭愿意参与到金融资产的投资之中（尹志超等，2015；吕学梁和吴卫星，2017）。比如，在2014~2015年股市快速上涨期间，居民部门的加杠杆行为明显，居民部门杠杆率上升速度较快。相应地，这一期间的新增开户数量出现了十分明显的激增。2015年4~6月上海证券交易所新增开户数高达2105.4万户，是2014年全年开户数的5倍之多。

最大化两期效用：$U(C_{1t}^{w},C_{2t+1}^{w})=U(C_{1t}^{w})+\beta E_{t}U(C_{2t+1}^{w})$。储蓄家庭面临的预算约束为

$$C_{1t}^{w}+S_{t}=W_{t}n_{t}^{w}(\eta_{t}) \tag{4}$$

$$C_{2t+1}^{w}=R_{t+1}S_{t} \tag{5}$$

其中，C_{1t}^{w}、C_{2t+1}^{w}、S_{t}分别为储蓄家庭的第一期消费、第二期消费和储蓄规模；R_{t+1}为储蓄资金利率；$n_{t}^{w}(\eta_{t})$为储蓄家庭数量占整体家庭部门的比重，由于投资家庭数量占比$n_{t}^{s}(\eta_{t})$是关于η_{t}的增函数，且有$n_{t}^{w}(\eta_{t})+n_{t}^{s}(\eta_{t})=1$，储蓄家庭数量占比是关于$\eta_{t}$的减函数。

（二）具有高杠杆特征的企业部门

与家庭部门相同，企业部门也是由标准化为1的连续个体组成。但是企业家没有劳动力禀赋，要在第一期通过借贷融资来获取资金以便在第二期进行生产等活动。为了刻画企业部门的高杠杆状态，本专题研究假设企业部门进行两种不同的融资模式。一种是对冲性融资L_{t}^{h}，即在第一期进行借贷融资是为了积累第二期生产所需要的资本K_{t+1}，而且第二期的资本回报能够完全覆盖第一期借贷资金L_{t}^{h}的本息和。由于模型中储蓄资金利率与贷款资金利率相等，L_{t}^{h}的本息和为$R_{t+1}L_{t}^{h}$。由此，进行对冲性融资时企业面临的融资约束为

$$E_{t}R_{t+1}L_{t}^{h}\leqslant\phi_{t+1}E_{t}R_{t+1}^{K}K_{t+1} \tag{6}$$

其中，R_{t+1}^{K}为资本回报率；$\phi_{t+1}\in(0,1)$为资产抵押比率，可以反映企业面临的融资约束程度。ϕ_{t+1}越小，意味着企业拥有的资产的抵押价值越低，表明企业面临的融资约束越大。

另一种是投机性融资L_{t}^{s}，本质上是企业通过“借新还旧”的手段来滚动债务，这也是企业部门高杠杆下的核心特征（Minsky，1986；纪敏等，2017）。具体而言，企业在第一期的借贷融资L_{t}^{s}（即“借新”）是为了偿还债务D_{t}^{e}（即“还旧”），并不是为了生产。之所以企业在第一期就有偿还债务的压力，是因为模型设定当一些企业在第二期退出经济后，新进入的企业需要通过借贷购买这一期退出企业的投机性融资部分，由此可以模拟现实中在高杠杆状态下企业一直面临债务偿还压力而需要不断地“借新还旧”来滚动债务的情况。由于通过投机性融资筹集得到的资金L_{t}^{s}难以得到偿还，将在第二期转化为新的债务D_{t+1}^{e}，即有

$$E_{t}R_{t+1}L_{t}^{s}=E_{t}D_{t+1}^{e} \tag{7}$$

与对冲性融资最终流向实体经济的物质资本投资不同，模型中投机性融资的这部分资金最终会流向金融资产，这主要有两方面原因。一是“借新还旧”只是资金流转的中间过程，新增的债务（“借新”）又流回到金融体系中去（“还旧”），而资金需要一个最终去向。模型中每期资金的最终流向与现实情况相类似（Turner，2015），要么转化为消费，要么转化为投资，要么转化为金融资产投资。由于进行投机性融资的这部分资金没有流入实体经济之中（消费与物质资本投资），只能最终流入金融资产之中。二是由于一个人的债务也是另一个人的资产，债务泡沫与资产泡沫本身就是一个硬币的两面，脱离经济基本面而由“借新还旧”所支撑的债务扩张会驱动资产泡沫膨胀是符合现实情况的。Jorda 等（2015）的实证研究也表明，脱离经济基本面的债务高速增长都会导致资产泡沫的快速膨胀。

基于上述设定可知，企业部门每期的借贷规模由两部分组成$L_t = L_t^h + L_t^s$，面临的融资约束为

$$E_t R_{t+1} L_t \leqslant \phi_{t+1} E_t R_{t+1}^K K_{t+1} + E_t D_{t+1}^e \tag{8}$$

由此，L_t / K_t可视为企业部门的资产负债率，衡量企业部门面临的债务压力。当企业的投机性融资越多时，L_t / K_t越高，表明企业部门的债务压力越重，这与现实中在高债务下越来越多的企业陷入“借新还旧”困境的典型事实相符合。

企业部门最大化的两期效用函数为$U(C_{1t}^e) + \beta E_t U(C_{2t+1}^e)$，基于以上设定可知，企业部门两期消费$\{C_{1t}^e, C_{2t+1}^e\}$的预算约束分别为

$$C_{1t}^e = L_t - K_{t+1} - D_t^e \tag{9}$$

$$C_{2t+1}^e = R_{t+1}^K K_{t+1} + D_{t+1}^e - R_{t+1} L_t \tag{10}$$

同时，本专题研究设定企业部门的生产函数为$Y_t = A_t K_t^{\alpha} (X_t N_t)^{1-\alpha}$，模型中市场为完全竞争并且劳动总供给$N_t = 1$，所以资本回报率为$R_t^K = \alpha A_t K_t^{\alpha-1} X_t^{1-\alpha}$。$X_t$为劳动效率，$X_{t+1} = \gamma X_t, \gamma > 1$。

（三）金融资产泡沫

参照 Tirole（1985）等文献，模型中金融资产B_t的内在基础价值为零，仅包含资产泡沫部分的价值。B_t的变化即可视为整个经济体中资产泡沫规模的变化。根据之前的设定，B_t的变化由两方面因素所致：①投资家庭所持有的金融资产B_t^s；②由参与“借新还旧”而没有进入实体经济的信贷资金所驱动形成的资产泡沫部分B_t^e，这类似于 Mishkin（2008）所提出的债务驱动型

资产泡沫，于是有 $B_t^e = D_t^e$。综合以上两点可以得到

$$B_t = B_t^e + B_t^s \tag{11}$$

t 期的金融资产泡沫会通过交易带入到 $t+1$ 期之中，收益率为 R_{t+1}^B。根据无套利条件，资产泡沫的预期回报率等于储蓄资金的预期回报率 $E_t R_{t+1}^B = E_t R_{t+1}$。参照 Martin 和 Ventura（2016）设定，$t+1$ 期的资产泡沫价值会新增一部分，记为 B_{t+1}^N，且有 $B_{t+1}^N = B_{t+1}^{Ns} + B_{t+1}^{Ne}$ 成立。由此，资产泡沫的动态过程为：$B_{t+1} = R_{t+1}^B B_t + B_{t+1}^N$。其中，$B_{t+1}^N$ 具体细分为两种情况：一种情况是当资产得以继续交易时，$t+1$ 期新增部分 B_{t+1}^N，$B_{t+1}^N = \xi R_{t+1}^B B_t$，$\xi > 0$；另一种情况是当资产不被继续交易时，资产泡沫会出现破裂的情况。由于模型中金融资产不具有内在基础价值，仅包含资产泡沫部分的价值，一旦资产泡沫破裂，那么 B_{t+1}^N 则为 $-R_{t+1}^B B_t$，从而使得 $B_{t+1} = 0$。

$$B_{t+1}^N = \begin{cases} \xi R_{t+1}^B B_t & \Pr = 1 - q_{t+1} \\ -R_{t+1}^B B_t & \Pr = q_{t+1} \end{cases} \tag{12}$$

其中，q_{t+1} 为资产泡沫的破裂概率。不同于大多模型将 q_{t+1} 设定为固定值，本专题研究参考 Norden 和 Schaller（1999）、陈彦斌和刘哲希（2017），将 q_{t+1} 设定为 B_{t+1} 的增函数 $q_{t+1}(B_{t+1})$，即资产泡沫规模越大，其破裂的可能性也越大。因此，资金配置于金融资产泡沫所获得的实际收益率为 $(1-q_{t+1})\cdot R_{t+1} + q\cdot 0 = (1-q_{t+1})R_{t+1} < R_{t+1}$。在模型中，当企业融资约束放松时，利率等于预期边际资本回报率，$R_{t+1}^K = R_{t+1}$；当企业融资约束式（8）收紧时，$R_{t+1}^K \geqslant R_{t+1}$。由此可知，模型中存在 $R_{t+1}^K \geqslant R_{t+1} > (1-q_{t+1})R_{t+1}$ 的大小关系。

由于模型中企业投机性融资最终都流向了金融资产，模型中资产泡沫的破裂概率实际上等同于企业由“借新还旧”所支撑的这部分债务的违约概率[①]。由此可知，将资金配置于企业的对冲性融资是比将资金配置于企业投机性融资更好的选择。不过，在家庭部门储蓄率较高等情况下（即 $L_t = S_t$ 较大时），由企业的融资约束式（8）可知，较大的 L_t 就给企业留下了较大的“借新还旧”空间，这与易纲等强调的高储蓄和高杠杆是一个硬币的两面的逻辑相一致（史云鹏，2017）。由此也可知，模型中信贷总量 L_t、资产泡沫破裂概率 q_{t+1} 等变量的变化均会对企业部门对冲性融资与投机性融资各自所占比重产生影响。

① 这与现实情况相符，资产泡沫的破裂往往是由债务违约引发的资产抛售所引起的（Bernanke，2013）。

（四）动态均衡系统

本专题研究模型的动态均衡系统由以下几部分推导得到：一是给定家庭与企业部门的一阶最优条件与预算约束的情况下，求解得到的家庭部门与企业部门的消费、储蓄、金融资产投资、实物资本投资等决策的最优解①；二是结合无套利条件及各个市场的出清条件。

最终产品市场：$\Sigma_{i\in I}C_{1t}^{i}+\Sigma_{i\in I}C_{2t+1}^{i}+K_{t+1}=A_{t}K_{t}^{\alpha}(X_{t}N_{t})^{1-\alpha}$，其中，$I$ 为市场参与者的类型，包括储蓄家庭 w，投资家庭 s，企业部门 e。

劳动力供给市场：$n_{t}^{w}(\eta_{t})+n_{t}^{s}(\eta_{t})=1$。

可贷资金市场：$S_{t}=L_{t}$。

金融资产市场：$B_{t}=B_{t}^{s}+B_{t}^{e}$。

模型中均衡利率将由企业部门的融资约束状况决定，具体可以分两种情况讨论。第一种是在稳态下企业的融资约束没有收紧，由此利率等于预期边际资本回报率，$R_{t+1}=E_{t}R_{t+1}^{K}$。第二种是稳态下企业的融资约束是收紧的，故存在 $R_{t+1}<E_{t}R_{t+1}^{K}$。此时，R_{t+1} 由企业融资约束式（8）决定。考虑到 $B_{t}^{e}=D_{t}^{e}$ 与预算约束条件 $L_{t}=K_{t+1}+D_{t}^{e}$，可以得到当融资约束收紧时均衡利率为 $R_{t+1}=E_{t}R_{t+1}=\phi R_{t+1}^{K}+\frac{B_{t}^{e}/B_{t}}{K_{t+1}}E_{t}B_{t+1}^{N}$。综合以上两种情况可知：

$$R_{t+1}=\min\{R_{t+1}^{K},\phi R_{t+1}^{K}+\frac{B_{t}^{e}/B_{t}}{K_{t+1}}E_{t}B_{t+1}^{N}\} \tag{13}$$

四、参数校准与模型求解

（一）参数校准

基准模型中需要校准的参数主要有 $\{\gamma,\beta,\alpha,\phi,\xi\}$。$\gamma$ 为劳动效率的年增长率，由于稳态下劳动效率的增长率与经济产出的增长率相等，本专题研究采用 2012 年以来中国经济的平均增速进行校准，由此将 γ 取值为 1.070。β 为主观贴现因子，一般动态一般均衡模型文章将其设定在[0.970,0.990]，本专题研究取中间值 0.980。α 为资本份额，本专题研究将其校准为 0.400，这与吴

① 这里，由于模型中所有个体为风险中性并且 $R_{t+1}\geqslant\beta^{-1}$，家庭与企业均会在第一期选择推迟消费，即第一期的最优消费规模为零。之所以存在 $R_{t+1}\geqslant\beta^{-1}$ 的条件，是因为 $R_{t+1}<\beta^{-1}$ 时，家庭会在第一期将全部收入转化为消费，由此储蓄规模下降导致 R_{t+1} 上升，重新回到 $R_{t+1}\geqslant\beta^{-1}$ 的区间。

国培等（2015）的实证研究的测算结果基本一致。ϕ为企业的资产抵押比率，可在0.500~0.900取值，因此本专题研究在基准模型中将其设定为0.750。ξ为稳态下新增资产泡沫占上一期资产泡沫的比重，稳态时满足$\xi=\gamma/R-1$。鉴于γ取值为1.070，所以设定ξ=0.044，使得均衡状态下模型中的实际利率水平为2.50%左右，与李宏瑾等（2017）相关研究测算的2012年以来中国的实际均衡利率水平基本相一致。

对于储蓄家庭占比$n_t^w(\eta_t)$和资产泡沫破裂概率$q_t(B_t)$而言，因为面临可测度性问题，本专题研究依据参数校准最少化的原则将上述函数设定为线性函数，分别设定为$n_t^w(\eta_t)=n^w-\lambda(\eta_t-\eta)$和$q_t(B_t)=\overline{q}+\theta(B_t/K_{\max})$，其中，$K_{\max}$为模型经济中所能支撑的最大资本存量。就$n_t^w(\eta_t)$而言，本专题研究假设基准情形下投资家庭不存在明显的投机性行为，消费率与中国现实中整体的消费率水平相一致，由此根据模型的矩条件将η校准为0.5。同时，由于$n_t^w(\eta_t)$为储蓄家庭占家庭部门比重，本专题研究依照2012年以来中国储蓄率数据进行校准。根据世界银行的测算，2013~2016年中国储蓄率平均值为48.3%，本文将n^w校准为0.8，由此可以得到$\lambda=0.400$。就$q_t(B_t)$而言，本专题研究将$(\overline{q},\theta)$取为(−0.050,0.750)以使得稳态时资产泡沫破裂概率为5%左右，与Goetzmann（2015）测算的现实中资产泡沫破裂概率相吻合。具体参数校准结果见表1。

表1　模型主要参数校准结果

参数	参数含义	校准值	参数	参数含义	校准值
γ	劳动效率增长率	1.070	β	主观贴现因子	0.980
α	资本份额	0.400	ϕ	资产抵押比率	0.750
ξ	稳态下新增资产泡沫占上一期资产泡沫的比重	0.044	λ	储蓄家庭占比函数系数	0.400
$\overline{q}$	资产泡沫破裂概率函数截距	−0.050	θ	资产泡沫破裂概率函数系数	0.750

（二）模型求解

由于本专题研究基准模型刻画了企业的抵押品融资约束，各市场参与者的决策函数会根据企业融资约束是否拉紧而不同，对数线性化的数值求解方法并不适用。因此，本专题研究采用决策函数迭代法来求解满足市场均衡条件的各类市场参与者的决策函数。首先，构建状态空间，并根据动态均衡条件将家庭部门的决策表达为在状态空间上的函数。其次，猜解企业部门的借贷决策函数，以及资产泡沫破裂概率、市场均衡利率和资本回报率等，将其代入动态系统中的均衡条件之中。最后，根据均衡条件下的资本存量与资产泡沫价值的运动方程，迭代更新企业的借贷决策函数，直到收敛为止。

本专题研究通过调整投资家庭杠杆率来模拟居民部门的加杠杆过程，模型结果显示，当投资家庭杠杆率η_t由 0.5 提高至 0.9 时，经济体中居民部门的储蓄率会从 48.0%下降至 38.4%。这与典型事实部门所描述的杠杆率与储蓄率的关系相符。此外需要说明的是，动态一般均衡模型一般分为两类：一类是尽可能完整刻画现实中影响宏观经济运行的重要因素，从而较好地拟合现实中重要宏观变量的时间序列特征，以评估宏观政策变动或各类外生冲击带来的影响。但实际上，此类模型的数值模拟结果一般还是与现实情况有明显的差距（Romer，2016）。另一类是聚焦于某一重要的宏观领域问题，对其背后的形成机制进行深入的探究，更加偏重于理论机制的探讨，因而在模型构建中不必对现实中其他方面要素进行过于详细的刻画。本专题研究模型属于后一类，所以数值模拟得到的各变量的绝对数值很难与现实数据进行直接比照，但居民部门加杠杆过程中各变量的变化方向及变化幅度具有较重要的参考价值。

五、居民部门加杠杆效果评估：基于数值模拟实验

本专题研究试图对结构性去杠杆过程中居民部门是否可以加杠杆做出较为系统的回答。为此，本部分将通过数值模拟实验对目前广泛讨论但尚未形成一致的几个重要问题进行客观的分析与评估：①居民部门加杠杆究竟是否有助于增加居民消费；②居民部门加杠杆是否有助于企业部门去杠杆，从而实现杠杆的转移；③居民部门加杠杆是否可以缓冲企业部门去杠杆带来的经济下行压力，从而有助于结构性去杠杆的推进。

（一）居民部门加杠杆对居民消费的作用效果分析

一般而言，居民部门加杠杆被视为促进居民消费的有效手段（李若愚，2016；伍戈等，2018），其核心逻辑在于居民部门加杠杆过程中会有更多资金从储蓄当中释放出来，使居民可用于消费的支出增加。然而，如图 2 所示，伴随着居民部门杠杆率的上升，消费支出规模并未出现预期扩张，在整个加杠杆的过程中反而缩减了约 0.8%。究其原因，居民部门加杠杆更多是刺激了居民投机性行为的增加，使得整个经济体的资产泡沫规模B_t在加杠杆过程中增加了约 14.2%。现实情况也是如此，2015~2017 年中国居民部门杠杆率的快速上升期间出现了大量投机性资金涌入股市和房地产市场的现象，导致了股价和房价泡沫的加速膨胀（陈彦斌，2016；孙丹和李宏瑾，2017）。可见，居

民部门加杠杆不仅难以有效促进消费支出增加，反而在一定程度上会抑制居民消费的扩张。

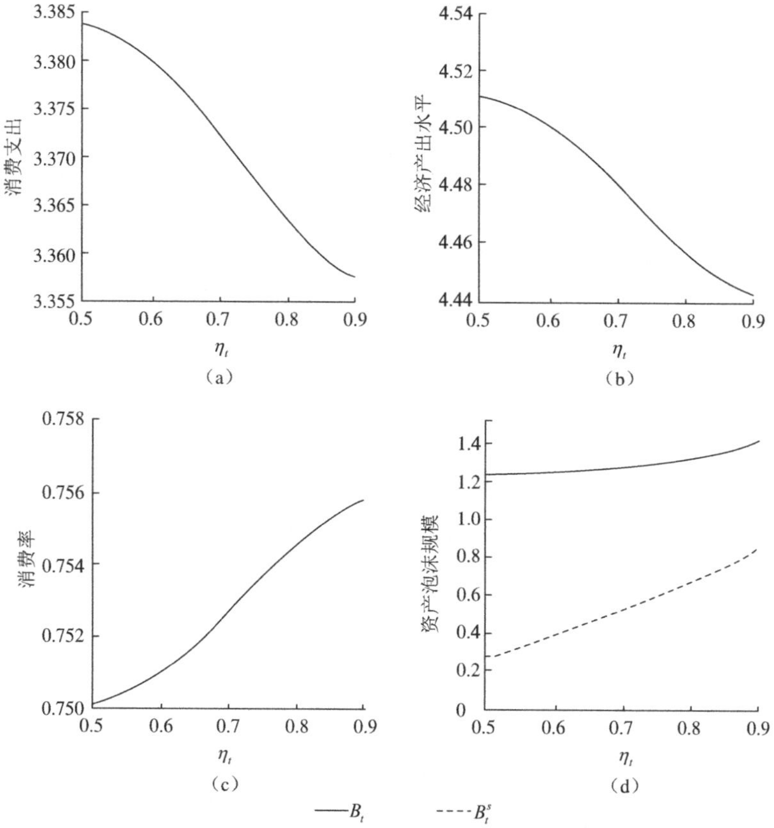

图 2　居民部门加杠杆对居民消费的作用效果

值得注意的是，虽然在居民部门加杠杆过程中消费支出规模有所缩减，但是消费率却出现了一定上升。这是因为，在整个居民加杠杆过程中经济产出水平的下滑幅度大于消费支出的下滑幅度，从而使得消费率“被动”上升了 0.6 个百分点。经济产出水平的下滑的主要原因在于居民部门加杠杆后更多资金流向资产泡沫，使得企业可借贷的资金规模减小，抑制了企业的实物资本投资。事实上，近年来在中国居民部门杠杆率的快速上升期间，的确出现了消费支出增速下滑与消费率上升的分化走势。2014~2017 年居民部门的杠杆率从 34.0%上升至 48.4%，然而全国居民人均消费支出实际增速从 8.9%下降至 5.4%（图 3）。不过，由于经济增速的下滑幅度更大，消费率（最终消费支出/GDP）从 50%左右提高至 55%左右。由此可见，如果仅以消费率的走势来观察，很可能会形成居民消费需求得到释放与经济结构改善优化的误判。

事实上，居民部门加杠杆难以有效刺激居民消费需求，升高的消费率是由经济产出水平更大幅度的下滑所致，掩盖了实际上较为低迷的消费需求。

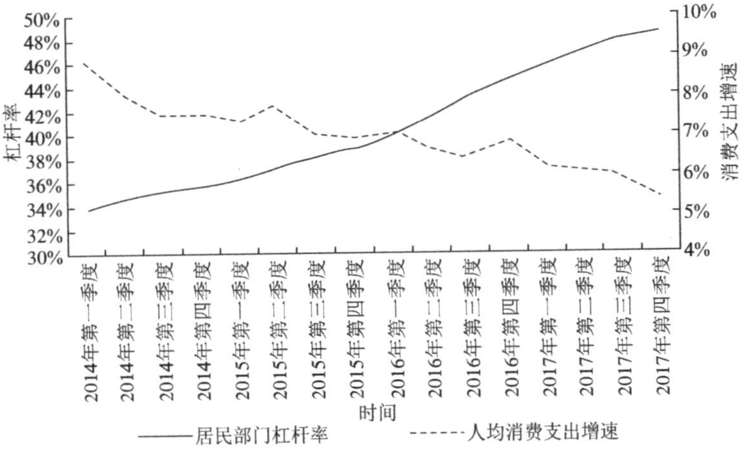

图 3　中国居民部门杠杆率上升期间人均消费支出增速与消费率的分化走势

资料来源：居民部门杠杆率数据来自 BIS，https://www.bis.org/statistics/index.htm；人均消费支出增速来自国家统计局，http://data.stats.gov.cn/index.htm

（二）居民部门加杠杆对企业部门杠杆率的影响

居民部门加杠杆有助于企业部门去杠杆一般被视为支撑居民部门加杠杆的又一重要理由。这是因为，从杠杆率的公式来看，债务/GDP=（债务/投资）×（投资/GDP），前者与企业融资结构中间接融资占比有关，后者代表经济体的投资率。由 $S = I + \mathrm{NX}$ 的国民收入恒等式可知，投资率与储蓄率密切相关。由此可见，如果一国的储蓄率越高，该国的整体杠杆率也可能越高（纪敏等，2017；史云鹏，2017）。不过，以上逻辑只是考虑了居民部门加杠杆会导致储蓄率下降这一方面，忽视了居民部门加杠杆还会导致居民投机性行为增加的情况。由此，居民部门加杠杆究竟是否有助于企业部门去杠杆还有待进一步论证。

为此，本专题研究设立了两组数值模拟实验，基准组沿用基准模型的设定，考虑了居民部门加杠杆过程中居民投机性行为增加的情况，即存在 η_t 与 $n_t^w(\eta_t)$ 的联动机制。对照组则不考虑居民部门加杠杆过程中居民投机性行为增加的情况，仅通过外生地调整 n_t^w 使居民部门的储蓄率下降。为了便于两组数值模拟实验结果的比较，本专题研究将这两组实验中居民部门储蓄率的变动都设定在[0.384,0.480]这一区间内。

当不考虑居民部门加杠杆过程中居民投机性行为增加的情况时（图 4 中虚线），伴随着居民部门储蓄率的下降，企业部门的资产负债率呈现趋势性下降的势头，表明居民部门加杠杆确实有助于促进企业部门去杠杆。就具体机制而言，居民部门加杠杆后会有更多资金从储蓄当中转移出来用于金融资产投资，这会产生两方面效应：第一种是总量效应。储蓄规模减小会使得可贷资金市场中用于借贷的资金量减少，从而使得企业借贷规模有所下降。但需要注意的是，可贷资金规模的减少不意味着企业的投资或者经济的产出水平一定会出现下降，因为居民储蓄减少还会产生第二种效应，本专题研究称之为再分配效应。具体而言，居民部门对金融资产投资规模的增加会改变企业部门对冲性融资和投机性融资的占比，使企业部门的投机性融资占比下降。究其原因，从模型机制来看，对冲性融资最终转化为实物资本投资以获得收益，投机性融资则最终转化为金融资产以获得收益。当家庭部门将部分储蓄转移至金融资产时，资产泡沫规模会有所扩大，资产泡沫破裂概率相应地也会有所加大，从而使得资产泡沫预期的收益率下降，实物资本投资的回报率相对有所提高。因此，当家庭部门储蓄规模下降时，企业部门倾向于将更大比例的资金配置于对冲性融资①，从而会促进实物资本投资，进而推动经济增长②。从图 4 可以看到，在总量效应和再分配效应的作用下，家庭储蓄规模适度减少时会使分子端（贷款规模）与分母端（资本规模）出现“一降一升”的情况，这就促成了企业部门资产负债率的下降。

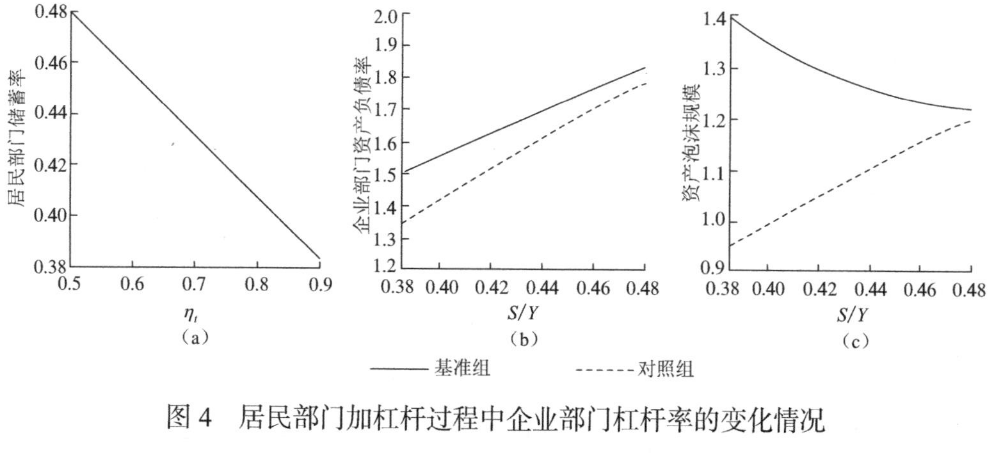

图 4　居民部门加杠杆过程中企业部门杠杆率的变化情况

---

① 当企业部门全部都是对冲性融资时，如果家庭部门储蓄规模继续降低，那么就会导致企业的资本投资规模下降，进而使得经济产出水平下降。这意味着中国确实要改变储蓄率过高的局面，但也不能因此失去高储蓄的优势，这对中国未来的经济增长与发展依然十分重要。

② 这与中国的现实情况相符合，在当前利率管制与金融投资渠道受限导致中国居民部门储蓄率过高的情况下，大量具有隐性担保的企业可以从银行部门（间接融资市场）持续不断地获得资金，进而维持“借新还旧”滚动债务。未来伴随着利率市场化不断推进与金融市场的不断发展，居民部门储蓄率下降的同时，更加稀缺的信贷资源也将得到更有效的配置，从而更多地转化为有效投资，推动经济增长。

对应于现实情况来看，以上机制相当于居民部门加杠杆改变了企业的融资结构，即企业的间接融资占比降低而直接融资占比上升。间接融资占比下降会使得企业对借贷的依赖程度下降，企业的借贷规模减小。直接融资占比提高可以使得真正具有投资意愿的企业能够获得更多资金，推动企业的资本规模上升。因此，本专题研究的研究结果表明，间接融资与直接融资占比的“一降一升”确实有助于企业部门资产负债率的下降。事实上，大力发展直接融资市场近年来也被认为是促进企业部门去杠杆的有效手段（CF40 课题组，2016；金鹏辉等，2017）。2017 年 7 月召开的全国金融工作会议也明确提出了“要把发展直接融资放在重要位置”。

然而，考虑居民部门加杠杆过程中居民投机性行为增加的情况时，如图 4 中实线所示，数值模拟结果将发生两个重要变化：①居民部门加杠杆对企业部门杠杆率的作用效果会明显减弱，在居民部门加杠杆的整个过程中，基准组的企业部门资产负债率均显著高于对照组。②不同于对照组中资产泡沫规模在居民部门储蓄率下降过程中持续收缩的走势，基准组中资产泡沫规模扩张态势明显。整个居民部门加杠杆过程中资产泡沫规模扩张了 14.2%，从而导致资产泡沫风险显著加剧。之所以发生这两点明显变化，是因为考虑了居民部门加杠杆过程中居民投机性行为增加的情况后，居民投机性行为的增加会促进资产泡沫规模的扩张，由此会吸引资金“脱实向虚”，从而挤出企业对资本的投资。企业资本规模的下降也就导致了资产负债率的上升。因此，虽然理论上存在居民部门加杠杆会促进企业部门去杠杆的杠杆转移机制，但是居民部门加杠杆过程中居民投机性行为的增加会使以上效果大打折扣，并带来更大的资产泡沫风险。换言之，发展直接融资市场确实是降低企业部门杠杆率的有效途径，但是以居民部门加杠杆来促进直接融资市场的发展并不可取。

（三）居民部门加杠杆与企业部门去杠杆协同推进的效果评估

通常而言，加杠杆有助于刺激经济增长，而去杠杆会抑制经济增长（Cecchetti and Kharroubi，2012；Dalio，2012）。由此，居民部门加杠杆可以缓冲企业部门去杠杆带来的下行压力就成为目前的一种常见观点。但是从本专题研究的第一组数值模拟实验结果看，居民部门加杠杆不仅难以有效促进经济产出水平的提升，反而会导致经济产出水平的下降。因此，居民部门加杠杆究竟能否缓冲企业部门去杠杆带来的下行压力就值得进一步探讨。

本专题研究通过脉冲响应来观察居民部门加杠杆与企业部门去杠杆相叠加后经济产出水平、居民消费支出等各主要宏观经济变量的变化情况。居民部门加杠杆是通过调节投资家庭的杠杆率η_t来模拟的。企业部门去杠杆则主要是通过降低企业部门的资产抵押比率ϕ_t。这是因为，从近年来企业部门去杠杆的核心举措看，主要是通过“强监管+稳货币”的政策组合来收紧企业部门面临的融资约束，从而倒逼高杠杆企业降低自身的杠杆率，由此就形成了较紧的融资环境（高善文，2018）①。这里，主要设置了三个情形：①将ϕ_t调低 0.01，模拟单独推进企业部门去杠杆的情形，并设定该组为基准组；②将ϕ_t调低 0.01 的同时让η_t升高 0.20，模拟企业部门去杠杆与居民部门加杠杆相叠加的情形，本专题研究将该组实验设定为实验组 1；③将ϕ_t调低 0.01 的同时让η_t升高 0.40，从而使居民部门加杠杆力度进一步加大，本专题研究将该组实验设定为实验组 2②。

脉冲响应结果如图 5 所示：①单独推进企业部门去杠杆确实会加大经济的下行压力。如图 5 中实线所示，当单独推进企业部门去杠杆使ϕ_t下降 0.01 之后，经济产出水平会下滑 1.1%。②当居民部门加杠杆与企业部门去杠杆相叠加后，不仅难以起到缓冲经济下行压力的作用，效果反而更加不理想。实验组 1 的结果显示，当居民部门加杠杆与企业部门去杠杆相叠加后，经济产出水平的下滑幅度会达到 2.7%，降幅比基准组扩大 0.5%。如果居民部门加杠

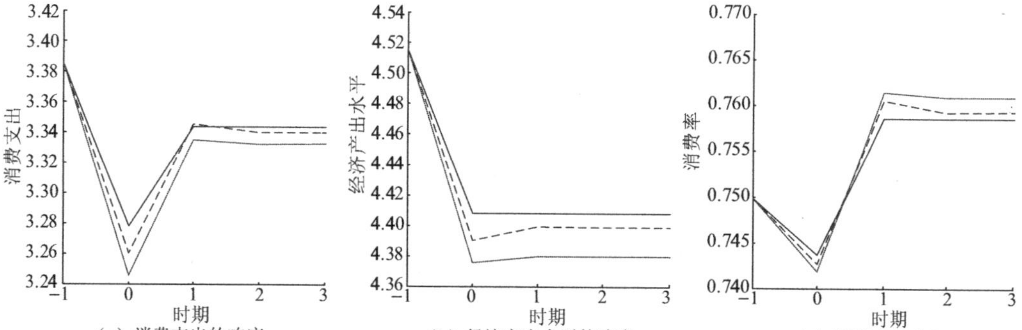

（a）消费支出的响应　（b）经济产出水平的响应　（c）消费率的响应

图 5　居民部门加杠杆与企业部门去杠杆叠加后的脉冲响应结果

① 国有企业在隐性担保作用下受到融资环境收紧的影响较小，而且国有企业的杠杆率明显高于民营企业，对“借新还旧”依赖程度更大。因此，针对当前以“强监管+稳货币”政策组合来去杠杆的方式而言，受影响更大的应是依靠常规对冲性融资的企业，所以本部分主要通过调节ϕ_t来模拟。

② 由于ϕ_t的变动对结果的影响更大（主要是变化幅度而非方向），这里设定ϕ_t相比于η_t的变动幅度较小。这与中国经济的现实情况相符，企业部门去杠杆带来的影响要显著高于居民部门加杠杆。

杆力度进一步加大，如实验组 2 的结果所示，经济产出水平的下滑幅度会扩大到 3.1%。③由于经济产出水平下滑，居民消费支出在居民部门加杠杆与企业部门去杠杆相叠加后也没有出现扩张①。同时，与之前的数值模拟结果类似，消费率由于经济产出水平更大幅度的下滑而“被动”上升。

更进一步地，本专题研究比较了 $\phi_t = 0.750$、0.725 和 0.700 的三组情形下，在 η_t 由 0.5 升高到 0.9 的过程中各个稳态下的经济产出水平、消费支出与资产泡沫规模等的情况。图 6 展示的数值模拟结果也印证了之前的判断。伴随着居民部门杠杆率的上升，经济产出水平均呈现下滑态势。而且，如果当 ϕ_t 由 0.750 下降至 0.725 或 0.700（即推进企业部门去杠杆）时，经济产出水平将会出现更大幅度的下降。究其原因，企业部门去杠杆过程中企业面临融资约束已有所趋紧，而居民部门加杠杆进程中居民投机性行为的增加会进一步挤占企业用于资本投资的资金。这就会恶化在企业部门去杠杆过程中本已收紧

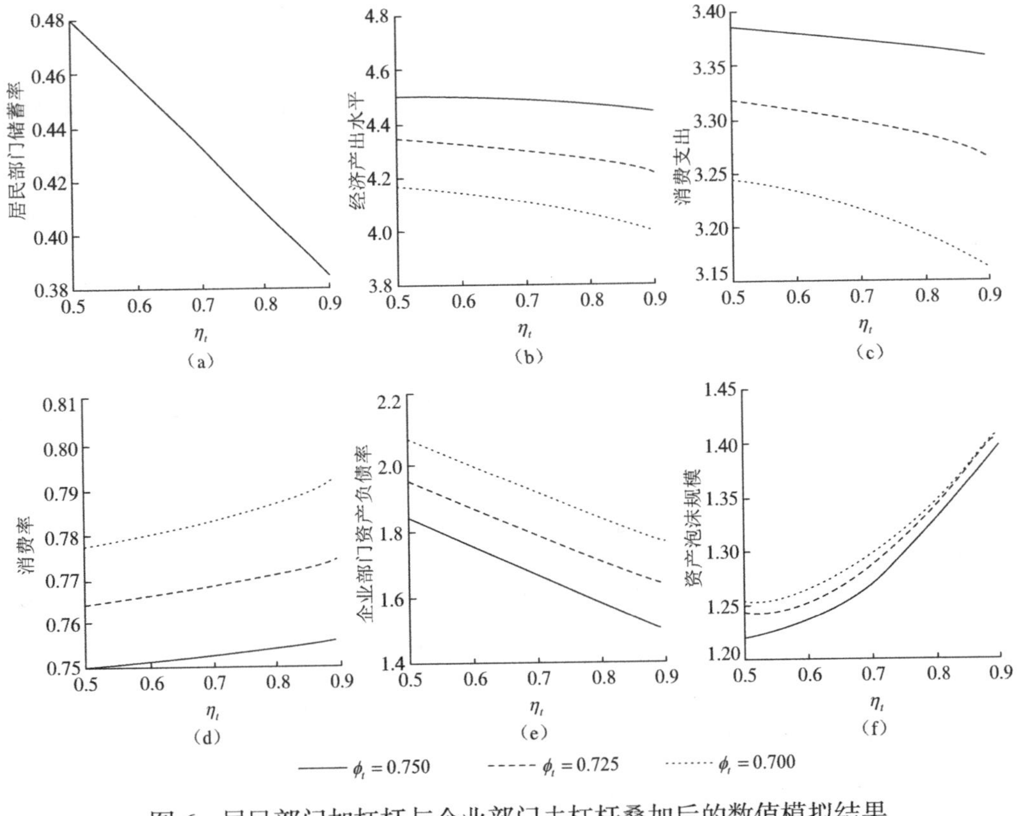

图 6　居民部门加杠杆与企业部门去杠杆叠加后的数值模拟结果

---

① 因为模型中企业投资是滞后变动的，受到冲击后的第一期居民消费规模会出现过度下降，然后回升至新稳态水平。

的企业融资约束环境，导致更多企业陷入“借新还旧”的困境，从而使得企业的资本投入规模更少，经济产出水平的下滑幅度更大。与此同时，如图 6 所示，更多企业陷入“借新还旧”困境，导致有更多资金难以进入实体经济而在金融体系内部空转。这使得居民部门加杠杆过程中资产泡沫规模有所增大，经济体面临的资产泡沫风险也更加明显。

六、主要结论与政策建议

当前，关于在结构性去杠杆过程中居民部门是否可以加杠杆，已成为各界广泛关注的重要问题。这是因为，结构性去杠杆并非追求所有部门杠杆率的下降，而是要在保证经济平稳运行的基础上实现杠杆率的结构性调整。因此，在企业部门尤其是国企和地方政府部门杠杆率偏高的情况下，居民部门能否作为加杠杆的主体从而发挥保证经济平稳增长的作用，就值得进行深入的分析与探讨。然而，现有研究或是依据理论与国际经验的定性分析，或是通过实证分析探讨居民部门杠杆率增加对消费等某些变量的局部影响，很少在统一的动态一般均衡框架下探讨居民部门加杠杆对整个宏观经济的全局性影响。为此，本专题研究构建了含有高杠杆特征的动态一般均衡模型，一方面，通过引入家庭部门的异质性特征刻画了居民部门的加杠杆过程；另一方面，通过在企业部门中引入对冲性与投机性两种融资方式刻画了企业部门杠杆率过高的特征。在此基础上，本专题研究对居民部门加杠杆在宏观层面上具体会带来什么影响进行了较为系统的研究。

本专题研究研究发现，结构性去杠杆过程中居民部门不应成为加杠杆的主体，具体有以下几方面理由：①居民部门加杠杆不仅难以有效促进居民消费的增加，反而会对居民消费产生抑制作用。不过，由于经济产出水平下滑幅度更大，居民部门加杠杆过程中消费率会“被动”上升，从而掩盖实际较为低迷的居民消费需求。②虽然理论上存在居民部门加杠杆会促进企业部门去杠杆的杠杆转移机制，但是居民部门加杠杆过程中居民投机性行为会相应增强，这就会使得杠杆转移效果大打折扣并加剧资产泡沫风险。③现有观点一般认为，居民部门加杠杆一定程度上可以缓冲企业部门去杠杆带来的下行压力，有助于保证结构性去杠杆的顺利推进。但本专题研究数值模拟结果显示，居民部门加杠杆不仅难以缓冲企业部门去杠杆带来的下行压力，反而当居民部门加杠杆与企业部门去杠杆同步推进时会导致经济产出水平出现较大幅度的下滑。

看到居民部门加杠杆效果不佳的同时，也要认识到居民部门本身加杠杆的空间也不大。这是因为，虽然以居民债务/GDP 测算的居民部门杠杆率偏低，但要注意的是中国居民收入占 GDP 的份额较小，所以居民债务/GDP 的测算方法实际上会低估中国居民部门的实际杠杆率。若以居民债务/居民可支配收入的方式测算，2017 年中国居民部门杠杆率已经达到了 110.9%，甚至高于美国居民部门的杠杆率水平。当然，有观点认为居民部门较高的储蓄率与较为稳定的收入增速是抵御居民债务风险爆发的有效手段，因此不宜夸大居民债务风险（张晓晶等，2018）。但不容忽视的是，杠杆率与储蓄率之间存在着动态联动机制，杠杆率的快速上升会导致储蓄率的快速下降。由此，杠杆率与储蓄率的“一升一降”将会显著增加居民部门资产负债表的脆弱性，加速居民部门债务风险的暴露。此外，根据之前数值模拟结果，居民部门加杠杆在长期内将会抑制经济产出水平，尤其与企业部门去杠杆相叠加后更会使经济产出水平出现更大幅度下降。这会对居民收入产生显著冲击，由此会使得居民部门在杠杆率持续上升的情况下也面临较大的流动性风险。总体而言，本专题研究认为居民部门继续加杠杆的空间并不大，结构性去杠杆过程中要有效控制近年来居民部门杠杆率过快的上升趋势。

要真正推进结构性去杠杆，还是需要针对当前国企与地方政府杠杆率偏高的原因对症下药。就国企而言，杠杆率偏高的核心原因在于国企的治理结构不完善且存在预算软约束问题，因而国企更多是追求资产规模的快速扩张，导致其背负的债务负担不断加重。就地方政府而言，与国企类似，地方政府长期承担了“稳增长”的任务，尤其是 2008 年全球金融危机以来面对持续存在的经济下行压力，地方政府持续不断地通过“上项目、搞投资”保证经济增长的稳定。这就使得地方政府对资金存在大量需求，但在当前财税体制之下地方政府的财权明显与事权不匹配，因此只能通过地方融资平台等渠道融资，由此积累了大量债务。因此，要根治国企与地方政府杠杆率偏高的问题，重点应做好以下几方面工作：①加快完善国企的治理结构，消除政府对国企的隐性担保从而硬化国企的预算约束；②加快政府由“增长型”向“服务型”转变的步伐，减少地方政府的投资冲动；③深化财税体制改革，提高地方政府事权与财权的匹配程度。

参考文献

陈彦斌. 2016-03-23. 防止房价泡沫化风险. 光明日报，（015）.

陈彦斌，刘哲希. 2017. 推动资产价格上涨能够“稳增长”吗？——基于含有市场预期内生变化的 DSGE 模型. 经济研究，（7）：49-64.

陈小亮，陈彦斌. 2018. 结构性去杠杆的推进重点与趋势观察. 改革，(7)：17-30.
CF40 课题组. 2016. 主动去杠杆还是被动去杠杆. 中国金融，(19)：11-14.
冯明. 2016. 宏观债务管理的政策框架及其结构性去杠杆. 改革，(7)：104-114.
高善文. 2018. 去杠杆之争. 清华金融评论，(8)：63-64.
何南. 2013. 基于 VECM 的中国家庭债务与消费波动:1997~2011 年. 经济学动态，(7)：65-69.
黄少卿，陈彦. 2017. 中国僵尸企业的分布特征与分类处置. 中国工业经济，(3)：24-43.
纪敏，严宝玉，李宏瑾. 2017. 杠杆率结构、水平和金融稳定——理论分析框架和中国经验. 金融研究，(2)：11-25.
金鹏辉，王营，张立光. 2017. 稳增长条件下的金融摩擦与杠杆治理. 金融研究，(4)：78-94.
李宏瑾，苏乃芳，洪浩. 2017. 价格型货币政策调控中的实际利率锚. 经济研究，(1)：42-54.
李若愚. 2016. 居民部门杠杆率的国际比较与启示. 金融与经济，(1)：23-27.
刘喜和，周扬，穆圆媛. 2017. 企业去杠杆与家庭加杠杆的资产负债再平衡路径研究——基于股票市场的视角. 南开经济研究，(3)：111-126.
吕学梁，吴卫星. 2017. 借贷约束对于中国家庭投资组合影响的实证分析. 科学决策，(6)：55-76.
马建堂，董小君，时红秀，等. 2016. 中国的杠杆率与系统性金融风险防范. 财贸经济，(1)：5-21.
潘敏，刘知琪. 2018. 居民家庭“加杠杆”能促进消费吗？——来自中国家庭微观调查的经验证据. 金融研究，(4)：71-87.
史云鹏. 2017. 易纲：杠杆高与储蓄高是硬币两面，降杠杆要先稳后降. http://news.youth.cn/gn/201703/t20170310_9264397.htm[2018-05-07].
孙丹，李宏瑾. 2017. 居民杠杆率、房地产信贷与房价泡沫风险. 金融发展评论，(1)：30-41.
田新民，夏诗园. 2016. 中国家庭债务、消费与经济增长的实证研究. 宏观经济研究，(1)：121-129.
魏玮，陈杰. 2017. 加杠杆是否一定会成为房价上涨的助推器？——来自省际面板门槛模型的证据. 金融研究，(12)：48-63.
吴国培，王伟斌，张习宁. 2015. 新常态下的中国经济增长潜力分析. 金融研究，(8)：46-63.
伍戈，高莉，文若愚，等. 2018. 居民加杠杆的是与非. 金融发展评论，(1)：1-6.
徐诺金，姚余栋. 2013-10-19. 中国经济应适度加杠杆来最终去杠杆. 企业家日报，(W02).
尹志超，吴雨，甘犁. 2015. 金融可得性、金融市场参与和家庭资产选择. 经济研究，(3)：87-99.
张斌，何晓贝，邓欢. 2018. 不一样的杠杆——从国际比较看杠杆上升的现象、原因与影响. 金融研究，(2)：15-29.
张晓晶，常欣，刘磊. 2018. 结构性去杠杆：进程、逻辑与前景——中国去杠杆 2017 年度报告. 经济学动态，(5)：16-29.
中国人民银行杠杆率研究课题组. 2014. 中国经济杠杆率水平评估及潜在风险研究. 金融监管研究，(5)：23-38.
Bernanke B S. 2013. The Federal Reserve and the Financial Crisis. Princeton：Princeton University Press.
Cecchetti S G，Kharroubi E. 2012. Reassessing the impact of finance on growth. BIS Working Paper，No.381.
Cecchetti S G，Mohanty M S， Zampolli F. 2011. The real effects of debt. BIS Working Paper，No.352.
Dalio R. 2012. An In-depth Look at Deleveragings. Bridgewater Associates.

Eggertsson G B, Krugman P. 2012. Debt, deleveraging, and the liquidity trap: a fisher-minsky-koo approach. Quarterly Journal of Economics, 127 (3): 1469-1513.
Goetzmann W N. 2015. Bubble investing: learning from history. NBER Working Paper, No. 21693.
IMF. 2017. Article IV consultation with the People's Republic of China. IMF Staff Country Report.
Jorda O, Schularick M, Taylor M. 2015. Leveraged bubbles. Journal of Monetary Economics, (8): S1-S20.
Kukk M. 2016. How did household indebtedness hamper consumption during the recession? Evidence from micro data. Journal of Comparative Economics, 44 (3): 764-786.
Lombardi M J, Mohanty M S, Shim I. 2017. The real effects of household debt in the short and long run. BIS Working Paper, No. 607.
Martin A, Ventura J. 2016. Managing credit bubbles. Journal of the European Economic Association, 14 (3): 753-789.
Mian A, Rao K, Sufi A. 2013. Household balance sheets, consumption, and the economic slump. Quarterly Journal of Economics, 128 (4): 1687-1726.
Minsky H P. 1986. Stabilizing an Unstable Economy. New Haven: Yale University Press.
Mishkin F S. 2008. How should we respond to asset price bubbles. Financial Stability Review, 93 (12): 65-74.
Norden S V, Schaller H. 1999. Speculative Behavior, Regime Switching, and Stock Market Crashes. New York: Springer US.
Romer P. 2016. The trouble with macroeconomics. https://paulromer.net[2016-09-14].
Tirole J. 1985. Asset bubbles and overlapping generations. Econometrica, 53 (6): 1499-1528.
Turner A. 2015. Between Debt and the Devil: Money, Credit, and Fixing Global Finance. Princeton: Princeton University Press.

专题研究五　中国宏观调控的现实功用与总体取向[①]

2016年12月14~16日，中央经济工作会议召开，明确提出要“创新和完善宏观调控”。2017年2月28日，习近平总书记主持召开中央财经领导小组第十五次会议，强调“做好2017年经济工作，要坚持稳中求进工作总基调，把握好经济社会发展大局，确保经济平稳健康发展，努力提高经济运行质量和效益；确保供给侧结构性改革得到深化，经济结构调整取得有效进展”[②]。2017年3月5日，李克强总理在十二届全国人大五次会议所作的《政府工作报告》中指出，“今年要继续实施积极的财政政策和稳健的货币政策，在区间调控基础上加强定向调控、相机调控，提高预见性、精准性和有效性”[③]。创新和完善宏观调控，对促进新常态下中国经济持续健康发展、推动经济结构转型升级具有重要的现实价值。本专题研究以“中国宏观调控的现实功用与总体取向”为主题，由《改革》传媒发行人、编辑总监王佳宁与中国人民大学经济学院副院长陈彦斌教授围绕中国宏观调控与发达国家宏观经济政策的异同，宏观调控的比较优势和不足，宏观调控目标变迁的内在逻辑，中国宏观调控的“强刺激”与“微刺激”，区间管理的提出及其现实价值，区间调控、定向调控与相机调控的关系，宏观调控与预期管理，宏观调控与供给侧结构性改革的协调，宏观调控与抑制资产泡沫，以市场化为导向的宏观调控体系的构

---

① 作者：陈彦斌，中国人民大学经济学院教授、副院长；王佳宁，时任《改革》传媒发行人、编辑总监。本专题研究已发表于《改革》2017年第3期。

② 《习近平主持召开中央财经领导小组第十五次会议》，http://cpc.people.com.cn/n1/2017/0228/c64094-29114257.html，2017年2月28日。

③ 《政府工作报告——2017年3月5日在第十二届全国人民代表大会第五次会议上》，http://www.gov.cn/premier/2017-03/16/content_5177940.htm，2017年3月16日。

建等展开深度对话。

一、中国宏观调控与发达国家宏观经济政策的异同

王佳宁：宏观调控是中央政府为保证国民经济的持续健康发展而对经济运行状态和经济关系进行的调节与干预。众所周知，宏观调控是典型的中国化术语，20 世纪 30 年代，伴随凯恩斯主义的兴起，发达国家开始摒弃传统的自由放任主义，注重利用宏观经济政策和宏观管理手段对经济运行状态与经济关系实施干预。

陈彦斌：主持人言之有理。发达国家宏观经济政策的广泛运用源于凯恩斯主义的兴起。凯恩斯主义认为，当经济体受到总需求或总供给等外部冲击时，由于价格与工资黏性及公众“动物精神”等因素的存在，市场对资源的配置不会在受到冲击后迅速回到均衡状态，从而导致经济呈现出扩张或紧缩的短期波动现象。因此，有必要通过宏观经济政策缓冲外部冲击，实现对经济短期波动的逆周期调节。

王佳宁：发达国家的宏观经济政策目标在 2008 年全球金融危机前后有所变化。

陈彦斌：的确如此。2008 年全球金融危机之前，宏观经济政策的主要目标是经济稳定，具体又分为物价稳定与增长稳定两个方面，政策工具则以货币政策和财政政策为核心。2008 年全球金融危机之后，理论与政策实践均表明宏观经济政策只关注经济稳定是不够的，还应关注金融稳定。作为实现金融稳定的主要政策工具，宏观审慎政策的重要性相应地得到了显著提升。

王佳宁：宏观调控是中央政府的主要职能之一。中国的宏观调控体系经历了一个逐步发展完善的过程，体现出与时俱进的特点。

陈彦斌：我同意主持人的观点。早在 1984 年，中共十二届三中全会首次提出的是“宏观调节”一词，随后“宏观控制”的叫法也被广泛运用，直至 1988 年中共十三届三中全会才正式提出了“宏观调控”的概念。1993 年中共十四届三中全会进一步明确了要“建立以间接手段为主的完善的宏观调控体系”。自此之后，根据中国经济发展的需要，宏观调控体系不断地调整与优化。2013 年中共十八届三中全会对宏观调控的主要任务与宏观调控体系构成做出了很好的概述，“宏观调控的主要任务是保持经济总量平衡，促进重大经济结构协调和生产力布局优化，减缓经济周期波动影响，防范区域性、系统性风险，稳定市场预期，实现经济持续健康发展”，宏观调控体系是“以国家

发展战略和规划为导向、以财政政策和货币政策为主要手段”，同时需要“加强财政政策、货币政策与产业、价格等政策手段协调配合”。

王佳宁：中国的宏观调控与发达国家宏观经济政策既有联系又有区别。这种区别主要体现在调控目标、调控工具、调控实施主体等方面。

陈彦斌：是的。中国宏观调控与发达国家宏观经济政策均承担了保持经济平稳运行的重要任务，并且在调控工具上都是以财政政策和货币政策为核心。但是，两者之间也存在较大区别，主要表现在：第一，中国宏观调控的目标更加宽泛，比如，需要承担“促进重大经济结构协调和生产力布局优化”等重要的改革发展任务，这一点则不属于发达国家宏观经济政策的调控目标范畴。第二，尽管中国宏观调控与发达国家宏观经济政策均是以财政政策和货币政策为核心，但是中国更加依靠财政政策，发达国家更多是运用货币政策。第三，中国宏观调控工具更加多样。除财政政策和货币政策之外，宏观调控进一步包括微观干预色彩较重的价格政策、产业政策，以及与产业政策密切相关的区域政策、土地政策和投资政策等。第四，中国宏观调控的实施主体更加多元。除财政部与中国人民银行之外，国家发改委、住房和城乡建设部、中国银行业监督管理委员会（2018 年 3 月，根据第十三届全国人大第一次会议批准，中国银行业监督管理委员会和中国保险监督管理委员会整合组建为中国银行保险监督管理委员会）与中国证券监督管理委员会等多个部门均会参与到宏观调控之中。

二、宏观调控的比较优势和不足

王佳宁：改革开放以来，中国创造了举世瞩目的经济增长奇迹，已成为世界第二大经济体。中国经济发展取得的成就与适时而有效的宏观调控密不可分。这也在一定程度上反映出了中国宏观调控相较于发达国家宏观经济政策的独特优势。

陈彦斌：中国能从 1977 年 GDP 规模仅排在世界第九位的低收入国家一跃成为中高收入国家，一定程度上得益于中国宏观调控所具备的一些独特优势。具体而言，主要表现在以下几个方面：第一，中国财政政策从制定到实施的内在时滞较短，能够成为“稳增长”的有效工具。第二，中国宏观调控工具多种多样，由此操作空间较为充足、回旋余地较大，实践中政策工具的“多管齐下”也会使得宏观调控见效较快。第三，由于改革开放以来的中国经济长期处在追赶阶段，政府可以借鉴发达国家的已有发展经验，通过制定产业政策，明确和引导产业发展方向，产业政策能够在宏观调控中发挥更大的调控作用。

王佳宁：与此同时，我们也应清醒地认识到，中国宏观调控尚存一些不足与问题，如调控目标过于宽泛，更偏重于使用财政政策。

陈彦斌：主持人点中了问题的要害。一方面，中国宏观调控承担的任务过多，目标过于宽泛。表面上，这会给予政策制定者更大的相机抉择空间，使其可以根据经济形势变化而制定最优政策。但实际上，宽泛化目标下宏观调控政策的左右摇摆会使得公众难以形成稳定预期，从而导致政策的实施效果难以达到预设目标。另一方面，中国宏观调控更多地使用财政政策，而对经济短期波动调节更为灵活有效的货币政策则处于从属地位，这在一定程度上弱化了宏观调控的逆周期调节能力。

王佳宁：宏观调控主体多元也会对宏观调控力度产生一定的负面影响。在实践中，还出现了宏观调控介入微观干预的情况。这些问题都需要引起高度重视。

陈彦斌：中国宏观调控政出多门、九龙治水，导致在政策协调方面还有较大不足，不时出现调控力度不足或力度过大的情况。由于宏观调控体系中包含较多的微观干预手段，以宏观调控之名行微观干预之实的现象亦时有发生。这不仅会产生大量寻租空间，阻碍市场经济发展，还会扰乱市场对资源的配置效率，进一步加剧经济波动。

三、宏观调控目标变迁的内在逻辑

王佳宁：设定合理的政策目标是制定宏观调控政策的核心。宏观调控的目标并不是一成不变的，而是会随着经济发展状况进行相应调整。中国经济步入新常态后，基本上每年的宏观调控目标都会进行一定的调整。

陈彦斌：我也注意到了这一现象。中国经济进入新常态以来，面临着增长速度换挡期、结构调整阵痛期与前期刺激政策消化期“三期叠加”的复杂局面，需要宏观调控目标不断调整予以应对。2012 年宏观调控目标定位于“稳增长、调结构、管理通胀预期”；2013 年调整为“稳增长、转方式、调结构”；2014 年为“稳增长、调结构、促改革”；2015 年为“稳增长、调结构、转方式”；2016 年调整为“稳增长、调结构、惠民生、防风险”；2017 年进一步调整为“稳增长、促改革、调结构、惠民生、防风险”。

王佳宁：表面上看，宏观调控目标在不断调整变化，但背后是有规律可循的，比如，中央一直十分重视“稳增长”。

陈彦斌：的确如此。中央高度重视经济稳定，由此始终将“稳增长”列为首要目标。之所以经济稳定尤为重要，主要有三个方面原因：一是中国经济步入新常态的同时全球经济也进入新平庸阶段，国内外需求双双萎靡导致经济始终存在负产出缺口。二是为了实现“到2020年实现全面建成小康社会宏伟目标”这第一个百年奋斗目标与顺利跨越“中等收入陷阱”，中国经济仍然需要保持一定的增长速度。三是由于新常态下就业压力持续增加，社会保障体系发展仍相对滞后，中国也难以承受经济增速的过快下滑。

王佳宁：除“稳增长”外，金融稳定也是宏观调控追求的主要目标之一。

陈彦斌：中国对金融稳定的重视程度不断提升，2016年起正式将“防风险”与“稳增长”等重要目标并列。对金融稳定重视程度的不断提高，一方面与宏观调控应关注金融稳定这一宏观经济理论的新共识相吻合，另一方面也是因为新常态下金融风险持续上升，尤其是债务风险不断加重。值得警惕的是，各个金融风险之间还存在着联动机制。例如，债务风险与资产泡沫风险交织在一起，容易使经济陷入更为严重的“债务—通缩”危机，从而进一步加剧中国的整体金融风险。

王佳宁：根据中国经济实际运行的需要，宏观调控要更加兼顾“调结构”“转方式”“促改革”等目标，尤其是要重视“调结构”。

陈彦斌：我同意主持人的观点。“调结构”过去几年一直作为宏观调控关注的重要目标。究其原因，现代宏观经济理论多是基于发达国家的成熟经验，但是与发达国家经济结构较为稳定不同，中国经济结构一直处于调整之中。新常态以来产能过剩等问题更为严重，结构调整任务更为迫切。如果宏观调控不考虑这些结构性问题，继续实施刺激政策以维持经济较快增长，很可能将进一步加剧经济结构的失衡，不利于可持续发展。因此，宏观调控需要实现经济结构内部的“有保有压、有扶有控”，协调好“稳增长”与“调结构”之间的关系。

王佳宁：除“调结构”之外，对其他目标的关注也是针对一个时期经济形势发展的需要。

陈彦斌：2012年宏观调控注重“管理通胀预期”是因为2011年通胀势头较猛，2011年CPI和PPI涨幅分别高达5.4%和6%，由此要求宏观经济政策必须要遏制物价水平过快上涨。2013年宏观调控目标侧重于“转方式”，与党的十八大报告提出的加快转变经济发展方式的要求相契合①。由于以往高投

① 《胡锦涛在中国共产党第十八次全国代表大会上的报告》，http://www.gov.cn/ldhd/2012-11/17/Content_2268826.htm，2017年4月21日。

资发展模式难以为继，宏观调控需要增强消费对经济增长的基础作用。2014年宏观调控更加关注“促改革”，则是与党的十八届三中全会确立的全面深化改革大方向相一致，当时的中央经济工作会议提出了“寓改革于调控之中”的新思路。2015 年宏观调控虽然又把“转方式”放在更加重要的位置，但也提出了要继续“狠抓改革攻坚”。2016 年宏观调控对“惠民生”的强调更多是考虑到“确保到 2020 年所有贫困地区和贫困人口一道迈入全面小康社会”的扶贫目标。2017 年宏观调控再次强调“促改革”，并将其列在仅次于“稳增长”的位置上，则是突出了供给侧结构性改革的重要性。

四、中国宏观调控的“强刺激”与“微刺激”

王佳宁：步入新常态之前，中国宏观调控有时会实施强刺激政策，尤其是 2008 年全球金融危机时期之后的一系列强刺激政策推动中国经济在全球范围内率先实现了“V”形复苏，但也带来了一些负面影响。

陈彦斌：强刺激政策虽然能够迅速地完成“稳增长”的任务，但是不利于“调结构”“促改革”的推进。2008 年全球金融危机时期之后的一系列强刺激政策虽然短暂地刺激了经济增长，但也留下了诸多后遗症：一是物价水平快速上升，房价等资产价格迅猛上涨。CPI 由 2009 年的-0.7%大幅回升至 2011 年的 5.4%，PPI 更是由 2009 年的-5.4%上升到 2011 年的 6.0%。全国商品房平均价格则在 2009~2011 年上涨了约 40%，其中北京的涨幅达到 77%，上海的涨幅更达到 92%。二是产能过剩问题更加突出。IMF 的评估报告显示，中国的产能利用率由 2008 年的 80%下滑至 2011 年的 60%左右，尤其是钢铁、船舶等被列入战略产业振兴规划中的行业，产能过剩情况最为严重。三是地方政府加大举债规模以刺激经济扩张，导致债务问题凸显。审计署数据显示，2010 年底地方政府负债规模达到 10.7 万亿元，较 2008 年增加了一倍。四是经济结构失衡现象进一步恶化。宏观调控政策以拉动投资为主要着力点，2010 年和 2011 年投资率分别高达 47.2%和 47.3%，比危机前的 2007 年上升了 6.5 个百分点左右，导致总需求结构失衡问题更加严重。

王佳宁：如此看来，实施有效的宏观调控并不一定非得依赖强刺激政策。现阶段，用微刺激方式来应对经济下行压力，也许收效更佳。

陈彦斌：是的。相较于强刺激政策，微刺激政策虽然仍属于政府依靠项目投资等手段拉动经济增长的调控方式，但是具有两个方面的优点。一是微刺激政策更加注重预调与微调，力度相对温和，对经济带来的负面影响相对较小。例如，2014年第一季度中国经济增速下跌到了7.4%，偏离了当时7.5%的增长目标。在此情形下，政府出台了一系列微刺激政策，主要包括增加中西部铁路建设投资、加快棚户区改造、加大小微企业减税力度等。这些举措大多针对中国经济中的薄弱环节与关键领域，并且取得了较好的“稳增长”效果，2014年第二季度经济增速恢复至7.5%。二是相较于强刺激政策效果会使得政策空间迅速收窄，微刺激政策能够为宏观调控节省空间，从而增强政策的可持续性。目前中国货币政策空间和财政政策空间都要明显优于欧美国家，主要就得益于新常态以来中国不再实施强刺激政策，转而实施微刺激政策，给未来宏观调控预留了宝贵的空间。

五、区间管理的提出及其现实价值

王佳宁：在较长的时间内，中国宏观调控追求的经济增长目标都是底线目标，这容易导致经济运行“易热难冷”，不利于经济结构的调整和优化升级。

陈彦斌：中国经济步入新常态之前，政府部门在宏观调控中往往是保底线而不设上限，多次明确提出“保八”“保七”等增长目标。客观地说，这一宏观调控思路与当时的宏观经济形势和发展阶段是相适应的。但是过度看重经济增长的底线，加上以往地方政府考核又是以GDP为导向，使得过去只要经济增速出现一点波动，各地地方政府就希望中央出台较大规模的刺激政策。由此，经济运行常处于“易热难冷”的状态，最终实现的经济增速往往都大幅超过预设的增长目标，这也影响了经济结构调整与市场化改革进程的推进。同时，刺激政策的频繁出台与退出导致公众预期难以稳定，扰乱了市场信号，使得资源难以得到有效配置。

王佳宁：自2013年中国首次提出宏观调控要“保持经济增速在合理区间平稳运行”的新思路以来，区间调控备受关注。

陈彦斌：这种关注表现在宏观调控不再注重于某一特定目标值，而是将目标界定为一个合理区间，即区间调控。区间的上限为“防通胀”，下限为“稳增长”，在下限之外还将“保民生”和“防风险”作为底线。当经济运行接近区间下限时，宏观调控的主要着力点是“稳增长”；当经济运行接近区间上限时，宏观调控的主要着力点是“防通胀”；当经济运行处于中间状态时，就会加大市场化改革与经济结构调整的力度。区间调控意味着，只要经济运行处于合理区间之内，宏观调控不需要有大动作，只有当经济偏离合理区间时，才需要实施一定的刺激政策。按照这一思路来调控经济，既能够保持经济增长的平稳性及公众预期的稳定性，又能够促进制度创新、结构调整同步推进。

王佳宁：按照您的理解，区间调控的思路变得日益科学。请举例说明区间调控的现实意义和价值。

陈彦斌：好的。以 2017 年中国经济的增长目标为例，其设定为“国内生产总值增长 6.5%左右，在实际工作中争取更好结果”，这就是基于对中国经济现实情况的充分考虑。一方面，要想实现第一个百年奋斗目标，即“到 2020 年实现全面建成小康社会宏伟目标”，“国内生产总值和城乡居民人均收入比 2010 年翻一番”，需要 2017~2020 年中国经济增速至少达到 6.43%。考虑到新常态以来中国经济增速持续下滑，到 2016 年已降至 6.7%，因此有必要将 2017 年经济增长目标设定在 6.5%左右。另一方面，2017 年中国潜在经济增速约为 6.7%，在世界范围内仍然处于相对较高水平。也正因如此，李克强总理在 2017 年 3 月 5 日十二届全国人大五次会议上所作的《政府工作报告》强调了要“在实际工作中争取更好结果”①，以尽量使实际增速与潜在增速相适应。

六、区间调控、定向调控与相机调控的关系

王佳宁：在区间调控基础上，《政府工作报告》在 2016 年和 2017 年连续两年提出要进一步加强定向调控与相机调控，请简要谈谈区间调控、定向调控和相机调控的关系。

陈彦斌：好的。区间调控可以明确什么时候宏观调控需要有所作为，而什么时候宏观调控需要保持定力，以让市场自我调节机制发挥主导作用。定向调控与相机调控则是在宏观调控需要有所作为的情况下，进一步明确宏观调控应该“做什么”和“如何做”的问题。

王佳宁：定向调控明确了宏观调控的发力方向，即重点抓住经济发展中的突出矛盾和结构性问题，针对经济中的薄弱环节和关键领域定向施策、精准发力，从而更加有效地“激活力、补短板、强实体”。

陈彦斌：就货币政策而言，央行多次采取定向降准和定向再贷款等操作，力图为小微企业和“三农”提供必要的资金支持，保证小微企业和“三农”的贷款增速维持较快增长水平。就财政政策而言，财政部也多次实施定向减税等调控手段，拓宽小微企业税收优惠范围，为小微企业减负。放眼全世界，

---

① 《政府工作报告——2017年3月5日在第十二届全国人民代表大会第五次会议上》，http://www.gov.cn/premier/2017-03/16/content_5177940.htm，2017年3月16日。

欧美国家全球金融危机之后也在创新性地使用定向调控政策帮助经济摆脱低迷状况。比如，美国针对资金紧张的金融机构实施了定期证券借贷便利政策，以保证金融体系正常运转，欧洲央行进行了定向长期再融资操作，以刺激实体经济的投资与消费。

王佳宁：相机调控明确了宏观调控的具体调控方式。

陈彦斌：与发达国家宏观经济政策中的相机抉择方式相近，相机调控意味着中国宏观调控在短期内需要在多个调控目标之间进行权衡取舍。事实上，宏观调控应遵循单一规则还是相机抉择一直是争论焦点。2008 年全球金融危机前，实施通胀目标制国家的成功经验使得宏观调控应遵循单一规则的观点更为主流，但是危机后各界认识到仅是物价稳定还不足以保证经济稳定与金融稳定，政策应该保持一定的灵活性。美国正是因为采取了相机抉择的“直接行动”方式，才能在危机爆发后迅速做出反应，为其经济的有力复苏打下基础。宏观调控遵循相机调控的方式也符合中国经济现实情况。由于经济运行面临的压力与挑战在增多，宏观调控不能单一地关注经济增长或物价稳定。同时在“三期叠加”的复杂经济环境下，通胀、就业及增长等指标均可能出现超预期变动，需要提高宏观调控的及时性与灵活性。

王佳宁：定向调控和相机调控各有其不足之处。在使用定向调控和相机调控时，必须对此有足够的考量。

陈彦斌：我同意主持人的观点。定向调控更多是非常规时期的权宜之计，不应成为宏观调控过度依赖的常态化手段。就货币政策而言，即使通过定向调控进行“喷灌”“滴灌”，所释放的流动性最终还是会渗透到整体经济之中，从而难以达到定向调控的目的。此外，相机调控不应锚定过多目标，否则会导致时间不一致性等问题，从而降低调控效率。

七、宏观调控与预期管理

王佳宁：2008 年全球金融危机之后，预期管理在发达国家宏观经济政策中的地位显著提升。由此来看，在宏观调控中加强预期管理十分必要。

陈彦斌：预期管理是指政府相关部门通过信息沟通引导公众预期向政策目标靠拢，从而有效地提高宏观调控效率。从发达国家的政策实践来看，预期管理主要在货币政策领域应用较为广泛，并在稳定经济方面发挥着越来越重要的作用。比如，20 世纪 90 年代以来，新西兰、瑞典等国家通过采用通胀目标制为公众提供清晰和准确的长期通胀目标，有效锚定了公众的通胀预期，保证了物价水平的稳定。再比如，2008 年全球金融危机以来，美联储通过前瞻性指引政策既引导了预期利率下行，又提振了市场信心，更好地帮助货币政策实现稳定经济的目的。不仅如此，在互联网时代，以沟通为主要方式的预期管理不仅操作成本较低，而且能够借助于信息的迅速传播更快地影响公众预期，从而缩短政策的外在时滞，进一步提高宏观调控的有效性。

王佳宁：中央政府也多次强调要加强预期管理。这意味着预期管理已引起政府的高度重视。

陈彦斌：的确如此。国家“十三五”规划纲要明确提出，要“改善与市场的沟通，增强可预期性和透明度”，以加强宏观调控的预期管理。中国高度重视预期管理也十分有必要。第一，近几年经济下行压力持续存在，企业信心不断下降，央行的调查结果显示，企业家信心指数在 2016 年已降至新常态以来的最低点，由此亟须宏观调控加强前瞻性指引，稳定公众预期并且提振市场信心。第二，中国的货币政策正处于数量型向价格型转变的关键时期，货币政策的有效性显著下降，因此迫切需要通过提高政策透明度等预期管理的方式提高调控效率。据作者所在团队的测算，加强预期管理能够将目前中国货币政策的调控效率提高 40%左右。

王佳宁：客观来看，中国的预期管理尚处于起步阶段，尤其货币政策的预期管理还存在着一些不足，未来应如何改进?

陈彦斌：我认为，强化预期管理要着重做好三个方面的工作：一是加强央行与市场的信息沟通，增强货币政策的透明度，特别是注重对货币政策操作进行事前沟通和事后解释，及时公布货币政策相关操作及其意图，避免市场误读。二是适当地加快货币政策中介目标由数量型向价格型转变的步伐。伴随着利率市场化的持续推进及金融创新的不断深化，M1、M2 等数量型指标有效性下降且波动性加大，容易扰乱市场预期，由此应该充分发挥利率等价格型指标对公众预期的引导作用。三是加强央行等的研究能力。只有央行比市场掌握了更多关于经济运行的信息，对未来经济走势有更强的判断力，才能有效地与市场沟通，从而提高央行预期管理的效率。

八、宏观调控与供给侧结构性改革的协调

王佳宁：加强宏观调控，必须将需求侧的短期措施与供给侧的长期改革结合起来。我国目前面临的问题不仅有供给不足的问题，而且有需求下降的问题。

陈彦斌：供给管理和需求管理是调控宏观经济的两种基本手段，前者主要解决长期结构性问题，后者侧重熨平短期经济波动。调控宏观经济既需要需求管理，又需要供给管理；既需要总量调控，又需要结构调控；既需要短期调控，又需要中长期改革。当前中国经济运行面临突出矛盾和问题的根源是重大结构性失衡，必须从供给侧结构性改革上想办法，努力实现供求关系的动态均衡。

王佳宁：中央高度重视供给侧结构性改革，供给侧结构性改革将发挥怎样的作用？

陈彦斌：国家“十三五”规划纲要指出，“必须在适度扩大总需求的同时，着力推进供给侧结构性改革”。供给侧结构性改革的推进将发挥如下几点重要作用：第一，供给侧结构性改革能够厘清政府与市场的关系，减少政府的不当干预，让市场在资源配置中起决定性作用，从而有效破解产能过剩难题。第二，供给侧结构性改革能够消除教育、医疗等领域的市场进入壁垒，增加高品质民生产品和服务的有效供给。第三，供给侧结构性改革不仅能够使信贷资金等宝贵资源更加有效地配置给高效率的企业，而且能够促进产业结构升级，催生新的经济增长点，进而提高潜在经济增长率。

王佳宁：供给侧结构性改革与侧重于需求管理的宏观调控是相互补充、相得益彰的。

陈彦斌：主持人言之有理。我国经济既要追求短期内的平稳增长，又要追求长期潜在增长率的提高，这就需要需求管理和供给侧结构性改革相互配合。一方面，大力推进结构调整和去产能等供给侧结构性改革举措，短期内会加大经济下行压力和就业压力，需要积极的财政政策和稳健的货币政策加以缓冲；另一方面，以财政政策和货币政策为主体的需求管理主要在短期内对经济波动进行逆周期调节，而供给侧结构性改革的着力点在于优化经济结构、增加有效供给，从而能够提高中国经济的潜在增长率。因此，一些认为供给侧结构性改革应取代需求管理成为宏观调控主要手段的观点并不可取。通过运用较为积极的需求管理政策适度扩大总需求，更有助于深入推进供给侧结构性改革，从而能更好地为到 2020 年实现全面建成小康社会的宏伟目标打下坚实基础。

九、宏观调控与抑制资产泡沫

王佳宁：宏观经济政策如何应对资产泡沫一直是各界讨论的重要话题。

特别是 2008 年全球金融危机的发生，使资产泡沫问题更加凸显。

陈彦斌： 2008 年全球金融危机之前，格林斯潘的观点占据主导地位，他认为宏观经济政策不应对资产泡沫进行逆向调节，而是应当在其破灭后进行清理，核心依据有三点：一是资产泡沫往往难以识别；二是逆向调节资产泡沫可能导致其提前破裂，对经济带来更大的负面影响；三是清理资产泡沫的成本可以被控制在较低水平。然而，2008 年全球金融危机的爆发引来了各界对格林斯潘观点的强烈质疑。资产泡沫破裂不仅导致经济陷入了严重的衰退，而且宏观经济政策付出巨大代价难以有效应对。危机之后，各界对如何应对资产泡沫这一问题进行了更深入的探讨，并达成了新的共识。虽然政策制定者难以识别所有资产泡沫，但是伴随信贷快速扩张的信贷驱动型资产泡沫比较容易识别，典型的例子是房地产泡沫。由于信贷驱动型资产泡沫对经济运行的危害最大，清理资产泡沫破裂的政策成本也十分大，宏观经济政策需要去逆向调节此类泡沫。

王佳宁： 新常态下经济增速放缓的同时资产泡沫风险在不断加剧，2016 年以来中央多次强调要着力"抑制资产泡沫"。 有学者认为，货币政策应在应对资产泡沫中发挥主要作用。也有学者就此提出了不同的看法。对此，您怎么看？

陈彦斌： 当前中国房价上涨过快并且大量信贷涌入房地产市场，具有信贷驱动型资产泡沫的典型特征，因此政府部门强调抑制资产泡沫是正确的决定。但是从强调货币政策要保持"稳健中性"等具体表述来看，货币政策将在应对资产泡沫中发挥主要作用，这一点值得商榷。第一，根据丁伯根法则，一项工具难以同时达成两个目标，货币政策在稳定经济的同时难以兼顾抑制资产泡沫的任务。第二，资产价格有很多种，但是资产泡沫一般只出现在一部分资产中。货币政策是比较"钝"的工具，难以做到精准调节，从而会导致没有出现泡沫化的资产价格也受到较大影响，政策成本较高。第三，理论与历史经验均表明，通过收紧货币政策来抑制资产泡沫的做法，反而可能会加剧资产价格波动，甚至会刺破资产泡沫而引发严重的金融危机。比如，20 世纪 80 年代末日本央行 3 次上调贴现率意图为过热的资本市场适度降温，但是引发了股价、房价等资产价格的全面暴跌。

王佳宁： 相比之下，宏观审慎政策是抑制资产泡沫的有效工具。

陈彦斌： 这个观点我赞成。宏观审慎政策能够降低金融体系的风险承担激励，阻断资产泡沫与信贷扩张两者之间的交互作用，从而有效抑制信贷驱动型资产泡沫的形成。可以看到，自 2016 年 10 月政府部门加强运用首付抵押比等宏观审慎手段以来，房价泡沫风险已得到了一定程度的缓解，四大一线城市与房价上涨较快的二线城市的房价涨幅均有所回落。就中国经济实际情况而言，要想更好地抑制资产泡沫，在不断健全宏观审慎政策的前提下还需要做好两点：一是货币政策不能过于收紧，否则会提高企业的投资与偿债成本，进而导致即使资产泡沫得到暂时抑制，资金也很难回流到实体经济。二是通过市场化改革加快经济增长动力转换，形成新增长点，从而增加实体经济对资金的吸引力。

十、以市场化为导向的宏观调控体系的构建

王佳宁：中共十八届三中全会指出，“科学的宏观调控，有效的政府治理，是发挥社会主义市场经济体制优势的内在要求”。在国家“十三五”规划纲要中，“创新和完善宏观调控”也与“健全现代市场体系”“深化行政管理体制改革”等内容一同被列为“构建发展新体制”的重点领域与关键环节。由此可见，宏观调控改革的大方向需要与中国经济体制改革的大方向相适应。

陈彦斌：回顾历史，正是为适应中共十四届三中全会提出的“建立社会主义市场经济体制”的发展要求，宏观调控明确地转向了“以间接手段为主”的调控方式，对市场直接管控的行政干预手段逐步减少。自中共十八届三中全会以来，“使市场在资源配置中起决定性作用”的经济体制改革方向得到明确。因此在以市场化为导向的经济体制改革大方向下，未来应加快构建以市场化为导向的宏观调控体系，只有这样才能真正提高宏观调控效率。

王佳宁：构建以市场化为导向的宏观调控体系，首先应从定位入手。

陈彦斌：是这样的。宏观调控应定位于对经济短期波动的逆周期调节，是总需求管理而不是微观干预。当前中国宏观调控的内涵过于宽泛，导致宏观调控和微观干预常常被混为一谈。但是实际上两者有本质上的不同，前者是在保证市场机制发挥作用的基础上对总需求进行逆周期调节，平抑经济短期波动，也就是现代宏观经济理论所讲的总需求管理；后者则是对市场机制的管制或替代。伴随着市场化改革的深入推进，政府应尽可能地减少对市场主体的微观干预。若以宏观调控的名义行微观干预之实将会很容易扰乱市场自我调节机制，加剧经济波动，使经济陷入“一控就冷、一放就热”的困境。因此，构建以市场化为导向的宏观调控体系的关键前提是明确宏观调控的定位，将其与微观干预进行清晰的区分。

王佳宁：构建以市场化为导向的宏观调控体系，明确调控的目标亦十分重要。

陈彦斌：宏观调控的定位是逆向调节经济的短期波动，所以应重在实现经济与金融的双重稳定目标。至于“调结构”“转方式”等其他目标的实现，从根本上来讲是需要以要素市场化改革与国企改革为核心的各项市场化改革措施得到有效落实，发挥市场对资源配置的决定性作用。因此，未来以市场化为导向的宏观调控应逐步减少对“调结构”“转方式”等目标的关注，让市场机制发挥主体作用。而在经济稳定方面，“稳增长”仍是最重要的目标，这对于完成“两个一百年”的奋斗目标和顺利跨越“中等收入陷阱”等重要发展任务至关重要。与此同时，虽然新常态以来通胀水平持续处于低位，但不能因此放弃对“控通胀”目标的管理。根据国家统计局的数据可知，2016 年底中国的 M2/GDP 已高达 208%，处于历史与国际上的高位，因而面临的潜在通胀风险依然很大。金融稳定方面，除高企的债务风险之外，未来宏观调控还需要关注银行不良贷款风险、实体经济低迷背景下资金“脱实向虚”带来的“衰退式资产泡沫”风险及人民币大幅贬值与资本外流风险。

王佳宁：您刚才讲了定位和目标的问题，那么，构建以市场化为导向的宏观调控体系，在调控工具上该如何选择?

陈彦斌：就调控工具而言，在确立财政政策和货币政策在宏观调控中主体地位的基础上，需要进一步强化货币政策的主导地位，大幅弱化产业政策的宏观调控职能。近几年财政政策和货币政策在宏观调控体系中的主体地位逐渐明确。中共十八届三中全会明确指出，要健全“以财政政策和货币政策为主要手段的宏观调控体系”；“十三五”规划纲要也要求，“完善以财政政策、货币政策为主，产业政策、区域政策、投资政策、消费政策、价格政策协调配合的政策体系”。这一点值得肯定，而在此基础上未来应进一步着力改变当前宏观调控体系中财政政策占据主导地位、货币政策处于从属地位的局面。因为理论与各国政策实践均表明，货币政策是调节经济短期波动最为灵活且有效的工具，财政政策的逆周期调节作用相对较弱，而且更易受到政治周期的影响并带来长期的高债务问题。因此在经济常规时期，货币政策应该承担宏观调控的主要任务，应对产出缺口与物价水平的变化。

王佳宁：产业政策虽然在我国宏观调控中一直备受重视，但是产业政策的时滞较长，与宏观调控针对短期波动进行逆周期调节的定位相冲突。

陈彦斌：我同意主持人的判断。以扶持新兴产业为例，新兴产业的发展需要经历初创阶段、成长阶段和成熟阶段等环节，这往往需要数年甚至数十年。而且，如果产业政策过度迁就短期“稳增长”等目标，将很容易背离市场发展规律，引发资源错配和结构失衡等问题。比如，政府为应对 2008 年金融危机，将之前被认定为产能过剩的钢铁行业又列入“十大产业振兴规划”之中，由此进一步加剧了钢铁行业的产能过剩问题。因此，单从宏观调控视角来看，产业政策不符合宏观调控工具的基本要求，政府部门应该弱化产业政策的宏观调控职能。未来产业政策要更侧重于推动技术创新与市场竞争机制的完善等方面，致力于促进中国经济长期增长。

王佳宁：加强宏观调控，还应重视各类调控工具之间的协调，从而进一步提高调控效率。

陈彦斌：具体来讲，要注意五个方面的协调：一是加强货币政策与财政政策之间的协调，二者共同发力“稳增长”，才能更有效地适度扩大总需求。二是加强货币政策与宏观审慎政策之间的协调，避免“衰退式资产泡沫”风险的进一步加剧。三是加强以放松管制、增强竞争为核心的产业政策与货币政策、财政政策的协调，只有这样才能为民间投资提供更宽裕的生存空间，大力振兴实体经济。四是加强汇率政策与货币政策之间的协调。通过实行更灵活的人民币汇率形成机制，并寻求汇率稳定和资本账户自由开放之间的最优中间解，以确保中国货币政策的独立性。五是加强常规宏观调控政策与预期管理之间的协调，从而可以让宏观调控插上“隐形的翅膀”，更有效地稳定公众预期与提升市场信心，进而促进投资与消费。

王佳宁：请您简要评估中国宏观调控的成效，对中国宏观调控的未来，您有何期待？

陈彦斌：总体而言，中国宏观调控的理论与政策实践需要一直处于不断探索的过程之中，因为只有这样才能解决经济中不断出现的新问题。新常态以来，针对中国经济形势的新特点和新问题，宏观调控不断提出新思路与新方法，为中国经济的平稳发展做出了非常重要的贡献。但是，中国的宏观调控还存在一些不足之处，导致调控效率有所下降。在全面深化市场化改革的大前提下，有必要加快构建以市场化为导向的宏观调控体系的步伐。这样才能真正提高宏观调控效率，以最小的代价促进经济又好又快又稳地发展，从而早日实现中华民族伟大复兴的中国梦。

专题研究六　当前仍要高度重视 M2 增速的变化①

2018 年《政府工作报告》对 2018 年我国经济工作进行了明确部署，与以往相比，一个突出的变化是报告没有公布广义货币供应量（M2）增速的具体量化目标，只做出了“保持广义货币 M2、信贷和社会融资规模合理增长”的定性表述。这也是 2009 年以来《政府工作报告》首次没有公布 M2 增速的量化目标值。不少观点认为，在 2017 年 M2 增速与 GDP 增速出现背离，以及货币政策中介目标从数量型向价格型转变的背景下，M2 指标的重要性已经显著下降，未来不必再过多关注。然而，从我国经济运行情况来看，上述观点尚有待商榷，现阶段我国依然需要高度重视 M2 增速的变化趋势。

一、理性看待 M2 增速与 GDP 增速的背离

以往各界关注 M2 指标的变化，主要是因为它作为货币政策的中介目标，既能反映货币政策的松紧程度变化，又与经济产出和物价水平存在较为紧密的相关性，可以作为预测未来经济运行的前瞻性指标。然而，2017 年 M2 增速与 GDP 增速却出现了明显的背离，M2 增速由 2016 年的 11.3%下降至 2017 年的 8.2%，GDP 增速反而由 2016 年的 6.7%上升至 2017 年的 6.9%。据此，一些观点认为，M2 难以继续作为货币政策的中介目标，不应再过多地予以关注。但实际上，需要谨慎看待 M2 增速与 GDP 增速的背离，不能将其笼统地作为 M2 指标失效的依据。

① 作者：刘哲希，对外经济贸易大学国际经济贸易学院讲师。本专题研究已发表于《中国社会科学报》2018年第1441期，第4版。

首先，M2增速的回落准确地反映了货币政策的趋紧态势。2017年，在“要把防控金融风险放在更重要的位置”的总体要求下，在货币政策方面采取了一系列积极举措。通过适度收紧流动性并提高货币市场的利率中枢等手段，有效缓解了金融体系内部资金空转嵌套严重、金融机构杠杆率过高等问题。虽然2017年货币政策在官方表述上延续了稳健的定位，但实际操作处于稳健偏紧状态。这突出表现在，中国人民银行调查统计的货币政策感受指数明显下降（该指数越低，表明银行所感受到的货币政策越紧），2017年底货币政策感受指数仅为41.6%，比2016年底大幅下降了12.1个百分点。在货币政策趋紧的情况下，作为货币政策中介目标，M2增速的回落属于正常合理现象。

其次，2017年外需对经济增长的推动作用显著加大，使经济增速在货币政策趋紧情况下反而有所加快,从而出现了M2增速与GDP增速背离的现象。受益于全球经济的回暖，2017年我国经济出口实现了久违的高增长，净出口对GDP的贡献率明显增加。根据测算，2017年货物与服务净出口对GDP的贡献率为9.1%，对GDP增速的带动作用为0.6个百分点。相比之下，2016年货物与服务净出口对GDP的贡献率为-6.8%，导致GDP增速降低0.4个百分点。可见，剔除出口高增长的影响后，货币政策趋紧—M2增速回落—GDP增速稳中趋缓的逻辑链条依然成立。根据以上分析，虽然M2增速与GDP增速在过去一年出现了背离，但主要是经济运行受到外部积极影响加大所致，不能归咎为M2指标的失效。

二、现阶段数量型货币政策指标依然重要

近年来，伴随着利率市场化改革的推进与金融创新的深化，各界对货币政策需要由数量型向价格型转变的大方向已经形成了共识。早在2012年发布的《金融业发展和改革“十二五”规划》，就正式提出要“逐步增强利率、汇率等价格杠杆的作用，推进货币政策从以数量型调控为主向以价格型调控为主转型”。尽管如此，货币政策转型是一个渐进过程，难以一蹴而就。从我国的实际情况来看，货币政策从数量型完全转向价格型的条件尚不成熟。不仅基准利率调控体系仍不够完善，不同市场与不同期限利率之间的传导还存在较多障碍，而且经济体中还存在一些对利率不敏感的部门。货币政策仅通过调节利率水平，难以有效调控整个经济的运行，仍需要对货币数量进行适度的把控。

不仅如此，由于我国以间接融资为主的融资结构没有发生本质性改变，

M2 等数量型指标的重要性也不应显著下降。从国际经验来看，在利率市场化进程中，美国等国家普遍转向价格型货币政策的一个重要原因是，股市、债市等直接融资在社会融资结构中的占比大幅增加，超过银行信贷等间接融资方式而占据了主导地位。央行不能再依靠数量型手段对金融中介部门的可贷资金数量进行调节，需要建立以利率为核心的价格型调控方式，通过调控利率水平对整个金融市场产生影响。但如果在利率市场化进程中融资结构没有发生明显变化，仍然是以间接融资为主，那么央行也就不应过早摒弃原有的数量型调控方式。一个典型的例子是，德国虽然在 20 世纪 70 年代就完成了利率市场化，但由于社会融资结构没有发生显著改变，货币政策沿用了以盯住货币供应量（M3）为核心的调控框架。欧元区成立之后，欧洲央行也继续贯彻这一思路，将 M3 增速变化作为货币政策制定的重要参考指标。因此，在当前间接融资仍占据主导地位的情况下，我国货币政策不应过快地转向价格型调控方式，仍需要重视数量型指标的变化。

三、谨防 M2 增速的进一步下滑

2018 年《政府工作报告》使用了“保持广义货币 M2、信贷和社会融资规模合理增长”这一表述。于是有观点认为，在强监管以推进金融去杠杆的背景下，M2 增速可以继续下降。然而，从我国现实国情来看，2018 年 M2 增速不应再继续下滑，反而应较 2017 年的增速适度提高。

首先，金融去杠杆的影响已经传导到实体部门，M2 增速的下滑实际上已经开始反映居民与企业资金可获得性的下降。不可否认，本轮 M2 增速的回落由金融去杠杆所引发，尤其是 2017 年上半年金融部门 M2 增速一直仅有 2%左右的增长速度，显著低于整体 M2 的增长水平。但是自 2017 年下半年以来，金融部门 M2 增速有所回升，而非金融部门 M2 增速出现了明显下滑，由 2017 年 6 月的 10.3%下降至 12 月的 8.2%，成为 M2 增速持续下滑的主要原因。因此不能简单地认为，当前 M2 增速下滑是由金融去杠杆对金融体系内部资金嵌套的压缩所致，实际反映了整个经济体的流动性趋紧。若 M2 增速继续下滑，则将偏离 2018 年货币政策稳健中性的定位。

其次，2018 年我国经济下行压力可能还会加大，应适度提高 M2 增速，谨防经济增速的超预期下滑。如前所述，2017 年 M2 增速与 GDP 增速的背离很大程度上缘于出口的高增长，剔除出口高增长的影响后，货币政策趋紧—M2 增速回落—GDP 增速稳中趋缓的逻辑链条依然成立。受多重因素制约，

2018 年我国出口难以继续维持高增长。一是中美贸易摩擦的加剧会对我国出口产生一定负面影响；二是 2017 年下半年人民币汇率的单边上升走势对出口的抑制作用会在 2018 年逐渐显现；三是 2017 年出口高增长带来的基数效应也会在一定程度上拉低 2018 年的出口增速。此外，政府对房地产市场调控力度的持续加码，以及对地方债的把控力度趋严，在长期内有利于保证我国经济的高质量发展，但在短期内会影响到房地产与基础设施投资的增长速度，从而拉低经济增速。因此，需要适度提高 M2 增速予以防范。

总体而言，伴随着我国金融创新的不断深化，M2 指标在统计口径上的局限性确实有所显现，因此 2018 年《政府工作报告》没有制定 M2 增速的具体量化目标是正确的。但同时也应认识到，M2 指标的有效性还没有出现显著的下降，现阶段仍可将 M2 作为货币政策关注的重要指标。货币政策对 M2 增速变化趋势的把握也依然至关重要。

专题研究七　央行沟通、适应性学习和货币政策有效性①

一、引　言

沟通已成为央行引导市场预期的主要方式，这是因为沟通能够为市场提供有关宏观经济运行状况和货币政策动向的信息，从而影响市场的预期。Blinder（1998）早在20世纪末就开始呼吁央行沟通，他认为央行沟通就是为市场提供更多的信息，这些信息应该包括那些主导货币政策的基本要素。Woodford（2001）也指出，成功的货币政策并不只是控制隔夜利率，还应当包括通过沟通来管理预期。Blinder等（2008）进一步指出，沟通不仅能够增加信息，而且能够降低噪声。

央行沟通已受到发达国家央行的高度重视，相比而言，中国央行需要更加重视与市场的沟通。新常态下，中国经济面临多方面的结构调整与改革，这要求货币政策充分发挥作用，从而为改革的顺利推进营造一个良好而稳定的宏观经济环境。然而，受金融创新等因素的影响，数量型货币政策的有效性已大幅下降，而价格型货币政策尚未完全建立，这使得传统货币政策在稳定产出和价格方面的能力有所减弱（郭豫媚等，2016）。若央行沟通确实能够有效提高货币政策有效性，那么对加强货币政策调控能力和维持宏观经济稳定都将具有重要意义。

从已有研究的情况来看，学者们基本肯定了央行沟通的积极作用。Woodford（2001，2005）发现央行沟通能够提高货币政策有效性，尤其是

---

① 作者：郭豫媚，中央财经大学金融学院讲师；周璇，中国人民大学经济学院讲师。本专题研究已经发表于《经济研究》2018年第4期。

在货币政策名义利率受到零下限约束的情况下，若央行通过沟通来推高公众通货膨胀预期，可以大幅降低福利损失。Morris 和 Shin（2002）则从信息噪声的视角出发，认为公众的私人信息存在噪声，央行沟通所提供的公共信息能够通过降低公众信息的噪声从而影响公众的预期和决策。相关的实证研究则以不同国家为样本检验了央行沟通的有效性，发现央行公共信息披露能够有效引导预期（Kuttner and Posen，1999；Ullrich，2007）。国内学者对中国央行信息沟通的效果也进行了实证检验（徐亚平，2006；张鹤等，2009；卞志村和张义，2012；汪莉和王先爽，2015）。从实证结果来看，这些研究基本都认为中国央行沟通能够影响市场预期。此外，也有部分研究在检验中考虑了异质性因素。例如，王博和刘翀（2016）发现在央行沟通中宽松性沟通的市场效应大于紧缩性沟通，行长沟通的市场效应大于外部委员沟通；他们还发现，随着利率市场化程度的加深，央行沟通作为货币政策工具的效果更好。

然而，已有研究较少使用定量宏观模型探讨央行沟通对货币政策有效性的影响，对于央行沟通影响货币政策有效性的理论机制仍有待深入探讨[①]。Morris 和 Shin（2002）所构建的信息噪声模型提供了一个解释央行沟通影响公众行为的机制，但其静态分析框架过于简化，无法探究在公众面临不确定性和跨期选择的情况下央行沟通对公众决策行为的影响。并且，在静态分析框架下，Morris 和 Shin（2002）没有刻画公众预期的动态形成过程，因而无法阐明央行沟通对公众预期的动态作用机制。为弥补上述不足，本专题研究在模型中引入 Bray（1982）、Evans（1985）、Evans 和 Honkapohja（2001）提出的适应性学习机制[②]。适应性学习（adaptive learning）是指公众在一开始并不了解经济体运转的规律，从而不知道经济系统的理性预期均衡点，但随着时间的推移公众可以通过对经济运行的观察不断获得新信息，并运用计量方法更新自身对经济体运转规律的认知。由于公众可获得

① 尽管使用定量宏观模型的研究并不多，但已有的一些文献从博弈论的视角研究了央行预期管理的作用机制。例如，李拉亚（2016）将央行分为强势央行和弱势央行两种类型，在不对称收益囚徒困境博弈模型中分析了央行与公众互动关系的利益机制。

② 目前国内也有一些文献在研究中引入了适应性学习机制。这些文献主要运用公众适应性学习来刻画公众预期的形成机制，研究的问题也主要集中于货币政策和通货膨胀，但用于研究央行沟通的较少。货币政策方面，徐亚平（2009）在适应性学习框架下研究了货币政策如何通过预期引导起作用。卞志村和高洁超（2014）将公众适应性学习机制加入到新凯恩斯模型中，研究了中国最优货币政策。通货膨胀方面：范从来和高洁超（2016）将三种适应性学习机制分别引入混合新凯恩斯菲利普斯曲线，刻画通货膨胀预期形成过程，研究了通货膨胀非均衡运行机制，并为中国货币政策稳定物价提出了政策建议。

的信息对其学习过程具有重要作用，央行沟通能够通过改变公众的信息集来影响公众的学习过程，这是央行沟通引导预期的一条重要机制。在已有文献中，Ferrero 和 Secchi（2010）、Marzioni（2014）也在新凯恩斯模型中引入了适应性学习和央行沟通；但是，他们的文献直接假定央行公共信息是基于理性预期得到的，而且在公众预期形成方程中外生地引入央行公共信息；该设定实际上忽视了央行沟通与公众预期的相互作用机制，不利于深入探究央行沟通的作用机理。

基于此，本专题研究在适应性学习框架下，通过借鉴 Morris 和 Shin（2002）的方法引入公共信息，构建一个包含公共信息噪声和私人信息噪声的新凯恩斯动态随机一般均衡模型，从而研究央行公共信息沟通如何影响公众的学习过程和预期的形成，并进一步考察央行沟通对货币政策有效性的定量影响。本专题研究发现，当央行公共信息准确度高于私人信息时，央行沟通有助于同时降低公众预期偏差中的信息偏差和学习偏差。这将促进公众的适应性学习，促使公众预期更快地向理性预期均衡水平收敛，明显提高货币政策有效性。福利损失分析表明，在基准模型参数设定下央行沟通能够使得全社会福利损失减少近 15%。并且，央行公共信息准确度相比私人信息准确度越高，则央行沟通改善货币政策有效性的程度也越高。另外，当央行公共信息准确度大于私人信息准确度时，公众提高对央行公共信息的权重也能够进一步增加货币政策有效性。但是，当央行公共信息不如私人信息准确时，央行沟通反而会增加福利损失。

本专题研究的贡献在于，第一，本专题研究从适应性学习的角度为央行沟通如何影响货币政策有效性提供了一条新机制。已有研究大多局限于从信息准确度或信息偏差的视角对央行沟通进行分析，忽视了公众学习的视角。本专题研究通过将适应性学习与信息噪声模型相结合，刻画了央行沟通影响公众学习和预期的传导机制，发现央行沟通不仅能够纠正公众预期中的信息偏差部分，还能够降低公众预期中的学习偏差部分。这表明，央行沟通除了会通过已有文献中提出的信息偏差渠道影响货币政策有效性外，还会通过公众适应性学习的渠道产生影响。与此同时，本专题研究不仅将 Morris 和 Shin（2002）的信息噪声模型动态化，而且实现了将央行传统的利率调控政策和央行沟通纳入到一个框架中。因此，本专题研究所构建的模型和提出的机制都是对已有研究的丰富与完善，具有较大的理论意义。第二，本专题研究从理论上证实了央行沟通存在边界。已有的关于央行沟通的研究大多直接假定央行公共信息的准确度优于私人信息，较少考虑央行公共信息不如私人信息准确的情形。

本专题研究则在动态模型中考察了央行公共信息不如私人信息准确的情形，发现这种情形下央行沟通会损害货币政策有效性。这意味着，央行沟通如果要达到提高货币政策有效性的效果，需要具备较高的信息准确度。这从理论上证实了在考虑学习偏差和信息偏差的情况下央行沟通并非总是有效的。

二、央行沟通的国际经验与中国实践

（一）发达国家央行沟通的实践经验

自 20 世纪 90 年代以来，主要发达国家央行都越来越重视沟通[①]。央行沟通根据其具体内容的不同可以分为以下三类。第一类是对货币政策目标进行沟通。20 世纪中后期，布雷顿森林体系崩溃，货币政策彻底失去了“名义锚”。在没有“名义锚”的情况下，货币政策变得不可预测，其不确定性也大大增加。更为严重的是，公众的通货膨胀预期也变得很不稳定，甚至产生“通货膨胀恐慌”（Goodfriend，1993）。随后，20 世纪七八十年代全球经历了高通货膨胀，几乎所有工业化国家通货膨胀率都达到 10%以上。这让各个国家意识到，必须为货币政策寻找一个新的“名义锚”来予以约束和降低不确定性，于是通货膨胀目标制被提出。20 世纪 90 年代以来，新西兰、加拿大、英国、瑞典、澳大利亚和西班牙等国纷纷采用了这一政策。通货膨胀目标制的核心是公开宣布官方通货膨胀目标，同时承诺将稳定的低通货膨胀作为货币政策的首要长期目标（Bernanke et al.，1999）。通货膨胀目标制强调央行应对货币政策目标进行沟通，向公众解释其短期政策措施所具有的长期含义。通货膨胀目标的设定和沟通，降低了未来通货膨胀的不确定性，从而锚定了公众的长期通货膨胀预期。

第二类是对未来货币政策走向（尤其是政策利率水平）进行前瞻性指引。2008 年全球金融危机爆发后，越来越多发达国家的名义利率逼近了零下限，导致以引导短期利率为主要手段的传统货币政策几乎没有调控空间。在此背景下，美联储于 2008 年 12 月实施了前瞻性指引政策，就未来货币政策利率路径进行沟通[②]。此后，加拿大央行、瑞典央行、欧洲央行、日本央行和英国

---

① 从形式上看，央行沟通包括会议纪要、经济预测、新闻发布会和官员讲话等（Nechio and Regan，2016）。

② 前瞻性指引早在1999年4月就被日本央行采用，随后美联储在2003年8月也曾使用。但是，当时的前瞻性指引政策并不成熟，也未被普遍采纳。前瞻性指引是在2008年全球金融危机爆发后才被全球央行广泛采用，并得到逐步完善。

央行也纷纷采用了前瞻性指引[①]。相关的理论和实证研究表明，发达国家的前瞻性指引政策确实起到了引导市场预期的作用。Campbell 等（2012）运用事件分析法和动态随机一般均衡方法发现，美国的前瞻性指引政策能够有效引导市场预期，起到了减小经济波动的作用。Svensson（2015）总结了美国、新西兰和瑞典前瞻性指引的实施情况，指出前瞻性指引在大多数情况下都成功地引导了市场预期。

第三类是发布对未来宏观经济状况的预测。世界上主要发达国家央行都十分注重对经济的预测，其中 GDP 和通货膨胀率是各国均十分关注的变量。各个国家还会结合自身特点，对失业率和汇率等经济变量进行预测。例如，美联储考虑到其就业目标，对失业率进行预测；挪威作为一个小国开放经济体，对汇率十分敏感，故对汇率进行预测。经济预测是影响市场预期的一个重要因素，而央行作为一个权威部门，其公布的经济预测对市场具有重要的引导作用，这对加强预期管理和提高货币政策有效性都十分重要。

（二）中国央行沟通实践的现状

相比发达国家，中国央行沟通仍有改进空间，主要表现在以下三个方面。第一，中国央行虽然也对货币政策目标进行沟通，但由于目标过多，目标不够清晰明确。以 2016 年为例，2016 年中国货币政策不仅延续了 2015 年稳增长、结构调整、降成本、汇率稳定和金融稳定这五个目标，而且进一步纳入了供给侧结构性改革的核心目标。但是，不同的目标之间会存在不可调和的矛盾，造成公众难以判断货币政策如何在矛盾的目标中进行取舍，从而导致货币政策目标并不明确。例如，2016 年，在中国经济下行压力进一步加大的背景下，市场普遍认为央行会考虑到“稳增长”而在下半年降息和降准。从事后来看，中国央行受限于“金融稳定”的目标而没有对基准利率和准备金率做出调整。可见，多重目标不利于公众预期的形成，导致央行沟通效率下降。第二，截至 2016 年末，中国央行仍未采用开放式指引、日历式指引和目

① 早期的前瞻性指引采用开放式，即只提出未来将保持低利率，但究竟在多长时间内实行低利率政策没有明确说明。不少学者指出，由于没有给出明确的时间，开放式指引的可信度不足（Woodford，2005；Williams，2014）。于是出现了日历式指引。日历式指引在开放式指引的基础上给出了明确的时间。然而，日历式指引也存在一些问题（Campbell et al.，2012；Woodford，2012）。一方面，日历式指引给出明确的时间后，相当于对政策的持续时间进行了承诺，货币政策会失去灵活性；另一方面，日历式指引中政策实施期限的推移容易让市场认为央行对经济形势持有悲观态度，反而会造成预期混乱。目标式指引则是在开放式指引中加入了量化的政策目标，这不仅避免了上述日历式指引存在的问题，而且明确的目标使得市场的预期能够进一步被锚定。

标式指引这三种形式的前瞻性指引中的任何一种。目前，中国央行仅是对未来经济状况和货币政策调控思路进行笼统描述，对于未来存贷款利率保持在何种水平、货币供应量增速将保持在什么水平等前瞻性指引的核心内容和量化指标仍没有明确说明，与美国等发达国家实施的前瞻性指引政策差距较大①。第三，中国央行仍没有发布官方经济预测。尽管2014年以来中国央行工作论文对GDP、CPI、消费和投资等经济指标进行了定量预测，但该预测结果并不代表中国央行，工作论文首页即明确声明“论文内容仅代表作者个人学术观点，不代表人民银行”。而在《中国货币政策执行报告》的“中国宏观经济展望”部分也只有描述性的分析，几乎没有提供给市场额外的有用信息。

根据本部分分析不难发现，主要发达国家央行越来越重视与市场的沟通，沟通已成为一种常态甚至货币政策调控的重要组成部分。同时，央行沟通在很大程度上提高了货币政策的透明度，沟通内容不仅包括货币政策目标和具体操作，而且涉及货币政策的框架体系和未来走势。对于央行沟通的效果，从发达国家的实践（尤其是2008年全球金融危机以来前瞻性指引的表现）来看，央行沟通有效地提高了央行调控宏观经济的能力。但是，中国央行对沟通仍不够重视。基于上述事实，加强沟通可能会成为中国央行除常规货币政策操作外又一加强宏观调控能力的手段，特别是在当前中国经济步入新常态及货币政策转型的非常时期，加强沟通显得尤为必要（陈彦斌等，2016）。因此，有必要深入研究央行沟通的作用机制和效果，为中国加强央行沟通提供理论依据。

三、理论模型

本专题研究在适应性学习框架下，通过借鉴Morris和Shin（2002）的方法引入央行公共信息，从而研究央行公共信息沟通对公众学习和货币政策有效性的影响。央行公共信息的引入方法参照Morris和Shin（2002）的方法，本专题研究模型与其不同之处主要有以下两点。第一，本专题研究将Morris和Shin（2002）的静态央行公共信息和公众私人信息模型引入含有适应性学习的新凯恩斯模型中，不仅实现了静态模型的动态化，而且有助于进一步研

① 2016年货币供应量的量化目标在《政府工作报告》中有明确声明，但中国央行作为货币政策执行部门却没有在《中国货币政策执行报告》等重要文件和报告中予以明确说明。事实上，中国央行在2009~2012年曾在《中国货币政策执行报告》中声明货币供应量的量化目标（每一年的量化目标在前一年第四季度《中国货币政策执行报告》中公布），但2013年以来却不再进行声明。

究央行沟通的作用机制及定量考察货币政策有效性。第二，本专题研究将央行公共信息具体化为央行对经济冲击的判断，从而得以将适应性学习框架与 Morris 和 Shin（2002）的信息噪声模型相结合。现实中，央行主要是就经济中实际经济变量和货币政策的运行状况进行沟通，并不会直接对冲击进行沟通。而事实上，上述信息也可以等价地推算出经济中的冲击，例如，根据实际产出和潜在产出就可以推算出产出缺口，故模型化实际经济变量和模型化冲击是等价的。相比之下，引入经济冲击的方法能使模型更为简洁、机制更为清晰，故本专题研究将央行公共信息具体化为央行对经济冲击的判断。

（一）三方程新凯恩斯模型

借鉴 Clarida 等（1999）和 Gali（2008）的做法，本专题研究模型系统由新凯恩斯菲利普斯曲线、IS 曲线和前瞻性货币政策规则①构成：

$$\pi_t = \beta E_t \pi_{t+1} + \kappa x_t + u_t \tag{1}$$

$$x_t = E_t x_{t+1} - \frac{1}{\sigma}(i_t - E_t \pi_{t+1}) + v_t \tag{2}$$

$$i_t = \alpha_\pi E_t \pi_{t+1} + \alpha_x E_t x_{t+1} \tag{3}$$

其中，π_t 和 $E_t\pi_{t+1}$ 分别为通货膨胀和通货膨胀预期；x_t 和 $E_t x_{t+1}$ 分别为产出缺口和产出缺口预期；i_t 为名义利率；α_π 和 α_x 分别为货币政策对通货膨胀预期和产出缺口预期的反应系数，且均为非负常数；u_t 和 v_t 分别为供给冲击和需求冲击，服从一阶自回归过程：$u_t = \rho_u u_{t-1} + \varepsilon_t^u$，$v_t = \rho_v v_{t-1} + \varepsilon_t^v$，$\varepsilon_t^u$ 和 ε_t^v 分别为供给冲击和需求冲击的白噪声，分别服从均值为 0、标准差为 σ_t^u 和 σ_t^v 的随机过程。

模型系统可进一步简化地表示成如下形式：

$$H_t = A E_t H_{t+1} + B\eta_t \tag{4}$$

① 本专题研究采用前瞻性的货币政策。采用这一形式货币政策的考虑主要有以下两个方面。一方面，实践中美国、欧洲、日本及中国央行货币政策都存在前瞻性特点，前瞻性的泰勒规则相比传统后顾性的泰勒规则能够更好地刻画央行行为（Clarida et al.，1998；张屹山和张代强，2007）。另一方面，前瞻性货币政策更适合研究适应性学习和央行沟通问题。就适应性学习而言，Evans和Honkapohja（2003）指出央行的最优利率规则可能导致经济无法向合意的理性预期均衡收敛，但如果前瞻性利率规则得到良好设计，就能避免不确定性和不稳定性问题。这也是卞志村和高洁超（2014）在适应性学习框架下研究中国最优货币政策时采用前瞻性货币政策的原因。就央行沟通而言，央行沟通是预期管理的重要手段，其核心思想就是引导公众预期。因此，在预期管理思想的指导下，央行货币政策对公众预期做出反应是符合直觉的，是央行货币政策操作的理性选择。如果央行一方面强调沟通，另一方面货币政策调控却不关心预期，反而会相互矛盾，政策模拟结果对现实的指导意义也会大幅下降。

$$\eta_t = \rho\eta_{t-1} + \varepsilon_t \tag{5}$$

其中，$H_t = \begin{pmatrix} \pi_t \\ x_t \end{pmatrix}$，$A = \begin{pmatrix} \beta + \kappa(1-\alpha_\pi)/\sigma & \kappa(1-\alpha_x/\sigma) \\ (1-\alpha_\pi)/\sigma & 1-\alpha_x/\sigma \end{pmatrix}$，$B = \begin{pmatrix} 1 & \kappa \\ 0 & 1 \end{pmatrix}$，$\eta_t = \begin{pmatrix} u_t \\ v_t \end{pmatrix}$，$\rho = \begin{pmatrix} \rho_u & 0 \\ 0 & \rho_v \end{pmatrix}$，$\varepsilon_t = \begin{pmatrix} \varepsilon_t^u \\ \varepsilon_t^v \end{pmatrix}$。

式（4）和式（5）构成的模型系统表明，产出缺口和通货膨胀受到两个因素的影响：一个是经济中市场对未来产出缺口和通货膨胀的预期；另一个是服从AR(1)过程的外生冲击。借鉴卞志村和高洁超（2014）的做法，本专题研究假定市场具有不完全信息，即公众并不知晓式（4）的具体形式，但是公众知晓式（5）所表示的外生冲击过程。与卞志村和高洁超（2014）的差别在于本专题研究假设公众对外生冲击的认知存在偏差，这种偏差的存在会影响市场的预期。

（二）理性预期均衡解及理性预期均衡解下的运转法则

借鉴 McCallum（1983）、Carceles-Poveda 和 Giannitsarou（2007）、卞志村和高洁超（2014）的方法，假定上述矩阵系统的理性预期均衡形式为

$$H_t = \phi\eta_{t-1} + \tau_t \tag{6}$$

其中，均衡解 $\phi = \begin{pmatrix} \bar{\phi}_1 & \bar{\phi}_2 \\ \bar{\phi}_3 & \bar{\phi}_4 \end{pmatrix}$；$\tau_t$ 为白噪声冲击。对式（6）更新一期取期望有 $E_t H_{t+1} = \phi\eta_t$。代入式（4）有 $H_t = (A\phi + B)\eta_t$。将式（5）代入可得 $H_t = (A\phi + B)\rho\eta_{t-1} + (A\phi + B)\varepsilon_t$，该式为理性预期均衡水平时的运转法则[①]。

（三）适应性学习过程中的运转法则

现实中公众的理性实际上是受到约束的。即使公众能够获得完全信息，但可能也无法处理所有信息，因此无法做出理性预期均衡下的最优选择。于是，Bray（1982）、Evans（1985）、Evans 和 Honkapohja（2001）等提出了适应性学习。适应性学习并不等同于适应性预期，适应性学习强调的是通过不断的学习最终形成理性预期的过程。具体而言，适应性学习具有以下特征：在初始阶段，公众并不了解经济体运转的规律，从而不知道经济系统的理性

① 由于篇幅所限，本专题研究未给出理性预期均衡的具体推导过程，若有需要可向作者索要，作者的邮箱为guoyumei@cufe.edu.cn。

预期均衡点；但随着时间的推移，公众可以通过对经济运行的观察不断获得新的信息，并在这些信息的基础上学习和调整他们的预期规则。除了引入适应性学习外，本专题研究借鉴 Morris 和 Shin（2002）的方法，在模型中刻画了央行公布的公共信息，从而研究央行公共信息的发布对公众学习过程和货币政策有效性的影响。在卞志村和高洁超（2014）的适应性学习模型中，公众预期形成和适应性学习过程是孤立且不受外界影响的过程，而本专题研究通过将适应性学习与央行公共信息沟通相结合，使得公众的预期形成和适应性学习过程受到央行提供的公共信息的影响。

假设央行和公众均不能准确地知道经济中的冲击η_t。设央行对冲击信息的认知如下：$\eta_t^{CB}=\eta_t+\varepsilon_t^{CB}$，$\varepsilon_t^{CB}\sim N(0,1/\theta)$。其中，$\eta_t$为冲击的实际值，$\eta_t^{CB}$为央行对冲击的认知，这种认知受到一个均值为 0、方差为$1/\theta$的白噪声ε_t^{CB}的影响。每一期，央行将η_t^{CB}作为公共信息发布，与市场进行沟通。$\eta_t^i=\eta_t+\varepsilon_t^i$，$\varepsilon_t^i\sim N(0,1/\gamma)$，其中，$\eta_t^i$为代表性公众$i$对冲击的认知，这种认知受到一个均值为 0、方差为$1/\gamma$的白噪声$\varepsilon_t^i$的影响。

在公众自身对经济冲击形成认知η_t^i后，公众会根据其得到的公共信息η_t^{CB}来进一步修正和优化其信息集，得到经处理的信息$\eta_t^{P(i)}$。本专题研究采用 Morris 和 Shin（2002）的设定，假定公众的福利损失函数如下：$u_i=(1-r)\left(\eta^{P(i)}-\eta\right)+r(L_i-\bar{L})$，其中，$L_i\equiv\int_0^1\left(\eta^{P(i)}-\eta^{P(j)}\right)^2\mathrm{d}_j$，$\bar{L}=\int_0^1 L_j\mathrm{d}_j$。$u_i$中第一项$(1-r)\left(\eta^{P(i)}-\eta\right)$表示代表性公众$i$的认知与实际冲击大小的偏差，第二项$r(L_i-\bar{L})$则表示代表性公众$i$与其他公众认知的偏差。这表明公众的福利损失不仅取决于其对冲击的认知与冲击的实际大小间的差异，还取决于自身认知与他人认知间的差异。当这两种差异越小时，福利损失越小。$r(r\geqslant 0)$是福利损失函数的权重，r越大则公众之间的差异对福利的影响越大，r越小则公众认知与实际冲击大小的差异对福利损失的影响越大。因此，根据 Morris 和 Shin（2002）的解可得，在福利损失最小化的目标下，最终代表性公众i对冲击η_t的认知如下：$\eta_t^{P(i)}=[\theta\eta_t^{CB}+\gamma(1-r)\eta_t^i]/[\theta+\gamma(1-r)]$。后文中用$\eta_t^P$表示公众整体对冲击的判断。本专题研究采用代表性公众i，因此从数值上看η_t^P与$\eta_t^{P(i)}$是等价的。

按照适应性学习的一般设定，本专题研究假定公众知晓经济的理性预期均衡表达式[式（6）]的结构，而不知道ϕ的具体大小。公众会利用所掌握的信息对经济运行进行主观判断：$H_t=\phi_{t-1}\eta_{t-1}^P+\xi_t$，该式即为公众的感知运转法则。于是，公众的预期如下（为了避免 H_t 和 ϕ_t 同时决定，改用 ϕ_{t-1} 作为预期形成方程的参数）[①]：

$$\begin{aligned} E_t H_{t+1} &= \phi_{t-1}\eta_t^P = \phi_{t-1}\frac{\theta\eta_t^{CB}+\gamma(1-r)\eta_t^i}{\theta+\gamma(1-r)} \\ &= \phi\eta_t + (\phi_{t-1}-\phi)\frac{\theta\eta_t^{CB}+\gamma(1-r)\eta_t^i}{\theta+\gamma(1-r)} + \phi\frac{\theta\varepsilon_t^{CB}+\gamma(1-r)\varepsilon_t^i}{\theta+\gamma(1-r)} \end{aligned} \tag{7}$$

式（7）即为公众预期。式（7）第二行第一项 $\phi\eta_t$ 表示理性预期，将该项移至左侧可得公众预期与理性预期的差，即公众预期偏差：

$$E_t H_{t+1} - \phi\eta_t = \underbrace{(\phi_{t-1}-\phi)\frac{\theta\eta_t^{CB}+\gamma(1-r)\eta_t^i}{\theta+\gamma(1-r)}}_{\text{学习偏差}} + \underbrace{\phi\frac{\theta\varepsilon_t^{CB}+\gamma(1-r)\varepsilon_t^i}{\theta+\gamma(1-r)}}_{\text{信息偏差}} \tag{8}$$

可见，公众预期偏差由两部分组成。第一部分是学习偏差。学习偏差的主要来源是 $\phi_{t-1}-\phi$，这是由于公众对参数 ϕ 的学习过程未完成，即未收敛到理性预期均衡水平而产生的。同时，央行和私人信息的不准确会通过与学习过程的相互作用放大学习偏差。随着不断地学习，$\phi_{t-1}-\phi$ 将逐渐趋向于 0，学习偏差也将不断减小至 0。第二部分是信息偏差，由公共信息和私人信息的噪声 ε_t^{CB} 和 ε_t^i 引起。当学习偏差和信息偏差都趋近于 0 时，意味着公众在逐步靠近理性预期均衡。

由式（7）的关系可见，福利损失函数的权重 r 越大，则央行公共信息对预期的影响越大。式（7）表明，预期的形成受两方面因素的影响：一是适应性学习参数 ϕ_{t-1}；二是央行的冲击信息 η_t^{CB} 和公众的冲击信息 η_t^i。其中，央行的公共信息和公众的私人信息对预期的影响取决于其权重 $\theta/[\theta+\gamma(1-r)]$ 和 $\gamma(1-r)/[\theta+\gamma(1-r)]$[②]。首先，考虑 $r=0$ 的简单情形，即每个公众只关心自己的冲击信息是否接近于冲击的实际水平，而不关心自己的信息与其他个体信息的差异，此时公众在预期时对央行公共信息赋予的权重即为 $\theta/(\theta+\gamma)$，衡量了公众预期受央行公共信息影响的程度。其次，考虑 $r>0$ 的情形，每个公众不仅关心自己的预期是否接近于理性预期，还

① Carceles-Poveda和Giannitsarou（2007）、Gaspar等（2010）、卞志村和高洁超（2014）等研究均使用了相同的处理方法。

② 实际上公共信息和私人信息对预期的影响权重还需要乘以 ϕ_{t-1}，但由于两者权重都要乘以 ϕ_{t-1}，实际上并未改变公共信息和私人信息的相对权重。并且 $\theta/[\theta+\gamma(1-r)]$ 和 $\gamma(1-r)/[\theta+\gamma(1-r)]$ 相加正好为1，因此，为简化分析此处省去 ϕ_{t-1}。

关心自己的预期与其他个体预期的差异。每个公众并不知道其他公众的预期，但他知道央行公共信息，且知道其他公众在预期时也会受央行公共信息的影响。因此，相比$r=0$，当$r>0$时公众整体预期对央行公共信息赋予的权重会增加，即$\theta/[\theta+\gamma(1-r)]$。

进一步地，公共信息方差$1/\theta$和私人信息方差$1/\gamma$的大小衡量了信息偏差的大小，进而影响央行沟通在引导公众预期方面的效果。当私人信息的方差很大（γ很小）而央行公共信息的方差很小（θ很大）时，央行公共信息有助于引导公众预期更接近于理性预期。其原因在于，θ越大则私人信息的权重$\gamma(1-r)/[\theta+\gamma(1-r)]$越小，央行公共信息权重$\theta/[\theta+\gamma(1-r)]$越大。这意味着，央行公共信息越准确，公众预期对央行公共信息赋予的权重越大，公众预期也能越准确。并且，央行公共信息越准确（θ越大），则$\theta/[\theta+\gamma(1-r)]$越接近 1，且$\varepsilon_t^{\mathrm{CB}}$越接近 0，故信息误差就越趋近于 0，公众预期越接近理性预期水平。并且，在这种情况下，福利损失函数的权重r越大，公众预期对央行公共信息的权重$\theta/[\theta+\gamma(1-r)]$也会越大，从而进一步提高冲击信息的准确性并降低预期中的信息偏差。可以看到，当央行公共信息相对私人信息而言更为准确时，央行的信息沟通是有利的，央行公共信息挤出了私人信息从而缩小了信息偏差，促使公众预期向理性预期靠近，提高经济系统的运行效率。

相反，当私人信息的方差很小（γ很大）而央行公共信息的方差很大（θ很小）时，则央行的信息沟通是不利的，反而会使公众预期偏离理性预期均衡。尤其是当私人信息高度准确时，央行公共信息准确度的提高会使央行沟通的不利影响也变大。这是因为，θ越大（依然小于γ），公众赋予央行公共信息的权重$\theta/[\theta+\gamma(1-r)]$也越大，从而使公众预期偏离理性预期。并且，此时$r$越大，公众赋予央行公共信息更大的权重，会进一步放大央行不准确信息对公众预期的干扰。

最后，根据公众预期$E_t H_{t+1}$，可计算得到经济的实际运转法则：

$$H_t = A\phi_{t-1}\frac{\theta\eta_t^{\mathrm{CB}}+\gamma(1-r)\eta_t^i}{\theta+\gamma(1-r)}+B\rho\eta_{t-1}+B\varepsilon_t \tag{9}$$

本专题研究假定公众使用递归最小二乘法来对ϕ_{t-1}进行学习。回归方程为$H_t=\phi_{t-1}\eta_{t-1}^P+\xi_t$。根据 Orphanides 和 Williams（2003）的做法，令$\phi_t=\begin{pmatrix}\phi_{1t} & \phi_{2t}\\ \phi_{3t} & \phi_{4t}\end{pmatrix}$，$Q_{1t}=\begin{pmatrix}\phi_{1t} & \phi_{2t}\end{pmatrix}'$，$Q_{2t}=\begin{pmatrix}\phi_{3t} & \phi_{4t}\end{pmatrix}'$。则有$Q_{1t}=\left(\sum_{i=1}^{t}\eta_{t-i}^P\eta_{t-i}^{P\,\prime}\right)^{-1}\left(\sum_{i=1}^{t}\eta_{t-i}^P\pi_{t-i+1}{}'\right)$，

$$Q_{2t}=\left(\sum_{i=1}^{t}\eta_{t-i}^{P}\eta_{t-i}^{P}{}'\right)^{-1}\left(\sum_{i=1}^{t}\eta_{t-i}^{P}x_{t-i+1}{}'\right)。$$

四、参数校准

本专题研究所需校准的参数由两部分组成：一部分是新凯恩斯模型中的基础参数和与适应性学习相关的参数$\{\beta,\sigma,\kappa,\rho_u,\rho_v,\sigma_u,\sigma_v,\alpha_\pi,\alpha_x\}$；另一部分是有关公共信息、私人信息及信息处理的参数$\{\theta,\gamma,r\}$（表1）。对于新凯恩斯模型中的基础参数和与适应性学习有关的参数，本专题研究采用了与卞志村和高洁超（2014）相同的设定①，这样处理主要有两点考虑。第一，卞志村和高洁超（2014）在总结与梳理已有研究的基础上对相关参数的设定进行了深入的讨论，并结合中国经济运行状况对相关参数进行了设定，校准结果能够保证模型有解且具有一定的稳定性。第二，本专题研究的重点是考察引入央行公共信息和公众私人信息后适应性学习有何变化，因此采用卞志村和高洁超（2014）的参数设定便于本专题研究结果与没有信息噪声和央行沟通的结果做对比。对于与央行和公众的信息有关的参数，本专题研究借鉴Morris和Shin（2005）的方法将公众的福利损失函数权重参数r设定为0.85。模型中两个实际冲击的标准差为0.1，考虑到公众认知偏差的合理性，私人信息噪声的标准差应小于0.1，故γ应大于100。例如，Reifschneider和Tulip（2007）研究发现，对实际GDP增速、失业率和通货膨胀率的预测均方根误差与实际标准差的比值在50%~90%。因此，不妨假定私人信息噪声的方差为实际冲击方差的50%，即取γ为200。同时，在基准情形中假定央行公共信息准确度高于公众。Walsh（2013）考虑了多种央行公共信息和公众私人信息准确度的组合，在央行公共信息准确度最高的组中央行公共信息噪声方差仅为公众私人信息噪声方差的1/36，另外也考虑了央行公共信息噪声方差是公众私人信息噪声

---

① 具体参数设定及依据如下。通货膨胀预期和产出缺口对实际通货膨胀的反应系数β和κ基于已有研究对中国菲利普斯曲线的估计得到。巩师恩和范从来（2013）在考虑中国二元经济结构的情况下估计得到预期通货膨胀率对实际通货膨胀率的影响系数为0.76。吕越和盛斌（2011）则发现，在考虑地区差异后中国通货膨胀预期系数约为0.814。卞志村和高洁超（2014）的做法为取已有研究的平均值，将β设定为0.787。刘斌（2003）、奚君羊和贺云松（2010）的估计结果显示，中国产出缺口对实际通货膨胀的影响系数约为0.27。基于经验研究结果，卞志村和高洁超（2014）将产出缺口对实际通货膨胀的反应系数设为0.25。另外，刘斌（2003）利用广义矩估计方法估计了中国动态IS曲线，发现实际利率的系数为-0.14。卞志村和高洁超（2014）采用刘斌（2003）的实证结果将他们文章中的相关参数φ设定为0.14。本专题研究中的$\sigma=1/\varphi$，故取σ为7.14。

方差 1/4 的情形。为避免高估央行沟通的效果，本专题研究假定央行公共信息噪声的方差为公众私人信息噪声方差的 1/4，将θ设定为 800。在后续数值模拟实验中将通过改变θ的值来讨论央行公共信息准确度对公众预期和适应性学习的影响。

表 1　参数校准结果

参数	校准值	参数	校准值	参数	校准值
β	0.787	κ	0.25	ρ_u	0.8
σ	7.14	θ	800	ρ_v	0.8
α_π	3	γ	200	σ_u	0.1
α_x	0.5	r	0.85	σ_v	0.1

五、数值结果及其含义

在适应性学习框架下，判断货币政策有效性的方法主要有两种。一种是适应性学习框架下评价货币政策有效性的特有方法，主要考察经济是否能够收敛至理性预期均衡水平，即适应性学习参数ϕ_t是否能够收敛到最优的理性预期均衡解ϕ。该方法由 Evans 和 Honkapohja（2001）等提出，其核心思想是认为理性预期均衡是经济运行的最优状态，而这种状态只有当适应性学习参数收敛到理性预期均衡解时才能达到。因此，越能促使适应性学习参数ϕ_t收敛到理性预期均衡解ϕ的货币政策，其效率越高。另一种是评价货币政策有效性的一般方法，也是已有研究中最常用的方法，主要考察由产出缺口和通货膨胀波动引起的福利损失。本专题研究将从这两个方面入手，研究适应性学习过程中央行沟通对提高货币政策有效性的影响。

（一）适应性学习参数ϕ_t判定法

图 1 给出了 4 种情形下适应性学习参数ϕ_t的变化。情形 1 为理性预期情形，即假设公众具有理性预期，在图中用“REE”表示。情形 2 为本专题研究参考的卞志村和高洁超（2014）的模型，他们的模型中不存在央行的信息沟通，且公众对冲击η_t的认知不存在噪声，可以看作完全信息下的适应性学习过程，在图中用“No Noise”表示。情形 3 为私人信息存在噪声的情况，即公众只能根据自己观测的不完全准确的冲击信息η_t^i进行适应性学习，但没有央行的信息沟通，在图中用“Noise+No CB”表示。情形 4 在情形 3 的基础上加入央行的信息沟通，即本专题研究的基准模型，央行会通过公布其观测

的冲击信息η_t^{CB}来影响公众的学习过程，在图中用“Noise+CB”表示。

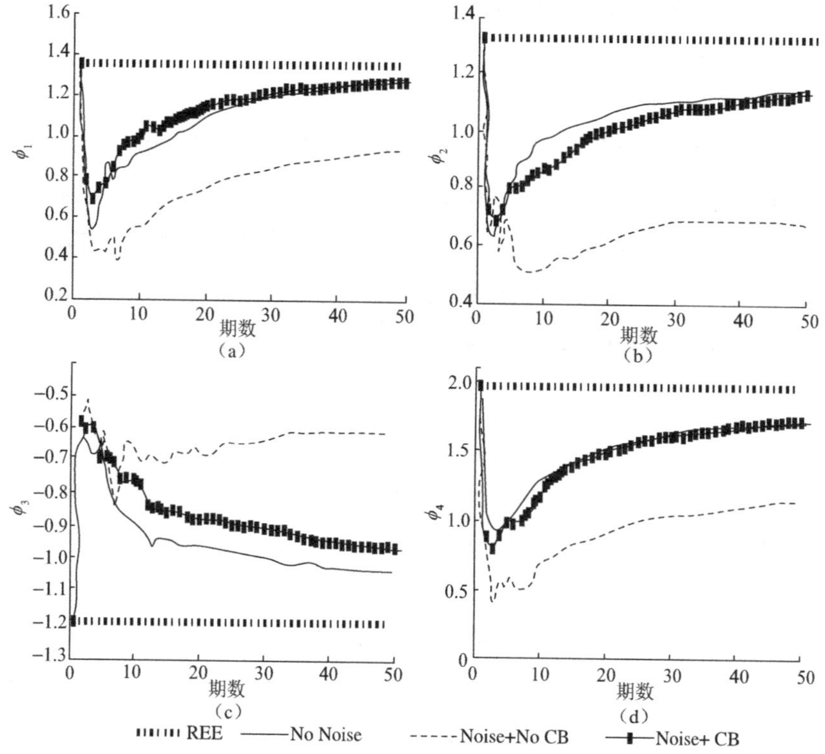

图 1　央行沟通对适应性学习参数ϕ_t的影响

1. 图中数据是 1000 次实验结果的平均值，由于每一期的冲击是随机生成的，故取 1000 次结果的平均值能避免单次实验产生特殊结果的情况；2. 图中横轴代表期数，图中共给出了 50 期的变化；3. “REE”代表理性预期均衡下适应性学习参数ϕ_t的值，“No Noise”代表没有信息噪声时参数ϕ_t的学习过程，“Noise+No CB”代表私人信息有噪声但没有央行沟通的情形，即央行不公布η_t^{CB}，公众只能根据η_t^i进行学习，“Noise+CB”则代表私人信息有噪声且有央行沟通，即本专题研究基准模型，央行会通过公布η_t^{CB}来影响公众的学习过程

图 1 结果表明，央行沟通能够有效地促进公众学习，明显提高了货币政策有效性。对比情形 2“No Noise”和情形 3“Noise+No CB”可以发现，情形 3“Noise+No CB”下参数ϕ_t偏离理性预期均衡水平的幅度明显大于情形 2“No Noise”。除ϕ_3偏离幅度相近外，情形 3“Noise+No CB”下ϕ_1偏离理性预期均衡水平约 1.1，ϕ_2偏离约 0.8，ϕ_4偏离约 1.5，相比情形 2“No Noise”偏离幅度均大了近 0.4。这表明，公众对经济冲击认知的偏差阻碍了公众适应性学习的过程。但是，相比情形 3“Noise+No CB”，情形 4“Noise+CB”引入央行沟通后，ϕ_t偏离理性预期均衡水平的幅度明显减小。并且，情形 4“Noise+CB”下ϕ_t偏离理性预期均衡水平的幅度基本与情形 2“No Noise”相

同。这表明当央行公共信息更准确时，央行沟通能够明显改善公众适应性学习过程，几乎能够消除私人信息的不准确对适应性学习的负面影响，改善了货币政策有效性。

适应性学习参数ϕ_t的收敛速度和程度也进一步表明央行沟通能够明显改善货币政策有效性。如图 1 所示，50 期参数ϕ_t基本收敛至一个稳定的水平。同样，对比情形 2 “No Noise” 和情形 3 “Noise+No CB” 可以看到，情形 3 “Noise+No CB” 下参数ϕ_t在 50 期时偏离理性预期均衡水平的幅度远大于情形 2 “No Noise”。情形 3 “Noise+No CB” 下公众学习 50 期后，ϕ_1依然偏离理性预期均衡水平大约 0.45，ϕ_2和ϕ_3依然偏离理性预期均衡水平约 0.6，ϕ_4偏离约 1，相比之下情形 2 “No Noise” 在 50 期时ϕ_t的 4 个参数距离理性预期均衡水平均小于 0.2。公众对经济冲击认知的偏差使得 50 期参数基本趋于稳定时偏离理性预期均衡的程度放大了 3~5 倍，表明私人信息噪声的引入阻碍了适应性学习的过程，降低了货币政策有效性。然而，相比情形 3 “Noise+No CB”，情形 4 “Noise+CB” 引入央行沟通后，参数ϕ_t在 50 期时偏离理性预期均衡水平的幅度明显减小，其中ϕ_1和ϕ_3的偏离度减小了约 0.3，ϕ_2和ϕ_4的偏离度减小了约 0.5。并且，除ϕ_3外，情形 4 “Noise+CB” 下ϕ_t偏离理性预期均衡水平的幅度基本与情形 2 “No Noise” 相同，进一步表明央行沟通能够有效促进公众的适应性学习，央行沟通几乎能够完全消除私人信息噪声的不利影响。

央行沟通促进适应性学习的原因在于准确性较高的央行公共信息挤出了准确性较低的私人信息，提高了私人信息的准确度。公众的适应性学习过程是对参数ϕ_t的认知过程，学习参数ϕ_t的方法是根据每一期获得并积累起来的冲击信息η_t^i和实际经济变量信息H_t进行最小二乘法递归。随着冲击信息η_t^i和实际经济变量信息H_t信息集的扩大，公众对参数ϕ_t的认知会越来越准确，并最终收敛到理性预期均衡水平。然而，由于本专题研究中公众对冲击的认知存在偏误$\eta_t^i-\eta_t$，扭曲了公众对实际经济运转情况的认知，从而有偏地学习了参数ϕ_t，阻碍并减慢参数ϕ_t收敛至理性预期均衡水平，降低了货币政策有效性。这就是导致情形 3 “Noise+No CB” 不同于情形 2 “No Noise” 的原因。然而，引入央行沟通后，公众会对私人信息和公共信息进行加权整合，更准确的公共信息η_t^{CB}的进入将直接改善公众私人信息的准确度。与此同时，公众希望与其他个体认知相一致的偏好会促使公众加大对央行公共信息的权重，于是央行公共信息对私人信息会产生挤出效应，进一步放大央行公共信息的作用。因此，公众经调整后的对冲击的认知η_t^P在准确度上会优于公众最初对冲击的认知η_t^i，从而纠正公众预期中的信息偏差部分。进一步地，更准确的信息也促使公众更准确地学习经济体的运转规律，对参数ϕ_t的学习也更接近理性预期均衡水平。可见，央行沟通不仅有助于纠正信息偏差，而且能够降低学习偏差，从而有效引导公众预期，提高货币政策有效性。

（二）福利损失判定法

根据已有文献的标准设定，本专题研究进一步使用福利损失方法对央行沟通是否会影响货币政策有效性进行评价①。据此，可计算得到上述情形 3 "Noise+No CB" 没有央行沟通和情形 4 "Noise+CB" 有央行沟通下的福利损失，对比两种情形下货币政策有效性的不同。

表 2 结果表明，央行沟通能够显著提高货币政策有效性。在没有央行沟通的情况下，经济中产出缺口和通货膨胀的方差分别为 0.31 和 0.24，社会福利损失为 0.43。相比之下，在有央行沟通的情形下，产出缺口和通货膨胀的方差均较小。其中产出缺口方差为 0.27，比无央行沟通时下降约 13%，通货膨胀方差为 0.19，比无央行沟通时下降约 21%。同时，社会福利损失也显著下降，由无央行沟通下的 0.43 下降至 0.36，降幅约 16%。这表明，央行沟通明显降低了产出缺口和通货膨胀的波动，并使社会福利损失也显著降低。由于福利损失是判断货币政策有效性的指标，上述结果意味着央行沟通使得货币政策有效性上升了约 16%。

表 2　央行沟通对福利损失的影响

情形	无央行沟通（Noise+No CB）	有央行沟通（Noise+CB）
$\mathrm{var}(x)$	0.31	0.27
$\mathrm{var}(\pi)$	0.24	0.19
$L=\mathrm{var}(x)+0.5\,\mathrm{var}(\pi)$	0.43	0.36

注：1. 表中数据为 500 期的方差，且由于此处所衡量的福利损失是相对于理性预期均衡水平而言的，在计算方差时并不是简单计算 500 期样本的方差，而是以 0 作为 x 和 π 的均值计算方差；2. 表中的数据是 1000 次实验结果的平均值，由于每一期的冲击是随机生成的，取 1000 次结果的平均值能避免单次实验产生特殊结果的情况；3. 表中的福利损失值由原始数据计算得出

在本专题研究基准模型的讨论中假定央行对冲击的认知是优于公众的（$\theta=800>\gamma=200$），即央行的信息比公众私人信息更为准确，并发现在该

① 借鉴Ball（1998）的做法，将福利损失函数及其参数设定如下：$L=\mathrm{var}(x)+\lambda\,\mathrm{var}(\pi)$，$\lambda=0.5$。根据已有文献的不同取值，作者对$\lambda$在0~10的范围内进行了稳健性检验，结果发现$\lambda$的取值不会改变文章主要结论。

情形下央行沟通能够促进适应性学习并提高货币政策有效性。表 3 进一步对比了多种情形下央行沟通的影响：一是基准情形$\theta=800$，$\gamma=200$；二是央行公共信息准确度优于公众私人信息，但央行公共信息准确度比基准情形差一些，$\theta=250$，$\gamma=200$；三是央行公共信息准确度与公众私人信息相同，$\theta=200$，$\gamma=200$；四是央行公共信息准确度不如公众私人信息，$\theta=150$，$\gamma=200$。在上述四种情形下，本专题研究进一步针对r等于 0、0.85 和 1 三种情况进行了讨论，这三种情况的差别在于公众对央行公共信息重视程度有所不同。如基准模型中的分析所指出的，在给定$\{\theta,\gamma\}$的前提下，当$r=0$时，公众对央行公共信息赋予的权重最小，为$\theta/(\theta+\gamma)$；当$r=0.85$时，公众对央行公共信息赋予的权重比$r=0$时要大，为$\theta/[\theta+\gamma(1-r)]=\theta/(\theta+0.15\gamma)$；当$r=1$时，公众对央行公共信息赋予的权重达到最大，等于 1，即公众只接受央行公共信息，公众私人信息不对公众的决策产生影响。

表 3　不同情形下央行沟通的影响

参数取值	方差/福利损失	$r=0$	$r=0.85$	$r=1$
$\theta>\gamma(\theta=800,\gamma=200)$	$\mathrm{var}(x)$	0.27	0.27	0.27
	$\mathrm{var}(\pi)$	0.18	0.18	0.18
	$L=\mathrm{var}(x)+0.5\,\mathrm{var}(\pi)$	0.36	0.36	0.36
$\theta>\gamma(\theta=250,\gamma=200)$	$\mathrm{var}(x)$	0.31	0.30	0.28
	$\mathrm{var}(\pi)$	0.22	0.21	0.21
	$L=\mathrm{var}(x)+0.5\,\mathrm{var}(\pi)$	0.42	0.41	0.39
$\theta=\gamma(\theta=200,\gamma=200)$	$\mathrm{var}(x)$	0.33	0.33	0.33
	$\mathrm{var}(\pi)$	0.24	0.24	0.24
	$L=\mathrm{var}(x)+0.5\,\mathrm{var}(\pi)$	0.45	0.45	0.45
$\theta<\gamma(\theta=150,\gamma=200)$	$\mathrm{var}(x)$	0.37	0.41	0.43
	$\mathrm{var}(\pi)$	0.26	0.29	0.30
	$L=\mathrm{var}(x)+0.5\,\mathrm{var}(\pi)$	0.50	0.56	0.58

根据表 3 结果可以得到以下三个结论。第一，央行公共信息准确度越高则货币政策有效性越高。表 3 结果表明，当θ越大，则产出缺口和通货膨胀的方差波动都越小且福利损失越小。例如，在$r=0.85$的情况下，当$\theta=150$时，产出缺口和通货膨胀的方差分别为 0.41 和 0.29，福利损失达到 0.56；随着θ上升至 200，产出缺口和通货膨胀的方差均大幅下降至 0.33 和 0.24，福利损失也降至 0.45，降幅达到约 20%。随着θ进一步上升，产出缺口和通货膨胀方差及福利损失均进一步下降。当θ上升至 800 时，产出缺口和通货膨胀方差仅为 0.27 和 0.18，福利损失仅为 0.36，相比$\theta=150$时下降了约 36%。此外，$r=0$和$r=1$

时，上述规律也均成立。这意味着，一方面，当央行具有信息优势，即央行的公共信息准确度高于私人信息时，央行应注重沟通，将其拥有的信息提供给公众；另一方面，央行应努力提高其信息准确度，从而进一步加强央行沟通在优化私人信息和促进公众学习方面的能力，提高货币政策有效性。

第二，参数r的影响取决于央行公共信息是否比私人信息更准确，只有当央行公共信息比私人信息更准确时，公众加大对央行公共信息的权重（参数r越大）才能提高货币政策有效性。当$\theta=\gamma$时，央行公共信息与私人信息的准确度相同，此时权重的改变对公众最终的冲击信息没有任何影响，因此无论r如何变化，产出缺口和通货膨胀的方差及福利损失均没有变化。当$\theta>\gamma$时，央行公共信息比私人信息更准确，此时参数r越大，则公众越看重央行公共信息，且更为准确的央行公共信息能够降低经济波动并减少福利损失。可以看到，在$\theta=250$、$\gamma=200$的情况下，当$r=0$时，产出缺口和通货膨胀的方差分别为0.31和0.22，福利损失为0.42；当$r=0.85$时，产出缺口和通货膨胀方差及福利损失均下降了0.01；当r进一步上升至1时，产出缺口和通货膨胀方差分别下降至0.28和0.21，福利损失进一步下降至0.39，相比$r=0$时下降约7%，表明货币政策有效性有明显提高。相反，当$\theta<\gamma$时，央行公共信息不如私人信息准确，此时加大对央行公共信息的比重反而会降低货币政策有效性。可以看到，在$\theta=150$、$\gamma=200$的情况下，当$r=0$时，产出缺口和通货膨胀方差分别为0.37和0.26，福利损失为0.50；随着r的上升，产出缺口和通货膨胀方差及福利损失均出现上升；当r达到1时，产出缺口和通货膨胀方差分别上升至0.43和0.30，福利损失上升至0.58，货币政策有效性损失了约16%。可见，只有当央行具有信息优势，即央行公共信息的准确度高于公众私人信息时，公众加大对央行公共信息的权重才能提高货币政策有效性。

现实中，央行公共信息不如私人信息准确的情形确实存在。一是有时货币政策委员对货币政策操作的看法会产生较大分歧，此时央行公共信息的准确度就很低。Ehrmann和Fratzscher（2007）指出，货币政策委员间的分歧被认为是一个准确度很低的信息，并且通过实证研究发现这类准确度较低的公共信息会降低公众预测的准确度。二是央行并不总是比公众掌握更多关于未来政策和经济走势的信息，因此公共信息不一定就比私人信息准确。英格兰银行前行长King（2005）指出，他和英格兰银行货币政策委员会掌握的关于未来货币政策操作的信息并不比公众多。而且货币政策还会面临时间不一致性的问题。三是即使央行拥有准确度比较高的信息，但可能在发布信息时含糊其辞，因此向公众传递的信息是模糊的、不准确的。一个典型例子就是中国货币政策的定位。2011~2016 年中国央行一直声明实施“稳健”的货币政策，但期间宏观经济环境与政策操作均发生明显变化，期间央行更是进行了多次降息和降准操作。“稳健”一词的含义十分模糊，不仅没有给公众提供准确的信息，还加大了噪声。这使得公众不但难以清晰认识货币政策的定位，更难以预期货币政策的未来走向（陈彦斌，2016）。上述结果对央行沟通的启示包括以下两点。一是央行不能盲目地进行沟通。当央行的公共信息不如私人信息准确时，央行沟通反而会产生负面作用，此时央行不进行沟通反而是更好的政策选择。二是当央行的公共信息优于私人信息时，央行不仅要加强沟通，而且应当采取措施让公众更加信任央行，使公众更加相信央行提供的信息。这将进一步优化私人信息并降低经济波动。

第三，当央行公共信息准确度大于私人信息准确度时，公众加大对央行公共信息的权重能够增加货币政策有效性，并且这种效应在公共信息准确度与私人信息准确度相差较小的情况下更明显。上述分析已经指出，在$\theta=250$、$\gamma=200$时，参数r越大，货币政策越有效；$r=1$相比$r=0$时，福利损失下降了约 7%。而在$\theta=800$、$\gamma=200$时，参数r变化的同时福利损失没有明显变化[①]。产生上述结果的原因在于：公众赋予央行公共信息的权重为$\theta/[\theta+\gamma(1-r)]$，因此影响央行公共信息权重的参数除了参数$r$外，还包括$\{\theta,\gamma\}$。当$\theta$和$\gamma$较为接近时，$r$的变化对权重的影响较大。而当$\theta$远大于$\gamma$时，即使$r=0$，由于公众本身赋予央行公共信息的权重就已十分接近于 1，当公众转变为完全只参考央行公共信息（$r=1$）时，权重的变化也不大。不妨考虑央行公共信息十分准确（θ为无穷大）的极端情形，此时无论r为何值，$\theta/[\theta+\gamma(1-r)]$均为 1。

本专题研究与已有研究相比主要有两大突破。其一，本专题研究在 Morris 和 Shin（2002）的基础上，以适应性学习为视角，研究了央行沟通提高货币政策有效性的理论机制。Morris 和 Shin（2002）的模型中，央行沟通提高货币政策有效性的机制是准确度较高的公共信息能够纠正私人信息的偏差，从而纠正私人部门的预期，这一机制在本专题研究中也仍然成立。不同的是，本专题研究中央行沟通除了能够纠正信息偏差，还有助于纠正适应性学习偏差，通过提供更为准确的信息促使公众更快地向理性预期均衡收敛。这表明，央行沟通影响货币政策有效性的渠道并不仅限于 Morris 和 Shin（2002）所提出的机制，适应性学习也是央行沟通起作用的重要渠道。Ferrero 和 Secchi

① 实际上福利损失从0.3621下降至0.3618。

（2010）、Marzioni（2014）虽然也在新凯恩斯模型中引入了适应性学习和央行沟通，但是他们模型中的公共信息是外生地引入公众预期形成方程的，而非内生求解所得。因此，他们的模型不能解释为何公众愿意参考央行公共信息，也难以解释央行沟通的作用机制。本专题研究通过借鉴 Morris 和 Shin（2002）的设定，并假定央行公共信息也存在噪声，内生地在公众预期方程中引入了央行公共信息，能够从适应性学习角度分析央行沟通的作用机制。

其二，本专题研究发现央行沟通存在边界，这是已有的在适应性学习框架下研究央行沟通的文献所没有探讨的。Ferrero 和 Secchi（2010）将央行沟通具体化为对未来利率、通货膨胀和产出缺口的预期，同时假定公众自身对利率、通货膨胀和产出缺口的预期是不完美的。而且，Ferrero 和 Secchi（2010）简单假定了央行公共信息天然优于私人信息，而并没有考虑央行公共信息劣于私人信息的情形。Marzioni（2014）也与 Ferrero 和 Secchi（2010）类似，假定央行释放的信息是基于理性预期形成的，因此总是优于私人信息。本专题研究不仅考虑了央行公共信息准确度高于私人信息的情形，而且进一步考察了央行公共信息准确度劣于私人信息的情形，发现当央行的公共信息不如私人信息准确时，央行沟通反而会产生负面作用。该结论表明，央行公共信息准确度是保证央行沟通能够提高货币政策有效性的重要前提。

六、总结与政策建议

本专题研究构建了一个包含央行公共信息、公众私人信息和适应性学习的新凯恩斯动态随机一般均衡模型，研究了央行公共信息沟通对适应性学习和货币政策有效性的影响。研究发现，当央行的公共信息比私人信息更准确时，央行沟通能够有效促进公众预期向理性预期均衡收敛，显著提高货币政策有效性。同时，福利损失分析也表明，在基准情形下，央行沟通能够使产出缺口方差、通货膨胀方差和福利损失分别下降 13%、21%和 16%，有助于提高货币政策有效性。同时，本专题研究通过改变模型中的相关参数进行了多种政策实验，结果发现：央行公共信息准确度越高，央行沟通越能降低产出缺口和通货膨胀的方差及福利损失；当央行公共信息准确度大于私人信息准确度时，公众提高对央行公共信息的权重也能够进一步增加货币政策有效性，并且这种效应在央行公共信息准确度与公众私人信息准确度相差较小的情况下更明显。但是，当央行公共信息不如私人信息准确时，央行沟通反而会增加福利损失。

本专题研究结论具有较强的政策含义。第一，当央行具有信息优势时，即央行的公共信息准确度高于私人信息时，央行应注重沟通，并且应当采取措施让公众更加信任央行，从而加大央行公共信息对公众预期的影响。因此，中国央行应重视沟通，提高货币政策透明度，增加公众可获得的信息，从而改善货币政策有效性。形式上，可增加沟通渠道，并重视沟通的规律性。渠道的增加能够直接增加市场获得信息的途径，增加获得信息的可能性；重视规律性不仅能够约束央行进行沟通的责任，而且能够稳定市场获得信息的渠道，也有利于稳定市场预期，避免因公众担心未来无法获得信息而导致的预期不稳定。内容上，中国央行一方面应注重对货币政策操作进行事前沟通和事后解释，另一方面应更多公布央行对未来经济形势的判断，以及对未来货币政策走势的判断和共识，避免市场误读。其中，尤其需要加强的是央行的经济预测。经济预测是影响市场预期的一个重要因素，而央行作为权威部门，其公布的经济预测对市场具有重要的引导作用。中国可以借鉴美国等发达国家的经验，增加预测频率到每年 4 次，前瞻跨度可延长至 2 年左右。第二，央行不能盲目地进行沟通。当央行的公共信息不如私人信息准确时，央行沟通反而会产生负面作用，此时央行不进行沟通反而是更好的政策选择。这意味着，央行公共信息具有较高准确度是央行进行有效沟通的重要前提，而央行的研究能力和专业水平直接影响到所沟通信息的准确度。因此，央行应注重加强研究能力，这不仅对进行有益的央行沟通十分重要，而且对提高整体货币政策有效性也具有重要意义。

参考文献

卞志村，高洁超. 2014. 适应性学习、宏观经济预期和中国最优货币政策. 经济研究，(4)：32-46.

卞志村，张义. 2012. 央行信息披露、实际干预与通胀预期管理. 经济研究，(12)：15-28.

陈彦斌. 2016-05-18. 货币政策要加强预期管理. 光明日报，015.

陈彦斌，刘哲希，郭豫媚. 2016. 经济新常态下宏观调控的问题与转型. 中共中央党校学报，(1)：106-112.

范从来，高洁超. 2016. 适应性学习与中国通货膨胀非均衡分析. 经济研究，(9)：17-28.

巩师恩，范从来. 2013. 二元劳动力结构与通货膨胀动态形成机制——基于新凯恩斯菲利普斯曲线框架. 财经研究，(3)：75-86.

郭豫媚，陈伟泽，陈彦斌. 2016. 中国货币政策有效性下降与预期管理研究. 经济研究，(1)：28-41.

李拉亚. 2016. 央行政策与公众对策互动关系的利益机制分析. 经济研究，(10)：41-53.

刘斌. 2003. 最优简单货币政策规则在我国应用的可行性. 金融研究，(9)：22-38.

吕越，盛斌. 2011. 开放条件下产出缺口型菲利普斯曲线的再验证——基于中国省际季度动态面板数据. 金融研究，(10)：47-60.

奚君羊，贺云松. 2010. 中国货币政策的福利损失及中介目标的选择——基于新凯恩斯DSGE模型的分析. 财经研究，(2)：89-98.
徐亚平. 2006. 货币政策有效性与货币政策透明制度的兴起. 经济研究，(8)：24-34.
徐亚平. 2009. 公众学习、预期引导与货币政策的有效性. 金融研究，(1)：50-65.
汪莉，王先爽. 2015. 央行预期管理、通胀波动与银行风险承担. 经济研究，(10)：34-48.
王博，刘翀. 2016. 央行沟通的金融市场效应——来自中国的证据. 经济学动态，(11)：22-32.
张鹤，张代强，姚远，等. 2009. 货币政策透明度与反通货膨胀. 经济研究，(7)：55-64.
张屹山，张代强. 2007. 前瞻性货币政策反应函数在我国货币政策中的检验. 经济研究，(3)：20-32.
Ball L M. 1998. Policy Rules for Open Economies. Chicago：University of Chicago Press.
Bray M. 1982. Learning，estimation，and the stability of rational expectations. Journal of Economic Theory，26（2）：318-339.
Bernanke B S，Laubach T，Mishkin F S. 1999. Inflation Targeting. Princeton：Princeton University Press.
Blinder A S. 1998. Central Banking in Theory and Practice. Cambridge：MIT Press.
Blinder A S，Ehrmann M，Fratzscher M，et al. 2008. Central bank communication and monetary policy：a survey of theory and evidence. NBER Working Paper，No. 13932.
Campbell J R，Evans C L，Fisher J D，et al. 2012. Macroeconomic effects of federal reserve forward guidance. Brookings Papers on Economic Activity，（3）：1-80.
Carceles-Poveda E，Giannitsarou C. 2007. Adaptive learning in practice. Journal of Economics Dynamics and Control，31（8）：2659-2697.
Clarida R，Gali J，Gertler M. 1998. Monetary policy rules in practice：some international evidence. European Economics Review，42（6）：1033-1067.
Clarida R，Gali J，Gertler M. 1999. The science of monetary policy：a new keynesian perspective. Journal of Economic Literature，37（4）：1661-1707.
Ehrmann M，Fratzscher M. 2007. Social value of public information-testing the limits to transparency. ECB Working Paper，No. 821.
Evans G W. 1985. Expectational stability and the multiple equilibria problem in linear rational expectations models. Quarterly Journal of Economics，100（4）：1217-1233.
Evans G W，Honkapohja S. 2001. Learning and Expectation in Macroeconomics. Princeton：Princeton University Press.
Evans G W，Honkapohja S. 2003. Expectations and the stability problem for optimal monetary policies. The Review of Economics Studies，70（4）：807-824.
Ferrero G，Secchi A. 2010. Central bank's macroeconomic projections and learning. National Bank of Poland Working Paper，No. 72.
Gali J. 2008. Monetary Policy，Inflation，and the Business Cycle. Princeton：Princeton University Press.
Gaspar V，Smets F，Vestin D. 2010. Inflation expectations，adaptive learning and optimal monetary policy. Handbook of Monetary Economics，3：1055-1095.
Goodfriend M. 1993. Interest rate policy and the inflation scare problem：1979-1992. FRB Richmond Economic Quarterly，79（1）：1-24.
King M. 2005. Monetary policy：practice ahead of theory. https://www.bankofengland.co.uk/-/media/boe/files/news/2005/may/monetary-policy-practice-ahead-of-theory-speech-by-mervyn-king.pdf?la=en&hash=6044A3446A8DD38984A087A3FF1D7CAC8C530A4C[2018-12-31].
Kuttner K N，Posen A S. 1999. Does talk matter after all？Inflation targeting and central bank behavior. CFS Working Paper，No. 04.
Marzioni S. 2014. Learning and signals under discretionary monetary policy. Economic Notes，43（3）：211-231.

McCallum B T. 1983. On non uniqueness in linear rational expectations model：an attempt at perspective. Journal of Monetary Economics，11（2）：139-168.

Morris S，Shin H S. 2002. Social value of public information. The American Economic Review，92（5）：1521-1534.

Morris S，Shin H S. 2005. Central bank transparency and the signal value of prices. Brookings Papers on Economic Activity，2：1-66.

Nechio F，Regan R. 2016. Fed communication：words and numbers. FRBSF Economic Letter，No. 26.

Orphanides A，Williams J. 2003. Imperfect knowledge，inflation expectations，and monetary policy. NBER Working Paper.

Reifschneider D，Tulip P. 2007. Gauging the uncertainty of the economic outlook from historical forecasting errors. Finance and Economics Discussion Series，No. 60.

Svensson L E O. 2015. Forward guidance. International Journal of Central Banking，11（S1）：19-64.

Ullrich K. 2007. Inflation expectations of experts and ECB communication. North American Journal of Economics and Finance，19（1）：93-108.

Walsh C E. 2013. Announcements and the role of policy guidance. Federal Reserve Bank of St. Louis Review，95（6）：575-600.

Williams J C. 2014. Monetary policy in zero lower bound：putting theory into practice. Hutchins Center on Fiscal and Monetary Policy，Working Paper.

Woodford M. 2001. Monetary policy in the information economy. NBER Working Paper，No.8674.

Woodford M. 2005. Central bank communication and policy effectiveness. NBER Working Paper，No.11898.

Woodford M. 2012. Methods of policy accommodation at the interest-rate lower bound. Presented at the Jackson Hole Symposium.

专题研究八　中国减税降费政策的效果评估与定位研判[①]

一、问题的提出

从 2008 年中央首次提出“结构性减税”到 2017 年已经过去了十年时间，期间中国出台了大量减税降费政策。一方面，围绕促进投资、扩大消费、调整结构等事项出台了一系列“结构性减税”举措；另一方面，从 2012 年 1 月 1 日开始在上海的部分行业试点“营改增”，随后试点的地域范围和行业范围不断扩大，并于 2016 年 5 月 1 日在全国所有地区和所有行业全面推行“营改增”。不仅如此，2016 年以来中央还大力倡导并推行普遍性减税降费政策，减税和降费成为社会各界关注的两大焦点。在国内宏观经济企稳回升势头尚不稳固，同时美国总统特朗普正在推行美国史上最大规模的减税计划的大环境下，中国需要明确是否有必要继续减税降费甚至加大政策力度，如果应对失策很可能会造成经济下行压力加大和资本外流风险加剧等不利后果。可见，很有必要对 2008~2017 年中国减税降费政策的整体效果进行科学评估[②]，并且在此基础上对下一步的政策定位进行合理预判。

已经有不少文献对中国减税降费政策的效果进行了研究。第一类文献聚焦于研究“结构性减税”的政策效果。贾康和程瑜（2011）研究了“结构性减税”对 2008~2010 年全国税收收入的影响，发现税收增速有下降趋势。赵惠敏和蔺大勇（2012）、莫兰琼（2014）等研究了“结构性减税”对小微企业

① 作者：陈小亮，中国社会科学院经济研究所副编审。本专题研究已发表于《财经问题研究》2018 年第9期。

② 关于减税降费政策的效果，一般有两层含义：一是减税降费政策对税负的影响；二是减税降费政策对经济增长及其方方面面产生的影响。本专题研究的分析主要围绕第一个层面展开。

税负的影响，结果表明小微企业税负有所减轻，但是减税政策的力度有待进一步提高。范竹青（2013）则研究了“结构性减税”对福建省税收收入的影响，结果发现福建省税收收入占 GDP 的比重不仅没有下降，反而从 2008 年的 14.6%升至 2011 年的 15.3%。第二类文献聚焦于研究“营改增”的减税效果。范子英和彭飞（2017）基于投入产出表数据，发现“营改增”在上游、下游不同产业的减税效应存在明显差别，而且“营改增”企业的平均税负没有明显下降。魏彧和李汉文（2017）、谭伟等（2017）、袁庆禄和刘翠侠（2017）、杨志安和李宝锋（2017）分别研究了“营改增”对房地产业、银行业和交通运输业等行业税收负担的影响，结果发现房地产业的税负有所减轻，但是银行业和交通运输业的税负却有所加重。此外，吴明（2016）考察了“营改增”对浙江省中小微企业流转税的减税效果，李远慧和罗颖（2017）考察了“营改增”对北京市 A 股上市公司所得税和流转税的减税效果，结果发现“营改增”对不同企业的减税效果并不相同，而其根源则在于不同企业所属的行业不同。

上述已有文献对我们把握 2008~2017 年中国减税降费政策的效果大有裨益，但是仍然存在几点不足。第一，已有文献主要考察的是减税政策的效果，而对近年来中央推行的降费政策的关注相对较少。第二，已有文献大都专门研究了“结构性减税”或“营改增”等某类政策的减税效果，尤其是某类政策在特定行业或特定地区的减税效果，很少有文献对中国减税降费政策的整体效果进行全面评估。第三，从 2008 年的“结构性减税”到“营改增”的试点和全面推行，再到全面减税降费，中国减税降费的力度和覆盖范围越来越大，而已有文献通常只关注少数几年的政策效果，没有对 2008~2017 年减税降费政策的效果进行对比分析。第四，已有文献大都只是局限于分析国内减税降费政策的效果，而没有进行国际对比，可能难以客观判断中国减税降费力度和政策效果的大小。

为了弥补已有研究的不足，本专题研究选择宏观税负作为测度指标，并且通过历史对比和国际对比，全面评估 2008~2017 年中国减税降费政策的效果。之所以选择宏观税负作为测度指标，是因为宏观税负能够同时体现减税政策和降费政策的效果。具体而言，宏观税负是指政府总收入占 GDP 的比重，其中政府总收入不仅包括政府的各类税收收入，还包括各类非税收入，因此宏观税负既能够涵盖政府面向各类行业、企业和家庭的减税政策的效果，又能够涵盖政府推行的各种降费政策的效果。潘孝珍（2012）也曾经使用宏观税负测度了减税的效果，但只是考察了 2010 年之前“结构性减税”的效果。本专题研究不仅将研究时间范围拓展为 2008~2017 年，而且对“结构性减税”、

“营改增”、全面减税降费等政策的效果进行整体评估。此外，本专题研究还将中国与美国历史上减税政策的效果进行对比，旨在更加全面地评估2008~2017 年中国减税降费政策的效果究竟如何，在此基础上对未来减税降费政策的必要性、面临的困难及应对之策进行深入探讨。

二、2008 年以来中国减税降费的主要举措

通过梳理历年的《政府工作报告》和中央经济工作会议文件，可以发现2008 年以来中国的减税历程大致分为两个阶段。第一个阶段是 2008~2015 年，该阶段以出台各类“结构性减税”政策为主要特征。第二个阶段是 2016 年至今，该阶段以全面推行“营改增”政策和全面减税降费政策为主要特征。需要说明的是，严格来讲，“营改增”也是“结构性减税”的一部分，而且 2012 年 1 月 1 日就已经开始“营改增”试点，但是试点阶段覆盖的地区和行业有限，直到 2016 年 5 月 1 日才在全国范围内推行，此时“营改增”的减税效果才能更好地显现①，因此本专题研究将 2016 年作为两个阶段的分界点。

（一）2008~2015 年“结构性减税”的主要举措

官方首次提出“结构性减税”这一概念是在 2008 年中央经济工作会议上，在 2009~2015 年的中央经济工作会议和《政府工作报告》中“结构性减税”更是频频出现，不过官方并没有给出“结构性减税”的具体内涵。目前学术界关于“结构性减税”的内涵基本达成共识，即“有减有增，结构性调整”，但是关于“结构性减税”到底是否意味着降低政府总收入或降低宏观税负，并未达成共识。一部分学者认为，“结构性减税”的最终目标应该是适度降低宏观税负，可参见钱凯（2010）的综述。另一部分学者则认为，“结构性减税”应该在保持政府总收入不变甚至适当增加的前提下，削减特定纳税人的税负或特定税收项目，这样做是为了避免政府债务扩张引发的债务风险。

通过梳理以往政策文件可以发现，2008~2015 年中央出台的减税政策颇为丰富（表 1）。为了促进小微企业投资，中央不断减轻小微企业的所得税负担，2010~2011 年，对年应纳税所得额低于 3 万元（含）的小微企业，减按 50%计

---

① 范子英和彭飞（2017）研究发现，“分步式”试点可能破坏了增值税链条的完整性，不仅企业的进项抵扣会受到限制，而且增值税企业的产业互联程度也会受到冲击，从而显著减弱了“营改增”的减税效应。

入应纳税所得额，并按 20%的税率缴纳企业所得税，2012~2015 年，将计税门槛进一步放宽至 6 万元。为了增加居民可支配收入，扩大消费，中央自 2011 年 9 月 1 日起提高了个人所得税的起征点，调整了所得税率结构并扩大了低档税率的适用范围。此外，中央还出台了鼓励购买小排量乘用车的税收政策，对 2009 年 1 月 20 日至 12 月 31 日购买的 1.6 升及以下排量乘用车，减按 5%征收车辆购置税，对 2010 年购买的 1.6 升及以下排量乘用车，继续减按 7.5%征收车辆购置税。为了促进西部地区的经济发展，中央自 2011 年起对西部鼓励类产业企业减按 15%的税率征收企业所得税，对符合《产业结构调整指导目录（2005 年本）》等规定的企业，按照 15%的税率征收企业所得税。

表 1 "结构性减税"中的减税政策汇总

目标	主要政策和举措
促进投资、扩大消费	·减轻小微企业税收负担。2010~2011 年，对年应纳税所得额低于 3 万元（含）的小微企业，其所得减按 50%计入应纳税所得额，按 20%的税率缴纳企业所得税。2012~2015 年，对年应纳税所得额低于 6 万元（含）的小微企业，其所得减按 50%计入应纳税所得额，按 20%的税率缴纳企业所得税 ·提高增值税和营业税起征点。自 2013 年 8 月 1 日起，对增值税小规模纳税人中月销售额不超过 2 万元的企业或非企业性单位，暂免征收增值税；对营业税纳税人中月营业额不超过 2 万元的企业或非企业性单位，暂免征收营业税 ·调整证券交易印花税政策。自 2008 年 4 月 24 日起，将证券交易印花税税率由 3‰调整为 1‰。自 2008 年 9 月 19 日起，将证券交易印花税征收方式从双边征收调整为出让方单边征收 ·鼓励购买小排量乘用车的车辆购置税政策。对 2009 年 1 月 20 日至 12 月 31 日购置 1.6 升及以下排量乘用车，暂减按 5%征收车辆购置税。2010 年对 1.6 升及以下排量乘用车继续减按 7.5%征收车辆购置税，以促进小排量乘用车的生产和消费 ·扩大出口。自 2009 年 7 月 1 日起，取消部分产品的出口暂定关税，取消部分化肥和化肥原料的特别出口关税，降低部分产品的出口暂定关税。自 2013 年 4 月 1 日起，增值税小规模纳税人出口的货物、古旧图书等 19 类货物可以享受出口免税
调整结构	·西部大开发税收优惠政策。2011~2020 年，对西部鼓励类产业的企业减按 15%的税率征收企业所得税。符合《产业结构调整指导目录（2005 年本）》等规定，企业所得税可按照 15%的税率缴纳 ·对集成电路和软件产品给予税收优惠。自 2011 年 1 月 1 日起，增值税一般纳税人销售其自行开发生产的软件产品，按 17%税率征收增值税后，对其增值税实际税负超过 3%的部分实行即征即退政策 ·自 2013 年 1 月 1 日至 2015 年 12 月 31 日，对符合非营利组织条件的科技园、孵化器，按照企业所得税法及其实施条例和有关政策规定享受企业所得税优惠政策 ·自 2014 年 1 月 1 日至 2018 年 12 月 31 日，继续对设在北京、天津、上海等 21 个服务外包示范城市中经认定的技术先进型服务企业减按 15%的税率征收企业所得税 ·自 2014 年 1 月 1 日至 2020 年 12 月 31 日，对设在广东横琴新区、福建平潭综合实验区和前海深港现代服务业合作区的鼓励类产业企业减按 15%的税率征收企业所得税

续表

目标	主要政策和举措
改善民生	·调整就业税收优惠政策，新税收优惠政策重点针对个体经营，意在积极扶持个人自主创业 ·自 2011 年 9 月 1 日起，将工资、薪金所得减除费用标准由 2000 元/月提高到 3500 元/月。将 9 级超额累进税率减少为 7 级，取消 15%和 40%两档税率，并对级距做出相应调整，扩大了低档税率的适用范围。 ·为了降低流通成本，保障鲜活农产品市场供应和价格稳定，自 2012 年 1 月 1 日起，对从事蔬菜批发、零售的纳税人销售的蔬菜免征增值税

注：根据朱志钢和张雅璇（2012）及相关政府部门的政策文件整理得到

需要强调的是，“结构性减税”不仅包括减税政策，还包括增税政策，如表 2 所示，实施增税政策的主要目的是调整结构，保护环境、节约资源等。其一，2009 年以来对煤炭、铁合金等“两高一资”产品取消出口退税政策，将“两高一资”行业的有色金属产品关税提高至 2008 年全球金融危机之前的水平。其二，实施燃油税费改革，自 2009 年 1 月 1 日起，汽油消费税每升由 0.2 元提高到 1 元，柴油每升由 0.1 元提高到 0.8 元，其他成品油税额相应提高。其三，推进资源税改革，自 2011 年 11 月 1 日起，在全国范围内对原油和天然气征收资源税，税率暂定为 5%，同时大幅提高了稀土矿、原矿的资源税征税标准。其四，大幅提高大排量乘用车消费税，自 2008 年 9 月 1 日起，将排气量在 3.0~4.0 升的乘用车的消费税税率从 15%上调至 25%，排气量在 4.0 升以上乘用车的消费税税率更是从 20%上调至 40%。除此之外，从 2010 年 12 月 1 日起对外商投资企业、外国企业及外籍个人征收城市维护建设税和教育费附加，从 2011 年 1 月 28 日起在上海和重庆开展了对部分个人住房征收房产税的试点工作，这些增税政策的主要目的是完善税制。

表 2　“结构性减税”中的增税政策汇总

目标	主要政策和举措
调整结构	·2009 年以来，坚持对“两高一资”产品取消出口退税政策，将“两高一资”的有色金属产品关税提高至 2008 年全球金融危机之前的水平 ·自 2012 年 1 月 1 日起，继续以暂定税率的形式对煤炭、原油、化肥、铁合金等“两高一资”产品征收出口关税
保护环境、节约资源	·实施燃油税费改革。自 2009 年 1 月 1 日起，汽油消费税每升由 0.2 元提高到 1 元；柴油每升由 0.1 元提高到 0.8 元；其他成品油税额相应提高 ·调整乘用车消费税税率。自 2008 年 9 月 1 日起，将排气量在 3.0~4.0 升的乘用车的消费税税率由 15%上调至 25%；排气量在 4.0 升以上的，税率由 20%上调至 40% ·推进资源税改革。自 2011 年 11 月 1 日起，在全国范围内实施原油、天然气资源税从价计征办法，税率暂定为 5%。同时大幅提高稀土矿、原矿的资源税税额标准 ·出台车船税法。适当提高了 2.0 升以上排气量的乘用车税额幅度，2.5 升以上乘用车税额大幅提高。同时增加了对节约能源、使用新能源的车船减征或免征车船税的内容

续表

目标	主要政策和举措
完善税制	· 自 2010 年 12 月 1 日起，对外商投资企业、外国企业及外籍个人开始征收城市维护建设税和教育费附加 · 自 2011 年 1 月 28 日起，上海、重庆开始对部分个人住房征收房产税改革试点
其他方面	· 自 2015 年 5 月 10 日起，将卷烟批发环节从价税税率由 5%提高至 11%，并按 0.005 元/支加征从量税

注：根据朱志钢和张雅璇（2012）及相关政府部门的政策文件整理得到

（二）2016 年以来"营改增"和全面减税降费的主要举措

虽然"营改增"从 2012 年 1 月 1 日就已经开始试点，但不论是行业范围、地域范围还是税率，都是在 2016 年以来才发生了重大变化。因此，本专题研究重点关注 2016 年以来"营改增"的主要举措，主要包括如下内容。一是自 2016 年 5 月 1 日起，将试点范围从此前的 10 个省市扩大到全国范围，并且将建筑业、房地产业、金融业、生活服务业等行业全部纳入其中。二是从 2017 年 7 月 1 日起，将增值税税率由四档（17%、13%、11%和 6%）减至三档（17%、11%和 6%），不仅取消了 13%这一档税率，而且将农产品、天然气等行业的增值税税率从 13%降至 11%。三是从 2018 年 5 月 1 日起，将制造业等行业的增值税税率从 17%降至 16%，将交通运输业、建筑业、基础电信服务业等行业及农产品等货物的增值税税率从 11%降至 10%。此外，将工业企业和商业企业小规模纳税人的年销售额标准由 50 万元和 80 万元大幅上调至 500 万元，并在一定期限内允许已登记为一般纳税人的企业转登记为小规模纳税人，让更多企业享受按较低征收率计税的优惠。

同时，近年来降费已经成为与减税并重的工作。中央经济工作会议确定的 2016 年和 2017 年的总基调为"降低企业税费负担"，2018 年的基调为"继续清理涉企收费，加大对乱收费的查处和整治力度"。政府工作报告也日益突出降费的重要性。比如，2017 年《政府工作报告》指出，"名目繁多的收费使许多企业不堪重负，要大幅降低非税负担"，包括全面清理规范政府性基金、停征或减征涉企行政事业性收费、减少政府定价的涉企经营性收费、清理行政审批中介服务违规收费等。2018 年《政府工作报告》继续要求"大幅降低企业非税负担"，并且给出了定量的目标，要求"全年要为市场主体减轻非税负担 3000 多亿元"。由此可知，2016 年以来，中央大大提高了降费的力度，这将有助于更有效地降低宏观税负。

（三）中国的减税政策与美国常用的减税政策存在显著差异

之所以选择美国作为比较对象，是因为历史上美国曾经实施过多轮大规模减税计划，并且取得了不错的效果，因此通常被当作减税的典型案例加以研究。中美两国的税制结构存在显著的差异，这决定了两国采取的减税政策明显不同，在比较中美两国的减税效果之前，首先需要把握两国税制结构的两方面主要不同。其一，美国的税制结构以所得税等直接税为主，企业所得税和个人所得税是美国最主要的税种。与之不同，中国的税制结构以流转税为主。2008~2017年，企业所得税和个人所得税占中国税收收入的比重只有25%~30%，考虑到宏观税负还包括各类非税收入，因此所得税占中国宏观税负的比重更低。相比之下，营业税、增值税、关税等流转税占比超过 50%，是税收收入的主要来源。其二，美国的政府总收入主要是税收收入，税收收入占到政府总收入的 80%左右。然而，中国的税收收入占政府总收入的比重只有60%~65%，非税收入、政府性基金预算收入、社会保险基金预算收入等占据了较大比重。

基于中美税制结构的差异，便可以发现美国减税的政策操作与中国的显著差别。一方面，美国采取的主要是减税政策，而中国除了减税，还要降费；另一方面，美国减税政策的覆盖范围较大，而中国在大多数时间里减税降费政策的覆盖范围偏小。不管是美国前总统里根、小布什还是美国的现任总统特朗普，他们减税的主要举措都是降低企业所得税税率和个人所得税税率（表 3）。由于企业所得税和个人所得税是美国最主要的税种，而且是宏观税负的主要构成部分，美国减税政策的覆盖范围较为宽广。反观中国，2016年以前中国的“结构性减税”政策主要针对的是小微企业所得税等小税种，覆盖范围较小。2016 年之后，伴随着“营改增”的全面推行及全面的减税降费，减税降费政策覆盖的范围才明显扩大。

表 3　美国历史上几轮代表性减税的主要举措

类别	里根总统减税时期	小布什总统减税时期	特朗普总统减税时期
个人所得税	1. 将最低税率从 14%降至11%，将最高税率从 70%降至 50% 2. 减少遗产税和赠与税	1. 个人所得税税率调整为 10%、15%、25%和 33%四档 2. 逐步取消遗产税 3. 减免家庭税赋	1. 累进税率由七档调整为 12%、15%和 35%三档 2. 大幅提高个税起征点和免税申报额度 3. 取消遗产税
企业所得税	1. 降低公司所得税率 2. 扩大加速折旧法的适用范围，降低各类资产的折旧年限 3. 对高新技术产业实施税收优惠	1. 对购买设备或者其他经营性资产的开支给予30%的折旧抵扣 2. 延长亏损的追溯年限和多项税收优惠的期限	1. 将企业所得税由 35%减为20% 2. 建立属地税收制度，鼓励海外利润回流，母公司占股大于 10%的公司按照全球最低税率征税 3. 非流动资产海外利润适用的税率低于流动资产海外利润适用的税率

续表

类别	里根总统减税时期	小布什总统减税时期	特朗普总统减税时期
资本利得	1. 最低税率从 28%降到 20% 2. 最高税率从 70%降到 50%	1. 资本利得税的最高税率从 20%降到 15% 2. 取消对股息的重复征税	

三、2008 年以来中国减税降费政策的效果评估

本专题研究评估减税降费政策效果的主要依据是宏观税负的走势，宏观税负下降得越快说明减税降费政策效果越明显。由于宏观税负等于政府总收入与 GDP 之比，计算宏观税负的关键是获得政府总收入的数据。根据《中华人民共和国预算法》(2014 年修正)，全口径预算下的政府收入不只包括狭义的财政收入，而是包括“四本账”，即一般公共预算收入、政府性基金预算收入、国有资本经营预算收入和社会保险基金预算收入，所以在分析中国所实施的减税降费政策对宏观税负的影响时，要综合考虑四个方面的变化。而且，将“四本账”相加来计算宏观税负时需要注意两点。一是中央一般公共预算收入调入政府性基金预算收入、国有资本经营预算收入调入一般公共预算收入、一般公共预算收入对社会保险基金预算收入的补助三部分内容在“四本账”之间是重复的，需要将重复部分剔除才能计算出准确结果①。二是关于土地出让金，在计算宏观税负时，本应该将其考虑在内，但是土地出让金会随着房地产市场的走势而大幅波动，从而影响我们对减税降费政策效果的判断，本专题研究将土地出让金剔除在外②。当然，由于政府总收入既包括税收收入，也包括非税收入和各种基金收入，在分析减税降费政策的效果时，既要从整体层面关注宏观税负的变化趋势，也要关注每一类政府收入占 GDP 比重的变化趋势，从而清晰地判断宏观税负产生变化的原因。

(一) 2008~2015 年中国“结构性减税”的效果欠佳

表 4 显示了本专题研究对宏观税负的计算结果及“四本账”的具体情况。虽然我们无法获得 2008 年和 2009 年政府性基金预算收入、国有资本经营预

① 按照财政部以往年份公布的“我国财政收入规模及国际比较”，国有资本经营预算收入调入一般公共预算收入、一般公共预算收入对社会保险基金预算收入的补助这两项的数额极小，可以忽略不计。只需要将中央一般公共预算收入调入政府性基金预算收入剔除掉，即可较为准确地计算政府总收入。

② 例如，2014~2017年土地出让金占GDP的比重分别为6.6%、4.5%、5.0%和6.3%，如果将土地出让金考虑在内，将会得出宏观税负在2015年显著下滑，而2017年又出现反弹的结论。然而，2016年和2017年全面减税降费政策的实施取得了显著成效，宏观税负的升高主要是由土地出让金增加所致，而这与减税降费政策是无关的。

算收入和社会保险基金预算收入的数据，但是由于这两年政府出台的减税降费政策主要针对的是税收收入，而几乎没有涉及另外“三本账”，2008 年和 2009 年缺失的部分数据并不会影响本专题研究的总体判断。从表 4 数据可以看出，2015 年之前中国的宏观税负呈现出不断加重的趋势。截至 2015 年，中国的宏观税负已经升至 29.2%，比 2010 年高出了 3.6 个百分点。可见，2008~2015 年所实施的“结构性减税”政策的整体效果并不理想。

表 4　“四本账”及中国宏观税负的变化趋势

“四本账”	2008 年	2009 年	2010 年	2011 年	2012 年	2013 年	2014 年	2015 年	2016 年	2017年
1. 一般公共预算收入/GDP	19.2%	19.7%	20.1%	21.2%	21.7%	21.7%	21.8%	22.1%	21.4%	20.9%
其中：税收收入/GDP	17.0%	17.1%	17.7%	18.3%	18.6%	18.6%	18.5%	18.1%	17.5%	17.5%
其中：非税收入/GDP	2.2%	2.6%	2.4%	2.9%	3.1%	3.1%	3.3%	4.0%	3.9%	3.4%
2. 政府性基金预算收入/GDP（不含土地出让金）			1.8%	1.6%	1.6%	1.8%	1.8%	1.7%	1.2%	1.1%
3. 国有资本经营预算收入/GDP			0.1%	0.2%	0.3%	0.3%	0.3%	0.4%	0.3%	0.3%
4. 社会保险基金预算收入/GDP			3.6%	4.2%	4.6%	4.6%	4.8%	5.0%	5.0%	5.2%
宏观税负（不含土地出让金）			25.6%	27.2%	28.2%	28.4%	28.7%	29.2%	27.9%	27.5%

注：根据《中华人民共和国预算法》（2014 年修正）规定的“四本账”自行计算得到，“四本账”数据最早追溯到 2010 年，因此 2008~2009 年只有一般公共预算收入/GDP 的数据，其余指标数据缺失

从“四本账”的具体构成来看，宏观税负整体来看不降反升主要体现在两个方面。一是一般公共预算收入占 GDP 的比重整体来看不降反升。虽然 2008 年底中国就已经开始推行“结构性减税”，但是税收收入占 GDP 的比重整体来看仍然不断升高，在 2012 年和 2013 年达到峰值，从 2014 年才开始步入下行通道[①]。而且，当税收收入占 GDP 比重出现下滑态势时，非税收入占

① 2012年和2013年税收收入占GDP的比重达到了18.6%，比2008年高出了1.6个百分点。虽然2014年和2015年税收收入占GDP的比重不断下降，但是直到2015年底税收收入占GDP的比重仍然居于18.1%的高位，比2008年还要高出1.1个百分点。

GDP 的比重不仅没有下降，反而上涨地更加明显。2013~2015 年，税收收入占 GDP 的比重下降了 0.5 个百分点，而非税收入占 GDP 的比重却升高了 0.9 个百分点。其结果是，2008~2015 年一般公共预算收入占 GDP 的比重整体始终处于上行通道，期间二者合计使得宏观税负上涨了 2.9 个百分点。二是国有资本经营预算收入和社会保险基金预算收入占 GDP 的比重整体来看也没有下降，尤其是后者不断升高。表 4 数据显示，2010~2015 年，国有资本经营预算收入占 GDP 的比重升高了 0.3 个百分点，社会保险基金预算收入占 GDP 的比重升高了 1.4 个百分点，二者合计促使 2010~2015 年的宏观税负升高了 1.7 个百分点。

（二）2016 年以来中国减税降费政策的效果有所增强，但是仍不及美国减税的效果

沿袭上文思路，并结合表 4 的数据可知，2016 年以来中国减税降费政策的效果要强于 2008~2015 年，最直观的表现在于宏观税负开始呈现出下降态势。剔除土地出让金之后，2016 年和 2017 年的宏观税负分别为 27.9%和 27.5%，比 2015 年的峰值降低了 1.3 个百分点和 1.7 个百分点。之所以宏观税负会出现下滑态势，是因为税收收入、非税收入和政府性基金预算收入占 GDP 的比重普遍下降。其一，税收收入占 GDP 的比重从 2015 年的 18.1%下降到 2017 年的 17.5%，降低了 0.6 个百分点。其二，非税收入占 GDP 的比重同样开始快速下降，2016 年和 2017 年非税收入占 GDP 的比重分别比 2015 年下降了 0.1 个百分点和 0.6 个百分点。其三，政府性基金预算收入占 GDP 的比重从 2015 年的 1.7%下降到了 2017 年的 1.1%，同样降低了 0.6 个百分点。上述三方面力量共同促使宏观税负由升转降。至于国有资本经营预算收入和社会保险基金预算收入，二者占 GDP 的比重之和在 2015~2017 年小幅升高了 0.1 个百分点，对宏观税负的影响较小。

不过，与美国历史上所实施的几轮减税计划相比，中国减税降费政策的效果仍然偏弱。如图 1 所示，20 世纪 80 年代初，美国总统里根减税政策实施后，美国的宏观税负从 1980~1982 年的 25.8%左右降到了 1983 年的 24%，短短两三年的时间里宏观税负降幅就达到了 1.8 个百分点。进一步观察可知，21 世纪初美国总统小布什减税的效果更加显著。减税政策出台之后，美国的宏观税负从 2000 年的 28.2%持续下降至 2003 年的 24.4%，在三年的时间里宏观税负降幅高

达 3.8 个百分点[①]。中国从 2008 年推行“结构性减税”政策至 2017 年已经过去了十年之久，不过直到 2016 年宏观税负才开始下降，截至 2017 年末宏观税负与 2015 年的峰值相比下降了 1.7 个百分点，但是仍然要比 2010 年高出 1.9 个百分点。可见，中国减税降费政策的效果与美国历史上减税计划的效果相比要偏弱。

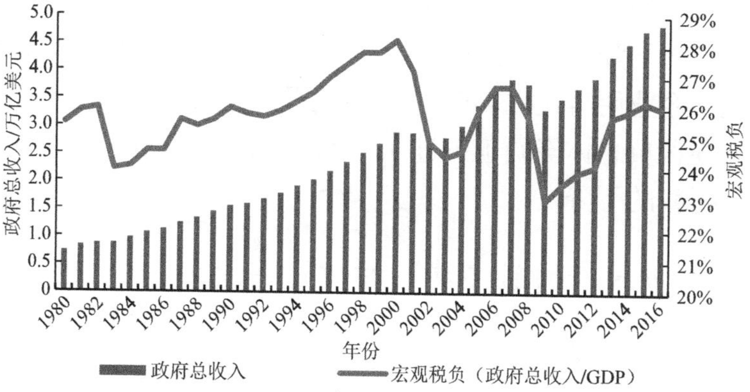

图 1　1980 年以来美国宏观税负的走势
资料来源：相关数据引自 OECD 数据库，http://stats.oecd.org/

四、中国减税降费政策效果欠佳的原因及未来面临的阻碍

（一）“结构性减税”政策覆盖的范围不够宽广，而且部分政策难以落实到位

在 2008~2015 年“结构性减税”阶段，政策覆盖范围不够宽广和部分政策难以落实到位的问题体现得尤为突出。大部分“结构性减税”政策属于“零敲碎打”，如小微企业所得税减半征收、减免金融借款合同的印花税，以及免除蔬菜流通环节的增值税等举措涉及的都是非常小的税种。而且，有不少政策难以落实到位。《中小企业税收发展报告》指出，2011 年国务院将小微企业所得税减半征收标准由 3 万元提高至 6 万元，然而多达 83%的小微企业未享受到该优惠。此外，“结构性减税”政策方案中还包括一些加税政策，例如，

① 之所以美国的减税效果较为明显，除了美国政府主动实施的大规模减税外，还有另外一个原因，即美国的税收自动稳定器功能较为健全，使得经济下行时期的宏观税负能够自动减轻。本专题研究认为，从广义视角来看，政府减税的举措不仅包括降低已有税种的税率，而且包括完善税制以增强税收的自动稳定器功能。事实上，当前中国正在推行的“营改增”，以及未来将会推行的从间接税为主向直接税为主转变的税制改革，都是为了完善税制进而提高税收的自动稳定器功能，而它们也都会起到降低宏观税负的效果。

提高“两高一资”产品的关税，提高汽油和柴油消费税，提高稀土矿、原矿的资源税，提高大排量乘用车消费税等。这些加税政策在一定程度上抵消了减税政策的效果。

相比之下，美国减税针对的是个人所得税和企业所得税这两个最主要的税种，而且相对完善的法律体系能够确保减税政策落到实处，因此能够带来宏观税负的显著下降。以美国前总统小布什的减税计划为例，2000~2003 年，个人所得税和企业所得税占 GDP 的比重分别下降了 3.3 个百分点和 0.4 个百分点，而宏观税负总体降幅也不过 3.8 个百分点①，可见美国宏观税负的下降大都源自所得税的下降。

（二）地方政府通过“费”和“过头税”等方式筹集资金，变相加重了宏观税负

在中央政府推行减税政策的同时，地方政府以各种“费”和“基金”的名义广泛筹集非税收入。如表 4 所示，虽然 2012 年以来税收收入占 GDP 的比重不再升高并从 2014 年开始下降，但是非税收入占 GDP 的比重却加速上涨，导致宏观税负不降反升。

不仅如此，为了筹集资金，地方政府还频频征收“过头税”。“过头税”指的是地方政府出于各种目的而过度征税，包括时间上的过头和幅度上的过头，前者是指地方政府把未来一两年甚至更多年份的税收提前收上来，后者是指地方政府收一些不该收的税种或者提高税率等。从表 5 列示的中央政府部门及官员的频频表态可以推知，“过头税”所带来的税收负担不容忽视。

表 5　近年来关于禁止征收“过头税”的文件表述和官员表态

年份	文件规定或者官员表态的内容
2012	2012 年 6 月，财政部部长谢旭人在江苏调研税收情况时强调，决不能收取“过头税”；在 8 月 29 日第十一届全国人大常委会第二十八次会议上再次强调，坚决不收“过头税”和防止虚增非税收入
2013	2013 年 7 月 26 日，国家税务总局局长王军在各省区市国税局主要负责人会议上表示，要依法征税，坚决不收“过头税”，坚决查处收“过头税”行为
2016	2016 年 4 月，财政部、国家税务总局下发《关于认真做好全面推开营改增试点前税收征管工作的通知》要求，各地财税部门要认真组织自查自纠，核实有无擅自改变纳税期限、征收“过头税”问题，有无以清理企业欠缴营业税为名，用不正当手段增加收入问题。对发现的不应在 2016 年 1~4 月征收的收入，包括擅自改变纳税期限征收的“过头税”、借清理企业欠税之名虚增的收入，必须立即退付给纳税人

① 美国企业所得税和个人所得税的数据根据OECD数据库相关资料整理得到。

续表

年份	文件规定或者官员表态的内容
2016	2016 年 12 月 29~30 日，全国财政工作会议上，财政部部长肖捷强调要防止收取“过头税”及采取“空转”虚增财政收入行为
2018	2018 年 3 月 6 日，中共中央办公厅印发《关于人大预算审查监督重点向支出预算和政策拓展的指导意见》，强化对政府预算收入执行情况的监督，推动严格依法征收，不收“过头税”，防止财政收入虚增、空转。推动依法规范非税收入管理

注：根据相关文件及官员讲话的报道整理得到

（三）增值税改革的减税空间及全面降费的空间不断缩小

之所以从 2016 年开始中国的宏观税负出现了下降态势，主要归因于“营改增”的全面推行及全面降费政策，不过这两个方面的政策空间都在不断缩小。

就“营改增”而言，中国增值税的税率档次已经从试点阶段的四档减至 2017 年的三档（17%、11%和 6%）。从世界范围来看，在征收增值税的 167 个国家和地区中，大多数国家和地区实施“单一税率”或“一档标准税率加一至两档低税率”的增值税模式，而且大多数国家和地区的增值税标准税率在 10%~20%。通过对比可知，未来中国在增值税改革的进程中，无论是增值税档次的简化空间，还是降低税率的空间，都已经越来越小。

就降费而言，2018 年《政府工作报告》显示，2013~2017 年我国已经“压减政府性基金项目 30%，削减中央政府层面设立的涉企收费项目 60%以上”。虽然中央已经明确表态，未来将会进一步清理规范行政事业性收费，调低部分政府性基金征收标准，但是伴随着降费进程的不断推进，进一步降费的空间将会越来越小，难度也会越来越大。

（四）民生和人口老龄化带来的财政负担进一步限制了减税降费的空间

以往的很长一段时期内，为了促进经济高速增长，中国将大量的财政支出用于“上项目、搞投资”，教育、医疗和社会保障等方面的财政支出相对偏少，并且引发了上学难、看病难、养老难等问题。党的十九大报告对中国经济发展趋势做出了重要论断：“我国经济已由高速增长阶段转向高质量发展阶段。”[①] “高质量发展”要求增强人民的获得感、幸福感，因此需要优化财政

① 《决胜全面建成小康社会 夺取新时代中国特色社会主义伟大胜利》，《人民日报》，2017年10月28日，第1版。

支出结构，尤其要增加民生相关支出。在此情形下，教育、医疗和社会保障等方面的财政支出面临强烈的刚性，不仅难以压缩，反而要进一步增加。

此外，人口老龄化不断加剧带来的财政负担将会进一步压缩减税降费的可操作空间。进入老龄化社会之后，一个国家用于老年人的社会保障开支和福利开支逐渐增加，而缴纳养老保险金的人员相对减少，导致养老金体系收入和支出之间的缺口变大。政府的养老金支出规模将会随之扩张，从而加重政府的债务负担。从欧洲和日本等发达国家及地区的经验来看，人口老龄化是政府财政负担不断加剧的重要原因之一。考虑到中国人口老龄化的进程明显快于其他国家，人口老龄化带来的财政负担也将不容忽视。《中国社会保险发展年度报告 2016》显示，广西、江西、海南等 13 个省区市的养老金可支付时间已经不足 1 年，未来将需要财政资金给予支持。政府的养老金支出规模的不断扩张将会日益加重政府的债务负担，这是未来减税降费面临的又一阻碍。

五、进一步减税降费的应对之策

无论是国内环境还是国际环境，都要求中国继续实施减税降费政策。就国内环境而言，虽然中国已经实施减税降费政策达十多年之久，但是2016年以来宏观税负才出现了小幅下降，而且目前投资和消费需求都没有明显企稳回升，因此有必要继续降低宏观税负。不仅如此，当前正在推行的“结构性去杠杆”旨在降低国企和地方政府的杠杆率，而国企和地方政府恰恰是以往“稳增长”的重要力量，因此去杠杆难免会带来一定的经济下行压力。考虑到中国经济与社会仍然具有一定的脆弱性，难以适应经济增速的大幅下滑，因此有必要通过减税降费为优质企业提供更适宜的生存环境，从而促进经济平稳运行。就国际环境而言，美国现任总统特朗普正在推行史上最大规模的减税计划，其核心内容之一就是鼓励海外公司的利润回流，如果美国宏观税负下降而国内宏观税负不降，美国对资本的吸引力将会增强，从而引发资本外流的风险。可见，国际环境同样要求政府继续实施减税降费政策。

基于上文对 2008~2017 年中国减税降费政策效果欠佳的原因，以及未来减税降费所面临阻碍的分析，本专题研究认为，要想进一步推进减税降费政策，并着力降低宏观税负，需要重点做好如下两方面工作。

（一）短期而言，可以通过适度增发国债为进一步减税降费腾出空间

一国推行减税计划时，往往会引发财政收支之间的矛盾，尤其是在经济面临下行压力时，财政支出通常需要增加，此时推行减税计划会进一步加剧财政收支矛盾。美国以往在推行大规模减税计划时也会遇到财政收支矛盾的阻碍，一般而言美国是通过增发国债予以应对的。回顾历史可知，在每一轮减税之后，美国往往伴随着上调政府债务上限的举措。例如，美国前总统里根为了推行减税政策，就曾频繁上调债务上限，仅在1981~1985年就先后12次上调债务上限，债务上限占GDP的比重从31.5%大幅提高到了49.3%。再如，美国前总统小布什和奥巴马的减税政策同样伴随着债务上限的不断提高，2002~2010年美国先后10次提高债务上限，债务上限占GDP的比重更是从60.1%飙升至97%①。

中国可以借鉴美国的思路，通过适度增发国债为政府融资，用债务融资代替税收融资，从而为进一步减税降费腾出空间。而且，中国国债负担相对较轻，为进一步增发国债预留了空间。截至2017年，中国的中央政府债务占GDP的比重只有16.3%，而美国、英国、法国等都达到了90%~120%的水平，日本更是接近200%，OECD成员国平均也达到了78.8%。不仅如此，中国政府债务中的外债占比极低，从而降低了债务风险，增强了政府债务的可持续性。爆发欧债危机的有一个共同特点，即政府债务中外债占比较高，希腊和葡萄牙政府债务中外债占比更是达75%左右。相比之下，目前中国的中央政府债务中外债所占比重仅为1%左右，进一步增强了政府债务的可持续性。有鉴于此，中国完全可以通过适度增发国债的方式来为政府的财政支出融资，从而为下一步减税降费腾出空间。

（二）长期而言，需加快政府职能转变并深化机构改革，为减税降费创造新的空间

如上文所述，之所以2008~2017年宏观税负居高不下，是因为部分减税降费政策难以落到实处，而且地方政府还通过“费”和“过头税”等方式广泛筹集资金。其根源则在于，地方政府很大程度上充当着“增长型政府”的

① 资料来源：US debt ceiling: how big is it and how has it changed?, https://www.theguardian.com/news/datablog/2011/jul/15/us-debt-ceiling-historic#data，2019年1月20日。

角色，将大量资金用于拉动经济增长，在事权财权不匹配的情形下，地方政府被动地征收各种“费”和“过头税”来为“稳增长”筹集资金。这不仅导致宏观税负居高不下，而且挤占了地方政府本应用于民生领域的财政资金，导致社会建设不够完善，人民的获得感、幸福感有待增强。有鉴于此，应该加快政府部门从“增长型政府”向“服务型政府”的转变。政府职能的转变有助于减轻地方政府在拉动经济增长方面的财政支出压力，这样既能够促使减税降费政策更好地落到实处，又能够避免地方政府变相加征税费，从而为减税降费的落实扫清障碍。

要想减少政府支出，还需要加快政府机构改革，缩减政府规模，提高政府办公效率，以减少不必要的开支。党的十九届三中全会通过了《中共中央关于深化党和国家机构改革的决定》，明确指出要“精干设置各级政府部门及其内设机构，科学配置权力，减少机构数量，简化中间层次，推行扁平化管理，形成自上而下的高效率组织体系”，并且提出了优化政府机构设置和职能配置的一系列具体要求。以市场监管和执法为例，《中共中央关于深化党和国家机构改革的决定》指出，要“统筹配置行政处罚职能和执法资源，相对集中行政处罚权，整合精简执法队伍，解决多头多层重复执法问题。一个部门设有多支执法队伍的，原则上整合为一支队伍。推动整合同一领域或相近领域执法队伍，实行综合设置。减少执法层级，推动执法力量下沉”。这些改革的落地将会削减部分机构并且提高政府部门的办公效率，从而减少政府部门财政开支，进一步为推进减税降费政策创造出新的空间。

参考文献

范竹青. 2013. 我国结构性减税的效应评析：以福建省为例. 税务研究，(2)：93-96.

范子英，彭飞. 2017. “营改增”的减税效应和分工效应：基于产业互联的视角. 经济研究，(2)：82-95.

贾康，程瑜. 2011. 论“十二五”时期的税制改革——兼谈对结构性减税与结构性增税的认识. 税务研究，(1)：3-8.

李远慧，罗颖. 2017. 营改增减税效应研究——以北京为例. 税务研究，(11)：52-56.

莫兰琼. 2014. 结构性减税政策与中小企业发展新机遇. 上海经济研究，(6)：103-110，118.

潘孝珍. 2012. 我国结构性减税绩效评价与税制改革展望. 税收经济研究，(2)：47-52.

钱凯. 2010. 完善结构性减税政策的观点综述. 经济研究参考，(6)：40-45.

谭伟，朱建元，谭婷元. 2017. 营改增减税效应传导失灵与建筑业增值税政策调整. 税务研究，(12)：89-93.

魏彧，李汉文. 2017. “营改增”对房地产及其下游产业的减税效应. 财经科学，(10)：111-121.

吴明. 2016. “营改增”对中小微企业税负的影响. 金融纵横，(1)：73-81.

杨志安，李宝锋. 2017. 交通运输业“营改增”的减税效应：问题与对策. 税务与经济，

（6）：78-83.
袁庆禄，刘翠侠. 2017. 银行业营改增政策存在减税效应吗？——来自国内 20 家上市银行的经验证据. 经济与管理，（4）：49-53.
赵惠敏，蔺大勇. 2012. 结构性减税与小微企业发展. 当代经济研究，（9）：48-52.
朱青. 2012. 对我国结构性减税问题的思考. 经济理论与经济管理，（11）：5-10.
朱志钢，张雅璇. 2012-10-08. 结构性减税主要政策盘点. 中国税务报，010.

专题研究九　美元本位、全球经济失衡与人民币国际化[①]

一、引　言

推动人民币国际化，使人民币的国际地位与中国在世界经济和国际贸易中的地位相匹配已经成为中国的一项战略目标。人民币的汇率制度改革也正在稳步推进之中，而来自美国政治、经济精英的针对人民币汇率的“干涉性”指责依然此起彼伏。美国总统特朗普曾多次指责中国“操纵”汇率而导致美国贸易逆差，表示上任后会正式将中国列为“汇率操纵国”[②]。深入研究全球经济体系中的美元本位[③]及其对全球经济的影响，不仅有利于我们把握当今国际经济金融的真实状况，而且对人民币汇率制度改革和人民币国际化具有重要参考价值。

针对以美国长时间贸易逆差为主要特征的全球经济失衡现象，国际主流文献从全球储蓄过剩、各国生产率增长差异、各国宏观经济政策、人口因素等原因进行了分析。但是，从主流的国际贸易和国际经济理论来看，没有一个国家能够长期、可持续地保持贸易赤字，所以这些理论大都认为：美国的贸易逆差及全球经济失衡不会是永久性、结构性的，而只是周期性的现象。但这显然与典型事实不符：自 1976 年至今美国贸易逆差持续时间长达 40 余年，应该被理解为一种长期性、结构性的现象。我们认为，自 1976 年牙买加

① 作者：刘凯，中国人民大学经济学院副教授。本专题研究已发表于《人文杂志》2017年第5期。

② 比如，在2016年第一场美国总统大选辩论时，开场才几分钟特朗普就指责中国操作人民币汇率。可参见如下新闻报道：http://forex.hexun.com/2016-09-28/186225419.html，2016年9月28日。

③ 本专题研究中“美元本位”一词，指的是美元在国际贸易和国际金融中占据绝对统治地位。这一点将在下文中用具体数据说明。

体系建立以来的美元本位是导致结构性全球经济失衡的主要原因。虽然国内部分文献也认识到了这一点（李晓和周学智，2012；范小云等，2014），但没有从概念上区分结构性全球经济失衡与周期性全球经济失衡，且相关的理论模型缺乏微观基础，不是世界经济的一般均衡分析，其结论的科学性可能要打折扣。

针对已有文献的不足，本专题研究构建了一个包含美元本位特征的两国动态随机一般均衡（dynamic stochastic general equilibrium，DSGE）模型。在求解模型稳态和根据文献及全球宏观经济数据对模型进行校准之后，本专题研究进行了定量化的数值模拟分析。我们发现，美元本位通过不平等贸易导致了结构性的全球经济失衡，美元本位是全球经济失衡的主要原因。同时，结构性的全球经济失衡导致了全球福利的不平等分配，以美元为核心的当今国际货币体系有利于美国居民福利，却有损于他国居民福利。

本专题研究的理论模型研究对人民币汇率问题及人民币国际化都有重要启示。既然全球经济失衡是结构性的，而美元本位是导致全球经济结构性失衡的主要原因，那么认为人民币汇率导致了美国长期贸易赤字的观点就是避重就轻、站不住脚的。另外，本专题研究的两国 DSGE 模型是对现实的一种抽象，任何一国货币，只要其全部或部分享有本专题研究模型中所描述的美元本位权利，那么该国居民就能够从国际贸易中长期获得额外福利。这对人民币国际化的启示是显然的：人民币国际化能够实实在在地提高中国居民的经济福利。

本专题研究的剩余部分安排如下：第二部分归纳了全球经济失衡现象的典型事实并对相关研究文献进行了综述；第三部分构建了一个包含美元本位、用来解释结构性全球经济失衡的两国 DSGE 模型；第四部分是定量化的数值模拟分析和福利分析；第五部分探讨了模型结果对人民币汇率及人民币国际化的启示意义；第六部分对本专题研究进行了总结。

二、全球经济失衡：现象及文献综述

全球经济失衡是过去几十年世界经济的主要特征之一，其主要表现为美国经济长达数十年的、不间断的贸易赤字。自 1973 年布雷顿森林体系解体、1976 年牙买加体系建立以来，以美元主导、黄金非货币化（美元与黄金脱钩）及石油等主要国际大宗商品以美元定价为主要特征的国际金融体系得以确立并逐渐稳固。自此，在长达 40 余年的时间里，美国国内的总消费一直大于其国内总产出，美国对其主要贸易伙伴一直保持着贸易逆差。在 20 世纪八九十年代，美国的主要贸易逆差国是日本；进入 21 世纪，其主要贸易逆差则来源于中国和欧洲。

西方主流经济学界从 20 世纪 90 年代开始关注全球经济失衡问题，并相继提出了多种理论来进行解释。Bernanke（2005）和 Backus 等（2009）相信所谓的“全球储蓄过剩”是全球经济失衡的主要原因，他们认为，世界其他国家（尤其是东亚国家）的高储蓄和投资机会缺乏导致了美国的资金供给过剩，进而导致了美国的超额总需求和全球经济失衡。

Caballero 等（2008）、Mendoza 等（2009）通过进一步地模型分析认为，全球储蓄过剩的主因是各国金融发展的非对称性及全球金融市场的一体化。他们认为，美国金融系统更高层次的广度和深度及新兴经济体金融市场的不完善导致了全球投资者更偏向于将资金投资到美国。所以，各国金融发展的不平衡性及全球金融一体化是全球经济失衡的主要原因。

Engel 和 Rogers（2006）、McGrattan 和 Prescott（2010）、Hoffmann 等（2011）则认为导致全球经济失衡真正的原因并非金融上的因素，而是实体经济或者生产力增长前景的不同。他们认为，在一段时间内，美国的经济增速预期要好于其他发达经济体，因此美国的消费和进口则要多于其他国家，其结果就是美国的贸易赤字和全球经济失衡。

各国宏观经济政策对全球经济也有十分重要的影响，因此 Blanchard 等（2005）、Obstfeld 和 Rogoff（2009）把美国长期的贸易赤字部分地归因于美国和其他经济体的宏观经济政策。他们认为美国宽松的货币政策、美国信用市场的扭曲及其他经济体（如他们批评的中国）的汇率失衡导致了短期内美国的进口价格过低，从而导致了美国贸易不平衡和全球经济失衡。

Domeij 和 Flodén（2006）、Ferrero（2010）等学者则认为，不同经济体的人口因素也能够对全球经济失衡产生影响。比如，Ferrero（2010）研究了生产力增长、人口因素和财政政策等因素对美国对外经济失衡动态演化所起的作用，他指出：虽然美国的生产力增长高于其他发达经济体是导致美国对外经济失衡的主要原因，但是人口因素也是不可忽视的重要因素。除了以上这些理论，有些学者也试图用美国公共部门的巨额赤字和其他一些原因来解释全球经济失衡。

从主流的国际贸易和国际经济理论来看，没有一个国家能够长期、可持续地保持贸易赤字，所以这些理论大都认为（Obstfeld and Rogoff，2009；Hoffmann et al.，2011）：美国的贸易逆差及全球经济失衡不会是永久性、结构性的，而只是周期性的现象；长期来说，世界经济会通过美元贬值等方式得以调整，从而最终实现美国的贸易平衡和全球经济平衡。值得特别指出的是，人民币汇率操纵论经常被美国的政治、经济精英提起，他们把人民币汇率看成是导致美国贸易长期赤字和全球经济长期失衡的主要原因，进而在各种场合不厌其烦地对人民币汇率进行施压，对中国的汇率政策指手画脚，强迫人民币按照他们的主观意愿升值。

西方主流经济学界关于全球经济失衡的解释虽然有一定的道理，但将长达 40 余年的美国贸易赤字看成是周期性的而非长期性、结构性的现象是很牵强的。而且这些研究大多忽略了美元作为世界货币的霸权地位及其特殊作用。而典型事实表明，以美国长期贸易赤字为主要特征的全球经济失衡是长期性、结构性的现象，全球经济失衡应该从美国身上找其主要原因。与其他货币相比，美元在国际贸易和国际金融中始终占据着统治地位。全球贸易（包括石油等大宗商品）主要以美元计价，全球外汇储备中美元资产占据 60%以上，全球外汇交易中绝大部分份额与美元相关。

国内学者对全球经济失衡的理解及其与美元本位关系的反思则要深刻一些。殷剑峰（2013）认为 Bernanke 等的理解是有问题的，过去近 40 年中，全球总储蓄率是下降的而不是所谓的全球储蓄过剩，因此不应该将全球经济失衡简单地归咎于高储蓄国家。李晓和周学智（2012）认识到 Obstfeld 和 Rogoff 等关于美元会急剧贬值以实现全球经济失衡再调整的观点是错误的，李晓和周学智（2012）认为：只要美元本位存在，美国长期贸易赤字所造成的美国对外负债有可能是可持续的。中国经济增长与宏观稳定课题组（2009）、王国刚（2014）、王道平和范小云（2011）都倾向于认为：以美元本位为基础的现行国际货币体系是全球经济失衡与全球金融危机的共同原因。为了从技术上考察以美元本位为基础的现行国际货币体系是否稳定，陈建奇（2012）、范小云等（2014）通过建立数学模型试图给出主权信用货币能够充当国际储备的稳定性条件，他们的共同结论是：国际储备货币发行国经济体量要足够大，或者说，其经济增速要足够快。在此基础上，范小云等（2014）还探讨了人民币国际化对国际货币体系稳定的重要作用。关于人民币国际化的好处，陈雨露等（2005）从所谓的“国际铸币税”的概念出发，依据国际经济金融数据计算了美元本位带给美国的好处及人民币国际化可能带给中国的收益。

上述国内研究大多抓住了美元本位是导致全球经济失衡的主要原因这一主要矛盾，但仍有几点不足。第一，没有从概念上区分结构性全球经济失衡与周期性全球经济失衡，这样这些研究的数学模型就不能帮助我们全面地理解全球经济失衡及各种因素（包括美元本位因素）所起的作用。第二，虽然这些研究大多构建了自己的理论模型来分析全球经济失衡，但这些模型缺乏微观基础，而且这些模型不是世界经济的一般均衡分析，其结论的科学性可能要打折扣。第三，关于全球经济失衡及人民币国际化等现象的具体福利分析，在这些研究中是缺乏的，这也是没有微观基础的模型所带来的必然结果。

三、美元本位与结构性全球经济失衡：理论模型

我们考虑一个以国际贸易中的美元本位为特征的两国 DSGE 模型。假设世界上有两个国家：美国（H）和其他国家（F）。世界上的人口是[0,1+n]区间上的连续分布，[0, n]的部分属于美国，(n,1 + n]的部分属于其他国家。假定美元在两国的国际贸易中是唯一计价货币，这一假设既是为了简化模型，也与美国的进出口贸易几乎全部以美元计价的典型事实相符。我们的模型设定在很多方面与开放 DSGE 模型的主流文献一致（Gali，2008）。假定每个国家专业化生产一种半成品（半成品由一系列中间产品加工而成）：$Y_{\mathrm{H},t}$ 代表由美国生产的国内产品，$Y_{\mathrm{F},t}$ 代表由 F 国生产的国外产品。每个国家的最终产品（Y_t 或者 Y_t^*）都是这两种半成品混合加工而成，最终产品被运用于消费和投资，其生产函数为常替代弹性（constant elasticity of substitution，CES）形式：

$$Y_t=\left[\left(1-\rho^{\mathrm{H}}\right)^{\frac{1}{\omega}}\cdot\left(Y_{\mathrm{H},t}^{\mathrm{H}}\right)^{\frac{\omega-1}{\omega}}+\left(\rho^{\mathrm{H}}\right)^{\frac{1}{\omega}}\cdot\left(Y_{\mathrm{F},t}^{\mathrm{H}}\right)^{\frac{\omega-1}{\omega}}\right]^{\frac{\omega}{\omega-1}}$$

$$Y_t^*=\left[\left(1-\rho^{\mathrm{F}}\right)^{\frac{1}{\omega}}\cdot\left(Y_{\mathrm{F},t}^{\mathrm{F}}\right)^{\frac{\omega-1}{\omega}}+\left(\rho^{\mathrm{F}}\right)^{\frac{1}{\omega}}\cdot\left(Y_{\mathrm{H},t}^{\mathrm{F}}\right)^{\frac{\omega-1}{\omega}}\right]^{\frac{\omega}{\omega-1}}$$

其中，ω 衡量国内外半成品之间的替代弹性；ρ^j (j = H 或 F)表示国外产品需求占国内总需求的比重，是衡量 j 国贸易开放度的指标；$Y_{i,t}^j$ (i = H 或 F, j = H 或 F)表示 j 国对 i 国生产的半成品的需求。

1. 美国（H）的经济

1）家庭部门

代表性家庭的决策问题是最大化其终身效用，其效用函数的形式为

$$U_0=E_0\sum_{t=0}^{\infty}\beta^t\left(\ln\left(\frac{C_t}{n}\right)-\phi_L\cdot\frac{\left(L_t/n\right)^{1+\eta}}{1+\eta}\right)$$

其中，E 表示期望算子；β 表示效用贴现因子；L_t 表示劳动总供给；C_t 表示

总消费水平。

代表性家庭持有物质资本K_t，其租金率为r_t。由于中间产品厂商存在垄断势力，其赚取垄断利润D_t，并分配给家庭。家庭同时能够从货币当局得到一次性转移支付T_t。因此，代表性家庭的预算约束可以表示为如下形式：

$$P_tC_t + P_tI_t + M_{t+1}^{\mathrm{H}} \leqslant r_tP_tK_t + W_tL_t + D_t + T_t + M_t^{\mathrm{H}}$$

其中，P_t表示总体价格水平；$I_t\left(=K_{t+1}-\left(1-\delta\right)K_t\right)$表示投资，$\delta$表示资本折旧率；$M_t^{\mathrm{H}}$表示美国家庭的美元需求；$W_t$表示名义工资。

货币通过如下货币先行（cash in advance，CIA）约束条件引入：

$$\xi(P_tC_t + P_tI_t) \leqslant M_t^{\mathrm{H}}$$

其中，$\xi>0$，ξ表示CIA约束条件对消费和投资的约束强度。当$\xi=1$时，其为一般形式的CIA约束条件。尽管对进口行为也需要类似的约束，但是只要上式满足，美国进口行为的CIA约束条件就自然满足，因为国际贸易以美元计价，美元既是本国货币也是世界货币。然而，对F国而言，由于F国进口贸易以美元计价，F国在进口前需要获取足够多的美元以满足其从美国进口及以美元计价的其他交易的需求。

因为美元是世界货币，F国需要提前拥有足够多的美元来支持进口和以美元计价的其他交易，存在一个对美元的国外需求M_t^{F}，一般被称为“离岸美元”。因此美元的总需求M_t包括以下两部分：

$$M_t = M_t^{\mathrm{H}} + M_t^{\mathrm{F}}$$

2）半成品生产

在本专题研究中我们假设代表性家庭自己生产最终产品，最终产品市场是完全竞争的。因为国际贸易中以美元为本位货币，无论是美国还是F国的出口商品都是以美元计价。给定商品的价格水平，那么最终产品生产的成本最小化问题可以推导出以下需求函数：

$$Y_{\mathrm{H},t}^{\mathrm{H}} = \left(1-\rho^{\mathrm{H}}\right)\left[\frac{P_{\mathrm{H},t}}{P_t}\right]^{-\omega} Y_t$$

$$Y_{\mathrm{F},t}^{\mathrm{H}} = \rho^{\mathrm{H}}\left[\frac{P_{\mathrm{F},t}^{E}}{P_t}\right]^{-\omega} Y_t$$

其中，$P_{\mathrm{H},t}$表示国内商品的价格水平；$P_{\mathrm{F},t}^{E}$表示国外进口商品的价格水平（以美元计价）。

类似地，每个国家的半成品市场也是完全竞争的。半成品通常由国内中间产品$Y_{\mathrm{H},t}(i)$或者$Y_{\mathrm{F},t}(i)$来生产。采用如下所示的CES生产函数：

$$Y_{H,t}=\left[\left(\frac{1}{n}\right)^{\frac{1}{\varepsilon}}\int_0^n Y_{H,t}(i)^{\frac{\varepsilon-1}{\varepsilon}}\mathrm{d}i\right]^{\frac{\varepsilon-1}{\varepsilon}}$$

$$Y_{F,t}=\left[\int_0^1 Y_{F,t}(i)^{\frac{\varepsilon-1}{\varepsilon}}\mathrm{d}i\right]^{\frac{\varepsilon-1}{\varepsilon}}$$

其中，i 表示中间产品的种类；ε 表示在单个国家内不同中间产品之间的替代弹性。

3）中间产品厂商及其定价

中间产品市场是垄断竞争市场。厂商 i 采用柯布-道格拉斯生产函数来生产中间产品 $Y_{H,t}(i)$：

$$Y_{H,t}(i)=a_t\left[K_t(i)\right]^{1-\alpha}\left[A_tL_t(i)\right]^{\alpha}$$

其中，全要素生产率由短期技术冲击项 a_t 和长期趋势项 A_t 共同决定，A_t 的增长率为 γ_1。

厂商需要制定国内销售商品和出口商品的价格，二者都是以美元计价。在本专题研究中，我们假设不存在价格黏性，企业能够在任何时间内自由设定价格[①]，所以一价定律是成立的。因为市场是垄断竞争，中间产品厂商会为国内销售商品和出口商品制定相同的价格。

4）均衡与加总

以下是美国经济的总需求等式：

$$Y_t=C_t+I_t$$

美国的真实 GDP 实际上是 $Y_{H,t}$，以下恒等式成立：

$$Y_{H,t}=Y_{H,t}^{H}+Y_{H,t}^{F}$$

假设美国的货币供给规则是

$$\ln M_{t+1}=\ln\overline{M_{t+1}}+\varepsilon_t\text{，}\ln\overline{M_{t+1}}=\ln\overline{M_t}+\gamma_2$$

其中，$\overline{M_t}$ 表示货币供给的长期稳态水平；γ_2 表示稳态下的货币增长率；ε_t 表示货币供给的短期冲击。增加的美元货币供给被一次性地分配给美国家庭，而非给全世界的家庭，所以我们得出：

$$M_{t+1}-M_t=T_t$$

5）对外部门

美国的名义净出口（nominal net export）NNX_t 由美元计价，被定义为

① 因为本专题研究关注长期稳态分析，假设价格黏性与否不影响本专题研究最终结论。

$$\mathrm{NNX}_t = P_{\mathrm{H},t}^E Y_{\mathrm{H},t}^{\mathrm{F}} - P_{\mathrm{F},t}^E Y_{\mathrm{F},t}^{\mathrm{H}}$$

其中，$P_{\mathrm{H},t}^E$表示出口商品价格。根据价格指数恒等式及其他均衡条件，我们可以得到以下国民收入恒等式：

$$P_{\mathrm{H},t} Y_{\mathrm{H},t} = P_t Y_t + \mathrm{NNX}_t$$

结合上述等式及美国家庭的预算约束条件，我们可以得出以下等式：

$$M_{t+1}^{\mathrm{F}} - M_t^{\mathrm{F}} + \mathrm{NNX}_t = 0$$

这意味着，如果 F 国想要持有更多的美国货币$\left(M_{t+1}^{\mathrm{F}} - M_t^{\mathrm{F}} > 0\right)$，其需要保持贸易盈余，这是一个很直观的结果。

2. F 国的经济

F 国的经济在模型设定上大部分都与美国相似。譬如，F 国的货币供给规则被描述为

$$\ln M_{t+1}^* = \ln \overline{M_{t+1}^*} + \varepsilon_t^*,\quad \ln \overline{M_{t+1}^*} = \ln \overline{M_t^*} + \gamma_2$$

$$M_{t+1}^* - M_t^* = T_t^*$$

其中，M_t^*表示 F 国的货币供给量；T_t^*表示 F 国央行对 F 国家庭的一次性货币转移。我们假设 F 国的长期货币增长率与美国相同，以此来简化模型与分析。但由于美元本位的存在，F 国与美国经济也存在明显不同。

1）F 国的家庭最优化问题与国际贸易中的 CIA 约束条件

正如上文所解释的，F 国的消费者需要持有足够的美元来支持从美国的进口及其国内以美元计价的部分交易。因此，对其代表性家庭来说，必须满足以下与其美元持有量相关的 CIA 约束条件：

$$\xi^D \left[P_{\mathrm{H},t}^E Y_{\mathrm{H},t}^{\mathrm{F}} + \varphi\left(P_{\mathrm{F},t} Y_{\mathrm{F},t}^{\mathrm{F}} / \mathrm{EX}_t \right) \right] \leqslant M_t^{\mathrm{F}}$$

其中，ξ^D表示国际贸易中 CIA 约束条件的松紧程度；φ表示 F 国国内以美元计价的交易所占的份额[因为我们的模型把世界其他国家看成一个整体 F 国，F 国国内的一些交易（如中国与石油输出国之间的石油贸易）也是以美元计价的，φ的存在是为了模型更好地拟合现实]；$P_{\mathrm{F},t}$表示 F 国国内销售价格；EX_t表示 F 国货币相对于美元的汇率。

F 国的代表性家庭预算约束如下：

$$P_t^* C_t^* + P_t^* I_t^* + M_{t+1}^* + \mathrm{EX}_t M_{t+1}^{\mathrm{F}} \leqslant r_t^* P_t^* K_t^* + W_t^* L_t^* + D_t^* + T_t^* + M_t^* + \mathrm{EX}_t M_t^{\mathrm{F}}$$

其中，带星号的变量与美国经济的变量具有相似的定义。F 国使用本国货币进行国内交易的 CIA 约束条件则为

$$\xi^* (1-\varphi) P_{\mathrm{F},t} Y_{\mathrm{F},t}^{\mathrm{F}} \leqslant M_t^*$$

2）离岸美元

根据最优化条件及市场出清条件，我们可以推导出 F 国持有的美元 M_t^{F} 满足如下等式：

$$M_{t+1}^{\mathrm{F}} = M_t^{\mathrm{F}} + \mathrm{NNX}_t^*$$

其中，NNX_t^* 表示 F 国的名义净出口，以美元计价。

3. 稳态

因为本专题研究只关心长期性、结构性的全球经济失衡，因此本专题研究只对模型进行稳态分析。因为在长期稳态下，美国与 F 国的技术水平增速是相同的，货币供给量的增长率也是相同的，在稳态下能够实现世界经济的平衡增长：两个经济体的总体实际变量与技术进步具有相同的增长率 γ_1，名义变量则与货币量有相同的增长率 γ_2，两个经济体的价格水平也以相同的增长率（$\gamma_2 - \gamma_1$）增长。

因此，对总体实际变量、名义变量、价格水平及拉格朗日乘子去除相应增长趋势后我们就能得到一个稳定的系统，然后就能使用稳态均衡条件数值求解模型的稳态（Liu and Zhou，2015）。

4. 结构性全球经济失衡

均衡条件表明：只要离岸美元 M_t^{F} 在增长，美国就必然存在贸易赤字。因为在世界经济的平衡增长稳态下，M_t^{F} 会以 γ_2 的增长率增长，我们能够推导出下列关系式：

$$\mathrm{nx} = -\gamma_2 \theta$$

其中，nx 表示稳态下美国净出口占其 GDP 的比重；θ 表示离岸美元相对于美国名义 GDP 的稳态比率。因此，只要 γ_2 是正的（也就是说，存在全球名义 GDP 的长期正增长），全球性的贸易失衡现象就是一种长期性的现象，因为 F 国需要保持贸易盈余来获得足够多的美元来为下一期的国际贸易融资。世界名义 GDP 的长期增长率越大，F 国对离岸美元的需求就越大，全球经济失衡也就越大。

结合模型的其他市场出清条件，美国净出口相对于 GDP 的比重能够更加清晰地表示如下：

$$\mathrm{nx} = -\gamma_2 \xi^D \left[1 - \mathrm{abs}(1-\rho^{\mathrm{H}})(\kappa \mathrm{mc})^{-\omega} + \frac{\varphi}{\overline{n}} \mathrm{abs}^*(1-\rho^{\mathrm{F}})(\kappa \mathrm{mc}^*)^{-\omega} \right]$$

其中，$\mathrm{abs} \triangleq \overline{Y_t} / \overline{Y_{\mathrm{H},t}}$ 和 $\mathrm{abs}^* \triangleq \overline{Y_t^*} / \overline{Y_{\mathrm{F},t}}$ 分别表示稳态时美国和 F 国的国内总需求相对于其 GDP 的比率；$\kappa=\varepsilon/(x-1)$ 表示价格加成；$\overline{n}$ 表示稳态下美国和 F 国名

义 GDP 的相对大小；mc 和 mc^* 表示稳态下美国和 F 国的实际边际成本。从这个式子可以初步得到：随着世界经济对美元需求的增加[①]、全球名义 GDP 增速的加快、国际贸易的深入发展、国内国外产品替代弹性的加大及美国相对经济规模的变大，结构性全球经济失衡的幅度都会变大。下面，本专题研究将通过数值模拟进行更精确的分析。

四、美元本位、全球经济失衡与全球福利分配：数值模拟

依照相关文献及全球宏观经济数据对两国 DSGE 模型进行校准之后，便可以进行精准的数值模拟分析和相应的福利分析。根据 Alves 等（2007）的相关文献，生产函数中的劳动份额 α 被设置为 0.33 这一标准值；因为基准模型是一个年度模型，效用贴现率 β 和资本折旧率 δ 的值分别取 0.96 和 0.10；国内外半成品之间的替代弹性 ω 设为 1.5；美国的贸易开放度参数 ρ^H 设为 0.2。

γ_1 和 γ_2 分别取美国在 1976~2013 年真实和名义 GDP 的平均增长率，分别为 2.88%和 6.18%。参数 n 设为 0.37，表示美国相对于 F 国的有效劳动力数量，选取这一值以使得在模型稳态下美国实际 GDP 占世界比重与实现中 1976~2013 年美国实际 GDP 占世界比重的平均值（28.06%）相匹配。稳态下 F 国货币对美元的汇率设为 0.9357，以此来匹配 1976~2013 年美元指数的平均值。模型中有一个关键参数 φ，我们称之为“离岸美元需求参数”，它表征 F 国内部以美元计价的交易所占的份额，能够很好地刻画世界范围内的离岸美元需求强度。在基准模型中，参数 φ 设为 8.6%，以产生 2.4%的美国结构性贸易赤字率，这等于 1976~2013 年美国贸易赤字率的平均值。

结构性的全球经济失衡现象在本专题研究的模型中能够持续存在，有两个关键的因素：一个是美元本位下的国际贸易及相应的 CIA 约束条件；另一个是全球名义 GDP 在长期稳态下的正增长。因此，在其他因素相同的情况下，φ 值越大，F 国所需的美元就越多，所以美国贸易赤字（全球经济失衡）就越大，因为对 F 国来说，保持贸易盈余是获得更多美元的唯一方式。数值模拟可以精确地反映离岸美元需求参数 φ 和美国贸易赤字之间的这种关系。实际

① 这种对美元需求的增加既可以来自不断增长的国际贸易（如在本专题研究模型中），也可以来自对美元资产这些安全资产的超额需求。例如，现在国际上关于外汇储备的通行做法是，一国至少需要储备3个月进口额的外汇储备。而这些外汇储备中，美元资产占绝大多数。因此，随着国际贸易的发展与增长，各国对美元的需求会不断增长。

上，当国际贸易中不存在 CIA 约束条件时，也就是说$\xi^{D}=0$时，美元本位将失效，同时结构性全球经济失衡就会消失。

全球名义 GDP 的长期增长率（γ_2）是由全球技术长期增长率（γ_1）和全球长期通货膨胀率（$\gamma_2-\gamma_1$）决定的，所以，结构性全球经济失衡是全球技术长期增长率和全球长期通货膨胀率的增函数。实际上，当$\gamma_2=0$时，也就是说不存在全球技术长期增长和全球长期通货膨胀时，结构性全球经济失衡也会消失。

在 2007~2008 年全球金融经济危机后，全球范围内经济增速减缓，许多主要经济体也面临通货紧缩的压力。如果认为全球经济潜在增速和全球通货膨胀率的确是趋势性下滑的话，就能判断，结构性全球经济失衡将会有所放缓，这与实际数据是相符的。

数值模拟结果显示：美国货币供给量长期增长率的变化会改变世界生产、国际贸易，然后改变结构性全球经济失衡。也就是说，在本专题研究的模型中，由于美元本位的存在，货币的确在长期内影响了实体经济，在长期内也是非中性的。

通过数值模拟，作者还发现：伴随着国际贸易的深入发展（ρ^{H}的增加）、国内外产品替代弹性的加大（ω的增大）及美国相对经济规模的变大（$\bar{n}$的增大），结构性全球经济失衡都会加剧。

在福利分析方面，本专题研究侧重于分析：当离岸美元需求参数φ变化时，美国和 F 国居民的福利变化。数值模拟结果显示：当离岸美元需求增加时，美国居民的福利会增加，F 国居民的福利会减少，而最终世界总福利水平也会减少。而我们已经知道，当离岸美元需求增加时，结构性全球经济失衡会扩大，这意味着 F 国需要增加贸易顺差，以此来获得足够多的美元为以美元计价的贸易融资。更直观地表达是，在长期稳态下，当离岸美元需求增加时，美国生产的产品相对更少，而消费的产品却相对更多。实际上，美元本位导致了全球经济结构性失衡，进而导致了全球福利的不公平分配，其传导机制就是全球贸易的不平等：在美元本位下，世界经济对美元的需求导致了贸易条件更有利于美国，美国出口商品的价格高于其边际成本，因此美国可以出口相对较少的商品来换取相对较多的进口商品，进而导致了美国居民福利的增加和 F 国居民福利的损失。

五、对人民币汇率及人民币国际化的启示

虽然上文中的模型及数值模拟分析并没有直接涉及人民币，但对人民币

汇率及人民币国际化问题有不少启示。一方面，我们看到了全球经济失衡是结构性的，而美元本位则是导致全球结构性失衡的主要原因，因此认为人民币汇率导致了美国长期贸易赤字的观点是避重就轻的。另一方面，本专题研究的两国 DSGE 模型是对现实的一种抽象，事实上，任何一国货币，只要其全部或部分享有本专题研究模型中所描述的美元本位权利，那么贸易条件将是长期有利于该国的，该国居民就能够从国际贸易中长期获得额外福利。而人民币国际化进程本质上就是一定程度削弱美元本位并部分分享美元本位权利的过程，因此，人民币国际化可以从削弱美元本位和增强人民币在国际货币体系中的地位两个渠道来提升中国居民福利水平。

1. 美元本位而不是人民币汇率因素，是全球经济失衡的主因

根据我们的研究，把全球经济失衡区分为结构性失衡和周期性失衡是很有必要的，这既与美国长达 40 余年贸易赤字的经济史实相符合，也与引入了美元本位的理论模型的预测相符合，是历史与逻辑的统一。当我们考察全球经济失衡这一矛盾时，结构性失衡是矛盾的主要方面，周期性失衡是矛盾的次要方面。美元本位是导致全球经济结构性失衡及美国长期贸易赤字的主要原因，而其他原因（如经济增长不平衡、全球金融发展不平衡、一国的汇率政策、美国货币政策冲击等）则只是导致全球经济周期性失衡的原因。正如本专题研究模型所显示的，当美元本位消失时，结构性、长期性的全球经济失衡也将消失。

因此，国际上（尤其是来自美国国内的）关于人民币汇率的“干涉性”指责是站不住脚的。人民币汇率因素不是全球经济失衡的主要原因，恰恰相反，美元在国际经济金融体系中的霸权地位才是导致美国自身长期贸易逆差的根本原因。20 世纪 80 年代中后期，美国指责日元汇率因素是导致其贸易逆差的主要原因，强迫日本接受“广场协议”，日元被迫大幅度升值，其结果是：日本房地产市场和股票市场出现泡沫并最终破灭，日本迎来了惨痛的“失去的二十年”；而美国的贸易逆差依然存在，并持续至今。所以，我们可以预见：即使中国按照美国的“指导”进行人民币汇率调整，美国长期性的贸易逆差并不会得到根本改变，而中国经济却极可能面临巨大的风险。实际上，最近几年来中国的贸易顺差已大幅度降低，中国的对外贸易已趋近平衡，IMF 最近的研究也表明，人民币汇率已接近所谓的“均衡水平”①。但与此同时，

① IMF在2015年度关于中国的第四条约磋商报告中对中国的经济金融运行进行了全面评估，认为人民币汇率已接近“均衡水平”，详见：https://www.elibrary.imf.org/view/IMF002/22773-9781513512907/22773-9781513512907/22773-9781513512907_A001.xml?redirect=true，2019年2月1日。

美国的贸易逆差却依然大幅度存在。

在一般情况下，当一国出现长时间贸易逆差时，其货币便会贬值，直至达到贸易均衡。但这一结论对拥有美元本位的美国来说并不成立。美元汇率在过去 40 余年里相对稳定，美元世界货币的角色阻止了美元持续贬值，从而导致了美国长期的贸易赤字和全球经济的结构性失衡。从理论上讲，只有美国自己才能从根本上扭转其长期贸易赤字的状况，其手段就是终结美元在国际货币体系中的领导者地位。

2. 国际货币体系改革的必要性与人民币国际化

美元本位所导致的结构性全球经济失衡及其全球福利再分配后果，表明了当前以美元这一美国法定货币作为世界货币的国际货币体系是有重大缺陷的，是不公平的。美国的货币政策制定及美元发行，是以最大化美国利益为出发点的，但其对世界其他经济体具有一定的负外部性。与主流经济学观点不同的是，我们的研究表明：美元作为世界货币即使在长期内也是非中性的[①]，美元本位下的货币增长能够影响长期中的全球经济生产和福利分配。这是其他一些探讨美元本位带给美国"国际铸币税"好处的文献所没有意识到的。

虽然美国指责中国的人民币汇率政策，但从根本上来讲，全球经济的结构性失衡、美国长期性的贸易逆差是有利于美国居民的福利水平的，这是美元本位带给美国的重要经济好处。无论是美国、欧盟，还是日本、英国，都希望自己的货币在国际经济金融体系中的地位得到加强而不是减弱，原因之一就在于一国货币的国际化可以增加本国居民的经济福利。只不过在当今国际经济金融体系中，美元一家独大，其他货币无法挑战其地位，美元本位给美国居民带来了巨大的经济福利。

当前国际货币体系的改革无非有两个方向：一是多极化；二是寻找一种超主权货币替代美元。而人民币国际化则是推动国际货币体系多极化的重要力量。我们可以从两个维度来理解人民币国际化对中国的好处。第一，人民币国际化是在中国的对外贸易中"去美元化"，减少国际贸易中美元本位给中国带来的贸易不平等和福利损失；第二，人民币国际化是在中国的对外贸易中"替代美元"，通过提高国际贸易中的人民币地位来增进中国居民的福利。从某种程度上来讲，人民币国际化的过程就是人民币部分替代美元本位的过程。同时，人民币国际化也将通过稀释美元本位使得全球经济失衡得到缓解。

---

① 关于美元作为世界货币的短期非中性，可以参考笔者另外两篇论文的研究（Liu，2014；Lei and Liu，2015）。

六、结　语

本专题研究首先从典型事实出发，指出以美国长期贸易逆差为特征的全球经济失衡是一种结构性、长期性的现象，然后构建了一个包含美元本位特征的两国 DSGE 模型。在求解模型稳态和根据文献及全球宏观经济数据对模型进行校准之后，本专题研究进行了定量化的数值模拟分析。本专题研究表明，美元本位通过不平等贸易导致了结构性的全球经济失衡，美元本位是全球经济失衡的主要原因。同时，结构性的全球经济失衡导致了全球福利的不平等分配，以美元为核心的当今国际货币体系有利于美国居民福利，却有损于其他国家居民福利。因此，我们可以大胆预测：特朗普上台后，虽然短期内美国可能会有贸易保护主义和逆全球化的倾向与行为，但美国不会轻易放弃对国际贸易和金融领域美元本位的维护，中期内美国对自由贸易和全球化的态度可能会发生反转。因为，美元本位及经济全球化本质上是有利于美国长期利益的。

本专题研究的两国 DSGE 模型是对现实的一种抽象，任何一国货币，只要其全部或部分享有本专题研究模型中所描述的美元本位权利，那么该国居民就能够从国际贸易中长期获得额外福利。这对人民币国际化的启示是显然的：人民币国际化能够实实在在地提高中国居民的经济福利，因此，在对其潜在风险进行充分研究和把握的基础之上，加强人民币国际化这一战略的推进是应该的。中国应该继续通过货币互换协议、国际贸易的本币结算、“一带一路”倡议的实施等举措，加大人民币在国际贸易中的地位。

值得特别指出的是，人民币国际化应该作为一项长期战略稳步推进，而不能急于求成。在当前美元进入加息周期的特殊时期，中国需要防范对外金融风险，可适当放缓人民币国际化的步伐。2015 年以来，由于美元进入加息周期及“8.11 汇改”的推行，人民币对美元出现了较大幅度贬值且资本外流显著增加。从国际历史经验来看，美元加息往往是诱发新兴经济体货币危机和金融危机的重要因素，值得高度关注（刘凯，2016）。要想减弱美元加息对中国金融系统和经济的冲击，需要适当加强跨境资本流动管理。虽然短期内这可能会对人民币国际化造成一定负面影响，但仍然是必要的，原因有二。第一，如果人民币国际化进程过快，脱离了其支撑对外贸易与实体经济发展的应有水平，超过了现有金融制度和管理水平所能处理的范围，那么中国对外金融风险就会加大，得不偿失。第二，从国际历史经验来看，一国货币国际化进程的推进本身也依赖于国内金融系统的稳定，因此当前适当加强跨境资本流动管理在一定程度上有利于人民币国际化的长远发展。20 世纪 80 年代，日本高估了本国经济应对跨境资本流动的能力，为了推动日元国际化而加快了资本项目自由化的步伐。结果，日元“超前”国际化不仅导致了日本国内金融危机，还使得日元国际化水平反而出现倒退。相反，德国在其货币国际化初期为了维护金融系统稳定而加强了资本管制，最终德国马克的国际化进程较为稳健。

本专题研究的模型可以从如下方面进行拓展。一是在求解模型稳态之后，继续求解其经济周期解，这样就可以利用全球宏观数据对结构性全球经济失衡和周期性全球经济失衡进行统一的贝叶斯估算。在这一更完备的模型下，除了用美元本位解释结构性全球经济失衡之外，我们还可以分析各种外生冲击对周期性全球经济失衡的解释力度各有多大。二是在模型中显性地引入人民币。这样会使得模型更加复杂，至少需要构建一个包含中国、美国和其他国家的三国模型。三是在本专题研究模型基础上，不仅引入美元在国际贸易中的本位，而且引入美元在国际金融和国际储备资产中的本位。这些都是我们以后可以进一步研究的方向。

参 考 文 献

陈建奇. 2012. 破解“特里芬”难题——主权信用货币充当国际储备的稳定性. 经济研究，(4)：113-123.

陈雨露，王芳，杨明. 2005. 作为国家竞争战略的货币国际化：美元的经验证据——兼论人民币的国际化问题. 经济研究，(2)：35-44.

范小云，陈雷，王道平. 2014. 人民币国际化与国际货币体系的稳定. 世界经济，(9)：3-24.

李晓，周学智. 2012. 美国对外负债的可持续性：外部调整理论的扩展. 世界经济，(12)：130-155.

刘凯. 2016. 英国“脱欧”与中国对外金融风险. 人文杂志，(8)：37-43.

王道平，范小云. 2011. 现行的国际货币体系是否是全球经济失衡和金融危机的原因. 世界经济，(1)：52-72.

王国刚. 2014. 全球治理新框架的经济学哲理——评李杨等著《失衡与再平衡》. 经济研究，(3)：190-191.

殷剑峰. 2013. 储蓄不足、全球失衡与“中心-外围”模式. 经济研究，(6)：33-44.

中国经济增长与宏观稳定课题组. 2009. 全球失衡、金融危机与中国经济的复苏. 经济研究，(5)：4-20.

Alves N，Gomes S，Sousa J. 2007. An open economy model of the euro area and the US，Banco de Portugal. Economics and Research Department Working Papers，No. W200718.

Backus D，Henriksen E，Lambert F，et al. 2009. Current account fact and fiction. Society for Economic Dynamics Meeting Papers，No.115.

Bernanke B. 2005. The global saving glut and the U.S. current account deficit. Board of Governors of the Federal Reserve System Speech Series，No.77.

Blanchard O，Giavazzi F，Sa F. 2005. International investors，the U.S. current account，and the dollar. Brookings Papers on Economic Activity，36（1）：1-65.

Caballero R，Farhi E，Gourinchas P. 2008. An equilibrium model of GI and low interest rates. American Economic Review，98（1）：358-393.

Devereux M B，Shi K，Xu J. 2010. Oil currency and the dollar standard：a simple analytical model of an international trade currency. Journal of Money，Credit and Banking，42（4）：521-550.

Domeij D，Flodén M. 2006. Population ageing and international capital flows. International Economic Review，47：1013-1032.

Engel C，Rogers J H. 2006. The U.S. current account deficit and the expected share of world output. Journal of Monetary Economics，53（5）：1063-1093.

Ferrero A. 2010. A structural decomposition of the U.S. trade balance：productivity，demographics and fiscal policy. Journal of Monetary Economics，57：478-490.

Gali J. 2008. Monetary Policy，Inflation，and the Business Cycle：An Introduction to the New Keynesian Framework. Princeton：Princeton University Press.

Hoffmann M，Krause M，Laubach T. 2011. Long-run growth expectations and "global imbalances". CFS Working Paper Series，No. 01.

Lei J，Liu K. 2015. US money supply and global business cycles：1979-2009. Applied Economics，47（52）：5689-5705.

Liu K. 2014. Dollar hegemony and China's economy. Cambridge Working Papers in Economics，No.1410.

Liu K，Zhou X. 2015. The U.S. dollar and global imbalances. MPRA Paper，No.64786.

McGrattan E，Prescott E. 2010. Technology capital and the US current account. American Economic Review，100（4）：1493-1522.

Mendoza E，Quadrini V，Rios-Rull J. 2009. Financial integration，financial development and global imbalances. Journal of Political Economy，117（3）：371-416.

Obstfeld M，Rogoff K. 2009. Global imbalances and the financial crisis：products of common causes. Federal Reserve Bank of San Francisco Proceedings，（8）：131-172.